CONFÉRENCE DES NATIONS UNIES SUR LE COMMERCE ET LE DÉVELOPPEMENT

CNUCED

RAPPORT SUR L'ÉCONOMIE NUMÉRIQUE 2021

Flux transfrontières de données et développement :
À qui profitent ces flux ?

NATIONS UNIES
Genève, 2021

United Nations Publications
405 East 42nd Street,
New York, New York 10017
États-Unis d'Amérique
Courriel : publications@un.org
Site Web : https://shop.un.org/

Publication des Nations Unies établie par la Conférence des Nations Unies sur le commerce et le développement.

UNCTAD/DER/2021

eISBN : 978-92-1-005826-1

ISSN : 2664-7028

eISSN : 2664-7036

Note

Au sein de la Division de la technologie et de la logistique de la CNUCED, la Section des politiques des TIC mène des travaux d'analyse sur les incidences des technologies de l'information et de la communication (TIC) et du commerce électronique sur le développement. Elle est chargée d'établir le *Rapport sur l'économie numérique*, anciennement *Rapport sur l'économie de l'information*. Elle promeut le dialogue international sur les questions relatives à la contribution des TIC au développement et aide les pays en développement à renforcer leurs capacités de mesurer le commerce électronique et l'économie numérique et de concevoir et mettre en œuvre des politiques et une législation appropriées. La Section est également responsable de la gestion de l'initiative *eTrade for all*.

Dans le présent rapport, les termes « pays » et « économie » désignent, selon le cas, des territoires ou des zones. Les appellations de groupes de pays sont utilisées à des fins purement statistiques ou analytiques et n'expriment pas nécessairement une opinion quant au niveau de développement de tel ou tel pays ou région. Sauf indication contraire, les principales catégories de pays retenues dans le présent rapport, qui concordent avec la classification adoptée par le Bureau de statistique de l'ONU, sont les suivantes :

Pays développés : pays membres de l'Organisation de coopération et de développement économiques (OCDE) (sauf le Chili, le Mexique, la République de Corée et la Turquie), plus les pays membres de l'Union européenne qui ne sont pas membres de l'OCDE (Bulgarie, Chypre, Croatie, Lituanie, Malte et Roumanie), ainsi qu'Andorre, le Liechtenstein, Monaco et Saint-Marin. *Pays en transition* : pays de l'Europe du Sud-Est et pays membres de la Communauté des États indépendants. *Pays en développement* : d'une manière générale, tous les pays autres que ceux mentionnés ci-dessus. À des fins statistiques, les données se rapportant à la Chine n'incluent pas les données relatives à la Région administrative spéciale de Hong Kong (Hong Kong (Chine)), à la Région administrative spéciale de Macao (Macao (Chine)) et à la Province chinoise de Taiwan. La composition des principales catégories de pays est présentée dans un fichier Excel qui peut être téléchargé depuis le site UNCTADstat, à l'adresse : http://unctadstat.unctad.org/EN/Classifications.html.

Sauf indication contraire, la région « Amérique latine » englobe les Caraïbes.

Sauf indication contraire, la région « Afrique subsaharienne » englobe l'Afrique du Sud.

Les références aux États-Unis s'entendent des États-Unis d'Amérique et les références au Royaume-Uni s'entendent du Royaume-Uni de Grande-Bretagne et d'Irlande du Nord.

Sauf indication contraire, le terme « dollar » s'entend du dollar des États-Unis d'Amérique.

Le terme « milliard » signifie 1 000 millions.

Les signes typographiques ci-après ont pu être utilisés dans les tableaux :

Deux points (..) signifient que les données ne sont pas disponibles ou ne sont pas fournies séparément.

Dans le cas où aucune donnée n'était disponible pour l'ensemble des éléments composant une ligne d'un tableau, celle-ci a été omise.

Un tiret (-) signifie que l'élément considéré est égal à zéro ou que sa valeur est négligeable.

Tout blanc laissé dans un tableau indique que l'élément considéré n'est pas applicable, sauf mention contraire.

Une barre oblique (/) entre deux années, par exemple 1994/95, indique qu'il s'agit d'un exercice financier.

Le trait d'union (-) entre deux années, par exemple 1994-1995, indique qu'il s'agit de la période tout entière, y compris la première et la dernière année.

Sauf indication contraire, les taux annuels de croissance ou de variation sont des taux annuels composés.

Les chiffres ayant été arrondis, leur somme et celle des pourcentages figurant dans les tableaux ne correspondent pas nécessairement aux totaux indiqués.

Préface

La pandémie de COVID-19 a donné un coup d'accélérateur au processus de transformation numérique et renforcé l'urgence d'une réaction de la part des gouvernements. L'un des défis majeurs est d'arriver à gérer et exploiter le déferlement de données numériques dans l'intérêt général. Selon les estimations, le trafic Internet mondial devrait dépasser pour la seule année 2022 le cumul de celui enregistré depuis son origine jusqu'en 2016.

Les données sont devenues un atout stratégique essentiel pour la création de valeur, tant privée que sociale. Les modalités de traitement de ces données auront une incidence significative sur notre capacité à réaliser les objectifs de développement durable. La détermination de la meilleure voie à suivre sera certes difficile, mais néanmoins indispensable. Les données sont de nature multidimensionnelle et leur utilisation a des répercussions non seulement sur le commerce et le développement économique, mais aussi sur les droits de l'homme, la paix et la sécurité. Par ailleurs, des initiatives sont à prendre afin d'atténuer le risque d'abus et d'utilisation frauduleuse des données par les États, les acteurs non étatiques ou le secteur privé.

Dans ce contexte, je me félicite du *Rapport sur l'économie numérique* de la Conférence des Nations Unies sur le commerce et le développement, qui analyse les conséquences de l'expansion des flux transfrontières de données, notamment pour les pays en développement. Ce document propose de reformuler et d'élargir le débat politique international en vue de dégager un consensus multilatéral.

Donner une nouvelle orientation à la gouvernance du numérique et des données est d'une importance décisive. La fragmentation actuelle de l'univers des données risque de nous empêcher de tirer parti de la valeur que peuvent générer les technologies numériques et de laisser le champ libre à des atteintes substantielles à la vie privée, aux cyberattaques et à d'autres dangers.

Le présent rapport préconise des approches novatrices de la gestion des données et des flux de données afin de répartir plus équitablement les retombées de ces derniers, tout en prenant dûment en compte les risques et les craintes. Une politique holistique mondiale doit refléter les dimensions multiples et interdépendantes des données et concilier des intérêts et besoins divers de manière à soutenir un développement inclusif et durable, avec la participation pleine et entière de tous les pays, y compris ceux qui accusent un retard dans la préparation au numérique.

L'Organisation des Nations Unies offre une plateforme naturelle pour progresser dans cette voie avec la mobilisation de tous les acteurs concernés. Le présent rapport renferme de précieux éclairages et des analyses très utiles, et j'en recommande la lecture au plus grand nombre, partout dans le monde, car il nous appartient de réduire la fracture numérique et de veiller à ce que personne ne soit laissé pour compte dans une économie numérique en évolution rapide et fondée sur les données.

António Guterres
Secrétaire général
de l'Organisation des Nations Unies

Avant-propos

Le passage rapide au numérique touche tous les aspects de la vie, notamment la façon dont nous interagissons, travaillons, achetons et bénéficions de services, ainsi que la création et l'échange de valeur. C'est pourquoi les données et les flux transfrontières de données jouent un rôle de plus en plus déterminant dans le développement.

La fracture numérique classique, en rapport avec la connectivité, traduit les disparités entre les pays et à l'intérieur de ceux-ci s'agissant de leur état de préparation à maîtriser les données. Aujourd'hui, elle est aggravée par ce que l'on pourrait appeler la fracture liée aux données : les pays disposant de capacités limitées pour transformer les données en informations numériques et en opportunités commerciales et exploiter ces données au bénéfice du développement économique et social, sont clairement désavantagés.

Le présent *Rapport sur l'économie numérique 2021* met en lumière la complexité d'une gestion des données et des flux transfrontières de données capable de contribuer au développement durable. Il souligne également la polarisation grandissante du débat international sur la manière de réglementer les flux transfrontières de données ainsi que l'impasse dans laquelle il se trouve. Le paysage réglementaire actuel est disparate et reflète des approches très différentes selon les pays, combinées à la forte influence des grandes puissances économiques.

Un cadre international s'impose de toute urgence pour remédier à cette situation. Bien que le rapport n'apporte pas de « solution », son analyse exhaustive et fondée sur des données probantes vise à réorienter et élargir le débat international. Les problèmes grandissants d'interconnexion et d'interdépendance que connaît l'économie mondiale des données exigent d'abandonner l'approche cloisonnée au profit d'une démarche plus holistique et mieux coordonnée à l'échelle mondiale. Cela nécessitera probablement des modes de gouvernance mondiale nouveaux et innovants, les anciennes méthodes n'étant peut-être pas adaptées au nouveau contexte. Il faudra probablement aussi en venir à la création d'une nouvelle instance internationale axée sur la gouvernance en matière de données, à laquelle participeraient pleinement les pays en développement et l'ensemble des parties prenantes.

Le présent rapport illustre la volonté de la CNUCED d'éclairer les États membres sur la manière de se lancer dans l'économie numérique et de tirer davantage parti des données. Il alimentera également le dialogue mondial indispensable pour fixer les règles du jeu et faire en sorte que la transition numérique produise des résultats plus inclusifs. Je nourris l'espoir qu'une approche holistique de la gouvernance mondiale des données conduise, en fin de compte, à davantage de gains en termes de développement durable et de bénéfices économiques tirés du numérique pour les populations et les entreprises de tous les pays, quel que soit leur niveau de développement.

Isabelle Durant
Secrétaire général par intérim
Conférence des Nations Unies sur le commerce et le développement

Remerciements

Le *Rapport sur l'économie numérique 2021* a été établi sous la direction générale de Shamika N. Sirimanne, Directrice de la Division de la technologie et de la logistique, par une équipe composée de Torbjörn Fredriksson (chef d'équipe), Pilar Fajarnes Garces (auteure principale), Laura Cyron, Martine Julsaint Kidane, Woong Joe Ko, Vincent Riegel, Marcin Skrzypczyk et Thomas van Giffen.

Le rapport a bénéficié d'importantes contributions de fond de Carolina Aguerre, Shamel Azmeh, Zeynep Engin, Christopher Foster et Neha Mishra, ainsi que du Centre pour l'innovation dans la gouvernance internationale (CIGI). Des observations précieuses ont été formulées par des experts qui ont assisté à une réunion virtuelle d'évaluation collégiale en février 2021, organisée conjointement par la CNUCED, Research ICT Africa et le CIGI. Les experts en question sont Susan Aaronson, Anna Abramova, Idris Ademuyiwa, Martin Adolph, Carolina Aguerre, Shamira Ahmed, Renata Avila, Shamel Azmeh, Dan Ciuriak, Niccolo Comini, Diane Coyle, Zeynep Engin, Bob Fay, Martina Ferracane, Christopher Foster, Henry Gao, Alison Gillwald, Ebru Gokce, Anita Gurumurthy, Victor Ido, Taisuke Ito, Jonathan Klaaren, Kostantinos Komaitis, Isya Kresnadi, Sophie Kwasny, Patrick Leblond, Stephen MacFeely, Moritz Meier Ewert, Neha Mishra, Michael Pisa, Lorrayne Porciuncula, Rishab Raturi, Gabriella Razzano, Nivedita Sen, David Souter, Tim Sullivan, Linnet Taylor, Stefaan Verhulst, Dong Wu et Anida Yupari. Des commentaires écrits ont également été reçus de Jörg Mayer.

La CNUCED apprécie vivement les contributions additionnelles de la Commission économique pour l'Europe, de la Commission économique pour l'Amérique latine et les Caraïbes, de la Commission économique et sociale pour l'Asie et le Pacifique et de la Commission économique et sociale pour l'Asie occidentale. En outre, les organisations suivantes ont généreusement apporté des contributions très appréciées, sur la base de leurs travaux en cours : le Conseil de l'Europe ; l'Internet and Jurisdiction Policy Network ; le Bureau de l'Envoyé du Secrétaire général pour les technologies ; la Commission des Nations Unies pour le droit commercial international ; l'Organisation des Nations Unies pour l'éducation, la science et la culture ; l'Organisation des Nations Unies pour le développement industriel ; et le Bureau des Nations Unies pour la coordination des affaires humanitaires.

La CNUCED remercie l'Union internationale des télécommunications pour son soutien dans la fourniture de statistiques pertinentes.

La couverture et les autres éléments graphiques ont été réalisés par Magali Studer, qui s'est également chargée avec Carlos Bragunde de la publication assistée par ordinateur. Les infographies ont été élaborées par Natalia Stepanova et le *Rapport sur l'économie numérique 2021* a été édité par Michael Gibson. Diana Quiros a fourni un appui administratif.

La CNUCED est reconnaissante au Gouvernement allemand de son concours financier.

Table des matières

NOTE...III

PRÉFACE..IV

AVANT-PROPOS..V

REMERCIEMENTS...VI

LISTE DES ABRÉVIATIONS...XV

APERÇU GÉNÉRAL...XVI

CHAPITRE I   LES TENDANCES RÉCENTES DE L'ÉCONOMIE NUMÉRIQUE
FONDÉES SUR LES DONNÉES 1

A. INTRODUCTION 3

B. DÉFINITIONS ET CARACTÉRISTIQUES DES DONNÉES 5

C. LA FRACTURE NUMÉRIQUE EN TERMES D'ACCESSIBILITÉ ET D'UTILISATION
DES TIC 9

   1. Téléphonie et accès à haut débit 9

   2. Adoption des smartphones et accessibilité financière de l'Internet mobile 11

      a) Adoption des smartphones..11

      b) Accessibilité financière des smartphones et des offres de données mobiles...........11

   3. Vitesse de connexion Internet...12

   4. Utilisation d'Internet...14

   5. Commerce électronique 16

   6. Le fossé numérique entre les genres 16

      a) Le fossé entre les femmes et les hommes pour ce qui est de la possession
d'un smartphone 16

      b) Le fossé entre les femmes et les hommes dans l'utilisation d'Internet 17

D. ÉVOLUTION MONDIALE DU TRAFIC INTERNET ET DU TRAFIC DE DONNÉES.......18

E. ESTIMATIONS DE LA VALEUR DES DONNÉES ET DES MARCHÉS DE DONNÉES..19

F. MESURE DES FLUX TRANSFRONTIÈRES DE DONNÉES 20

G. COLLECTE DE DONNÉES 23

   1. Plateformes numériques..23

      a) Impact de la pandémie sur les plateformes numériques mondiales 24

         i) Publicité numérique 25

         ii) Profits...26

         iii) Prix des actions et capitalisation boursière..26

      b) Influencer l'élaboration des politiques..29

         i) Le lobbying aux États-Unis 29

         ii) Le lobbying dans l'Union européenne 30

      c) Investissements des principales plateformes numériques dans les startups
du secteur de l'intelligence artificielle et dans la recherche et le développement
liés à l'IA 31

   2. L'Internet des objets..35

H. TRANSMISSION ET STOCKAGE DE DONNÉES 38

   1. Haut débit mobile 5G 38

   2. Câbles sous-marins 39

   3. Satellites 41

   4. Points d'échange Internet 42

   5. Marchés des nuages informatiques et centres de données 43

I. LE TRAITEMENT ET L'UTILISATION DES DONNÉES : L'INTELLIGENCE
   ARTIFICIELLE 45

J. RELATIONS ENTRE LES DONNÉES, LES DROITS DE L'HOMME
   ET LA SÉCURITÉ 46

   1. Vie privée et surveillance 48

   2. Sécurité 49

   3. Coupures d'Internet 50

K. CONCLUSIONS ET FEUILLE DE ROUTE POUR LA SUITE DU RAPPORT 50

CHAPITRE II   EXAMEN DE LA LITTÉRATURE CONSACRÉE AUX FLUX
                TRANSFRONTIÈRES DE DONNÉES 53

A. INTRODUCTION 55

B. DÉFINITION DES DONNÉES ET DES FLUX TRANSFRONTIÈRES DE DONNÉES 56

C. QUANTIFIER LES FLUX TRANSFRONTIÈRES DE DONNÉES ET LEUR IMPACT 56

D. TYPES DE DONNÉES 59

E. POSITIONS À L'ÉGARD DES FLUX TRANSFRONTIÈRES DE DONNÉES 60

F. PORTÉE DE LA RECHERCHE 62

G. PERSPECTIVE DE DÉVELOPPEMENT DES FLUX TRANSFRONTIÈRES DE
   DONNÉES 64

H. DÉFAUTS DE LA LITTÉRATURE ACTUELLE 66

I. CONCLUSION ET PERSPECTIVES 67

CHAPITRE III   RETOUR AUX FONDAMENTAUX : LES ENJEUX 69

A. INTRODUCTION 71

B. COLLECTE, PROFILAGE ET UTILISATION DES DONNÉES 72

C. LE CARACTÈRE MULTIDIMENSIONNEL DES DONNÉES 76

   1. La dimension économique des données 76

   2. Les dimensions non économiques des données 78

D. PROPRIÉTÉ, ACCÈS, CONTRÔLE ET DROITS SUR LES DONNÉES 80

E. FLUX TRANSFRONTIÈRES DE DONNÉES, COMMERCE ET LOCALISATION
   DES DONNÉES 82

   1. Flux transfrontières de données et commerce international 82

   2. L'emplacement des données 83

F. DIFFÉRENTS TYPES DE DONNÉES : IMPLICATIONS POUR LES FLUX TRANSFRONTIÈRES DE DONNÉES..86

1. Types de producteurs et d'utilisateurs de données....................................87
   a) Données commerciales..87
   b) Données gouvernementales et ouvertes......................................87
   c) Données des consommateurs...88
2. Questions transversales pour les données personnelles et sensibles.............88
   a) Données personnelles..88
   b) Données sensibles...89
3. Aspects techniques des flux de données...90

G. DÉSÉQUILIBRES DANS LES RAPPORTS DE FORCE ET INÉGALITÉS RÉSULTANT DES FLUX TRANSFRONTIÈRES DE DONNÉES...................................91

1. Concentration du pouvoir de marché...91
2. Justice en matière de données et inclusion...93

H. LES PAYS EN DÉVELOPPEMENT DANS LA CHAÎNE INTERNATIONALE DE VALEUR DES DONNÉES..93

I. LA SOUVERAINETÉ ET LES DIFFÉRENTS NIVEAUX DE GOUVERNANCE DES DONNÉES...96

1. Souveraineté nationale...96
2. Individus, communautés et groupes..97
3. Géographie..98

J. INTÉRÊTS CONTRADICTOIRES DANS LES FLUX TRANSFRONTIÈRES DE DONNÉES ET ARBITRAGES POLITIQUES...99

K. CAPACITÉ À TIRER PARTI DES DONNÉES 101

L. CONCLUSION 102

ANNEXE AU CHAPITRE III : COMMENT LES DONNÉES CIRCULENT PAR-DELÀ LES FRONTIÈRES 106

1. La circulation des données...106
   a) Le modèle « client-serveur »...106
   b) Le modèle de fournisseurs de services Internet à trois niveaux.............106
   c) Étapes du flux de données...107
2. Comment les données traversent-elles les frontières nationales ?..................107
   a) Identifier les flux transfrontières de données.................................107
   b) Acheminement du trafic Internet international...............................108
   c) Enregistrement des flux transfrontières de données 108

CHAPITRE IV   PRINCIPALES APPROCHES DE LA GOUVERNANCE DE L'ÉCONOMIE NUMÉRIQUE AXÉE SUR LES DONNÉES DANS LE MONDE : L'ESPACE NUMÉRIQUE RISQUE-T-IL LA FRAGMENTATION ? 109

A. INTRODUCTION 111

B. PRINCIPALES APPROCHES DE L'ÉCONOMIE NUMÉRIQUE ET DES FLUX
    TRANSFRONTIÈRES DE DONNÉES..111

    1. Promouvoir les marchés et l'innovation : l'approche des États-Unis................................112

    2. Promouvoir la sécurité nationale et publique et encourager
        le développement numérique : l'approche de la Chine..114

    3. Défendre les droits individuels et les valeurs fondamentales : l'approche de l'Union
        européenne..116

    4. Promouvoir la sécurité nationale et publique : l'approche de la Fédération de Russie 122

    5. Encourager le développement numérique national : l'approche de l'Inde........................123

C. STRATÉGIES D'EXPANSION MONDIALE DES ÉTATS-UNIS, DE LA CHINE
    ET DE L'UNION EUROPÉENNE 125

D. RISQUES ET IMPACTS D'UNE POTENTIELLE FRAGMENTATION
    DE L'ESPACE NUMÉRIQUE..128

    1. Fragmentation ou convergence ? 128

    2.   Impact de la fragmentation sur les pays en développement...130

CHAPITRE V   ÉTAT DES LIEUX DES POLITIQUES NATIONALES RELATIVES
               AUX FLUX TRANSFRONTIÈRES DE DONNÉES...........................133

A. INTRODUCTION 135

B. DISPOSITIONS NATIONALES RELATIVES AUX FLUX TRANSFRONTIÈRES
    DE DONNÉES ET LEURS IMPLICATIONS POLITIQUES 136

    1. Motivations politiques sous-tendant la réglementation en matière de flux
        transfrontières de données 137

        a) La politique de protection des citoyens 137

        b) La sécurité et la souveraineté nationales 138

        c) Le développement économique 139

    2. Types de mesures réglementaires nationales relatives aux flux transfrontières
        de données 140

        a) Champ d'application...140

        b) Ampleur de la restriction 142

            i)   Localisation stricte..142

            ii) Localisation partielle 143

            iii) Transfert conditionnel – strict, intermédiaire ou souple..............................144

            iv) Libre circulation des données 145

        c) Approche géographique ou approche de responsabilité pour les flux
            de données à caractère personnel 146

    3. Implications de la réglementation des flux transfrontières de données
        sur les politiques nationales 146

        a) La perspective réglementaire : avantages et inconvénients 146

        b) La perspective économique : nécessités et risques liés au développement...............150

        c) La perspective technologique : implications pour la gouvernance mondiale
            des données...153

C. ÉTAT DES LIEUX DES RÉGLEMENTATIONS NATIONALES RELATIVES
    AUX FLUX TRANSFRONTIÈRES DE DONNÉES 154

    1. Le spectre réglementaire pour les flux transfrontières de données 154

2. Positionnement des réglementations relatives aux flux transfrontières de données sur le spectre réglementaire 155

D. CONCLUSION 157

CHAPITRE VI   APPROCHES RÉGIONALES ET INTERNATIONALES
DE LA RÉGLEMENTATION DES FLUX TRANSFRONTIÈRES
DE DONNÉES 161

A. INTRODUCTION 163

B. POURQUOI RÉGLEMENTER LES FLUX TRANSFRONTIÈRES DE DONNÉES
COMME DES ÉCHANGES INTERNATIONAUX ? 163

C. RÉGLEMENTATION DES FLUX TRANSFRONTIÈRES DE DONNÉES
DANS LES ACCORDS COMMERCIAUX 168

1. Traitement des flux de données dans les accords commerciaux multilatéraux 168

2. Traitement des flux de données dans les accords commerciaux préférentiels 173

a) Accords commerciaux des États-Unis 173

b) Accords commerciaux de l'Union européenne 175

c) Autres accords commerciaux 176

3. Résultats de la réglementation des flux transfrontières de données par des accords
commerciaux 180

D. INITIATIVES INTERNATIONALES ET RÉGIONALES SUR LES FLUX
TRANSFRONTIÈRES DE DONNÉES AU-DELÀ DE LA SPHÈRE
COMMERCIALE 181

1. Initiatives relatives aux flux transfrontières de données dans le domaine
économique au sens large 181

a) Le G20 et la « libre circulation des données en toute confiance » 181

b) Accord de partenariat sur l'économie numérique 182

c) Coopération économique Asie-Pacifique 183

d) L'Association des nations de l'Asie du Sud-Est 184

2. Initiatives relatives aux flux transfrontières de données au-delà du domaine
économique et commercial 185

a) Les Lignes directrices de l'OCDE sur la protection de la vie privée et les flux
transfrontières de données de caractère personnel 185

b) Convention 108 et Convention 108+ du Conseil de l'Europe 186

c) Convention de Malabo 186

d) Forums régionaux en Amérique latine 187

E. CONCLUSIONS 188

CHAPITRE VII   LA VOIE À SUIVRE : EN QUÊTE D'UNE APPROCHE
ÉQUILIBRÉE 193

A. RECONSIDÉRER LA RÉGLEMENTATION DES FLUX TRANSFRONTIÈRES
DE DONNÉES 195

B. LA NÉCESSITÉ D'UNE GOUVERNANCE MONDIALE DES DONNÉES 198

C. PRINCIPAUX DOMAINES D'ACTION ET PRIORITÉS 201

1. Établir un consensus sur les définitions des concepts liés aux données 201

2. Fixer les conditions d'accès aux données 202

3. Redoubler d'efforts pour évaluer les données et leurs flux transfrontières 202

4. Les données en tant que biens publics (mondial)...203

5. Explorer de nouvelles formes de gouvernance des données...204

6. Droits et principes relatifs au numérique et aux données 205

7. Normes relatives aux données...206

8. Initiatives de coopération internationale en matière de gouvernance des plateformes 206

D. CADRE INSTITUTIONNEL...207

1. Un cadre multilatéral, multipartite et multidisciplinaire...208

2. Faut-il créer un organe international de coordination pour les questions relatives aux données ? 210

E. ESPACE POLITIQUE POUR LE DÉVELOPPEMENT 215

F. RENFORCEMENT DES CAPACITÉS EN MATIÈRE DE TRANSITION NUMÉRIQUE FONDÉE SUR LES DONNÉES ET D'ÉLABORATION DE POLITIQUES 216

1. Renforcement des capacités pour le passage au numérique...216

2. Capacité institutionnelle pour réglementer l'économie numérique fondée sur les données...217

3. Soutien international...217

G. CONCLUSIONS QUANT À LA VOIE À SUIVRE 218

RÉFÉRENCES...221

ENCADRÉS

I.1. Caractéristiques des données 6

I.2. Recommandations du rapport de la National Telecommunications and Information Administration des États-Unis sur la mesure de la valeur des flux transfrontières de données 23

I.3. Les femmes dans la recherche sur l'IA 35

I.4. Consommation énergétique des centres de données et des réseaux de transmission de données 44

I.5. Le marché des semi-conducteurs 47

III.1. Suivi sur Internet 74

IV.1. GAIA-X 119

IV.2. Bouclier de protection de la vie privée et arrêt *Schrems II* 120

IV.3. Le RGPD, norme mondiale pour la protection des données ? 127

V.1. Concepts liés aux politiques nationales en matière de flux transfrontières de données 136

VII.1. La Commission de la science et de la technique au service du développement (CSTD) et la coopération internationale pour aborder les questions de politique publique liées à Internet.... 209

VII.2. Participation des pays en développement à la gouvernance mondiale des données 212

VII.3. Travaux des organismes des Nations Unies sur les questions liées à la gouvernance des données 213

VII.4. Autres initiatives pertinentes pour la gouvernance mondiale des données 214

TABLEAUX

I.1. Activités Internet entreprises par les particuliers, par niveau de développement et par région.... 15

I.2. Indice du commerce électronique B2C de la CNUCED, par région, 2020 16

I.3. Indice de responsabilité des plateformes numériques de Ranking Digital Rights, 2020............. 48

III.1. Classification des pays/groupes de pays en fonction de leurs flux transfrontières de données, par niveau de développement 95

IV.1. Principales caractéristiques des politiques américaines, chinoises et européennes en matière de données 121

V.1. Motivations des pays à réglementer les flux transfrontières de données 140

V.2. Objectifs et risques liés aux restrictions des flux transfrontières de données............................ 154

V.3. État des lieux des réglementations relatives aux flux transfrontières de données 156

VI.1. Participants à l'Initiative de déclaration conjointe 2019 (en date de novembre 2020) 172

FIGURES

I.1. La pyramide des données.. 7

I.2. Abonnements à la téléphonie mobile et au haut débit mobile, par région, années sélectionnées 10

I.3. Répartition de la couverture des divers réseaux mobiles, zones rurales et urbaines, par niveau de développement, 2020 11

I.4. Taux d'adoption des smartphones, par région, pour des années sélectionnées 12

I.5. Prix du haut débit mobile de 1,5 Go en pourcentage du RNB par habitant, 2019 13

I.6. Vitesses de connexion Internet haut débit, au niveau mondial et par niveau de développement, 2020 13

I.7. Utilisation d'Internet, au niveau mondial, par niveau de développement et par région, années sélectionnées.. 14

I.8. Indice de parité hommes-femmes dans l'utilisation d'Internet, par niveau de développement et par région, 2013 et 2019 17

I.9. Trafic mondial de données, années sélectionnées... 19

I.10. Valeur du marché des données, pays sélectionnés, 2016-2020 20

I.11. Largeur de bande internationale, par région, 2015-2020 21

I.12. Évolution de la largeur de bande internationale, par région, années sélectionnées... 21

I.13. Répartition géographique des 100 premières plateformes numériques mondiales, par capitalisation boursière 2021 24

I.14. Dépenses de publicité numérique, 2012 2022 25

I.15. Profits des principales plateformes numériques aux États-Unis 27

I.16. Bénéfices des principales plateformes numériques en Chine 27

I.17. Cours des actions des plateformes numériques mondiales américaines et chinoises par rapport à l'indice composite de la Bourse de New York 28

I.18. Capitalisation boursière des plateformes numériques mondiales américaines et chinoises, quatrième trimestre 2019-janvier 2021 29

I.19. Le lobbying exercé par les plateformes numériques mondiales aux États-Unis, 2010 2020....... 30

I.20. Le lobbying des plateformes numériques mondiales au sein de l'Union européenne, 2015-2020 31

I.21 Nombre d'acquisitions de startups en IA, 10 principaux acquéreurs, 2016-2021 32

I.22. Les 25 premiers organismes de recherche de haut niveau en IA 33

I.23. Répartition géographique des chercheurs en IA, par pays d'activité et d'origine, 2019 ... 34

I.24. Premier emploi des diplômés titulaires d'un doctorat en IA séjournant aux États-Unis, par secteur, 2014-2018.. 34

I.25. Répartition géographique des recettes de l'Internet des objets d'ici à 2025 37

I.26. Nombre mondial de connexions à l'Internet des objets, par secteur, 2018-2025 37

I.27. Adoption de la 5G, par région, 2025 39

I.28. Projections du trafic de données mobiles à l'échelle mondiale, par technologie, 2020-2026 39

I.29. Cartographie interactive des réseaux de transmission de l'UIT, juin 2021 40

I.30. Largeur de bande internationale utilisée dans le monde, par type de fournisseur, 2010-2020 ... 41

I.31. Points d'échange Internet, nombre et largeur de bande par IXP, par région, avril 2021............. 42

I.32. Revenus des services d'infrastructure en nuage, par fournisseur, quatrième trimestre 2020...... 44

I.33 Investissements privés dans les entreprises d'IA, par pays, 2015-2020 46

II.1 Nombre de publications sur les flux transfrontières de données, 1994-2020.......... 55

III.1. Complexité des relations entre différents acteurs dans le contexte des flux transfrontières de données.. 100

Liste des abréviations

AGCS	Accord général sur le commerce des services
ALE	Accord de libre-échange
APD	aide publique au développement
APEC	Association de coopération économique Asie-Pacifique
ASEAN	Association des nations de l'Asie du Sud-Est
B2B	échange entreprise à entreprise en ligne
B2C	échange entreprise à consommateur en ligne
BGP	protocole de passerelle frontière
BRI	initiative « Une Ceinture et une Route »
C2C	échange consommateur à consommateur en ligne
CEI	Communauté des États indépendants
CNUCED	Conférence des Nations Unies sur le commerce et le développement
CNUDCI	Commission des Nations Unies pour le droit commercial international
CSTD	Commission de la science et de la technique au service du développement
FAI	fournisseur d'accès à Internet
FEM	Forum économique mondial
FGI	Forum sur la gouvernance de l'Internet
FMI	Fonds monétaire international
FSI	Fournisseur de services Internet
G2C	Échange gouvernement à citoyen
GATT	Accord général sur les tarifs douaniers et le commerce
HCDH	Haut-Commissariat aux droits de l'homme
IA	intelligence artificielle
IP	protocole Internet
IXP	point d'échange Internet
OCDE	Organisation de coopération et de développement économiques
OMC	Organisation mondiale du commerce
PIB	produit intérieur brut
PMA	pays les moins avancés
RGPD	Règlement général sur la protection des données
RNB	revenu national brut
TIC	technologies de l'information et des communications
UIT	Union internationale des télécommunications
UNESCO	Organisation des Nations Unies pour l'éducation, la science et la culture
W3C	World Wide Web Consortium
ZLECAf	zone de libre-échange continentale africaine

Aperçu général

Le *Rapport sur l'économie numérique 2021* analyse en détail les répercussions des échanges transfrontières de données numériques sur le développement et les politiques. Ces données sont au cœur de toutes les nouvelles technologies numériques, notamment l'analyse de données, l'intelligence artificielle, la chaîne de blocs, l'Internet des objets, l'informatique en nuage et tous les services par Internet. Le sujet est d'une actualité brûlante, car la multiplication de ces flux de données intervient dans la réalisation de la quasi-totalité des objectifs de développement durable, et tous les pays du monde s'efforcent de déterminer comment les aborder au mieux sous l'angle politique. L'approche retenue aux niveaux national et international affectera le commerce, l'innovation et le progrès économique, mais elle aura également une incidence sur toute une série de questions liées à la répartition des bénéfices du passage au numérique, aux droits de l'homme, à l'application de la loi et à la sécurité nationale.

Le présent rapport vise à mieux faire comprendre ces aspects complexes et interdépendants, en proposant une vision nouvelle et globale de ce type particulier de flux économique international. Son analyse s'appuie sur un examen des études consacrées aux flux transfrontières de données sous diverses perspectives, sur une vue d'ensemble des tendances et des inégalités dans l'économie numérique fondée sur les données relevées au plan mondial, et sur une réflexion sur la nature fondamentale des données. Le rapport aborde par ailleurs les stratégies de gouvernance mises en œuvre aux niveaux national, régional et multilatéral et qui ont un impact sur les échanges de données. Il conclut en préconisant une approche plus équilibrée de la gouvernance mondiale des données, capable de garantir une circulation aussi libre que possible et nécessaire des données par-delà les frontières, tout en assurant une répartition équitable des bénéfices, au sein des pays et entre eux, et en tenant compte des risques pesant sur les droits de l'homme et la sécurité nationale.

Les flux de données sont difficiles à mesurer, mais en forte expansion

Le trafic des données est difficile à mesurer, mais quelle que soit l'approche retenue, il est manifestement en forte hausse. Selon une prévision, le trafic mondial sur protocole Internet (IP), à l'échelle nationale et internationale, devrait dépasser pour la seule année 2022 le cumul du trafic Internet depuis son origine jusqu'en 2016. La pandémie de COVID 19 a eu un retentissement spectaculaire à cet égard, car une grande partie des activités sont aujourd'hui menées en ligne. Dans ce contexte, la bande passante Internet mondiale a augmenté de 35 % en 2020, la plus forte hausse annuelle depuis 2013. Les vidéos, les réseaux sociaux et les jeux représenteraient près de 80 % de l'ensemble du trafic sur IP et le volume mondial mensuel des données en circulation devrait passer de 230 exaoctets en 2020 à 780 exaoctets en 2026.

L'évaluation des flux *transfrontières* de données est encore plus délicate. En termes de volume, la mesure la plus couramment employée est la capacité totale utilisée de la bande passante Internet internationale. Elle correspond à la quantité des données en circulation, exprimée en octets mais sans indication du sens des flux, de la nature ou encore de la qualité de ces données. Les chiffres disponibles semblent montrer également une utilisation accrue de la bande passante internationale durant la pandémie, ainsi qu'une concentration géographique du trafic sur deux axes principaux : Amérique du Nord-Europe et Amérique du Nord-Asie.

L'économie numérique fondée sur les données est marquée par de profonds déséquilibres...

Pour évaluer les implications des données et des flux transfrontières de données sur le développement, plusieurs clivages et déséquilibres numériques essentiels sont à prendre en compte. D'abord, seuls 20 % des habitants des pays les moins avancés (PMA) utilisent Internet, et lorsqu'ils le font, c'est généralement à des vitesses de téléchargement faibles et un coût relativement élevé. En outre, les utilisations sont de natures différentes. Alors que dans les pays développés près de 8 internautes sur 10 procèdent à des

achats en ligne, ils sont moins de 1 sur 10 dans la plupart des PMA. Par ailleurs, au sein d'un même pays, des clivages importants existent entre zones rurales et zones urbaines et entre femmes et hommes. Les disparités les plus flagrantes entre les genres sont observées dans les PMA et en Afrique.

En termes de capacité à exploiter l'économie numérique axée sur les données et à en tirer parti, deux pays se démarquent nettement : les États-Unis et la Chine. Ensemble, ils regroupent la moitié des centres de données hyperscale de la planète, ils affichent les taux d'adoption de la 5G les plus élevés au monde et concentrent 94 % de l'ensemble du financement des startups en intelligence artificielle (IA) au cours des cinq dernières années, 70 % des meilleurs chercheurs en IA au monde et près de 90 % de la capitalisation boursière des plus grandes plateformes numériques mondiales. Ces grandes plateformes, en l'occurrence Apple, Microsoft, Amazon, Alphabet (Google), Facebook, Tencent et Alibaba, investissent massivement dans tous les maillons de la chaîne de valeur mondiale des données : collecte par le biais des services de la plateforme destinés aux utilisateurs, transmission par câbles sous-marins et satellites, stockage (centres de données), analyse, traitement et exploitation, notamment par l'IA. Ces entreprises disposent d'un avantage concurrentiel en matière de données grâce à leurs plateformes, mais elles vont désormais bien au-delà. Il s'agit de sociétés numériques globales d'envergure planétaire, dotées d'un pouvoir financier, commercial et technologique énorme, et qui contrôlent des quantités colossales de données relatives à leurs utilisateurs. Leur taille, leurs bénéfices, leur valeur marchande et leur position dominante n'ont fait que se renforcer au cours de la pandémie, à mesure de l'accélération de la transition numérique. À titre d'exemple, alors qu'entre octobre 2019 et janvier 2021 l'indice composite de la Bourse de New York progressait de 17 %, le cours des actions des principales plateformes augmentait dans une fourchette comprise entre 55 % pour Facebook et 144 % pour Apple.

Le traditionnel fossé numérique entre pays développés et en développement, en termes de connectivité, d'accès et d'utilisation d'Internet, reste un problème récurrent majeur en termes de développement. En outre, avec le rôle grandissant joué par les flux transfrontières de données et les données en tant que ressource économique, de nouvelles dimensions de la fracture numérique sont apparues, en lien avec la « chaîne de valeur des données ». Ce concept est fondamental pour estimer la valeur des données. La valeur naît du processus de transformation des données brutes – depuis leur collecte, leur analyse, leur traitement jusqu'à en faire des informations numériques – sous une forme monétisable dans un but commercial ou utilisable à des fins sociales. Si elles ne sont pas agrégées et traitées, les données individuelles n'ont absolument aucune valeur. Par contre, il ne peut y avoir d'informations numériques sans données brutes. Pour créer et capter la valeur, il faut disposer à la fois de données brutes et des capacités de traitement permettant de les convertir en informations numériques. C'est cet ajout de valeur aux données qui permet de progresser dans le processus de développement.

Avec l'évolution de l'économie numérique axée sur les données, un clivage lié aux données est venu aggraver la fracture numérique classique. Dans ce nouveau contexte, les pays en développement risquent de se retrouver dans une position subalterne, les données et leur valorisation étant concentrées dans les mains de quelques sociétés numériques d'échelle mondiale et autres multinationales. Ils deviendront alors de simples fournisseurs de données brutes pour les plateformes numériques globales et seront contraints de payer pour les informations numériques générées à partir de leurs propres données.

… et l'absence de compréhension commune de la nature et des possibilités des données et de leurs flux transfrontières

Malgré l'importance des données dans une économie numérique en constante évolution, il n'existe à l'heure actuelle aucune définition universellement acceptée du concept de données, d'où une certaine confusion et une complexité accrue des analyses et des débats politiques. Les données constituent une ressource particulière, elles sont dotées de caractéristiques qui leurs sont propres et les différencient des biens et des services. Immatérielles et non rivales, elles sont utilisables simultanément ou au fil du temps par de nombreuses personnes, sans pour autant s'épuiser. Parallèlement, l'accès aux données peut être restreint par des moyens techniques ou juridiques et soumis ainsi à des niveaux divers d'exclusivité. À titre d'exemple, les données collectées par les grandes plateformes mondiales ne sont pas facilement accessibles à d'autres, ce qui confère aux propriétaires de ces plateformes une position monopolistique pour en tirer profit. En outre, la valeur agrégée est généralement supérieure à la somme des valeurs individuelles des données, surtout si celles-ci sont combinées avec d'autres données complémentaires. Les données brutes collectées peuvent également présenter une valeur « optionnelle » considérable, gagnant en intérêt si elles permettent de répondre à de nouvelles questions qui ne se posaient pas auparavant. Plus elles sont détaillées, plus ces données fourniront, après filtrage, agrégation et combinaisons diverses, des éclairages différents.

Les données ont également un caractère multidimensionnel. Sous l'angle économique, elles sont à même de générer une valeur privée pour ceux qui les collectent et les contrôlent, mais également une valeur sociale pour l'ensemble de l'économie, une valeur qui ne relève pas des seuls marchés. La répartition des revenus privés procurés par les données étant très inégale, il est urgent d'élaborer des politiques à l'appui des objectifs d'efficacité et d'équité, tout en tenant compte des dimensions non économiques. En effet, les données sont étroitement liées au respect de la vie privée et à d'autres droits humains, ainsi qu'à la sécurité nationale, des aspects qu'il convient de ne pas négliger.

Comprendre les données et leurs flux suppose de les analyser sous diverses perspectives. D'abord, *des données et des informations ont toujours été associées aux transactions commerciales*, notamment les données de facturation, les données bancaires, les noms et adresses de livraison, etc. Elles sont généralement communiquées sur une base volontaire et ne soulèvent que rarement des problèmes, si tant est que les acteurs de la nouvelle économie numérique suivent les mêmes règles que ceux de l'économie traditionnelle. Deuxièmement, les *données brutes* recueillies à partir d'activités, de produits, d'événements et de comportements individuels n'ont pas de valeur en elles-mêmes, mais elles peuvent en générer si elles sont agrégées, soumises à traitement et monétisées, ou utilisées à des fins sociales. Troisièmement, le traitement des données brutes en vue de leur conversion en informations numériques sous forme de statistiques, de bases de données, d'aperçus, d'informations, etc., aboutit à des « *produits de données* », considérés dans les statistiques commerciales comme des services lorsqu'ils sont vendus au-delà des frontières.

Par ailleurs, plusieurs classifications des types de données ont cours, en fonction de critères divers et variés. Les principales distinctions ont trait à la finalité de leur collecte (recueil à des fins commerciales ou publiques), à leur utilisation (par des entreprises ou par le secteur public), à leur caractère instantané ou historique, leur sensibilité ou insensibilité, ou leur nature personnelle ou non. La classification des données est importante, car elle peut avoir une incidence sur le mode d'accès qu'il conviendra de mettre en place, tant au niveau national qu'international, ainsi que sur les modalités de traitement des données et de leurs flux transfrontières d'un point de vue politique.

Les flux transfrontières de données ne sont pas des échanges et nécessitent une gestion spécifique

Les spécificités des données laissent entrevoir qu'elles nécessitent une gestion différente des biens et services conventionnels, y compris lors de leurs transferts au plan international. Dans le nouveau contexte de l'économie numérique axée sur les données, des concepts tels que la propriété et la souveraineté sont battus en brèche. Plutôt que de tenter de déterminer qui « possède » les données, l'important est de savoir qui dispose du droit d'y accéder, de les contrôler et de les utiliser.

Il est difficile de concilier la notion de souveraineté nationale, traditionnellement associée à des pays territoires, avec la nature transfrontière, la mondialité et l'ouverture de l'espace numérique dans lequel circulent les données. La souveraineté numérique a souvent trait à la nécessité de stocker les données au sein du périmètre national, mais le rapport entre le lieu géographique de stockage des données et le développement n'a rien d'évident. L'affectation d'une territorialité aux flux transfrontières de données relève elle aussi du défi. Il est plus facile d'appréhender les données sous l'angle de leur partage, plutôt que sous celui du commerce ou des échanges.

La gouvernance du commerce international est éclairée par des statistiques reposant sur les types, les valeurs et les lieux d'échanges (y compris les sources et les destinations). Mais lorsqu'il s'agit de suivre les flux transfrontières de données pour lesquels il n'existe pas de statistiques officielles, ces approches

sont problématiques, voire impossibles. Des pratiques bien établies en matière de commerce international entre des territoires divers (par exemple, les règles d'origine) sont difficilement applicables aux données en raison de la nature de ces dernières. D'après le Manuel sur la mesure du commerce numérique, élaboré par plusieurs organisations internationales, les flux de données brutes non liés à l'échange spécifique d'un bien ou d'un service ne sont pas pris en compte dans le concept de « commerce numérique ».

Au-delà des défis techniques dans l'identification des flux transfrontières de données, se posent également des exigences politiques et culturelles. La plupart des classifications des données pêchent par absence de définitions convenues au niveau mondial, d'où la difficulté de déterminer comment aborder ces flux. À titre d'exemple, des définitions hétérogènes peuvent entraîner des écarts considérables dans le volume des flux de données classées dans la catégorie « données personnelles ». Si les données sont étroitement liées au commerce et si elles peuvent procurer des avantages concurrentiels significatifs à ceux qui sont capables d'en tirer parti, les flux transfrontières de données ne sont pas assimilables au commerce, qu'il soit électronique ou traditionnel, et ne devraient pas être régulés en tant que tels.

La maîtrise des données procure des avantages en matière d'information, notamment des économies d'échelle et de gamme et des effets de réseau, qui viennent s'ajouter aux sources de défaillance potentielle du marché dans les pays reposant sur les données. L'asymétrie d'information inhérente à l'économie des données semble inéluctable, car aucune solution de marché n'est susceptible de la corriger. Des compromis complémentaires liés à l'éthique des données sont d'une importance similaire, notamment la relation entre la création de valeur à partir des données et la surveillance des populations à partir de ces données, ainsi que les liens entre le filtrage des données et la censure. D'où la nécessité impérieuse d'une gouvernance des données et des flux de données. Cela étant, si la fixation judicieuse de règles adaptées aux flux transfrontières de données est de nature à contribuer au respect des droits en matière de données, à la réduction des défis structurels et au développement économique, l'approche politique à adopter ne fait pour l'heure l'objet d'aucun consensus.

Les diverses approches de la gouvernance des données et des flux transfrontières de données ont toutes des implications importantes

Les principaux acteurs économiques et géopolitiques de l'économie numérique ont adopté des approches très différentes en matière de gouvernance des flux de données et plus largement de l'économie numérique et, aux niveaux régional et international, les points de convergence sont rares à quelques exceptions près. Par contre à l'échelle mondiale, trois grands courants en matière de gouvernance des données exercent une influence majeure. En quelques mots : l'approche des États-Unis repose sur le contrôle des données par le secteur privé, le modèle chinois s'appuyant sur le contrôle des données par les pouvoirs publics et l'Union européenne privilégiant le contrôle des données par les personnes physiques sur la base de valeurs et de droits fondamentaux. Le contexte actuel est marqué par des tensions entre ces trois concepts, notamment entre les États-Unis et la Chine, et la volonté affichée des grands groupes numériques mondiaux d'étendre leurs propres écosystèmes de données.

Une véritable course au leadership dans les développements technologiques est engagée, étant entendu que le gagnant bénéficiera d'avantages économiques et stratégiques grâce au contrôle des données et des technologies connexes, notamment en matière d'IA. Dans ce climat, l'espace numérique et Internet sont menacés de fragmentation. Globalement, nous risquons d'assister à l'émergence d'une économie numérique cloisonnée et axée sur les données, contraire à l'esprit initial d'Internet en tant que réseau libre, décentralisé et ouvert. Cette évolution serait peu satisfaisante en termes économiques, l'interopérabilité permettant probablement de dégager davantage de gains.

La fragmentation de l'économie numérique fondée sur les données entravera à coup sûr le progrès technologique, bridera la concurrence, et facilitera l'apparition de structures de marché oligopolistiques dans certaines zones ou le renforcement de l'influence des pouvoirs publics dans d'autres. Des répercussions négatives significatives viendront probablement impacter la plupart des pays en développement, les opportunités commerciales seront réduites en raison de l'accès plus compliqué des utilisateurs et des entreprises aux chaînes d'approvisionnement, et les flux transfrontières de données seront restreints. En outre, la collaboration entre pays risque d'en pâtir.

Au-delà de ce danger de fragmentation, certains signes de convergence potentielle sont apparus entre les trois principaux concepts de gouvernance des données. Ainsi, bien que prônant la liberté du marché, les États-Unis ont imposé des restrictions à l'entrée sur leur marché à quelques entreprises étrangères spécialisées dans les données ainsi que des interdictions de sortie pour certaines données américaines. Parallèlement, la Chine envisage une certaine ouverture aux flux de données. De ce fait, le résultat final est difficile à prévoir et dépendra de la volonté des responsables politiques de la planète de trouver une solution globale qui soit profitable à tous.

Les pays justifient la régulation des flux transfrontières de données par des raisons politiques légitimes diverses, telles que la protection de la vie privée et d'autres droits humain, la sécurité nationale ou encore des objectifs de développement économique. Tant qu'il n'y aura pas de système international approprié régissant ces flux, certains ne verront pas d'autre option que de restreindre les flux de données pour réaliser certains objectifs politiques. Pourtant, la localisation des données ne se traduit pas automatiquement par l'ajout d'une valeur supplémentaire à ces données. Le rapport entre le lieu de stockage des données et la création de valeur n'est pas flagrant car il convient de prendre en compte à la fois les bénéfices et les coûts. L'examen des politiques nationales montre qu'elles ont tendance à fluctuer en fonction des contextes technologiques, économiques, sociaux, politiques, institutionnels et culturels propres à chaque pays.

Devant le rôle grandissant joué par les données et les flux transfrontières de données dans l'économie mondiale, la nécessité d'une gouvernance globale se fait chaque jour plus pressante. Malheureusement, les divergences de vues et de positions sur la question ont conduit le débat international dans une impasse. En dépit d'un nombre croissant d'accords commerciaux traitant des flux de données, des désaccords subsistent entre les principaux acteurs de l'économie numérique. Parmi les membres du G20, les avis restent partagés tant sur le fond (s'agissant par exemple des mesures de localisation des données) que sur le processus proprement dit.

Par ailleurs, des positions extrémistes en matière de flux transfrontières de données ne seront d'aucune utilité : ni la localisation stricte des données ni une totale liberté des flux de données n'aideront les pays à réaliser leurs objectifs de développement. La régulation dans ce domaine doit être entièrement reconsidérée afin de permettre l'élaboration d'une solution intermédiaire. Les nouvelles règles devront prendre en compte toutes les dimensions des données, tant économiques que non économiques. Elles devront aller au-delà de l'aspect commercial et aborder les flux de données dans leur globalité, en tenant compte des répercussions potentielles sur les droits de l'homme, la sécurité nationale, le commerce, la concurrence, la fiscalité et la gouvernance mondiale d'Internet. Et c'est dans ce contexte que se pose la question de savoir quel est le forum international le plus approprié pour traiter des politiques liées aux données favorisant le développement.

Les raisons ne manquent pas pour instaurer une gouvernance mondiale des données et des flux transfrontières de données

Un cadre global de gouvernance des données, venant compléter les autres niveaux de gouvernance des données, est pleinement justifié. Voici les principaux arguments en sa faveur :

- La gouvernance mondiale des données permettrait de favoriser le partage des données au plan mondial et de développer des biens publics susceptibles de contribuer à relever les grands défis du développement mondial, tels que la pauvreté, la santé, la faim et le changement climatique ;

- La coordination technique transfrontière, idéalement à l'échelle mondiale, est essentielle pour éviter une aggravation de la fragmentation de l'infrastructure d'Internet et de l'espace numérique ;

- La gouvernance mondiale des données gagne encore en importance avec la mise en œuvre de la 5G, de l'Internet des objets et l'accélération du passage au numérique suscitée par la pandémie de COVID-19. Ces évolutions élargissent le champ de la collecte et de la monétisation des données au niveau global. Sans un cadre de gouvernance mondial cohérent et efficace, instaurant la confiance, cette évolution pourrait conduire à une régression en termes de partage des données. Elle risque par ailleurs d'amplifier les préoccupations actuelles concernant le manque de transparence de la chaîne de valeur des données et la distribution inégale des bénéfices tirés des données ;

- La multiplication des réglementations nationales relatives aux flux transfrontières de données crée de l'incertitude et renchérit les efforts de mise en conformité, ce qui peut s'avérer particulièrement néfaste pour les micro et petites entreprises, notamment dans les pays en développement. Le caractère interconnecté et le haut degré d'interdépendance globale de l'économie numérique fondée sur les données font que les politiques nationales dans ce domaine ont des retombées sur d'autres pays ;

- En l'absence d'une gouvernance mondiale des plateformes numériques, l'autorégulation a donné naissance à des structures de marché définies par les plateformes elles-mêmes et dont elles sont les premiers bénéficiaires, avec diverses implications politiques et en matière de développement. La portée et l'influence mondiales accrues des grandes plateformes rendent encore plus difficile pour un pays isolé de relever les défis politiques connexes ;

- Il est indispensable de procéder à une évaluation complète et cohérente des risques, des vulnérabilités et des résultats des modèles commerciaux des plateformes numériques, en particulier celles de médias sociaux, dans un contexte d'augmentation au niveau mondial des dangers en ligne ;

- Une approche mondiale de la gouvernance des données est indispensable pour éviter dans l'espace numérique axé sur les données l'amplification des inégalités dont souffrent de longue date les pays en développement. Il est impératif de veiller à ce que leurs connaissances, besoins locaux et points de vue soient représentés de manière adéquate dans le débat politique mondial ;

- Compte tenu des interdépendances et du caractère interconnecté de l'architecture mondiale d'Internet, l'avenir des flux transfrontières de données ne devrait pas être déterminé uniquement par un petit nombre de grandes puissances.

À l'échelle de la planète, la transition numérique axée sur les données crée des opportunités et des défis qui nécessitent des solutions globales pour tirer parti des effets positifs et atténuer les répercussions négatives. Une gouvernance mondiale efficace des données est un prérequis pour permettre aux données de contribuer à la réalisation des objectifs économiques, sociaux et environnementaux du Programme de développement durable à l'horizon 2030, en plaçant les personnes au centre des préoccupations.

Les efforts déployés pour élaborer une approche mondiale de cette gouvernance et des flux transfrontières de données doivent aborder un certain nombre de domaines d'action et de priorités clefs, notamment :

- Le développement d'une compréhension commune des définitions des principaux concepts liés aux données ;

- La fixation des modalités d'accès aux données ;

- Le renforcement de la mesure de la valeur des données et des flux transfrontières de données ;

- Le traitement des données comme un bien public (mondial) ;

- L'analyse des formes émergentes de gouvernance des données ;

- L'établissement des droits et principes liés au numérique et aux données ;

- L'élaboration des normes relatives aux données ; et

- L'intensification de la coopération internationale en matière de gouvernance des plateformes, s'agissant notamment de la politique de concurrence et de la fiscalité dans l'économie numérique.

Une nouvelle structure institutionnelle est indispensable pour relever le défi de la gouvernance mondiale des données

Les cadres institutionnels en place au niveau international ne sont pas adaptés aux caractéristiques et aux besoins spécifiques de la gouvernance mondiale des données. Par souci d'efficacité, un nouveau cadre institutionnel mondial sera probablement requis, assorti d'une combinaison appropriée d'engagements multilatéraux, multipartites et multidisciplinaires.

À ce jour, la gouvernance mondiale des données et celle des technologies numériques ont suivi des voies différentes. Au départ, la plupart des questions liées à la gouvernance d'Internet, en tant que réseau de communication, ont été examinées au sein de plusieurs forums multipartites. Une communauté Internet mondiale bien organisée s'est résolument investie dans des approches visant à coordonner les ressources Internet et à assurer un fonctionnement efficace du réseau des réseaux. Ces processus se déroulent normalement sur la base d'une participation d'égal à égal, entre pairs.

Deuxièmement et dans le même esprit, la Convention 108 du Conseil de l'Europe établit un forum où les gouvernements nationaux, les organes de régulation, les acteurs du secteur privé et les représentants de la société civile sont informés et peuvent partager des idées sur la promotion et l'amélioration de la Convention.

Troisièmement, avec l'expansion des flux transfrontières de données, les pouvoirs publics ont cherché à intégrer leur gestion aux règles du commerce international. Ces processus requièrent la négociation d'un ensemble de dispositions entre les signataires, incluant le cas échéant des mécanismes de résolution des litiges. Par rapport aux deux autres voies susmentionnées, les accords commerciaux sont marqués par une transparence limitée, les négociations ayant tendance à se dérouler dans le cadre de processus fermés auxquels les parties prenantes non étatiques ne participent que fort peu.

Au lieu de s'appuyer sur les organisations existantes, des appels de plus en plus nombreux ont été lancés en faveur de la création d'une instance de coordination centrée sur l'évaluation et le développement d'une gouvernance mondiale exhaustive du numérique et des données, un organe doté des compétences requises à cet effet. D'aucuns y voient la reconnaissance que les institutions mondiales actuelles ont été créées pour un monde différent, que le nouveau monde numérique est dominé par des éléments intangibles et que de nouvelles formes de gouvernance sont indispensables.

Il ne sera pas facile de trouver un terrain d'entente et des solutions à l'échelle mondiale. En effet, dans une époque marquée par le populisme, l'antimondialisation et les intérêts particuliers concurrents associés à la captation de rentes provenant de l'utilisation des technologies et des données numériques, la création d'un nouvel organe international peut sembler aller à l'encontre du but recherché. Et pourtant, tous ces facteurs rendent plus essentiel que jamais de s'engager dans une voie mondiale nouvelle pour la gouvernance du numérique et des données.

Le renforcement des diverses approches individuelles de la gouvernance des données ou le fractionnement d'Internet en plusieurs entités rendrait la situation chaotique encore plus confuse. La valeur susceptible d'être tirée de ces technologies et des données qui y sont associées s'en trouverait considérablement réduite et la porte serait ouverte à des atteintes substantielles à la vie privée, à la cybersécurité et à d'autres menaces.

Pour assurer l'inclusivité pleine et entière des débats mondiaux sur la gouvernance des données et les flux transfrontières de données, il faudrait idéalement qu'ils se déroulent sous l'égide des Nations Unies, le forum international le plus représentatif. Actuellement, les pays en développement sont généralement sous-représentés dans les instances mondiales et régionales, d'où le risque de voir leurs besoins, leurs connaissances locales et le contexte culturel négligés lors des discussions politiques mondiales, avec pour conséquence un renforcement des inégalités. Les organismes des Nations Unies ont déjà lancé diverses initiatives en rapport avec la gouvernance des données, notamment la Commission des Nations Unies de la science et de la technique au service du développement, le Haut Commissariat des Nations Unies aux droits de l'homme, la Commission des Nations Unies pour le droit commercial international, l'Organisation des Nations Unies pour l'éducation, la science et la culture, le Forum sur la gouvernance de l'Internet et l'Union internationale des télécommunications. La CNUCED apporte elle aussi sa pierre à l'édifice par le biais de ses trois piliers de travail, à savoir la recherche, les activités visant à favoriser le consensus et la coopération technique. Pour que l'Organisation des Nations Unies puisse remplir son rôle dans ce contexte, elle devra établir des relations étroites avec les autres processus et initiatives en cours, menés par la société civile, le monde universitaire et le secteur privé.

Pour que les données bénéficient à tous, il convient de redoubler d'efforts pour dépasser les clivages

Tout effort visant à valoriser les données et les flux transfrontières de données exigera de porter une attention adéquate aux fractures qui marquent l'économie numérique mondiale. Elles se manifestent non seulement entre les pays, mais aussi entre les différentes parties prenantes. À titre d'exemple, le manque de compétences appropriées au sein des administrations publiques se traduit directement par une représentation insuffisante de l'expertise technique et analytique dans les processus d'élaboration des cadres législatifs et réglementaires. Les pouvoirs publics auront donc du mal à identifier les opportunités offertes par les technologies numériques et les dangers et menaces potentiels qui pourraient naître, ainsi que les moyens de les maîtriser. Les autorités seront davantage tributaires d'un secteur privé axé sur le profit et risquent d'avoir à faire face à un affaiblissement des valeurs démocratiques et des droits humains individuels. Les pays moins développés pâtissent en outre d'une fuite de leurs meilleurs talents au profit des pays développés et d'une moindre représentation dans les débats politiques internationaux, ce qui contribue à aggraver les inégalités dans le monde.

Tout cadre international de gouvernance des flux transfrontières de données doit être complémentaire et cohérent avec les politiques nationales destinées à mettre l'économie numérique fondée sur les données au service du développement. Il devra également être suffisamment flexible pour que les pays aux niveaux plus bas de préparation et aux capacités moindres à tirer parti des données puissent disposer de la marge de manœuvre requise pour concevoir et mettre en œuvre leurs stratégies de développement dans l'économie numérique fondée sur les données. Dans le même temps, les politiques ou stratégies nationales de développement dans ce contexte devront adopter une perspective mondiale, au risque d'échouer.

Tous les pays seront amenés à allouer davantage de ressources nationales au développement de leurs capacités à créer et à capter la valeur des données au niveau national, mais les ressources financières, techniques et autres risquent de ne pas suffire partout. Il en va tout particulièrement ainsi des PMA. La pandémie de COVID-19 et ses répercussions sur les recettes publiques ont réduit la disponibilité des fonds publics, mais elles ont également renforcé la prise de conscience des pouvoirs publics et des autres parties prenantes quant à la nécessité d'améliorer leur état de préparation pour prendre part à l'économie numérique évolutive et axée sur les données et en tirer profit. Un soutien international n'en apparaît que plus crucial.

Dans le contexte des flux transfrontières de données, ce soutien international peut se focaliser sur plusieurs points. Premièrement, il peut contribuer à l'élaboration de cadres juridiques et réglementaires pertinents, sachant par exemple qu'une législation sur la protection des données et de la vie privée est en place dans moins de la moitié des PMA. Deuxièmement, beaucoup de pays sont amenés à mettre au point des stratégies nationales pour gérer les données et les flux transfrontières de données afin qu'ils contribuent au développement économique, tout en respectant les droits de l'homme et diverses préoccupations en matière de sécurité. Troisièmement, des actions de renforcement des capacités seront probablement nécessaires pour intensifier la sensibilisation aux questions liées aux données et à leurs implications en matière de développement. Enfin, pour parvenir à des résultats inclusifs dans le contexte des dialogues régionaux et mondiaux dans ce domaine, les pays en développement doivent pouvoir s'exprimer mais aussi disposer des moyens nécessaires pour participer efficacement aux processus et réunions concernés.

Les données numériques et les flux transfrontières de données jouent un rôle grandissant dans l'économie mondiale et ont des répercussions importantes sur la réalisation des objectifs de développement durable. Compte tenu du rythme effréné de développement du trafic de données, tant au niveau national qu'international, il est urgent d'améliorer la compréhension de la dynamique des flux transfrontières de données, afin de permettre la mise au point de réponses politiques adéquates aux plans national et international.

Ce premier chapitre jette les bases du rapport, en formulant une définition des données et en mettant en lumière certaines de leurs caractéristiques essentielles. Dans le contexte de la chaîne de valeur mondiale des données, il examine ensuite les tendances récentes des technologies numériques qui revêtent un intérêt particulier pour les données et leurs flux transfrontières. Il souligne que l'économie numérique fondée sur les données est marquée par d'importants déséquilibres dans les rapports de force entre les pays, mais aussi au sein de ces pays ; ces déséquilibres se traduisent par des niveaux inégaux de préparation des pays à l'exploitation des données et de leurs flux transfrontières au bénéfice de la croissance et du développement.

LES TENDANCES RÉCENTES DE
L'ÉCONOMIE
NUMÉRIQUE
FONDÉES
SUR LES
DONNÉES

I

Les données constituent une ressource particulière, des biens et des services

Aux fins du développement, la distinction entre données brutes et produits de données (informatic numériques) est essentielle

L'économie numérique fondée sur les données évolue rapidement, dans un contexte de **disparités profondes en terme de préparation numérique**

23 % de la population des PMA

n'a pas accès à un réseau **mobile à haut débit**

Débit moyen d'Internet — **8x** Pays développés / PMA

Utilisation d'Internet — **90 %** Pays développés / **20 %** PMA

Deux pays se distinguent par leur capacité à exploiter les données : **les États-Unis et la Chine**

50 % des centres de données hyperscale du monde

Taux d'adoption de la **5G** les plus élevés au monde

94 % de l'ensemble des financements des startups en IA

90 % de la **capitalisation boursière** des principales plateformes numériques mondiales

Les **principales plateformes numéri** contrôlent de plus en plus toutes les étapes de la chaîne de valeur mondiale des données

Au cours de la pandémie, elles ont encore renforcé leurs positions dominantes

Collecte — Transmission — Stockage — Traitement — Utilisatio

La croissance des **flux de données** n'en est qu'à ses débuts

Le trafic mondial sur IP pour la seule année 2022 dépassera le cumul **de** ce trafic depuis l'origine d'Internet jusqu'en 2016

L'**utilisation de la bande passante interna** s'est accélérée au cours de la dernière déc et est géographiquement concentrée le lor de **deux axes principaux :**

Amérique du Nord — Europe — Chine

Les **données** jouent un rôle grandissant en tant que ressource économique stratégique, et la pandémie de COVID-19 n'a fait qu'amplifier cette tendance du fait de la conversion de nombreuses activités au télétravail

Les flux transfrontières de données constituent un nouveau type de flux économique international, qui conduit à une forme nouvelle d'interdépendance mondiale

La réglementation des flux de donnée au niveau international est devenue une urgence

A. INTRODUCTION

La dématérialisation croissante de l'économie et de la société modifie les modes d'action et d'interaction entre les personnes. L'un des traits distinctifs des diverses transformations numériques a été la prolifération exponentielle des informations lisibles par des machines, dites « données numériques », sur Internet (UNCTAD, 2019a). Ces données sont au cœur de toutes les technologies numériques en pleine expansion, notamment de l'analyse des données, de l'intelligence artificielle (IA), de la chaîne de blocs, de l'Internet des objets, de l'informatique en nuage et de tous les services basés sur Internet, et elles sont devenues une ressource économique fondamentale. La pandémie de COVID-19 a accéléré les processus de transition numérique, car beaucoup de personnes se sont efforcées, dans toute la mesure possible, de poursuivre leurs diverses activités par le biais de canaux en ligne – en particulier pour travailler, étudier, communiquer, vendre et acheter, ou se divertir (UNCTAD, 2021a).

Les données et les flux de données, tant nationaux qu'internationaux, peuvent procurer de nombreux avantages et contribuer à résoudre des problèmes de société, dont ceux liés aux objectifs de développement durable. Ces avantages doivent être exploités, mais il importe de veiller à ce qu'ils soient répartis de manière équitable et non accaparés par quelques-uns, et à ce qu'ils se traduisent par la création d'une valeur sociale. Le passage au numérique s'accompagne de déséquilibres dans les rapports de force et d'inégalités auxquels il convient de remédier. Les données sont bien plus qu'une simple ressource économique, elles sont également en lien avec la vie privée et d'autres aspects des droits de l'homme, ainsi qu'avec la sécurité nationale, d'où la nécessité d'adopter une approche intégrée et holistique de l'élaboration des politiques relatives aux données.

L'importance des données est reconnue dans le document « L'ère de l'interdépendance numérique – Rapport du Groupe de haut niveau sur la coopération numérique créé par le Secrétaire général des Nations Unies » (United Nations, 2019). Les recommandations qui y sont formulées ont servi de fondement au Plan d'action de coopération numérique du Secrétaire général (United Nations, 2020a), qui souligne par ailleurs la nécessité de tirer parti des données au bénéfice du développement. Pour le système des Nations Unies proprement dit, le Secrétaire général a présenté en 2020 la *Stratégie du Secrétaire général pour l'exploitation des données par tout le monde, partout : perspectives, impact et intégrité, 2020-2022*, dans l'optique de la transformation axée sur les données. À son sens, faire un meilleur usage des données, sur la base d'approches fondées sur les valeurs des Nations Unies et les droits de l'homme, est essentiel pour l'avenir et l'action de l'Organisation (United Nations, 2020b:3).

En effet, si la CNUCED était axée au moment de sa création sur le commerce et le développement, elle a très naturellement évolué pour se concentrer sur l'interdépendance et le développement, étant entendu que commerce, développement et interdépendance sont indissociables. La CNUCED est ainsi devenue le centre de coordination du système des Nations Unies pour tout ce qui touche au commerce et au développement, ainsi que pour les questions connexes de financement, de technologie, d'investissement et de développement durable. Cette évolution s'inscrit dans le contexte mouvant de l'interdépendance des pays sur fond de mondialisation, de l'interdépendance de l'élaboration des politiques nationales, régionales et internationales et d'une nouvelle forme d'interdépendance instaurée par l'économie numérique axée sur les données via les flux transfrontières de données.

Une phrase célèbre de l'écrivain uruguayen Mario Benedetti s'applique particulièrement bien à l'économie numérique axée sur les données, et plus particulièrement aux flux transfrontières de données : « Quand nous avons pensé que nous avions toutes les réponses, toutes les questions ont soudainement changé »[1]. De nombreux principes et paramètres de l'économie conventionnelle sont aisément transférables à l'économie numérique, mais ce n'est pas une généralité et beaucoup de concepts économiques nécessitent une adaptation au nouvel espace numérique. En outre, l'émergence de nouvelles réflexions et tendances nous oblige à reconsidérer en profondeur l'économie. Il est donc important de bien comprendre le rôle des flux transfrontières de données, nouvelle ressource clef dans les relations économiques internationales et le développement. Voici quelques-unes des questions auxquelles il convient d'apporter une réponse :

---

[1] Pour plus d'informations sur l'origine de cette citation, voir *El País*, 11 janvier 2016, Quedainaugurada la nuevapolítica, et https://citas.in/frases/1079317/history/.

- Comment définir les données ?
- Comment définir les flux transfrontières de données ?
- Quelles sont les implications des flux transfrontières de données pour le développement ?
- Quelles sont les options concernant les flux transfrontières de données permettant d'optimiser les opportunités de développement et de faire face aux défis tout en atténuant les risques, de manière intégrée et équitable ?

Le présent rapport a pour objectif de mieux faire comprendre cette problématique. S'appuyant sur des recherches antérieures de la CNUCED dans ce domaine[2], il examine en détail les flux transfrontières de données numériques et leur impact sur les pays en développement, et s'efforce d'apporter une vision nouvelle et globale des implications de ce nouveau type de flux économique international sur le développement.

L'élaboration d'une réglementation des flux transfrontières de données figure actuellement en bonne place à l'ordre du jour international, notamment dans le cadre des négociations commerciales. Mais comme mentionné précédemment, ces flux, importants dans le contexte commercial, affectent également les droits de l'homme, la sécurité nationale et l'application de la loi. Les points de vue sur ces flux transfrontières divergent grandement, et le débat actuel est relativement polarisé. Certains militent vigoureusement en faveur de la facilitation de la libre circulation des données, alors que d'autres soulignent la nécessité d'une localisation nationale du stockage des données pour réaliser divers objectifs nationaux. Pour l'heure, cette polarisation a mené le débat sur les flux transfrontières de données dans une véritable impasse.

Comment parvenir à un consensus plus large ? Pour tirer pleinement parti d'Internet et faire en sorte que l'économie numérique fondée sur les données profite aux populations et à la planète, les données doivent être partagées, y compris par-delà les frontières. Dans le même temps, il est urgent de réglementer de manière appropriée les flux de données au niveau international, dans le cadre plus vaste de la gouvernance mondiale des données. Cette réglementation doit être souple et tenir compte de la diversité des conditions et de l'hétérogénéité des niveaux de préparation au numérique, ainsi que des objectifs de développement fixés à l'échelon de chaque pays. Comme nous le verrons par la suite, les flux transfrontières de données et la répartition des bénéfices de ces flux peuvent être encadrés par des réglementations dans toute une série de domaines. Une approche équilibrée de la gouvernance ne sera pas chose aisée à mettre au point et les questions en jeu sont complexes, il n'existe pas de définitions communément admises et la mesure du phénomène est loin d'être aisée. Le présent rapport s'efforce d'apporter sa pierre à l'édifice en renforçant le socle des données factuelles, en améliorant la compréhension de la dynamique des flux transfrontières de données et en analysant les voies de progrès potentielles.

Ce chapitre jette les bases, en commençant par donner une définition des données et en soulignant certaines de leurs caractéristiques essentielles. La section C met en lumière les clivages profonds qui subsistent en termes d'accès et d'utilisation des technologies de l'information et de la communication (TIC) et analyse certaines variables liées aux données qui traduisent de nouvelles fractures dans une économie numérique fondée sur les données en pleine évolution. La section D traite de l'évolution mondiale d'Internet et du trafic de données, tandis que la section E aborde les estimations de la valeur des données et des marchés de données. Les difficultés qui entravent la mesure des flux transfrontières de données sont l'objet de la section F. Les sections suivantes étudient l'évolution de variables liées aux données tout au long de la chaîne de valeur mondiale des données : la collecte des données (sect. G), la transmission et le stockage des données (sect. H), le traitement et l'utilisation des données (sect. I). Chacune de ces étapes peut se dérouler dans un pays différent et donc engendrer par ce seul fait des flux transfrontières

---

[2] Le *Rapport sur l'économie numérique 2019* était axé sur la création et la captation de valeur dans l'économie numérique, soulignant le rôle central des données, et les implications pour les pays en développement (UNCTAD, 2019a) ; et le *Rapport sur l'économie de l'information 2017* mettait l'accent sur la nécessité d'examiner les interactions entre la gouvernance mondiale d'Internet et le régime commercial international (UNCTAD, 2017). En outre, une étude précédente sur les flux de données portait sur les questions de protection des données (UNCTAD, 2016), et une étude récente a traité de l'Initiative de la déclaration commune sur le commerce électronique, notamment des questions liées aux flux transfrontières de données (UNCTAD, 2021b).

de données. La section J explore les aspects non économiques des données en rapport avec les droits de l'homme ainsi que les questions liées à la confiance. La section K formule quelques conclusions, et présente la feuille de route pour le reste du rapport.

B. DÉFINITIONS ET CARACTÉRISTIQUES DES DONNÉES

Avant d'aborder l'évolution de la situation mondiale dans l'économie numérique fondée sur les données, cette section constate le manque de clarté de la définition des données et précise certaines caractéristiques essentielles qui les différencient des biens et des services. Fondamentalement, dans l'économie numérique, tout est « donnée ». La dématérialisation d'un produit ou d'une activité (que l'on peut généralement appeler « événement ») implique sa conversion ou son codage en un langage binaire composé de « 0 » et de « 1 ». Ainsi, sur Internet, tout n'est que chiffres, et donc données. Chaque « 0 » ou chaque « 1 » représente un bit d'information *lisible par les machines*, en l'occurrence le plus petit élément d'information lisible numériquement. Ils peuvent être considérés comme la représentation « virtuelle » de la vie « réelle ». La traduction des événements de la vie réelle en codes « 0 » et « 1 » lisibles par une machine est réalisée par des logiciels.

Ces événements codés peuvent ensuite être transmis et stockés sur un support informatique (par exemple, transférés via des câbles sous-marins et stockés dans des centres de données). Internet est un réseau de réseaux ; à partir du moment où les bits quittent les périphériques de l'utilisateur et arrivent sur le réseau, les données circulent. Les flux de données désignent les transferts de ces événements codés numériquement (en « 0 » et « 1 ») entre des dispositifs numériques. Ces flux de données ne sont pas des transactions commerciales à proprement parler ; ils correspondent simplement à la transmission des informations lisibles par les machines via le réseau. Le fonctionnement d'Internet et de l'économie numérique repose fondamentalement sur les modalités de circulation de ces données au sein des pays et entre eux. Internet étant un réseau mondial, la plupart de ces flux sont transfrontières (voir chap. III sur la manière dont les données circulent par-delà les frontières).

Sur un plan général et plus particulièrement pour la réglementation, l'important c'est ce que ces « 0 » et « 1 » représentent dans la vie réelle, en termes d'informations « *lisibles par l'homme* », ou ce qui est compréhensible par l'esprit humain. Malgré l'importance acquise par les données dans cette économie numérique en constante évolution, il n'existe pas de concept de données qui soit communément accepté, d'où la confusion et la complexité croissante des analyses et des débats politiques. En effet, dans la littérature et les débats, la notion de « données » est généralement considérée comme allant de soi et comprise par tous. Il s'agirait d'une entité quelque peu homogène et homothétique – un monolithe. Or c'est loin d'être le cas et ce concept manque cruellement de clarté.

Les données ont été comparées à de nombreuses autres ressources (notamment le pétrole), mais elles ne ressemblent à rien d'autre et ces comparaisons sont sans grand intérêt pour l'élaboration des politiques (De La Chapelle and Porciuncula, 2021). Les données sont d'une nature différente des biens et services. Pour le comprendre et prendre conscience de leur valeur, il est important de connaître leurs spécificités, qui sont examinées dans l'encadré I.1. À cet égard, si les flux transfrontières de données peuvent avoir des implications économiques, ils constituent un type de flux « économique » international très différent des autres flux économiques internationaux, tels que le commerce des biens et des services ou les flux financiers internationaux. C'est pourquoi il convient de les aborder dans une perspective différente et plus large.

Les données sont de petits éléments d'information « lisibles par l'homme » sans lien entre eux (points de données), qui peuvent être des chiffres, mais peuvent aussi révéler des aspects qualitatifs. La combinaison de ces données et leur traitement produisent des informations, des connaissances et une clairvoyance permettant d'éclairer les décisions. Les données peuvent concerner les personnes (par exemple des données démographiques, comportementales ou relationnelles), les organisations (leurs types, leurs activités et leurs relations commerciales), l'environnement naturel, l'environnement bâti ou les objets manufacturés. Elles peuvent être utilisées pour prendre des décisions ayant des impacts économiques, environnementaux ou des effets sur la santé, l'éducation ou la société en général (Coyle *et al.*, 2020). Dans l'analyse des données et les débats politiques sur l'économie numérique, ces différents

Encadré I.1. Caractéristiques des données

Les données sont immatérielles et non rivales, ce qui signifie que de nombreuses personnes peuvent utiliser les mêmes données simultanément, ou au fil du temps, sans que ces dernières s'épuisent. Parallèlement, l'accès aux données peut être limité par des moyens techniques ou juridiques, entraînant ainsi divers degrés d'exclusion. En termes techniques, les données peuvent être soit un bien public, soit un bien privé, soit un bien de club (lorsque l'accès à ces données est réservé à un groupe de personnes). La place des données dans le spectre de la rivalité et de l'exclusivité est illustrée dans la figure ci-dessous.

Figure de l'encadré. Les données dans le spectre rivalité-exclusivité

	EXCLUSIF	**NON EXCLUSIF**
RIVAL	*Biens privés :* Nourriture, pétrole, vêtements et autres produits manufacturés (smartphones), poisson d'un étang privé, etc.	*Biens communs :* Forêt, terre, atmosphère, eau, poisson de l'océan, etc.
NON RIVAL	*Biens de club :* Satellite TV, parcs privés, cinémas, logiciels sous droits d'auteurs, Internet à haut débit, films en streaming payant, etc.	*Biens publics :* Défense nationale, air, soleil, informations, TV publique, parcs publics, éclairage public, phares, etc.

DONNÉES

Source : CNUCED, d'après Schneider (2019) et Liu (2021).

Les données englobent fréquemment des externalités positives ou négatives. La valeur des données agrégées est souvent supérieure à la somme des valeurs individuelles. Les données ont par ailleurs une valeur relationnelle, de nombreux types de données gagnant en valeur lorsqu'ils sont combinés avec d'autres données complémentaires. D'autre part, les données individuelles n'ont a priori aucune valeur, cette dernière ne prenant corps qu'une fois les données agrégées, traitées et utilisées ; ainsi, les sources de données individuelles auront une valeur d'usage ou potentielle « optionnelle », de sorte qu'elles pourraient gagner en intérêt dès lors qu'elles permettent de répondre à de nouvelles questions qui ne se posaient pas auparavant. Plus les données sont détaillées et granulaires, plus elles sont exploitables, car elles peuvent être filtrées, agrégées et combinées sous différentes formes pour fournir des informations différentes. La valeur naît de leur utilisation et dépend donc fortement du contexte (Coyle *et al.*, 2020).

Globalement, comme mentionné au chapitre III, en termes économiques, les données peuvent apporter non seulement une valeur privée, pour ceux qui les collectent et les contrôlent, mais aussi une valeur sociale pour l'ensemble de l'économie, ce qui met en évidence les avantages potentiels d'un élargissement de l'accès aux données, collectées par des organismes publics ou privés, dans l'intérêt général. Comme les marchés ne sont pas en mesure de garantir à eux seuls la valeur sociale, une politique est indispensable, ne serait-ce que pour des raisons d'efficacité. Elle l'est également par souci d'équité, car la répartition des revenus privés est très inégale.

Les données partagent certaines caractéristiques avec d'autres éléments, mais leur nature multidimensionnelle les rend très spécifiques et incomparables. D'un point de vue économique, les données peuvent être considérées comme une ressource économique, à l'instar du capital, des immobilisations ou du travail, ou encore comme une forme d'infrastructure. Mais certaines dimensions non économiques sont également à prendre en compte, car les données sont étroitement liées à la vie privée et aux autres droits de l'homme, ainsi qu'à la sécurité nationale. Quoi qu'il en soit, comme nous le verrons au chapitre III, les données doivent être abordées sous tous leurs aspects.

Source : CNUCED.

niveaux de traitement sont fréquemment combinés, en dépit de leurs implications extrêmement diverses. La différence entre les données, les informations, les connaissances et la clairvoyance est illustrée dans la figure I.1. La pyramide reflète l'utilisation des données pour le bien. Les technologies ne sont pas déterministes, c'est-à-dire qu'elles ne sont ni mauvaises ni bonnes en soi, mais selon l'usage qui en est fait, le traitement des données peut aussi conduire à des résultats négatifs, par exemple par le biais de la surveillance, et affecter les processus démocratiques. D'où la nécessité de politiques appropriées pour garantir l'utilisation des données dans l'intérêt des populations et de la planète.

Dans le débat, les distinctions entre les divers types de données et leurs utilisations sont souvent insuffisantes. Les données sont de types variés et peuvent être classées selon différentes taxonomies (voir chap. III, qui aborde plus en détail les types de données). Une distinction importante est à établir entre les données communiquées volontairement et les données observées. Les *données fournies spontanément par l'utilisateur* seront constituées par exemple de détails personnels partagés sur une plateforme de médias sociaux ou d'informations relatives à une carte de crédit pour les achats en ligne. Par contre, les *données observées* sont recueillies par une application ou un logiciel tiers, avec ou sans la connaissance ou le consentement de l'utilisateur, par exemple des données de localisation et le comportement de navigation sur le Web. Elles sont extraites des activités sur Internet, notamment par des plateformes numériques et des applications, des machines connectées et des capteurs, le plus souvent sans aucune contrepartie, et couvrent divers aspects, dont la localisation géographique, les préférences, les relations et le comportement personnel. La prolifération exponentielle des données grâce aux progrès des technologies numériques, en particulier l'analyse des données, concerne principalement le deuxième type de données. Ainsi, la plupart des données sont à l'heure actuelle des données observées.

Une autre distinction importante est à établir entre les données structurées et celles qui ne le sont pas. Les *données structurées* sont les plus faciles à chercher et à organiser, car généralement présentées sous forme de lignes et de colonnes, et leurs éléments peuvent être rangés dans des champs fixes prédéfinis. Les statistiques sont un exemple de données structurées. À l'inverse, les *données non structurées* ne se prêtent pas à une présentation en ligne-colonne de type base de données, et ne sont associées à aucun modèle de données. À l'instar des données observées, le phénomène des « mégadonnées » est principalement lié à des données non structurées. Selon les estimations, 90 % de l'ensemble des

---

Figure I.1.   La pyramide des données

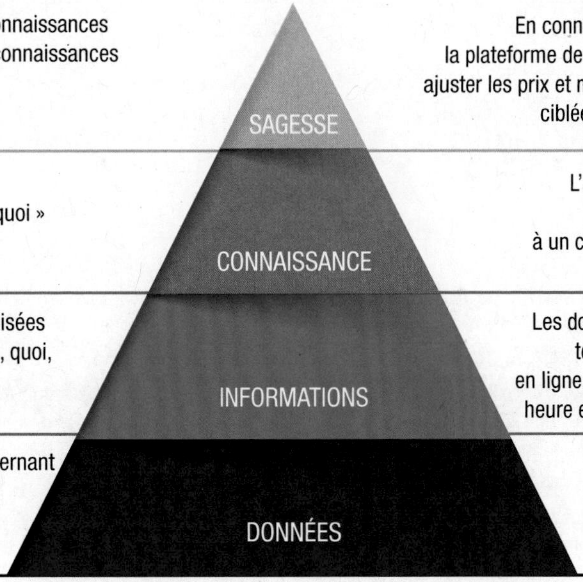

EXPLICATION		APPLICATION DU MONDE RÉEL
Combine un niveau élevé de connaissances et la capacité d'appliquer ces connaissances à des objectifs particuliers	**SAGESSE**	En connaissant ses visiteurs en ligne, la plateforme de commerce électronique peut ajuster les prix et mettre en place des publicités ciblées pour augmenter les ventes
Informations appliquées pour répondre aux questions « pourquoi »	**CONNAISSANCE**	L'analyse suggère que certains articles sont plus demandés à un certain prix par les utilisateurs ayant un profil particulier
Données utilisées et contextualisées en réponse aux questions « qui, quoi, où, quand »	**INFORMATIONS**	Les données indiquent qui consulte tel ou tel article de la boutique en ligne, depuis quel endroit, à quelle heure et pendant combien de temps
Faits concrets et objectifs concernant des phénomènes, souvent obtenus à partir de capteurs, d'expériences ou d'enquêtes	**DONNÉES**	La plateforme de commerce électronique enregistre les visites du site et l'activité des utilisateurs

Source : CNUCED, d'après United States Chamber of Commerce Foundation (2014).

données seraient non structurées[3]. Il est à noter que les données ne sont ni volumineuses ni limitées, mais qu'elles peuvent être traitées en grande ou petite quantité[4].

Il est également important d'établir une distinction entre les différentes formes de données. D'abord, les *données et informations associées à des transactions commerciales*, telles que les données de facturation, les données bancaires, le nom, l'adresse de livraison, etc., peuvent circuler d'un pays à l'autre lorsque ces transactions sont internationales. Que ce soit dans le monde physique ou numérique, elles ne sont généralement pas destinées à être commercialisées en tant que telles, et sont transférées dans le cadre de pratiques et règles commerciales ordinaires. Ces données sont principalement fournies volontairement et ne devraient pas poser de problème, tant que les acteurs de la nouvelle économie numérique appliquent les mêmes règles que celles en vigueur dans l'économie conventionnelle.

Deuxièmement, les *données brutes* – recueillies à partir d'activités, de produits, d'événements, de comportements individuels, etc. – n'ont pas de valeur en soi, mais peuvent en générer une fois agrégées, traitées et monétisées, ou utilisées à des fins sociales[5]. Une définition utile des données aux fins du présent Rapport est la suivante : « Observations qui ont été converties sous forme numérique et qui peuvent être stockées, transmises ou traitées et sur lesquelles des connaissances peuvent être fondées » (Statistics Canada, 2019). Les flux internationaux de ces *données brutes*, qui constituent un type de flux différent des autres flux économiques internationaux, sont actuellement peu réglementés au niveau mondial. En l'absence d'un système international approprié de réglementation de ces flux, ce sont principalement les plateformes numériques d'envergure internationale (ou les entreprises leaders dans les chaînes de valeur mondiales) et les pouvoirs publics qui ont accès aux données, sont en mesure de les collecter et de les contrôler, disposent des ressources et de la capacité de les affiner et de les exploiter (voire d'en abuser ou d'en faire un mauvais usage), et en tirent profit. Ainsi, les données « brutes » (principalement observées et non structurées), massivement collectées grâce aux progrès des technologies numériques, et leur circulation entre les pays créent une nouvelle dimension pour l'élaboration de politiques internationales destinées à relever les nouveaux défis connexes. Ces données brutes correspondent au niveau le plus bas de la pyramide de la figure I.1.

Troisièmement, le traitement des données brutes en vue de leur conversion en informations numériques – sous forme de statistiques, de bases de données, de renseignements, etc. – aboutit à la création de « *produits de données* ». Ceux-ci correspondent aux niveaux « informations », « connaissances » et « sagesse » dans la pyramide de la figure I.1. Ils peuvent être considérés comme des services, et leurs flux transfrontières (lorsqu'ils sont rémunérés) sont pris en compte dans les statistiques et les réglementations commerciales. Cependant, l'évolution des technologies liées aux données, et l'expansion du commerce des nouveaux produits ou services de données qui l'accompagne, sont principalement basées sur le traitement des données brutes. Il est donc probable que l'intensification des flux transfrontières de données nécessite l'adaptation des règles du commerce des services actuellement en vigueur.

---

[3] Voir *Forbes*, 18 octobre 2019, « What's The Difference Between Structured, Semi-Structured And Unstructured Data? » et *Forbes*, 16 octobre 2019, « What Is Unstructured Data And Why Is It So Important To Businesses? An Easy Explanation For Anyone ».

[4] À cet égard, il semble y avoir une certaine confusion dans la littérature et les débats quant à l'expression « révolution des données », qui fait parfois référence à la nécessité d'améliorer les statistiques et de renforcer les capacités statistiques, et qui à d'autres moments évoque la révolution technologique numérique associée à ce que l'on appelle les « mégadonnées » et l'analyse des données.

[5] Certains observateurs considèrent que toutes les données sont le produit d'un contexte particulier ou d'un mécanisme sociétal, et qu'en ce sens elles ne peuvent pas être réellement qualifiées de « données brutes ». Compte tenu de cette dimension sociologique, l'expression « donnée brute » est comprise, aux fins du présent rapport, comme « donnée non traitée », dans le sens où aucune valeur économique ne lui est ajoutée (voir par exemple, Cattaruzza, 2019).

C. LA FRACTURE NUMÉRIQUE EN TERMES D'ACCESSIBILITÉ ET D'UTILISATION DES TIC

Un bref aperçu de la situation actuelle, très inégale, de l'économie numérique fondée sur les données est un point de départ utile pour comprendre les implications potentielles des flux transfrontières de données sur le développement. Pour participer à cette économie et en tirer parti, les pays doivent avoir accès aux technologies de communication pertinentes sur lesquelles repose la transmission des données. Ils doivent également être en mesure de faire un usage productif de cet accès. Les disparités restent importantes, au sein des pays et entre eux, en termes de capacités de connexion et d'utilisation d'Internet. S'attaquer à ces inégalités dans l'économie numérique est essentiel pour le développement. Cette section détaille les différentes tendances en matière de connectivité mobile, de type de connexion, d'adoption des smartphones, d'accessibilité financière et d'utilisation d'Internet. Ces fractures numériques ne sont cependant que le reflet d'inégalités de revenus plus larges au sein des pays et entre ces derniers. Il ne suffit donc pas d'agir uniquement sur l'infrastructure des TIC ; il est important également de relever le défi de l'inégalité mondiale par le biais des politiques économiques.

1. Téléphonie et accès à haut débit

La téléphonie fixe a décliné au cours des quinze dernières années dans les pays développés et en développement, alors qu'elle n'a jamais vraiment décollé dans les pays les moins avancés (PMA). Concernant les abonnements aux services d'accès haut débit sur ligne fixe, le taux de pénétration a augmenté dans les économies développées et les pays en développement. Par contre dans les PMA, le nombre moyen de ces abonnements pour 100 personnes était pratiquement nul au cours de la période 2005-2020, car ces pays ont directement fait le saut vers une connectivité mobile plus efficace et davantage accessible. Bien que les taux de pénétration de la téléphonie mobile en 2020 soient encore plus élevés dans les pays développés que dans les pays en développement, notamment les PMA, ils ont progressé plus fortement dans les pays les moins avancés au cours de cette période, ce qui a contribué à réduire l'écart. Sur le plan régional, le taux le plus élevé d'abonnements à la téléphonie mobile a été observé en 2020 dans les économies en transition, suivies par l'Europe et les Amériques. Les taux de pénétration les plus faibles ont été enregistrés en Asie et dans le Pacifique, dans les États arabes et en Afrique, sachant toutefois que ces régions comptent le plus de pays en développement et de PMA et qu'elles ont connu les augmentations les plus spectaculaires entre 2005 et 2020 (fig. I.2a)[6].

Tous les groupes de pays par niveau de développement ont connu une croissance significative des taux de pénétration du haut débit mobile depuis 2010. Cependant, plus d'une décennie plus tard, d'importantes disparités subsistent : le taux de pénétration dans les pays développés est le double de celui des pays en développement, et le quadruple de celui des PMA. Au niveau régional, les abonnements au haut débit mobile sont moins nombreux que ceux à la téléphonie mobile (fig. I.2b). La progression la plus importante des abonnements au haut débit mobile a été enregistrée en Afrique, en Asie-Pacifique et dans les États arabes, sachant que tous ces pays partaient de niveaux très bas en 2010. S'agissant de l'Afrique, le taux de pénétration du haut débit mobile en 2020 était près de 20 fois supérieur à celui de 2010. Cette évolution a permis aux pays en développement de réduire l'écart avec les pays plus avancés, même si la fracture reste importante en matière de haut débit mobile. En Europe et dans les Amériques (y compris le Canada et les États-Unis), les taux de pénétration ont atteint près de 100 abonnements pour 100 personnes en 2020. Les pays en transition de la Communauté des États indépendants (CEI) étaient relativement proches de ce niveau, mais les taux de pénétration du haut débit mobile en Asie et dans le Pacifique, dans les États arabes et en Afrique représentaient, respectivement, les trois quarts, moins des deux tiers et seulement un tiers des niveaux américain et européen. En 2019, le taux de pénétration du haut débit mobile en Amérique latine était estimé à 73 % (ECLAC, 2021)[7].

---

[6] Toutes les statistiques des bases de données statistiques en ligne utilisées dans les figures et les tableaux de ce chapitre ont été mises à jour en juin 2021, sauf indication contraire.

[7] Comme les données de l'UIT incluent l'Amérique latine dans le groupe des Amériques, avec le Canada et les États-Unis, seules les estimations de la CEPALC pour l'Amérique latine sont présentées ici.

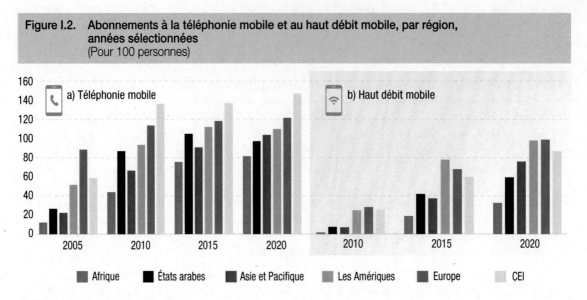

Figure I.2. **Abonnements à la téléphonie mobile et au haut débit mobile, par région, années sélectionnées**
(Pour 100 personnes)

Source : CNUCED, d'après la base de données statistiques de l'UIT, disponible à l'adresse https://www.itu.int/en/ITU-D/Statistics/Pages/stat/default.aspx.
Note : Les groupes de pays sont ceux établis par la source. Les données pour 2020 sont des estimations de l'UIT.

Ce déficit d'accès au haut débit mobile peut s'expliquer par les différences entre les technologies de connexion au haut débit mobile (3G, 4G et désormais 5G), l'adoption des smartphones, ainsi que le caractère financièrement abordable des téléphones dotés d'un accès à Internet et des forfaits de données mobiles. Concernant le haut débit mobile, 93 % de la population mondiale était couverte par le signal d'au moins un réseau 3G en 2020 (fig. I.3). Les réseaux 5G n'ont commencé à être opérationnels qu'en 2020. Comme nous le verrons plus loin, les connexions 5G devraient devenir incontournables dans le contexte de l'économie numérique axée sur les données, du fait de la disponibilité d'un nombre croissant de données. Près de 98 % de la population des pays développés étaient couverts par au moins des réseaux 3G en 2020, sachant que dans les pays en développement et les PMA cette part était de 92 % et 77 %, respectivement. S'agissant des PMA, 23 % de la population n'avait pas accès à un réseau mobile à haut débit en 2020. On est bien loin de la cible 9.c de l'objectif de développement durable de l'Organisation des Nations Unies : « accroître nettement l'accès aux technologies de l'information et de la communication et faire en sorte que tous les habitants des pays les moins avancés aient accès à Internet à un coût abordable d'ici à 2020 » (indicateur 9.c.1 – pourcentage de la population couverte par un réseau mobile, par technologie). Comme évoqué précédemment, une part encore plus faible de la population dispose d'un abonnement au haut débit mobile, notamment en Afrique, continent regroupant la plupart des PMA.

La fracture technologique est également visible au sein même des groupes de pays, entre les populations urbaines et rurales. Le fossé entre les villes et les campagnes en matière d'accès est plus aigu dans les PMA, où 16 % de la population rurale n'ont accès à aucun réseau mobile et 35 % ne bénéficient d'aucune connexion Internet avec un appareil mobile (fig. I.3)[8]. On note cependant une amélioration significative depuis 2015, époque où pas moins de 63 % de la population rurale des PMA n'avaient pas d'accès mobile à l'Internet.

---

[8] Le défaut d'accès à un réseau mobile qui touche une partie de la population correspond à la différence entre la population rurale totale et la couverture cumulée des trois types de technologies (84 %). La population qui n'est pas connectée en ligne par un appareil mobile correspond à la différence entre la couverture cumulée des technologies 3G et 4G (65 %) et la population rurale totale.

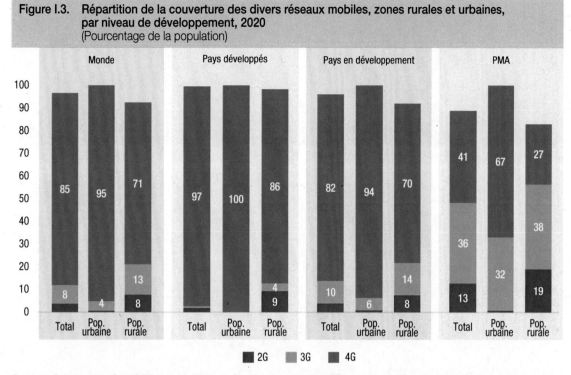

Figure I.3. Répartition de la couverture des divers réseaux mobiles, zones rurales et urbaines, par niveau de développement, 2020
(Pourcentage de la population)

Source : Calculs de la CNUCED, d'après la base de données statistiques de l'UIT, disponible à l'adresse https://www.itu.int/en/ITU-D/Statistics/Pages/stat/default.aspx.

Note : Les valeurs pour les réseaux 2G et 3G indiquent le pourcentage de la population non couverte par un réseau de technologie plus avancée (à titre d'exemple, dans le cas des PMA (total), 41+36+13=90 % de la population sont couverts par la 2G, 41+36=77 % sont couverts par la 3G et 41 % sont couverts par la 4G). Les groupes de pays sont ceux établis par la source. Les données sont des estimations de l'UIT.

2. Adoption des smartphones et accessibilité financière de l'Internet mobile

a) Adoption des smartphones

Les smartphones sont un outil essentiel pour accéder à Internet et transférer des données. Il en va tout particulièrement ainsi dans la plupart des pays en développement, où les connexions à haut débit sur ligne fixe et les ordinateurs sont moins répandues. Les taux d'adoption des smartphones, mesurés en proportion de smartphones dans l'ensemble des connexions mobiles, ont progressé dans toutes les régions sur la période 2016-2019 (fig. I.4). Cependant, les écarts entre les régions ont subsisté en 2019. L'Amérique du Nord et l'Europe étaient en tête pour le taux d'adoption des smartphones, suivies par la Chine. Le taux le plus faible était relevé en Afrique subsaharienne, une région qui devrait toutefois connaître la plus forte croissance en matière d'adoption de smartphones d'ici à 2025. La tendance à la hausse de l'adoption des smartphones est corrélée à l'amélioration de l'accessibilité financière de ces appareils et des abonnements aux services de données, comme indiqué ci-dessous.

b) Accessibilité financière des smartphones et des offres de données mobiles

Le prix d'achat d'un smartphone est un obstacle à la connectivité qui empêche de profiter pleinement de l'économie numérique axée sur les données dans les pays en développement. La GSMA (Association du Système mondial de communications mobiles) a mesuré l'accessibilité financière du téléphone ou du smartphone le moins cher permettant d'accéder à Internet dans différentes régions (GSMA, 2020b). En 2019, le coût d'un tel appareil représentait en moyenne 4 % du produit intérieur brut (PIB) mensuel par habitant dans les pays à revenu élevé. Dans les pays à revenu moindre par habitant, cette proportion était plus de deux fois supérieure en Amérique latine et dans les Caraïbes (9 %), et pouvait atteindre 30 % en

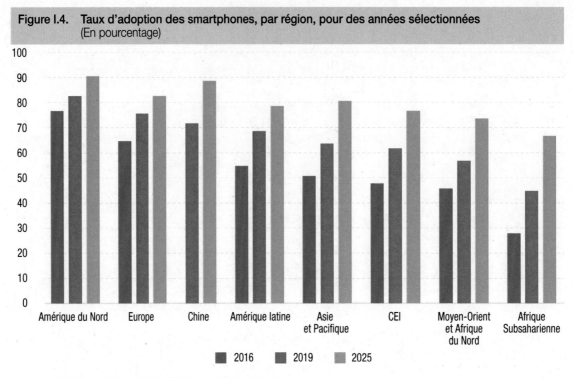

Figure I.4. Taux d'adoption des smartphones, par région, pour des années sélectionnées
(En pourcentage)

Source : CNUCED, d'après GSMA (2017) et GSMA (2020a).
Note : Les groupes de pays sont ceux établis par la source. Les données pour 2025 sont des prévisions.

Afrique subsaharienne. Mais l'achat d'un téléphone ou d'un smartphone connectable à Internet ne suffit pas pour accéder automatiquement au réseau : il faut également souscrire un contrat d'abonnement approprié.

Les offres de données mobiles permettant de rester connecté à un coût raisonnable sont indispensables pour exploiter pleinement les appareils mobiles[9] et combler ainsi le fossé entre pays développés et en développement. L'objectif 2 de la Commission « Le large bande au service du développement numérique » énonce que, d'ici à 2025, les services à large bande d'entrée de gamme devraient être rendus financièrement abordables dans les pays en développement, où ils devront représenter moins de 2 % du revenu national brut (RNB) mensuel par habitant[10]. En 2019, l'objectif d'un haut débit mobile de 1,5 Go pour un coût inférieur à 2 % du RNB mensuel par habitant a été atteint par 95 pays : 47 pays développés, 44 pays en développement et 4 PMA (fig. I.5). L'UIT et l'UNESCO ont souligné dans leur rapport sur l'état du haut débit que si les prix des forfaits de données au niveau mondial ont diminué entre 2013 et 2019 (-15 % de croissance annuelle moyenne), pour au moins 40 pays, principalement des PMA, les services mobiles à haut débit d'entrée de gamme représentent 5 % ou plus du RNB mensuel par habitant. Pour 19 de ces pays, le coût moyen se situe à des niveaux préoccupants, supérieurs à 10 % et 20 % (ITU and UNESCO, 2020:16).

3. Vitesse de connexion Internet

La vitesse des connexions Internet est un élément clef de la capacité à générer et à exploiter le trafic de données. La technologie et l'utilisation d'Internet ont évolué très rapidement au cours des deux dernières décennies et la qualité de la connexion est devenue primordiale. Si des vitesses de connexion moyennes peuvent être suffisantes pour des activités basiques, telles que la navigation sur Internet ou l'envoi de courriels, elles s'avéreront insuffisantes pour d'autres, par exemple les appels vidéo.

---

[9] Dans ce contexte, les données ont trait à la capacité de transmettre des informations sous forme de 0 et de 1, donc aux octets disponibles.

[10] En 2018, la Commission « Le large bande au service du développement numérique » a lancé le cadre des objectifs 2025 afin de connecter la deuxième moitié de la population mondiale (voir www.broadbandcommission.org/broadband-targets/).

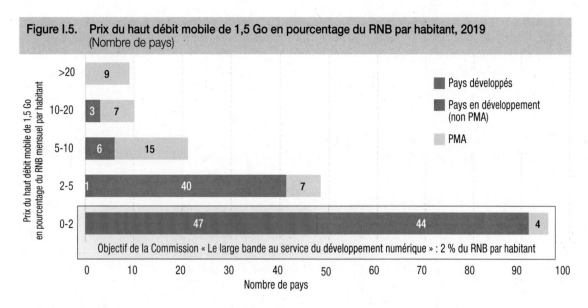

Figure I.5. Prix du haut débit mobile de 1,5 Go en pourcentage du RNB par habitant, 2019
(Nombre de pays)

Source : CNUCED, d'après ITU and UNESCO (2020).

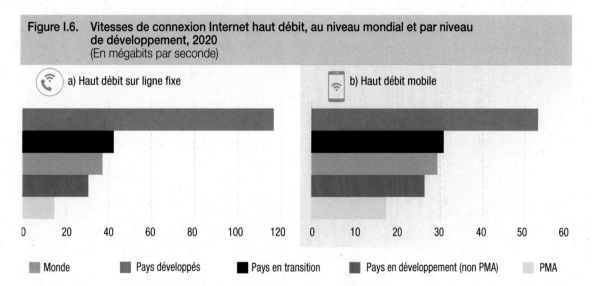

Figure I.6. Vitesses de connexion Internet haut débit, au niveau mondial et par niveau de développement, 2020
(En mégabits par seconde)

Source : Calculs de la CNUCED d'après Ookla, Speedtest Global Index, disponible à l'adresse https://www.speedtest.net/global-index (consulté en avril 2021).
Note : Les moyennes mondiale et de groupe sont les médianes des vitesse moyennes des pays.

En 2020, la vitesse de la connexion Internet haut débit *sur ligne fixe* était en moyenne supérieure à celle de la connexion Internet haut débit *mobile* dans tous les groupes de pays, à l'exception des PMA (fig. I.6). L'écart était moins marqué dans les pays en développement et en transition, mais dans les pays développés, la vitesse moyenne de connexion sur ligne fixe était jusqu'à deux fois supérieure à celle de la connexion mobile. Entre les pays développés et les autres, la différence en termes de qualité de connexion Internet est considérable. En ce qui concerne la connexion haut débit sur ligne fixe, la vitesse moyenne observée dans les pays développés était presque huit fois supérieure à celle des PMA, traduisant les lacunes en matière d'infrastructure et de technologie (par exemple, dans la diffusion de la fibre optique).

En ce qui concerne les vitesses de connexion haut débit mobile, l'écart entre les nations développées et les autres se resserre. Le déploiement de l'accès à haut débit mobile semble être plus avantageux pour les pays en développement et en transition, compte tenu de son coût et des capacités techniques nécessaires. La voie à suivre par les PMA pourrait donc consister à privilégier le développement de l'accès au haut débit mobile, en raison de la vitesse moyenne de connexion Internet plus élevée. Cependant, si les technologies 3G et 4G semblent être suffisantes aujourd'hui, elles pourraient ne plus l'être pour garantir un fonctionnement efficace des applications de demain. Il est donc recommandé aux pays disposant d'infrastructures de haut débit mobile naissantes de passer outre les anciennes technologies et de se concentrer directement sur le déploiement de la 5G, si les financements et les capacités techniques sont disponibles.

4. Utilisation d'Internet

Le déploiement de la connectivité fixe et mobile, la baisse des prix des abonnements, l'utilisation plus répandue des équipements mobiles (téléphones mobiles basiques, smartphones et tablettes) et l'augmentation de la vitesse de connexion Internet ont contribué à la tendance au renforcement de l'utilisation d'Internet (fig. I.7). En 2019, plus de 50 % de la population mondiale utilisaient Internet, un chiffre considérable à comparer à celui d'un peu plus de 10 % au début des années 2000. Cela étant, la proportion d'internautes dans les pays en développement (44 %) et les PMA (20 %) est encore loin de celle des pays développés. Ce clivage reste un sujet de préoccupation majeur pour la communauté internationale. La Commission des Nations Unies « Le large bande au service du développement durable » a fixé un objectif 3, aux termes duquel « le taux de pénétration de l'accès à l'Internet large bande devrait atteindre 75 % à l'échelle mondiale, 65 % dans les pays en développement et 35 % dans les pays les moins avancés d'ici à 2025 ». Selon le rapport « The State of Broadband 2020 : Tackling digital inequalities – A decade for action », les prévisions basées sur les projections de croissance actuelles laissent entrevoir que l'adoption d'Internet au niveau mondial d'ici à 2025 pourrait n'atteindre que 70 %. Pour les PMA, le niveau prévu d'ici à 2025 est de 31 % (ITU and UNESCO, 2020:21).

D'un point de vue régional, l'Europe et les Amériques (y compris les États-Unis, le Canada et l'Amérique latine et les Caraïbes) étaient en tête de l'utilisation d'Internet au cours des quinze dernières années. En revanche, même si d'autres régions (en particulier l'Afrique et les États arabes) ont connu une croissance significative, l'utilisation d'Internet y restait nettement inférieure à la fin de cette période. L'Afrique, en particulier, était à la traîne, avec moins de 30 % d'internautes en 2019. En Amérique latine ce chiffre était de 67 % (ECLAC, 2021).

Figure I.7. Utilisation d'Internet, au niveau mondial, par niveau de développement et par région, années sélectionnées
(En pourcentage)

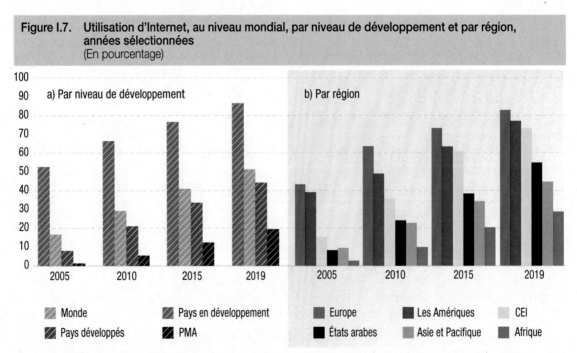

Source : CNUCED, d'après la base de données statistiques de l'UIT, disponible à l'adresse https://www.itu.int/en/ITU-D/Statistics/Pages/stat/default.aspx.
Note : Les groupes de pays sont ceux établis par la source.

Tableau I.1. Activités Internet entreprises par les particuliers, par niveau de développement et par région (En pourcentage)					
Activité Internet	Pays développés	Pays en transition	Pays en développement (Afrique)	Pays en développement (Asie)	Pays en développement (Amérique latine et les Caraïbes)
Banque en ligne	62,3	14,9	9,8	34,8	11,6
Envoi ou réception de courriers électroniques	84,9	44,8	46,6	59,7	52,4
Passation d'appels (téléphone via Internet/ voix sur IP, Skype, iTalk, etc.)	56,9	71,0	47,6	63,2	73,4
Lecture ou téléchargement de journaux ou de magazines en ligne, de livres électroniques	76,4	41,5	38,6	46,0	30,3
Obtention d'informations sur des biens ou des services	83,9	50,9	30,6	68,0	51,8
Obtention d'informations auprès d'organismes publics généraux	55,1	11,1	17,6	20,9	23,2
Interaction avec des organismes publics généraux	54,5	5,7	12,1	25,6	10,7
Achat ou commande de biens ou de services	53,9	18,2	14,6	29,1	13,1
Recherche d'informations sur la santé (blessures, maladies, nutrition, etc.)	62,4	37,5	24,3	47,1	41,1
Prise de rendez-vous avec un praticien de santé via un site Web	16,4	3,9	4,0	7,6	3,1
Participation à des réseaux sociaux	70,4	70,7	86,3	87,2	79,0
Accès à des sites de discussion, des blogs, des groupes de discussion ou des discussions en ligne, ou publication d'opinions sur ces sites	13,9	11,6	45,1	26,5	26,0
Vente de biens ou de services	16,8	7,0	3,5	6,4	9,3
Utilisation de services liés à un voyage ou à un hébergement en rapport avec un voyage	55,0	5,7	7,5	25,2	28,4
Participation à un cours formel en ligne	8,1	4,5	17,5	15,9	28,5
Consultation de wikis, d'encyclopédies en ligne ou d'autres sites Web à des fins d'apprentissage formel	23,8	14,6	17,2	13,2	31,4
Écoute de Web radios	61,2	17,0	13,3	20,9	11,2
Visionnage de programmes TV en ligne	41,1	8,8	30,2	33,1	18,1
Diffusion en continu ou téléchargement d'images, de films, de vidéos ou de musique, participation à des jeux ou téléchargement de jeux	57,4	52,9	64,2	66,4	50,8
Téléchargement de logiciels ou d'applications	19,0	5,5	62,8	41,0	20,7
Recherche d'un emploi ou envoi/remise d'une demande d'emploi	17,4	9,8	14,3	19,9	16,6
Participation à des réseaux professionnels	21,0	3,6	5,9	6,4	0,7
Téléchargement de contenu créé par soi-même ou par l'utilisateur sur un site Web en vue de le partager	38,8	33,4	12,7	21,3	35,6
Participation à des consultations ou des votes en ligne pour préciser des questions civiques ou politiques	9,8	3,5	5,5	8,1	N/A
Utilisation d'un espace de stockage sur Internet pour sauvegarder des documents, des images, de la musique, des vidéos ou d'autres fichiers	38,7	15,0	17,5	20,8	21,7
Utilisation d'un logiciel exécuté sur Internet pour modifier des documents de texte, des feuilles de calcul ou des présentations	28,0	4,3	6,1	11,7	4,8

Source : Calculs de la CNUCED, d'après la base de données de l'UIT sur les indicateurs des télécommunications/TIC.
Note : Les groupes de pays sont ceux établis par la source. Les moyennes des groupes de pays sont les médianes des pays pour lesquels des données sont disponibles et pour l'année la plus récente, qui varie entre 2015 et 2019.

Sous l'angle du développement économique, il est également intéressant de connaître les types d'activités faisant appel à Internet. De fait, la participation aux réseaux sociaux est moins productive en termes économiques que l'achat ou la vente de biens en ligne (le commerce électronique est abordé dans la sous-section suivante). Le tableau I.1 illustre les activités déployées par les internautes. Par exemple, les services bancaires en ligne sont beaucoup plus utilisés dans les pays développés que dans les pays en transition ou en développement, sachant que, parmi ces derniers, l'Asie arrive largement en tête. Il en va de même de l'achat ou de la commande de biens ou de services. La participation aux médias sociaux est forte dans toutes les régions considérées, mais elle est plus répandue dans les pays en développement que dans les pays développés et en transition.

5. Commerce électronique

Les internautes s'adonnent à des activités très diverses. Alors que dans certains pays européens plus de 80 % d'entre eux procèdent à des achats en ligne, dans de nombreux PMA, cette proportion est inférieure à 10 % (UNCTAD, 2021c). Au Rwanda, par exemple, seuls 9 % des internautes ont effectué un achat en ligne en 2017. Le développement du commerce électronique dépend grandement de la capacité ou de l'état de préparation d'un pays à se lancer dans l'économie numérique et à en tirer parti. L'Indice du commerce électronique B2C de la CNUCED, calculé à partir de la moyenne de quatre indicateurs, montre les écarts entre les pays. Les valeurs régionales de l'indice 2020 sont présentées dans le tableau I.2. Les forces et faiblesses relatives diffèrent généralement. Pour l'Asie de l'Est, du Sud et du Sud-Est, le seul indicateur inférieur à la moyenne mondiale est l'utilisation d'Internet. En Amérique latine et dans les Caraïbes, les principales possibilités d'amélioration se situent au niveau de la fiabilité des services postaux. Pour faciliter un commerce électronique plus inclusif, les pays africains gagneraient à rattraper leur retard dans tous les domaines couverts par l'indice.

Tableau I.2. Indice du commerce électronique B2C de la CNUCED, par région, 2020					
Groupes, par région et niveau de développement	Proportion de particuliers utilisant Internet (2019 ou plus récent)	Proportion de personnes disposant d'un compte (15+, 2017)	Serveurs Internet sécurisés (normalisés, 2019)	Indice de fiabilité des services postaux de l'UPU (2019 ou plus récent)	Valeur de l'indice 2020	Valeur de l'indice 2019 (données de 2018)
Afrique	30	40	28	21	30	31
Asie de l'Est, du Sud et du Sud-Est	57	60	54	58	57	58
Amérique latine et Caraïbes	64	53	50	29	49	48
Asie de l'Ouest	77	58	45	50	58	59
Pays en transition	71	58	60	59	62	63
Pays développés	88	93	84	80	86	87
Monde	60	60	53	47	55	55

Source : UNCTAD (2021c).

6. Le fossé numérique entre les genres

Après cette discussion de la fracture numérique entre les pays, abordons le fossé numérique entre les genres, particulièrement manifeste au sein des pays, que ce soit en termes de possession de smartphones ou d'utilisation d'Internet.

a) Le fossé entre les femmes et les hommes pour ce qui est de la possession d'un smartphone

Le Pew Research Center a mené en 2018 une enquête auprès d'un échantillon de pays développés et en développement, portant sur les propriétaires, femmes et hommes, de smartphones (Pew Research

Center, 2019). Cette étude a montré qu'en moyenne, les femmes et les hommes propriétaires de smartphones étaient proportionnellement moins nombreux dans les pays en développement que dans les pays développés (respectivement 48 % et 71 % pour les femmes, 52 % et 80 % pour les hommes). Le fossé entre les genres, défini comme la différence entre les pourcentages d'hommes et de femmes possédant un smartphone, par rapport au pourcentage d'hommes possédant un smartphone, était en moyenne plus important dans les pays en développement que dans les pays développés. Toutefois, il s'est réduit en moyenne entre 2015 et 2018. En 2018, l'écart le plus important entre les genres a été relevé en Inde, avec 56 %, et le plus faible aux Philippines avec -9,6 %, les femmes étant plus nombreuses que les hommes à posséder des smartphones.

b) Le fossé entre les femmes et les hommes dans l'utilisation d'Internet

Selon l'UIT, à l'échelle mondiale, la proportion de la population masculine et féminine utilisant Internet en 2019 était respectivement de 55 % et 48 % (ITU, 2020), ce qui se traduit par un indice de parité entre les genres de 0,87 (fig. I.8), alors que l'objectif à atteindre est une parité totale, soit un indice de 1. L'indice de parité entre les genres est calculé comme la proportion de femmes internautes divisée par la proportion d'hommes[11]. Au niveau mondial, cet indice a légèrement diminué entre 2013 et 2019. Il a augmenté en Asie et dans le Pacifique, dans la CEI, en Europe et dans les Amériques, mais a baissé en revanche dans les États arabes, et surtout en Afrique (de 0,79 à 0,54). De même, il a progressé dans les pays développés, mais a diminué légèrement dans les pays en développement et de manière significative dans les PMA (de 0,70 à 0,53).

La pandémie de COVID-19 a placé toutes les fractures en termes de connectivité et d'utilisation d'Internet évoquées ci-dessus sous le feu des projecteurs. Si les particuliers ont réagi aux mesures de confinement liées à la pandémie par une intensification de leurs connexions Internet pour poursuivre leurs activités, les pays et les secteurs qui présentaient un retard en matière de connectivité ont éprouvé davantage de difficultés à faire face à la crise sanitaire. Malgré l'essor du commerce électronique partout dans le monde en 2020, de nombreuses petites entreprises des pays en développement ont peiné à passer au numérique et à répondre à une demande en ligne croissante[12].

Figure I.8. Indice de parité hommes-femmes dans l'utilisation d'Internet, par niveau de développement et par région, 2013 et 2019

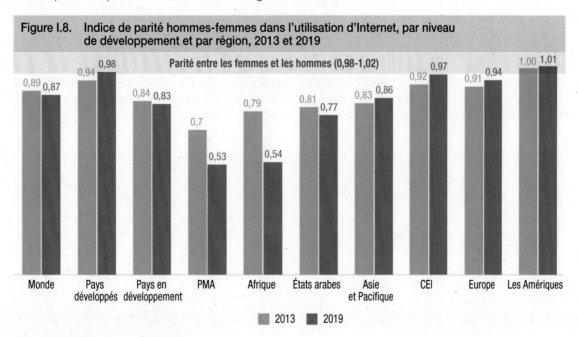

Source : CNUCED, d'après ITU (2020).
Note : Les groupes de pays sont ceux établis par la source.

---

[11] Une valeur inférieure à 1 indique que les hommes utilisent davantage Internet que les femmes, tandis qu'une valeur supérieure à 1 indique le contraire.

[12] Pour une analyse globale de l'impact de la COVID-19 sur le commerce électronique, voir UNCTAD (2021a).

Les analyses et les politiques se sont traditionnellement focalisées sur les profondes disparités en termes de connectivité, d'accès, d'accessibilité financière et de disponibilité des TIC qui persistent au sein des pays et entre eux. À l'avenir, il sera de plus en plus indispensable de combler ces écarts afin que les pays en développement, et en particulier les PMA, puissent progresser dans l'économie numérique au service du développement. Alors que de plus en plus d'activités et d'aspects de la vie passent au numérique et que les données deviennent une ressource clef pour le développement, d'autres facteurs liés à la capacité d'accéder aux données et de les transférer constituent des volets supplémentaires de la fracture numérique. Les sections suivantes se penchent sur l'évolution mondiale des données et du trafic Internet, ainsi que sur les nouveaux clivages en rapport avec la collecte, la transmission et l'utilisation des données.

D. ÉVOLUTION MONDIALE DU TRAFIC INTERNET ET DU TRAFIC DE DONNÉES

Internet et les données numériques revêtent une importance croissante pour les pays et les sociétés. Leur expansion, mesurée par le trafic sur IP, est une estimation tirée de statistiques propres au secteur privé, les statistiques nationales officielles étant inexistantes en la matière. Les méthodologies employées ne sont pas normalisées, pas totalement limpides, et la périodicité de publication des résultats n'est pas nécessairement régulière. L'évaluation de l'évolution du trafic Internet et du trafic de données n'est donc pas chose aisée. Néanmoins, les différentes estimations laissent toutes entrevoir que les deux ont explosé au cours des dernières décennies, et que cette hausse exponentielle devrait se poursuivre en raison des progrès rapides des technologies numériques.

Concernant le trafic mondial sur IP, les chiffres les plus récents, a priori ceux présentés dans le Rapport sur l'économie numérique 2019[13], annonçaient plus qu'un triplement entre 2017 et 2022 (UNCTAD, 2019a). La majeure partie du trafic Internet a pour cadre les régions Asie-Pacifique et Amérique du Nord, alors que l'Amérique latine, le Moyen-Orient et l'Afrique du Nord ne représentent qu'une part minime. Selon les prévisions, le trafic mondial sur IP pour la seule année 2022 devrait dépasser le cumul du trafic Internet depuis l'origine jusqu'en 2016[14]. En outre, les systèmes connectés aux réseaux IP seront trois fois plus nombreux que la population mondiale d'ici à 2023 (Cisco, 2020).

La pandémie de COVID-19 a eu un impact considérable sur le trafic Internet, les activités se pratiquant de plus en plus en ligne. L'utilisation de la bande passante Internet mondiale a bondi de 35 % en 2020, une hausse significative par rapport aux 26 % de croissance de l'année précédente. Largement stimulée par la réaction à la pandémie, cette progression annuelle est la plus forte depuis 2013. Même si, à partir de mars 2020, les modèles de trafic ont changé et les volumes ont augmenté, Internet s'est montré remarquablement résilient face aux bouleversements brusques liés à la pandémie. De nombreux opérateurs de réseaux ont accéléré leurs programmes de développement pour gagner en capacité et répondre à la demande (TeleGeography, 2021a).

Selon Ericsson, le trafic de données par réseaux mobiles a progressé de 50 % entre le troisième trimestre (T3) de 2019 et le T3 de 2020 (Ericsson, 2020). Le trafic mondial de données a atteint 180 et 230 exaoctets par mois en 2019 et 2020, respectivement (fig. I.9). D'ici à 2026, ce volume devrait plus que tripler et s'élever à 780 exaoctets par mois. Si le trafic de données sur ligne fixe a représenté près des trois quarts de l'ensemble du trafic de données en 2019, la prolifération des appareils mobiles et de l'Internet des objets devrait se traduire par une croissance plus rapide du trafic par haut débit mobile, censé représenter près d'un tiers du volume total de données en 2026.

Selon d'autres sources, en 2020, 64,2 zettaoctets de données ont été créés ou répliqués malgré la pression systémique à la baisse exercée sur de nombreux secteurs par cette pandémie, dont l'impact se fera sentir pendant plusieurs années. Les données numériques créées au cours des cinq prochaines années devraient plus que doubler par rapport à l'ensemble de celles créées depuis l'avènement du stockage numérique. La création et la réplication de données à l'échelle mondiale connaîtront une progression annuelle cumulée de 23 % au cours de la période 2020-2025 (IDC, 2021a).

---

[13] Les analyses du Rapport sur l'économie numérique 2019 étaient basées sur Cisco (2018). Il semble que Cisco ne publie plus ces prévisions et tendances, privilégiant un rapport annuel consacré à Internet (Cisco, 2020), sans statistiques sur le trafic sur IP.

[14] Voir Cisco, 27 novembre 2018, « Cisco Predicts More IP Traffic in the Next Five Years Than in the History of the Internet ».

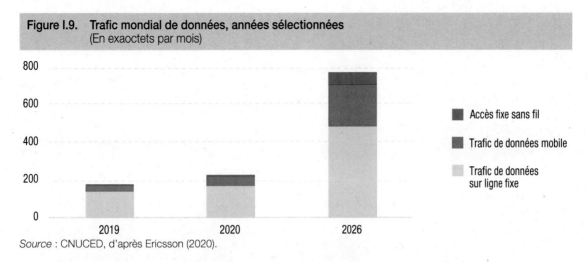

Figure I.9. Trafic mondial de données, années sélectionnées
(En exaoctets par mois)

Source : CNUCED, d'après Ericsson (2020).

E. ESTIMATIONS DE LA VALEUR DES DONNÉES ET DES MARCHÉS DE DONNÉES

Mesurer la valeur des données reste un défi majeur. Le concept de la « chaîne de valeur des données » est essentiel pour procéder à une estimation. La valeur naît du processus de transformation des données brutes, depuis la collecte des données jusqu'à l'intelligence numérique en passant par le traitement et l'analyse, un processus qui les rend monétisables à des fins commerciales ou utilisables en vue de la réalisation d'objectifs sociaux (UNCTAD, 2019a). Dans ce processus, les données individuelles n'ont de valeur que si elles sont agrégées et traitées. Et il ne peut y avoir d'informations numériques sans données brutes. Pour générer et capter la valeur, il faut disposer à la fois des données brutes et des capacités de traitement permettant de les transformer en renseignements numériques.

A priori, sans connaître l'utilisation qui sera faite des données, la valeur des données brutes ne peut être estimée, même s'il est entendu qu'elles ont une valeur potentielle. Par ailleurs, contrairement aux biens, les données sont non rivales et peuvent être employées à plusieurs reprises sans appauvrissement. En outre, il n'existe pas de marché des données brutes dûment établi et formalisé ; comme nous le verrons plus en détail au chapitre III, les données ne peuvent pas être abordées en termes de propriété, mais plutôt en termes de droits et d'accès. Il n'existe aucune place de marché fonctionnant sur la base d'une offre et d'une demande de données brutes ; ces données sont essentiellement recueillies auprès des utilisateurs. Le plus souvent, lorsqu'on parle de marchés de données, il s'agit de marchés de renseignements numériques (ou de produits de données).

La plupart des estimations de la valeur des données font référence à la valeur de ces marchés de produits de données. Elles donnent une idée de la valeur des données brutes utilisées dans la production de ces produits de données ; si la valeur des produits de données augmente, la valeur des données brutes devrait augmenter en conséquence. Mais ces évaluations apportent peu de précisions sur la manière de différencier la valeur des données brutes de la valeur ajoutée lors du traitement et de la monétisation des données. En effet, en termes de développement, l'important est la valeur ajoutée nationale des pays en développement dans les processus de production.

En guise d'illustration, l'outil de surveillance du marché européen des données définit le marché des données comme le marché sur lequel les données numériques s'échangent sous forme de produits ou services dérivés de données brutes (European Commission, 2020a). Cet outil englobe une comparaison internationale de la valeur du marché des données de l'Union européenne (y compris le Royaume-Uni) à ceux des États-Unis, du Japon et du Brésil, comme illustré par la figure I.10. La valeur des marchés de données a augmenté de manière significative au cours des cinq dernières années, dans tous les pays analysés ; cependant, au Brésil, cette valeur reste relativement faible sur la période. Cette analyse met en lumière l'écrasante domination des États-Unis[15].

---

[15] Les bureaux de statistiques de divers pays s'efforcent d'améliorer les estimations de la valeur des données. Voir, par exemple, Statistique Canada (2019).

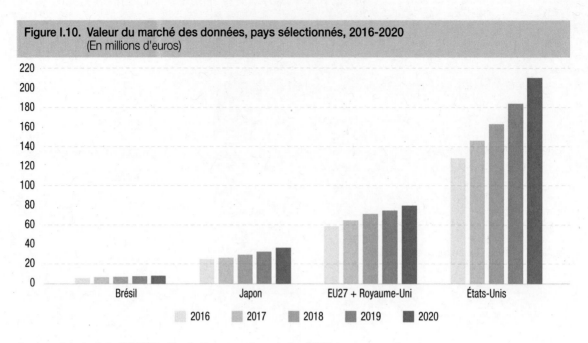

Figure I.10. Valeur du marché des données, pays sélectionnés, 2016-2020
(En millions d'euros)

Source : Calculs de la CNUCED, d'après European Commission (2020a).

F. MESURE DES FLUX TRANSFRONTIÈRES DE DONNÉES

La mesure des flux transfrontières de données s'avère encore plus délicate. En effet, il n'existe actuellement aucun moyen pratique de quantifier ces flux. Ils sont principalement évalués par le biais d'indicateurs, mais sans grand succès, car ces derniers sont loin de fournir des précisions et des éléments factuels utiles à l'élaboration des politiques et au développement[16].

En termes de volume, la principale mesure utilisée est la largeur de bande internationale. Selon l'UIT, la largeur de bande Internet internationale désigne la capacité totale de la largeur de bande Internet internationale en mégabits par seconde (Mbit/s). La largeur de bande Internet internationale utilisée désigne la charge moyenne de trafic des câbles en fibres optiques et des liaisons radio internationaux servant au transport du trafic Internet. La moyenne est calculée sur la période de douze mois de l'année de référence, et prend en compte le trafic de toutes les liaisons Internet internationales. La charge moyenne cumulée de trafic des différentes liaisons Internet internationales correspond à la somme des charges moyennes de trafic des liaisons individuelles[17].

Les chiffres sur la largeur de bande internationale sont fournis par l'UIT et TeleGeography. L'UIT publie des statistiques sur la capacité et l'utilisation de la bande passante internationale, pays par pays. L'utilisation totale de la bande passante internationale dans le monde s'est accélérée en 2020. La majeure partie de celle-ci était concentrée dans les régions de l'Asie et du Pacifique, de l'Europe et des Amériques, alors que la part de l'Afrique restait très faible (fig. I.11).

Les données librement disponibles de TeleGeography, présentées dans la figure I.12, illustrent la croissance de la largeur de bande internationale et une prévision pour 2024. La plus grande partie de la largeur de bande interrégionale est concentrée entre l'Amérique du Nord et l'Europe, et entre l'Amérique du Nord et l'Asie. Parmi les pays en développement, la connexion Nord-Sud entre l'Amérique du Nord et l'Amérique

---

[16] Des discussions plus approfondies sur les problèmes de mesure des flux de données transfrontaliers et sur l'importance d'améliorer ces mesures figurent dans National Telecommunications and Information Administration (2016) ; Coyle and Nguyen (2019) ; et Cory (2020).

[17] Si la capacité est asymétrique : si la capacité de réception (liaison descendante) est plus importante que la capacité d'émission (liaison montante), la capacité de réception (liaison descendante) devrait être indiquée. Voir « ICT Development Index (IDI): conceptual framework and methodology », disponible à l'adresse www.itu.int/en/ITU-D/ Statistics/Pages/publications/mis/methodology.aspx.

Figure I.11. Largeur de bande internationale, par région, 2015-2020
(En térabits par seconde)

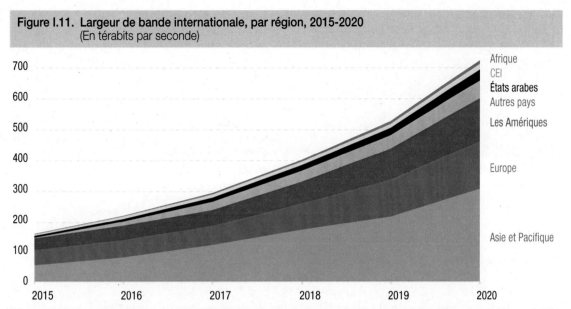

Source : Calculs de la CNUCED, d'après ITU (2020) ; et le Rapport de l'UIT « Measuring digital development, Facts and figure 2020 », disponible à l'adresse https://www.itu.int/en/ITU-D/Statistics/Pages/ff2020interactive.aspx.
Note : Les groupes de pays sont ceux établis par la source. Les données pour 2020 sont des estimations de l'UIT.

Figure I.12. Évolution de la largeur de bande internationale, par région, années sélectionnées

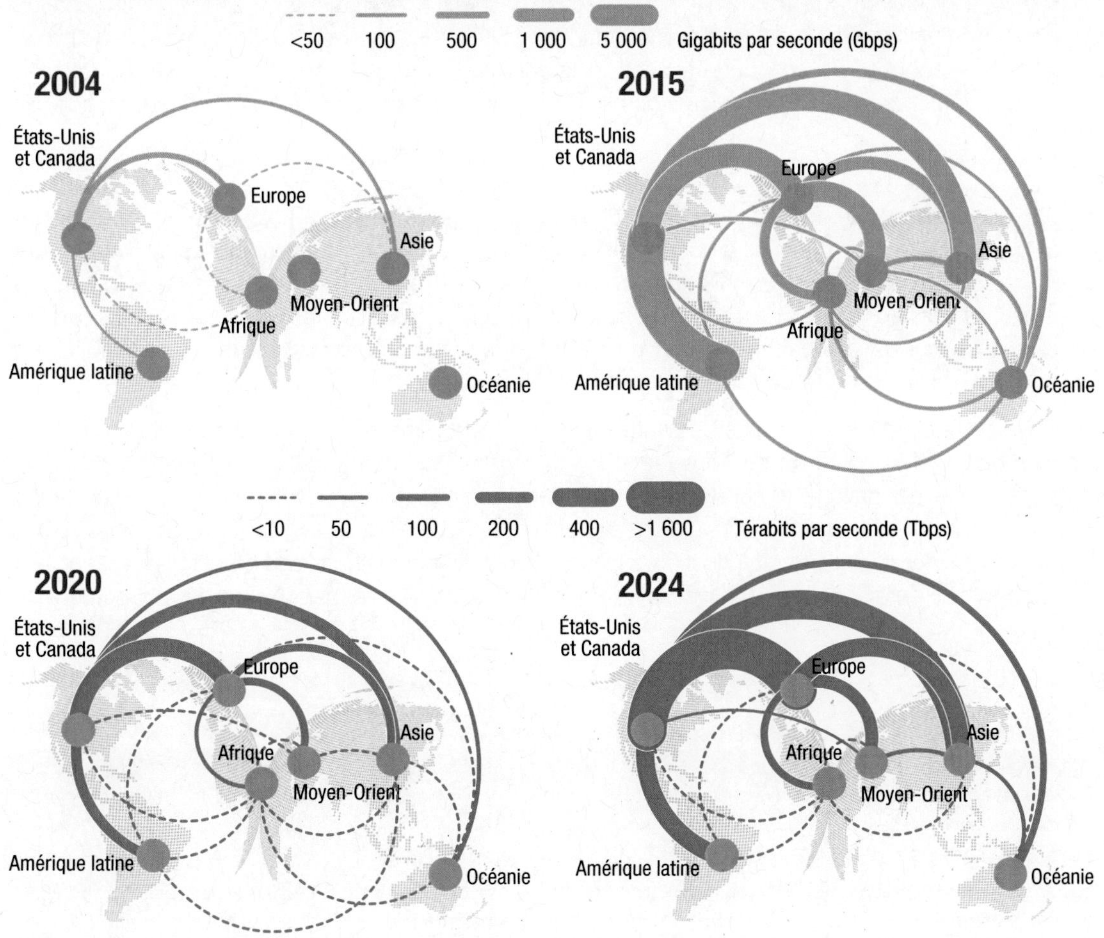

<50   100   500   1 000   5 000   Gigabits par seconde (Gbps)

2004

États-Unis et Canada — Europe — Asie — Moyen-Orient — Afrique — Amérique latine — Océanie

2015

États-Unis et Canada — Europe — Asie — Moyen-Orient — Afrique — Amérique latine — Océanie

<10   50   100   200   400   >1 600   Térabits par seconde (Tbps)

2020

États-Unis et Canada — Europe — Afrique — Asie — Moyen-Orient — Amérique latine — Océanie

2024

États-Unis et Canada — Europe — Afrique — Asie — Moyen-Orient — Amérique latine — Océanie

Source : UNCTAD, a partir de TeleGeography (2015, 2019, 2021b).
Note : Un *térabit* équivaut à 1 000 gigabits. Les données pour 2024 sont des prévisions.

latine enregistre la largeur de bande interrégionale la plus importante. Cette information ne fait cependant référence qu'à la quantité de données qui circulent en termes d'octets, sans indiquer le sens de circulation. Elle n'établit pas de distinction entre les flux entrants et sortants de données d'une région ou d'un pays particulier. Par ailleurs, ces octets couvrent à la fois les données brutes et les produits de données[18].

Une enquête Nikkei basée sur les statistiques de l'UIT et de TeleGeography a montré qu'en 2019, les flux transfrontières de données de la Chine – y compris Hong Kong (Chine) – ont largement dépassé tous les autres pays/territoires et régions examinés, y compris les États-Unis. La Chine a représenté à elle seule 23 % des flux transfrontières de données mondiaux, les États-Unis se classant en deuxième position avec 12 %. Le leadership de la Chine tient essentiellement à ses connexions avec le reste de l'Asie. Alors que les États-Unis représentaient 45 % des flux de données entrants et sortants de Chine en 2001, ce chiffre est tombé à 25 % seulement en 2019. Les pays asiatiques assurent désormais plus de la moitié du total, en particulier le Viet Nam (17 %) et Singapour (15 %)[19].

Bien que les statistiques de l'UIT et de TeleGeography fournissent des informations et des indications intéressantes sur l'évolution des flux transfrontières de données, le volume n'est pas l'aspect le plus important. La nature et la qualité des données sont également à prendre en considération. Il est probable qu'une part importante des données collectées ne soit pas utilisée à des fins économiques, même si celles-ci produisent des revenus pour quelques entreprises. En effet, IBM estime que 90 % des données générées par les capteurs et les conversions analogiques-numériques ne sont pas utilisées. En outre, selon la société Sandvine, les vidéos, les réseaux sociaux et les jeux constituent près de 80 % de l'ensemble du trafic Internet (Sandvine, 2020).

Du point de vue économique, il serait également judicieux de disposer de mesures de la valeur des flux transfrontières de données. En 2016, la National Telecommunications and Information Administration américaine a produit un rapport à propos de ces mesures et formulé quelques recommandations (encadré I.2). En liaison avec la deuxième recommandation, relative à la nécessité de disposer de définitions normalisées, il convient de noter que le rapport lui-même, dont l'objet est d'examiner la situation en matière de mesure des flux transfrontières de données, n'apporte aucun éclaircissement sur ce que sont réellement ces flux.

Cinq années se sont écoulées depuis la publication de ce document, une période extrêmement longue compte tenu de la rapidité de l'évolution des technologies basées sur les données. Toutefois, si l'économie numérique fondée sur les données a considérablement changé au cours de ces années, peu de progrès ont été réalisés dans la mesure des flux de données. C'est aux responsables qu'il appartient de prendre des décisions éclairées en vue de réguler ces flux, mais il leur faut pour ce faire davantage de statistiques officielles sur les questions liées aux données, car les chiffres pertinents dans ce domaine sont principalement fournis par des entreprises telles que TeleGeography, Cisco ou International Data Corporation.

En particulier, à des fins de développement, il serait important de pouvoir faire la distinction entre les données brutes et les produits de données. Dans l'économie conventionnelle, s'agissant de la relation entre commerce international et développement, l'analyse se concentre sur la structure des importations et des exportations en termes de niveau de qualification de la main d'œuvre et de contenu technologique. L'augmentation des niveaux de qualification et des contenus technologiques des exportations par rapport aux importations serait une indication de la valeur ajoutée nationale et, partant, du développement. De

---

[18] Il s'agit d'informations publiquement disponibles. TeleGeography est la plus importante source de données et d'analyses concernant les réseaux longue distance et le marché des câbles sous-marins. Les données sous-jacentes relatives à la capacité, la propriété, les prix de gros (non actualisés) et d'autres paramètres sont disponibles sur abonnement. Il est donc possible que des statistiques plus détaillées existent, mais qu'elles soient protégées par des droits de propriété. TeleGeography est également la source des publications du McKinsey Global Institute ; la société propose des analyses sur les flux de données transfrontaliers (qui sont très souvent citées et font autorité en la matière, mais qui mériteraient d'être examinées de près).

[19] Voir *Nikkei*, 24 novembre 2020, « China rises as world's data superpower as Internet fractures », disponible à l'adresse https://asia.nikkei.com/Spotlight/Century-of-Data/China-rises-as-world-s-data-superpower-as-internet-fractures. La méthodologie utilisée dans cette enquête est loin d'être claire ; il n'est pas facile de déterminer les modalités de l'enquête et la source des statistiques, lorsque l'on discute des flux de données entrants et sortants de la Chine.

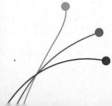

Encadré I.2. Recommandations du rapport de la National Telecommunications and Information Administration des États-Unis sur la mesure de la valeur des flux transfrontières de données

Les recommandations portent sur :

- L'amélioration de la couverture et de la qualité globales des statistiques publiques relatives au secteur des services ;

- L'élaboration d'une nomenclature normalisée ou de définitions normalisées pour les notions touchant aux flux transfrontières de données, distinguant des concepts tels que l'économie numérique, l'économie à forte intensité numérique, l'économie axée sur le numérique et les TIC ;

- Une meilleure compréhension de l'utilisation que font les entreprises des flux transfrontières de données et de la valeur économique de ces flux. Ces mesures devraient couvrir l'économie américaine dans sa globalité, ainsi que certains secteurs spécifiques ;

- L'élaboration de statistiques macroéconomiques de meilleure qualité et cohérentes, permettant de mesurer la valeur des flux transfrontières de données et de l'économie numérique, par exemple la contribution des flux de données et de l'économie numérique au PIB. Ces mesures devraient couvrir l'économie américaine dans sa globalité, ainsi que certains secteurs spécifiques ;

- La poursuite du dialogue entre l'industrie privée et le Département du commerce afin de faciliter le partage des données et la mise en relation des ensembles de données publics et privés, lorsque cela est possible d'un point de vue juridique et logistique et compatible avec de solides protections de la confidentialité des entreprises ;

- La poursuite de la collaboration entre le Département du Commerce et les organisations internationales, afin de garantir que les chiffres sur les flux transfrontières de données et l'économie numérique soient à la disposition des pays du monde entier.

Source : National Telecommunications and Information Administration (2016).

même, concernant les flux transfrontières de données, dans le contexte de la chaîne de valeur, de la collecte de données brutes jusqu'à la production d'informations numériques (produits de données), signe d'une valeur ajoutée, il serait important d'examiner la structure des flux entrants et sortants de données et de déterminer s'il s'agit de données brutes ou de produits de données. À l'heure actuelle, la plupart des flux sortants des pays en développement semblent être des données brutes, tandis que leurs flux entrants consistent davantage en informations numériques produites dans les pays qui disposent des meilleures capacités de traitement des données brutes (voir également le chapitre III). Il serait donc judicieux de trouver des mesures permettant d'établir la distinction entre les flux sortants et entrants de données, ainsi qu'entre les données brutes et les produits de données[20].

G. COLLECTE DE DONNÉES

Les données peuvent être collectées par différents acteurs et selon des modalités diverses (voir chap. III). Comme nous le verrons dans cette section et les suivantes, les plateformes numériques d'envergure mondiale sont appelées à occuper une place de plus en plus importante dans toutes les étapes de la chaîne de valeur des données. La présente section traite de leur rôle en tant que principaux collecteurs de données à l'échelle planétaire. Elle aborde ensuite les développements de l'Internet des objets, la multiplication des périphériques compatibles avec Internet et des connexions entre machines étant censée stimuler la production et les flux de données.

1. Plateformes numériques

Les plateformes numériques mondiales occupent une place privilégiée pour collecter des données à grande échelle lors de l'accès des nombreux utilisateurs à leurs services. Elles en retirent un avantage

---

[20] Voir également le chapitre II pour une synthèse de la littérature sur les questions de mesure des données.

concurrentiel déterminant. En l'absence d'un système international adéquat de gouvernance mondiale des données, cet avantage en matière de collecte se traduit directement par la capacité de ces plateformes à capter la plupart des gains monétaires de l'économie numérique fondée sur les données et, par conséquent, des flux transfrontières de données.

Les effets de réseau, combinés à l'accès aux données et aux économies d'échelle et de gamme, ont favorisé les tendances monopolistiques et le renforcement du pouvoir de marché des grandes plateformes numériques mondiales, situées principalement aux États-Unis et en Chine. Ces plateformes ont conforté leur position par des acquisitions stratégiques d'autres entreprises, par l'extension de leur champ d'action à de nouveaux secteurs et par des pressions exercées sur les décideurs (UNCTAD, 2019a, 2019b). Cette position a encore été raffermie en 2020 au cours de la pandémie. La répartition mondiale des plateformes numériques mondiales en 2021 est illustrée dans la figure I.13.

Cette section analyse l'impact de la situation sanitaire liée à la COVID-19 sur ces plateformes. Elle se penche ensuite sur les tendances en matière de lobbying, certaines de ces plateformes cherchant à influer sur l'élaboration des politiques dans leur propre intérêt. En outre, étant donné qu'une grande partie des données sert à alimenter les algorithmes d'intelligence artificielle et que l'évolution de l'IA a des conséquences importantes pour l'avenir de l'économie numérique mondiale, la dernière partie de cette section est consacrée aux investissements en IA réalisées par les principales plateformes numériques mondiales.

a) *Impact de la pandémie sur les plateformes numériques mondiales*

Les principales plateformes numériques ont enregistré des hausses significatives de leurs profits et de leur capitalisation boursière à la suite de la pandémie. Ce constat n'est pas surprenant, car la plupart des solutions numériques utilisées pour faire face au confinement et aux diverses restrictions en matière de déplacement ont été fournies par un petit nombre de très grandes entreprises. Ainsi, Amazon a connu un essor important de son activité de vente au détail en ligne grâce à la croissance du commerce électronique. La société a

Figure I.13. Répartition géographique des 100 premières plateformes numériques mondiales, par capitalisation boursière 2021

Amérique

Apple, Microsoft, Amazon, Facebook, Alphabet, PayPal, Salesforce, Netflix

Airbnb, Alteryx, Booking, Carvana, Chegg, Doordash, Dropbox, Ebay, Etsy, Expedia, Grainger, Grubhub, Instacart, Intuit, Lyft, Match, MercadoLibre, Opendoor, Palantir, Peloton, Pinterest, Roblox, Roku, Slack, Snap, Splunk, Square, Stripe, Teladoc, Twilio, Twitter, Uber, Wish, Zillow

Europe

SAP

Adyen, Auto1, Checkout, Delivery Hero, Edenred, Hellofresh, Farfetch, Klarna, Spotify, Just Eat T., Yandex

Afrique

Naspers, Prosus

Asie et pacifique

Tencent, Alibaba, Samsung, PingAn, Byte-dance, Mei, Sea, Ant Group, JD.com, Pi, Ne, Didi

Baidu, Beike, Bilibili, BYJU, Chehaoduo, Coupang, Dada Nexus, Didi Chuxing, Go-Jek, Grab, JD Digits, Kakao, Kuaishou | Lufax, Manbang, Meicai, Meituan, Mercari, Naver, Netease, Ola, OYO, Paytm, Pinduoduo, PindAn Health, Rakuten | Rea, Sea Group, Seek, Sensetime, Tokopedia, Trip.com, VipShop, WeBank, WeDoctor, Weibo, YonYou, Yuanfudao

| 67 | 29 | | 41 | 12 | 45 |

Part de la valeur totale, par région (%)   Nombre de plateformes du top 100, par région

Source : Holger Schmidt, disponible à l'adresse www.netzoekonom.de/vortraege/#tab-id-1 (données de mai 2021).
Nota: À titre de référence, la capitalisation boursière d'Apple s'élève à 2 200 milliards de dollars, celle du Mercado Libre à 88,7 milliards, celle de Baidu à 80,2 milliards et celle de Spotify à 59,7 milliards.

également enregistré une croissance notable de ses activités de services informatiques en nuage, en raison de la hausse de la demande et du trafic Internet. Il en va de même pour Microsoft. En outre, Apple a vu la demande de ses appareils exploser, les activités étant de plus en plus fréquemment exercées en ligne.

Dans la suite de ce chapitre, nous analyserons l'évolution récente de la publicité numérique, des bénéfices, des cours de bourse et de la capitalisation boursière de ces entreprises au cours des dernières années, en insistant sur l'impact de la pandémie.

i) Publicité numérique

L'un des moyens mis en œuvre par certaines plateformes numériques pour monétiser leurs données est la publicité numérique. Les plateformes numériques mondiales ont poursuivi la consolidation de leur position dominante sur ce marché. D'ici à 2022, les dépenses en publicité numérique devraient atteindre 60 % des dépenses publicitaires totales dans les médias, soit un quasi-doublement de la part de 2013 (fig. I.14a). Dans l'intervalle, les cinq principales plateformes numériques accapareront plus de 70 % des dépenses publicitaires numériques totales (fig. I.14b).

Figure I.14. Dépenses de publicité numérique, 2012 2022

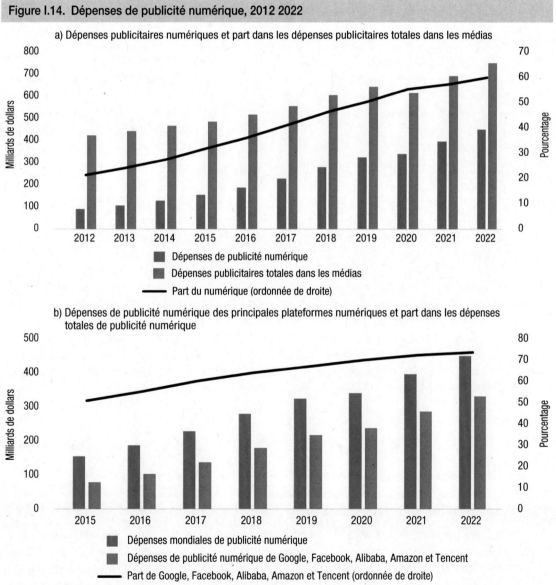

a) Dépenses publicitaires numériques et part dans les dépenses publicitaires totales dans les médias

- Dépenses de publicité numérique
- Dépenses publicitaires totales dans les médias
- Part du numérique (ordonnée de droite)

b) Dépenses de publicité numérique des principales plateformes numériques et part dans les dépenses totales de publicité numérique

- Dépenses mondiales de publicité numérique
- Dépenses de publicité numérique de Google, Facebook, Alibaba, Amazon et Tencent
- Part de Google, Facebook, Alibaba, Amazon et Tencent (ordonnée de droite)

Source : CNUCED, d'après des données de eMarketer, Global Digital Ad Spending Update Q2 2020, disponibles à l'adresse www.emarketer.com/content/global-digital-ad-spending-update-q2-2020.
Note : Les chiffres de 2020 à 2022 sont des estimations.

ii) Profits

Les profits des grandes plateformes numériques ont progressé depuis 2017, y compris en 2020 dans un contexte de crise économique liée à la pandémie (fig. I.15a). Les revenus nets des principales plateformes numériques aux États-Unis ont atteint 192,4 milliards de dollars en 2020, soit une hausse de 21,1 % par rapport à l'année précédente.

L'analyse des profits trimestriels du second semestre 2019 au premier trimestre 2021 apporte un éclairage supplémentaire sur l'impact de la pandémie pour ces entreprises (fig. I.15b). Les troisième (T3) et quatrième (T4) trimestres de 2019 montrent une situation d'avant-crise, avec un niveau et une croissance confortables des revenus. Au premier trimestre 2020, ces plateformes ont été confrontées à une baisse significative de leurs profits, par rapport au quatrième trimestre 2019, en raison de l'impact mondial de la pandémie en février et mars 2020. Malgré cette chute spectaculaire du revenu net, elles ont réussi à préserver leur rentabilité au premier trimestre 2020. Après le choc initial, la crise a engendré une hausse de la demande de services informatiques en nuage, d'achats en ligne, de vidéos et de jeux, de réseaux sociaux et de vidéoconférences, qui s'est traduite par une croissance positive du revenu net de ces entreprises au second trimestre 2020. Le revenu net d'Amazon a notamment plus que doublé par rapport au premier trimestre 2020. Aux troisième et quatrième trimestres de la même année, ces grandes plateformes numériques américaines semblaient avoir retrouvé leur rythme de croisière, et même au-delà. En effet, par rapport à la même période de l'année précédente, le bénéfice net cumulé d'Amazon, Alphabet (y compris Google), Apple, Facebook et Microsoft a progressé de 31 % au troisième trimestre 2020 et de 41 % au quatrième trimestre 2020. En dépit d'une légère diminution du bénéfice cumulé du quatrième trimestre 2020 par rapport à celui du premier trimestre 2021, ce dernier a plus que doublé par rapport au premier trimestre 2020. Ces tendances montrent que ces entreprises ont non seulement résisté à la crise, mais que leurs modèles commerciaux et leurs positions dominantes, combinés à la forte demande de services numériques, les ont propulsées sur une trajectoire de croissance des revenus plus forte dans le contexte de la crise économique mondiale.

Les grandes plateformes numériques chinoises, à savoir Alibaba, Baidu et Tencent, ont également tiré parti de la situation, enregistrant une hausse de 37 % de leur revenu net, qui passe de près de 20 milliards de dollars en 2017 à 27 milliards de dollars en 2019 (fig. I.16a). L'augmentation des profits a été encore plus remarquable en 2020, avec un bénéfice net cumulé s'élevant approximativement à 48 milliards de dollars, soit une progression de 78 % par rapport à 2019. En analysant l'impact de la pandémie, qui a démarré plus tôt en Chine qu'aux États-Unis, à la fin de l'année 2019, seul Alibaba semble avoir été touché au quatrième trimestre 2019 (fig. I.16b). Alors qu'au premier trimestre 2020, les bénéfices de ces entreprises ont fortement chuté (principalement en raison de la baisse des bénéfices d'Alibaba), Tencent est apparu comme le grand gagnant, engrangeant plus de profits que lors des deux trimestres précédents. Au cours des deuxième et troisième trimestres 2020, le revenu net trimestriel a progressé, en particulier pour Alibaba, les bénéfices cumulés de ces entreprises chinoises au troisième trimestre 2020 retrouvant le niveau du troisième trimestre 2019. L'explosion du revenu net cumulé en 2020 est attribuée aux profits record réalisés par Alibaba et Tencent au quatrième trimestre 2020.

iii) Prix des actions et capitalisation boursière

Les augmentations de profits des grandes plateformes numériques mondiales n'ont pas échappé à l'attention des investisseurs, comme en témoigne la hausse de leurs cours boursiers. La figure I.17 compare la croissance du cours des actions de ces entreprises du quatrième trimestre 2019 à janvier 2021 à l'évolution de l'indice composite de la Bourse de New York (NYSE Composite), un indicateur représentatif de la santé de l'économie américaine.

Les actions des plateformes numériques mondiales américaines et chinoises, tout comme le NYSE Composite, ont enregistré des baisses de cours importantes ou, au mieux, une croissance positive plus faible, de fin février à fin mars 2020, par rapport à leurs niveaux du 1er octobre 2019, en raison du choc initial de la crise sanitaire et financière mondiale. Cette croissance a atteint son point le plus bas pour Amazon le 12 mars 2020 (-3,4 %) ; Facebook, Microsoft et Tencent le 16 mars 2020 (-17,0 %, -1,2 % et +1,4 %, respectivement) ; Baidu le 18 mars 2020 (-18,0 %) ; Alphabet (y compris Google), Apple

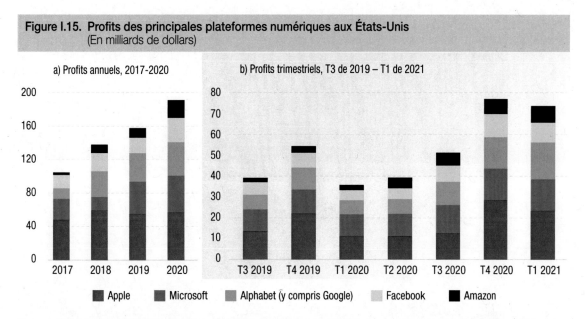

Figure I.15. Profits des principales plateformes numériques aux États-Unis
(En milliards de dollars)

Source : Calculs de la CNUCED, d'après le Wall Street Journal disponible à l'adresse https://www.wsj.com/market-data/quotes/company-list/ (consulté en mai 2021).

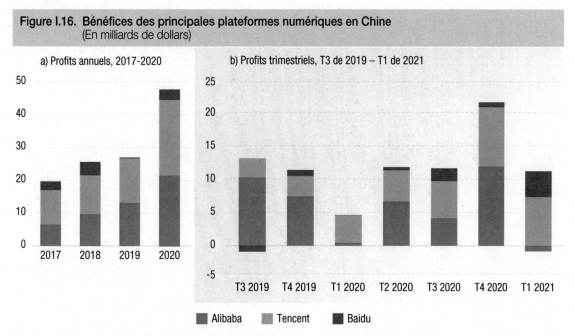

Figure I.16. Bénéfices des principales plateformes numériques en Chine
(En milliards de dollars)

Source : Calculs de la CNUCED, d'après le Wall Street Journal disponible à l'adresse https://www.wsj.com/market-data/quotes/company-list/ (consulté en mai 2021).

et Alibaba le 23 mars 2020 (-12,6 %, -0,1 % et +6,8 %, respectivement) ; tandis que l'indice NYSE Composite a connu sa plus forte croissance négative le 23 mars 2020 (31,6 %).

Toutefois, depuis le milieu et la fin du mois de mars 2020, les cours des actions de ces sociétés, ainsi que de celles couvertes par l'indice NYSE Composite, ont commencé à se redresser. Cette reprise a été en moyenne plus faible pour le NYSE Composite que pour les plateformes numériques mondiales. Entre le 1er octobre 2019 et le 21 janvier 2021, le NYSE Composite a progressé de 17,0 %, alors qu'au cours de la même période, les taux de croissance des cours des actions des entreprises sélectionnées ont été au moins trois fois supérieurs : Facebook (55 %), Alphabet (y compris Google) (56 %), Alibaba (57 %), Microsoft (64 %), Amazon (90 %), Tencent (113 %), Apple (144 %) et Baidu (147 %).

Figure I.17. Cours des actions des plateformes numériques mondiales américaines et chinoises par rapport à l'indice composite de la Bourse de New York
(Variation en pourcentage)

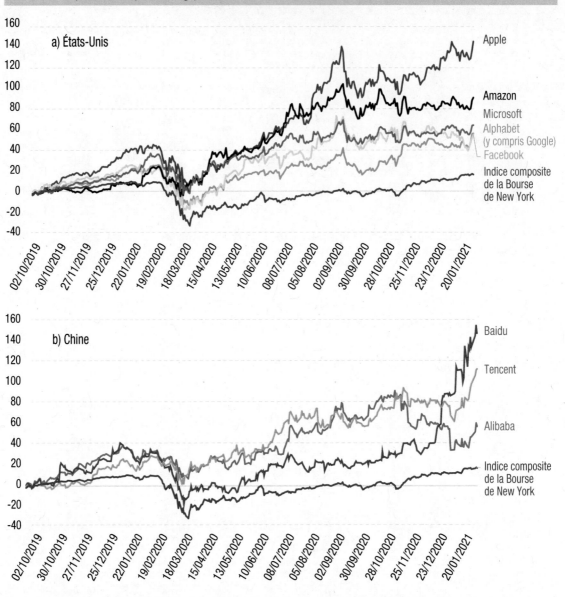

Source : Calculs de la CNUCED d'après Yahoo! Finance disponible à l'adresse https://finance.yahoo.com (consulté en janvier 2021).
Note : Les chiffres montrent l'évolution du cours des actions entre chaque date et le 1er octobre 2019.

Globalement, la reprise de l'indice NYSE Composite dans le contexte d'une crise économique profonde met en évidence une certaine déconnexion entre les marchés financiers et l'économie réelle. Plus important encore, les hausses spectaculaires des cours des actions des principales plateformes numériques montrent une déconnexion encore plus grande entre l'économie numérique et l'économie « réelle ».

Les fortes hausses des cours boursiers des principales plateformes numériques mondiales tout au long de l'année 2020 se sont traduites par des changements considérables dans la capitalisation du marché (fig. I.18). Pour les entreprises américaines, à fin 2019, les capitalisations boursières de Microsoft et d'Apple dépassaient déjà les 1 000 milliards de dollars pour chaque société, Alphabet (y compris Google) et Amazon approchaient de ce seuil, et Facebook était évalué à plus de 600 milliards de dollars. Jusqu'en 2020, la capitalisation boursière de ces entreprises a fortement progressé : 22 % pour Facebook, 27 %

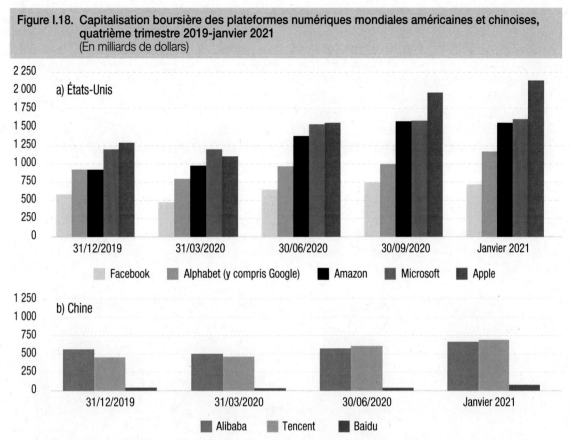

Figure I.18. Capitalisation boursière des plateformes numériques mondiales américaines et chinoises, quatrième trimestre 2019-janvier 2021
(En milliards de dollars)

Source : Calculs de la CNUCED, d'après Yahoo! Finance, disponible à l'adresse https://finance.yahoo.com (consulté en janvier 2021).

pour Alphabet (y compris Google), 34 % pour Microsoft, 66 % pour Apple et 70 % pour Amazon. Par voie de conséquence, après une année marquée par de nombreuses faillites et d'importantes subventions publiques pour sauver les industries partout dans le monde, la valeur boursière de Facebook s'élevait à 716 milliards de dollars en janvier 2021, celle d'Alphabet à 1 170 milliards de dollars, celle d'Amazon à 1 560 milliards de dollars et celle de Microsoft à 1 610 milliards de dollars. Apple a devancé tous les autres et atteint une valeur de plus de 2 000 milliards de dollars, devenant ainsi la première entreprise américaine à franchir cette barre.

Comparativement aux plateformes américaines, les trois géants du numérique chinois affichaient fin 2019 une capitalisation boursière plus faible. Baidu, dont la valeur boursière était la plus modeste à la fin de 2019, a connu une augmentation de 86,4 % en 2020, pour atteindre 81,5 milliards de dollars en janvier 2021. Alibaba, dont la capitalisation boursière était la plus élevée à la fin de 2019 (571 milliards de dollars), a enregistré une croissance de 17,8 %, pour atteindre 672,8 milliards de dollars. Tencent a enregistré la plus forte augmentation absolue de sa capitalisation boursière en 2020 (51,9 %), pour atteindre 699,8 milliards de dollars, dépassant ainsi celle d'Alibaba.

b) Influencer l'élaboration des politiques

Certaines grandes plateformes numériques ont pour ambition d'influencer la réglementation par leurs actions de lobbying.

i) Le lobbying aux États-Unis

Les plateformes numériques déploient une intense activité auprès du Congrès des États-Unis, dépensant sans compter pour des actions de lobbying et embauchant des personnes disposant de relations politiques. En 2020, Facebook et Amazon ont compté parmi les 10 entreprises consacrant le plus d'argent au lobbying, devancés seulement par les puissantes associations professionnelles (Center for Responsive Politics, 2021). Les plateformes numériques américaines (Alphabet (y compris Google), Amazon, Apple, Facebook et Microsoft) ont augmenté leurs dépenses, de 16 millions de dollars en 2010 à plus de 63 millions de dollars en 2020 (fig. I.19a). Si Alibaba a été un lobbyiste très actif auprès du Congrès américain, il a néanmoins été surpassé par les entreprises américaines en termes de dépenses[21]. Google et Microsoft ont le plus investi dans des actions de lobbying au début des années 2010, alors qu'Amazon, Apple et Facebook y consacraient des montants nettement inférieurs. Cependant, ce sont Facebook et Amazon qui ont le plus intensifié leurs efforts de lobbying au cours de la période 2010-2020. Les dépenses de Facebook en la matière sont passées de 0,35 million de dollars en 2010 à près de 20 millions de dollars en 2020, le montant record de ces cinq entreprises. Comme on pouvait s'y attendre, l'augmentation des dépenses s'est également traduite par l'embauche d'un plus grand nombre de lobbyistes (fig. I.19b).

ii) Le lobbying dans l'Union européenne

Les plateformes numériques mondiales américaines déploient tout aussi activement des activités de lobbying auprès de l'Union européenne. Bien que leurs dépenses soient moins élevées à Bruxelles qu'à Washington, Google, Facebook (FB Ireland Limited) et Microsoft occupaient, dans cet ordre, les trois

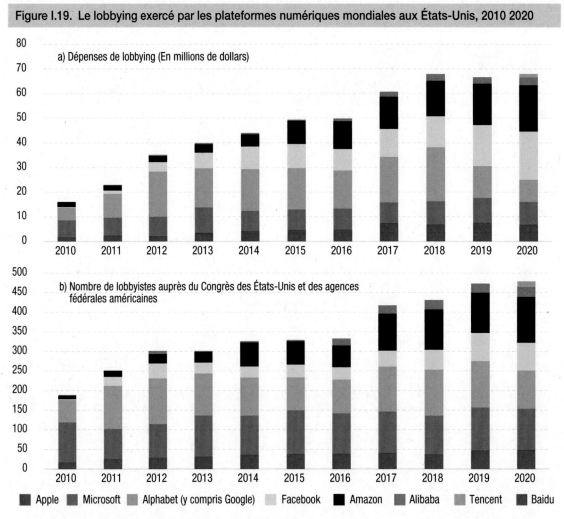

Figure I.19. Le lobbying exercé par les plateformes numériques mondiales aux États-Unis, 2010 2020

a) Dépenses de lobbying (En millions de dollars)

b) Nombre de lobbyistes auprès du Congrès des États-Unis et des agences fédérales américaines

■ Apple ■ Microsoft ■ Alphabet (y compris Google) ■ Facebook ■ Amazon ■ Alibaba ■ Tencent ■ Baidu

Source : Calculs de la CNUCED, d'après la base de données du lobbying, Center for Responsive Politics, disponible à l'adresse https://www.opensecrets.org/federal-lobbying.

---

[21] Tencent n'a déployé une activité de lobbying qu'en 2020, tandis que Baidu n'a enregistré aucune dépense de lobbying au cours de la dernière décennie.

premières places de la liste des entreprises et groupes ayant investi le plus en lobbying dans l'Union européenne au 15 avril 2021 ; Apple et Amazon (Amazon Europe Core SARL) figuraient respectivement dans le Top 20 et le Top 30 de ce groupe en Europe[22].

Ces entreprises américaines ont mené à elles seules, en 2015, pour plus de 12 millions de dollars d'activités de lobbying dans l'Union européenne, un montant qui a quasiment doublé en 2020 pour atteindre 24 millions de dollars (fig. I.20a). Alibaba est la seule plateforme chinoise à avoir investi dans le lobbying en 2018, mais bien moins que les entreprises américaines. L'effectif des lobbyistes engagés par les plateformes numériques dans l'Union européenne était nettement inférieur à celui des États-Unis (fig. I.20b). Cependant, leur influence en Europe semble reposer aussi sur le financement de plusieurs groupes de réflexion, des organisations capables d'influer sur les nouvelles réglementations par la publication d'études et de déclarations de principe et l'organisation de forums de discussion, mais ces relations sont souvent peu claires[23]. Le renforcement des activités de lobbying des plateformes numériques mondiales au sein de l'Union européenne est le signe manifeste de leur montée en puissance, mais aussi de leur volonté de se préparer aux grandes politiques européennes à venir en matière de technologie, qui pourraient façonner l'avenir du secteur.

c) *Investissements des principales plateformes numériques dans les startups du secteur de l'intelligence artificielle et dans la recherche et le développement liés à l'IA*

Les plateformes numériques intensifient également leur emprise sur la chaîne de valeur des données en acquérant des startups et en investissant dans l'expansion horizontale et verticale (UNCTAD, 2019a).

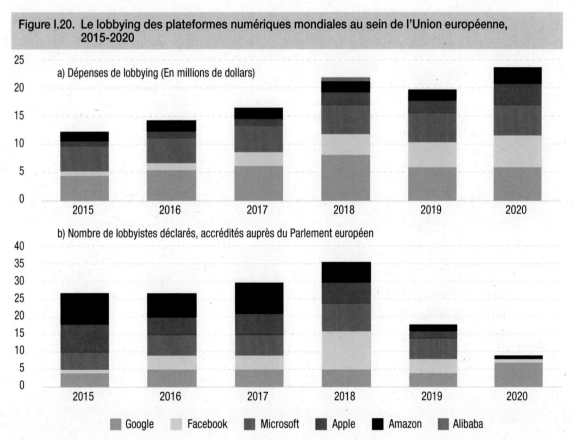

Figure I.20. Le lobbying des plateformes numériques mondiales au sein de l'Union européenne, 2015-2020

a) Dépenses de lobbying (En millions de dollars)

b) Nombre de lobbyistes déclarés, accrédités auprès du Parlement européen

Google Facebook Microsoft Apple Amazon Alibaba

Source : CNUCED, d'après la base de données LobbyFacts, disponible à l'adresse https://lobbyfacts.eu/about-lobbyfacts.
Note : Cette base de données ne contient pas de données pour Baidu et Tencent.

---

[22] Voir la base de données LobbyFacts, disponible à l'adresse https://lobbyfacts.eu/reports/lobby-costs/all/0/2/2/2/21/0/2021-04-15.

[23] Voir Corporate Europe Observatory, « Big Tech Lobbying: Google, Amazon & friends and their hidden influence », disponible à l'adresse https://corporateeurope.org/en/2020/09/big-tech-lobbying.

Celles qui traitent d'énormes quantités de données sont également celles qui ont toujours davantage investi dans l'intelligence artificielle (IA), ce qui leur permet en retour de tirer efficacement parti des données, d'améliorer l'expérience des utilisateurs et d'attirer de nouveaux consommateurs (et donc de nouvelles données). Ceci explique que ces entreprises, et les pays dans lesquels elles sont basées, sont en meilleure position pour contrôler l'IA et gérer les données mondiales, un aspect essentiel de l'économie numérique actuelle et de la croissance future dans tous les secteurs. La situation concernant les développements de l'IA au niveau national est examinée plus en détail ci-dessous.

S'agissant des fusions et acquisitions de startups œuvrant dans le secteur de l'IA, entre le 1er janvier 2016 et le 22 janvier 2021, 308 opérations de ce type ont été dénombrées, pour une valeur totale de 28,4 milliards de dollars. Comme le montre la figure I.21, les cinq premières entreprises au monde, en nombre de startups en IA acquises au cours de cette période, ont été les grandes sociétés technologiques américaines, suivies par les sociétés chinoises Baidu (sixième) et Tencent (huitième). Apple arrive en tête de ce classement, suivi par Google et Microsoft. Pour l'instant, il semble que la concurrence dans le domaine de l'IA soit purement centrée sur les bénéfices futurs escomptés et la quête d'un leadership mondial.

Si les grandes plateformes numériques profitent d'un avantage certain en matière de données, elles investissent aussi massivement dans la recherche et le développement liés à l'IA, un secteur jugé essentiel pour récolter les bénéfices futurs du traitement et de l'analyse de ces données. Les recherches sur l'IA sont principalement menées dans les universités, les instituts de recherche et les entreprises privées. Les entreprises technologiques privées ont de tout temps accru leur participation aux principales conférences consacrées à l'IA au cours de la période 2000-2019 (Zhang *et al.*, 2021) et, pour les plus prestigieuses d'entre elles, elles dominent même en nombre de communications soumises. Comme le montre la figure I.22, Google est sans conteste le « numéro un » des instituts de recherche sur l'IA de premier plan, mais Microsoft et Facebook figurent également parmi les 10 premiers.

Dans ce contexte, les plateformes américaines et chinoises bénéficient d'un accès particulièrement favorable aux talents et aux compétences nécessaires à l'exploitation des données et à l'intelligence artificielle. Près de 59 % des chercheurs en IA travaillent aux États-Unis, la Chine en accueillant 11 % et les 30 % restants étant répartis dans le reste du monde (fig. I.23). En termes de pays d'origine des chercheurs, 29 % d'entre eux viennent de Chine et 20 % des États-Unis. L'Inde et la République islamique d'Iran constituent également des viviers importants de talents.

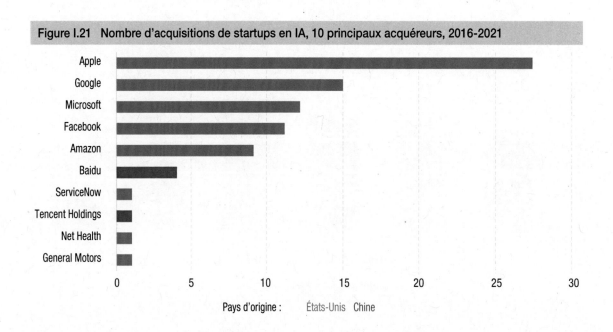

Figure I.21 Nombre d'acquisitions de startups en IA, 10 principaux acquéreurs, 2016-2021

Source : CNUCED, d'après CBInsights, disponible à l'adresse https://www.cbinsights.com/ (consulté le 22 janvier 2021).

Figure I.22. Les 25 premiers organismes de recherche de haut niveau en IA
(En nombre d'articles publiés)

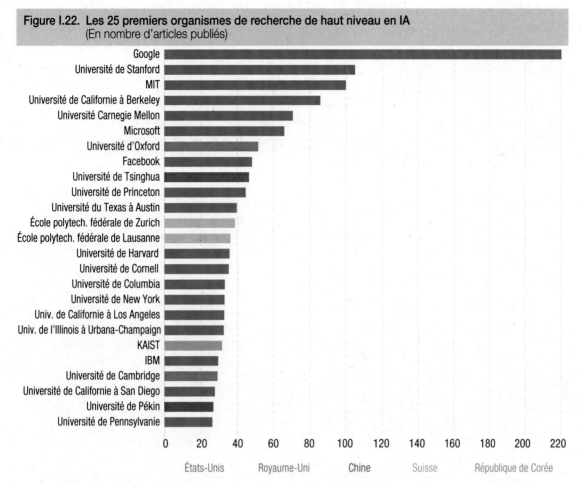

Source : CNUCED, d'après « AI Research Rankings 2020: Can the United States Stay Ahead of China? » Disponible à l'adresse https://chuvpilo.medium.com/ai-research-rankings-2020-can-the-united-states-stay-ahead-of-china-61cf14b1216. *Note* : Les données se rapportent aux articles retenus lors des deux plus prestigieuses conférences de recherche en IA : l'International Conference on Machine Learning (ICML) et la réunion annuelle 2020 des Neural Information Processing Systems (NeurIPS).

En 2016-2017, près des deux tiers de l'ensemble des étudiants titulaires d'un master ou d'un doctorat en IA aux États-Unis étaient des étrangers. Parmi les doctorants étrangers ayant obtenu leur diplôme au cours de la période 2014-2018 et ayant débuté une activité professionnelle, ils sont près de 90 % à être restés aux États-Unis (Zwetsloot *et al.*, 2019). Des résultats très similaires ont été constatés dans le rapport 2021 sur l'indice IA de l'université de Stanford : les étudiants étrangers représentaient en 2019 près de 64,3 % des nouveaux docteurs en IA aux États-Unis, et 81,8 % des étudiants étrangers sont restés aux États-Unis après obtention de leur diplôme (Zhang *et al.*, 2021).

Une question connexe porte sur le choix professionnel des étudiants diplômés en IA. Le secteur public est généralement moins bien loti que les grandes entreprises privées en termes de compétences techniques en IA, car il ne parvient pas à attirer les meilleurs talents. Selon le rapport susmentionné, la part des nouveaux docteurs en IA optant pour un emploi dans le privé est passée de 44,4 % en 2010 à 65,7 % en 2019. À l'inverse, la part des nouveaux docteurs en IA intégrant le milieu universitaire a chuté de 42,1 % en 2010 à 23,7 % en 2019. Pour le reste des nouveaux docteurs en IA en 2019, soit 10,6 %, on peut supposer qu'ils ont rejoint le secteur public ou des organisations à but non lucratif, ou qu'ils ont choisi une autre voie (Zhang *et al.*, 2021). Des recherches plus détaillées sur ce thème ont été menées aux États-Unis par le Center for Security and Emerging Technology sur deux groupes de doctorants en IA, nationaux et internationaux (Zwetsloot *et al.*, 2019). Il apparaît que les diplômés américains occupaient principalement des emplois dans les secteurs privé et universitaire, et que seuls 8 % d'entre eux travaillaient dans la fonction publique ou dans des organisations à but non lucratif (fig. I.24). Cette tendance est encore plus accentuée pour les étudiants étrangers, dont la grande majorité a commencé une carrière dans le secteur privé (principalement dans les grandes entreprises), et dont 4 % seulement ont rejoint le secteur public.

L'évolution des carrières ne profite pas non plus au secteur public. Concernant les diplômés de 2014-2015 qui ont changé de secteur, près de 75 % de ceux ayant débuté dans la fonction publique ou des organismes à but non lucratif ont rejoint le milieu industriel ou universitaire au cours de leurs quatre premières années d'activité. Environ 20 % des diplômés qui ont démarré leur carrière dans le milieu universitaire sont passés dans le secteur privé, alors que seuls 10 % de ceux qui ont commencé dans le secteur privé ont fait le chemin inverse (Zwetsloot *et al.*, 2019:13). Autre problème de plus en plus aigu : les chercheurs en IA qui quittent le monde universitaire pour l'industrie. Cette tendance, motivée par la forte demande du secteur privé pour des chercheurs en IA dotés de compétences techniques de pointe, risque de provoquer une fuite des cerveaux qui réduira le vivier de talents disponibles pour la recherche d'intérêt public en IA (Jurowetzki *et al.*, 2021). Selon un rapport publié en 2020, la répartition inégale des capacités informatiques dans le milieu universitaire, ou la fracture informatique, aggraverait les inégalités à l'ère de l'apprentissage profond (Ahmed and Wahed, 2020). Les grandes entreprises technologiques disposent de ressources plus importantes pour concevoir des produits d'IA, mais elles sont généralement moins diversifiées que les institutions de renommée ou d'envergure moindre. Cette situation fait naître des inquiétudes quant à la partialité et à l'équité de l'IA.

Il est impératif de remédier rapidement à ce déséquilibre entre le secteur privé, d'une part, et les secteurs public et universitaire, d'autre part, pour attirer les meilleurs talents en IA (une situation similaire prévaut probablement dans d'autres pays développés et en Chine). Un échec dans ce domaine aura des incidences à long terme. Les autorités publiques, dont les capacités en matière d'IA sont techniquement limitées, auront du mal, voire ne parviendront pas à concevoir et à mettre en œuvre des réglementations pour les marchés numériques en pleine évolution, de plus en plus dopés par les innovations en IA. Par conséquent, les plateformes numériques mondiales et les autres entreprises privées auront toujours une longueur d'avance sur les organes de régulation. Concernant la fuite probable des cerveaux du monde universitaire, la recherche sur l'IA sera axée sur les méthodes mises en œuvre par ces entreprises pour atteindre des objectifs commerciaux, faisant naître d'ores et déjà des inquiétudes concernant certaines questions, notamment l'utilisation d'outils de surveillance et leur incidence sur la vie privée des personnes.

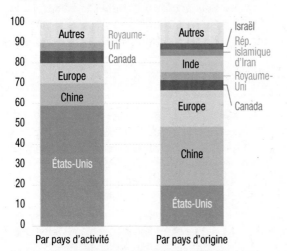

Figure I.23. Répartition géographique des chercheurs en IA, par pays d'activité et d'origine, 2019 (En pourcentage)

Source : CNUCED, d'après the Global AI Talent Tracker, disponible à l'adresse https://macropolo.org/digital-projects/the-global-ai-talent-tracker/.

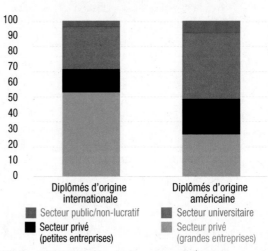

Figure I.24. Premier emploi des diplômés titulaires d'un doctorat en IA séjournant aux États-Unis, par secteur, 2014-2018 (En pourcentage)

Source : CNUCED, d'après Zwetsloot *et al.* (2019).

Cependant, le déséquilibre en termes d'attractivité du secteur public pour les talents en IA n'est pas le seul qu'il convient de corriger, d'autres disparités existent, notamment des inégalités de genre. L'encadré I.3 examine le rôle des femmes dans la recherche en IA.

2. L'Internet des objets

L'Internet des objets sera probablement le principal moyen de collecte des données dans un avenir proche, grâce aux données générées par les milliards d'appareils électroniques connectés. Ces données peuvent être recueillies par des dispositifs tels que des capteurs, des compteurs, des dispositifs d'identification par radiofréquence et d'autres gadgets intégrés dans divers objets de la vie quotidienne reliés à Internet. Du fait de la dématérialisation croissante de l'économie mondiale, la chaîne de valeur des données se déploie dans tous les pays et son rythme s'accélère en raison de la baisse des coûts et de l'utilisation plus facile de technologies sophistiquées, notamment l'Internet des objets (Nguyen and Paczos, 2020). Le recours croissant à cet Internet des objets provoquera à l'évidence une intensification des flux transfrontières de données, sans aucune intervention humaine (Voss, 2020).

La pandémie de COVID-19 a permis de mettre en évidence le rôle clef de l'Internet des objets dans nos vies. Les caméras thermiques connectées, les dispositifs de traçage des contacts et de suivi sanitaire comptent parmi les applications relevant de ce secteur et contribuant à la lutte contre la pandémie en fournissant des données essentielles. En outre, les capteurs de température et le suivi des colis ont permis une livraison sécurisée des vaccins contre le virus. Cependant, le recours accru à l'Internet des objets a également fait naître des préoccupations en matière de sécurité, de confidentialité, d'interopérabilité et d'équité (WEF, 2020a), auxquelles il convient de répondre par une gouvernance appropriée.

Encadré I.3. Les femmes dans la recherche sur l'IA

Les disparités fondées sur le genre sont très répandues dans le secteur de l'IA. Le constat est sans appel dans les milieux universitaires et les entreprises, mais aussi dans tous les pays activement impliqués dans l'IA.

Dans le milieu universitaire, les doctorants dans le secteur de l'IA sont essentiellement des hommes. Selon le rapport 2021 sur l'indice IA de l'université de Stanford (Zhang *et al.*, 2021), les femmes ne représentaient que 18,3 % de l'ensemble des diplômés des programmes de doctorat en IA et en informatique en Amérique du Nord sur la période 2010-2019. Une autre approximation permet de se faire une idée du fossé entre les genres, à l'occasion d'une des plus prestigieuses conférences annuelles sur l'IA (Neural Information Processing Systems), entre 2016 et 2019, seuls 10 % des participants à l'atelier « Women in Machine Learning » (Les femmes dans l'apprentissage automatique) étaient des femmes.

Une autre étude portant sur les 21 principales conférences universitaires consacrées à l'IA en 2018 a conclu que seuls 18 % des auteurs représentés étaient des femmes, alors que cette proportion était respectivement de 19 % et 16 % dans le milieu universitaire et l'industrie, selon le secteur d'emploi d'origine des auteurs. En comparant les pays, il apparaît que certains font mieux que d'autres, mais les proportions sont encore loin de s'approcher de l'équilibre entre les femmes et les hommes. Parmi les pays affichant les meilleurs chiffres, on peut citer l'Espagne (26 %), la Province chinoise de Taiwan (23 %) et Singapour (23 %). Les trois principaux pays en nombre absolu de chercheuses en IA enregistrent les taux d'auteures suivants : 20 % pour les États-Unis, 22 % pour la Chine et 18 % pour le Royaume-Uni (Gagné *et al.*, 2019). En 2020, selon une méthodologie de comptage différente, le ratio d'auteures dans les publications sur l'IA s'élevait à 15 % (Gagné *et al.*, 2020).

Chez Google, le leader des publications sur l'IA dans les deux conférences les plus prestigieuses en la matière, les auteures ne représentaient que 10 % de la totalité des chercheurs en IA (Chin, 2018). Les inégalités fondées sur le genre dans le développement et le déploiement de la technologie d'IA constituent un véritable problème en raison de l'impact potentiel de l'apprentissage automatique à l'échelle de la société, probablement la plus importante de toutes les technologies actuelles pour l'avenir de nos sociétés.

Source : CNUCED.

Le marché mondial de l'Internet des objets était estimé à 308,97 milliards de dollars en 2020. Il devrait passer de 381,30 milliards de dollars en 2021 à 1 850 milliards de dollars en 2028, soit un taux de croissance annuel de 25,4 % sur la période 2021-2028 (Fortune Business Insights, 2021). Selon les prévisions d'International Data Corporation (IDC, 2020a) pour la période 2020-2024, les dépenses mondiales en matière d'Internet des objets ont été impactées par la pandémie, même si un retour à une croissance à deux chiffres est attendu à moyen et long terme, avec un taux annuel de 11,3 % sur la période de prévision. Les trois quarts des dépenses en Internet des objets seront le fait de la Chine, des États-Unis et de l'Europe de l'Ouest. Bien que les trois régions affichent des dépenses totales similaires au départ, celles de la Chine augmenteront à un rythme plus rapide que les deux autres régions, 13,4 % de taux de croissance annuel contre 9,0 % et 11,4 % respectivement, ce qui en fera le premier pays en la matière. Le Moyen-Orient et l'Afrique du Nord (19,0 %), l'Europe centrale et orientale (17,6 %) et l'Amérique latine (15,8 %) connaîtront la croissance annuelle la plus rapide.

En 2020, pour la première fois, le nombre de connexions d'objets à Internet, (par exemple, des voitures et des équipements industriels connectés, des appareils domestiques intelligents) était supérieur à celui des connexions d'un autre type (smartphones, portables, tablettes et ordinateurs). D'ici à 2025, en moyenne chaque personne devrait disposer de quatre objets connectés à Internet[24]. Selon la Global System for Mobile Communications Association (GSMA, 2019a), le nombre total de connexions d'objets à Internet passera de 9,1 milliards en 2018 à 25,2 milliards en 2025, avec en corollaire des revenus supplémentaires potentiels de l'ordre de 1,1 billion de dollars d'ici à 2025. Mais ces revenus seront inégalement répartis au plan régional, comme le montre la figure I.25. L'Afrique subsaharienne, la CEI et l'Amérique latine ne devraient en représenter que 7 %.

On estime que l'économie mondiale a bénéficié en 2018 de 175 milliards de dollars de gains de productivité que les entreprises ont tirés de l'utilisation de l'Internet des objets, soit 0,2 % du PIB. Plus de la moitié de ces gains ont profité aux entreprises manufacturières, ce qui en fait le secteur qui tire le plus parti de l'utilisation de l'Internet des objets. Ces gains de productivité liés à l'Internet des objets devraient atteindre 3 700 milliards de dollars d'ici à 2025, soit 0,34 % du PIB mondial. En tête de ce mouvement on retrouve bien évidemment les États-Unis et la Chine, qui accaparent à eux seuls plus de 50 % des gains mondiaux (GSMA, 2019b).

En termes de secteurs, d'ici à 2025, l'industrie connectée représentera plus de la moitié du total des revenus supplémentaires, le reste étant réparti entre la domotique (23 %), l'électronique grand public (15 %), les véhicules connectés (5 %) et les villes intelligentes (4 %) (GSMA, 2019a). La croissance globale des connexions à l'Internet des objets sera dynamisée par les connexions à caractère industriel, avec une progression moyenne annuelle de 21 % entre 2017 et 2025 (fig. I.26). Du fait de cette évolution rapide, les connexions d'objets à Internet du secteur industriel représenteront plus de la moitié des connexions mondiales d'ici à 2025, ce qui impliquera un bouleversement radical dans le fonctionnement de ces industries.

Selon l'International Data Corporation, les données générées par les objets connectés à Internet représenteront 73,1 zettaoctets en 2025, contre 18,3 zettaoctets en 2019 (IDC, 2020b). La plupart de ces données proviendront des secteurs de la sécurité et de la vidéosurveillance, mais les applications industrielles de l'Internet des objets en représenteront également une part importante. Cette augmentation du volume des données générées par l'Internet des objets impliquera une intensification des flux transfrontières, car les différents appareils connectés peuvent être situés partout dans le monde. Pour l'heure, les analyses sur la relation entre les développements de l'Internet des objets et les flux transfrontières de données sont rares, malgré un certain consensus sur la démultiplication de ces flux entraînée par ces objets connectés. Selon une étude consacrée à l'Afrique du Sud, au Brésil et à l'Indonésie (GSMA, 2021), les économies émergentes pourraient tirer des avantages significatifs du déploiement de l'Internet des objets. Dans un contexte de liberté des flux transfrontières de données, l'impact sur la production économique serait considérable, notamment sous la forme de hausses :

---

[24] Voir *IoT Analytics*, 19 novembre 2020, « State of the IoT 2020: 12 billion IoT connections, surpassing non-IoT for the first time », disponible à l'adresse https://iot-analytics.com/state-of-the-iot-2020-12-billion-iot-connections-surpassing-non-iot-for-the-first-time/.

Figure I.25. Répartition géographique des recettes de l'Internet des objets d'ici à 2025
(En pourcentage)

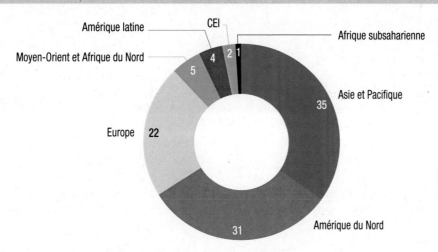

Source : Calculs de la CNUCED, d'après GSMA (2019a).
Note : Les groupes de pays sont ceux établis par la source.

Figure I.26. Nombre mondial de connexions à l'Internet des objets, par secteur, 2018-2025

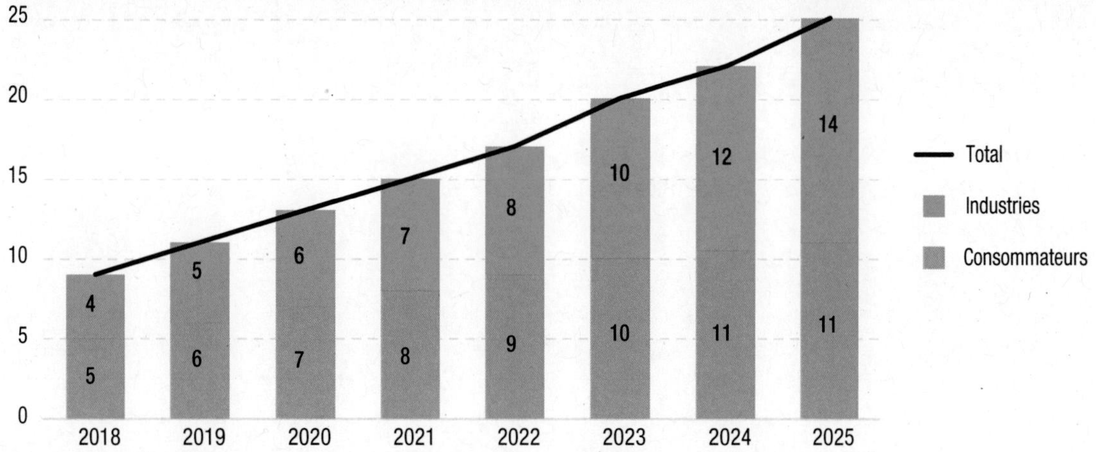

Source : GSMA (2019b).

- Du PIB : jusqu'à 2,6 % en Afrique du Sud, jusqu'à 0,5 % au Brésil et jusqu'à 0,9 % en Indonésie ;

- Des exportations : jusqu'à 3,1 % en Afrique du Sud, jusqu'à 2,4 % au Brésil et jusqu'à 2,9 % en Indonésie ;

- De l'emploi : jusqu'à 1,3 % en Afrique du Sud, jusqu'à 0,2 % au Brésil et jusqu'à 0,4 % en Indonésie.

Cependant, l'imposition de restrictions sur les flux transfrontières de données réduirait les gains économiques (mesurés en PIB) de l'Internet des objets de 68 % pour l'Afrique du Sud, 59 % pour le Brésil et 61 % pour l'Indonésie.

Certaines grandes plateformes numériques mondiales, telles qu'Alphabet (y compris Google), Amazon et Microsoft, sont aussi des fournisseurs importants de cette technologie (UNCTAD, 2021d), qui leur permet de renforcer leur avance en matière de données. Ce constat, associé à la part marginale de l'Afrique et de l'Amérique latine dans les revenus attendus de l'Internet des objets, montre que cette technologie contribuera à renforcer les inégalités existantes, à l'instar de la plupart des autres technologies numériques. Des interventions politiques seront indispensables pour y remédier, notamment pour assurer une répartition équitable des gains issus des flux transfrontières de données qui en découlent.

L'Internet des objets facilite l'intensification de la collecte et de la consommation de données, mais fait naître des problèmes accrus de confidentialité et de sécurité. Comme évoqué dans le présent rapport, ces préoccupations sont encore plus accentuées dans le cas de flux transfrontières de données, car des données sensibles risquent d'être transférées dans un pays où la juridiction n'applique pas nécessairement les mêmes normes de protection que le pays de collecte. En passant en revue le panorama de la gouvernance de l'Internet des objets, le Forum économique mondial (WEF, 2020a : 65-66) conclut que les multiples risques inhérents à cette technologie n'ont pas encore été maîtrisés de manière efficace et que l'état de sa gouvernance reste immature. Cependant, en parallèle, les efforts déployés pour atténuer ces risques peuvent conduire, dans certains cas, à une réglementation inappropriée, susceptible de menacer la qualité et l'efficience de nombreux types d'applications de l'Internet des objets. La question de l'échange transfrontière de données en est un exemple. En dépit de l'importance qu'il y a à régir l'utilisation de nombreux types d'applications relevant de cette technologie, les réglementations relatives à la vie privée et à la cybersécurité restent disparates dans le monde entier.

L'Internet des objets se développe en parallèle des technologies 5G, qui sont l'objet de la section suivante.

H.   TRANSMISSION ET STOCKAGE DE DONNÉES

Le fait que les données soient immatérielles ne signifie pas qu'elles constituent une entité éthérée. Elles ont besoin d'un support matériel et sont transmises et stockées par le biais d'infrastructures physiques. Cette section examine d'abord la 5G en tant que développement technologique clef pour la connexion du dernier kilomètre à l'utilisateur final. Elle aborde ensuite le rôle des câbles sous-marins et le potentiel offert par les satellites pour les connexions à longue distance (dorsale), en tant que principaux canaux de transmission de données. Enfin, elle met en lumière l'importance des points d'échange Internet (IXP) pour la connexion des réseaux et l'appairage local du trafic Internet, ainsi que celle du marché du cloud et des centres de données pour le stockage des données. Dans bon nombre de ces domaines, les plateformes numériques mondiales renforcent également leur présence.

1.   Haut débit mobile 5G

Le développement et le déploiement des technologies sans fil 5G sont essentiels pour l'avenir de l'Internet des objets, en raison de leur capacité de traitement des volumes massifs de données, très nettement supérieure à celle des technologies des générations précédentes. La 5G devrait transformer radicalement les réseaux mobiles, offrant des vitesses ultrarapides et une réduction considérable de la latence censées mettre fin à la congestion.

Le déploiement commercial de cette technologie a débuté en 2020. Cependant, elle est principalement implantée dans les pays développés ainsi que dans certains pays d'Asie, notamment la Chine. Cette situation devrait encore perdurer en 2025 (fig. I.27). Selon les prévisions, le trafic de données mobiles par la 5G dépassera celui de la 4G et des technologies antérieures d'ici à 2026 (fig. I.28). Même si la part de l'Amérique du Nord et de l'Europe dans les abonnements mobiles mondiaux est plus faible avec la technologie 5G, leur part dans la consommation mondiale de données est plus importante grâce à l'efficacité des réseaux, des appareils haut de gamme des utilisateurs et des forfaits de données volumineux et financièrement intéressants[25].

La technologie 5G est censée avoir un impact positif sur l'expérience client des appareils mobiles en termes de qualité de connexion Internet et d'augmentation des volumes de données. Au niveau mondial, on devrait assister à une accélération de la tendance visant à remplacer les ordinateurs de bureau (haut débit sur ligne fixe) par des appareils mobiles, notamment pour le commerce en ligne, les vidéos et les

---

[25]   Voir Ericsson Visualizer, disponible à l'adresse www.ericsson.com/en/reports-and-papers/mobility-report?f=8&ft=2&r=1 &t=1,20&s=4&u=3&y=2020,2026&c=3 (consulté en avril 2021).

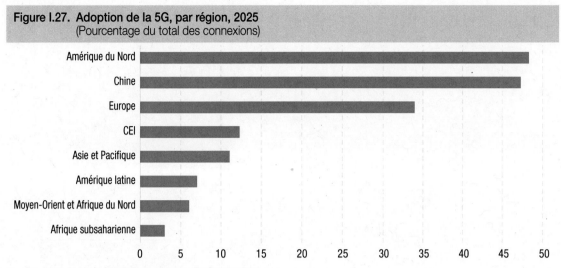

Figure I.27. Adoption de la 5G, par région, 2025
(Pourcentage du total des connexions)

Source : Calculs de la CNUCED, d'après GSMA (2020a).
Note : Les groupes de pays sont ceux établis par la source.

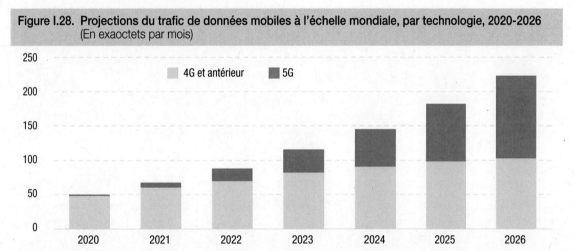

Figure I.28. Projections du trafic de données mobiles à l'échelle mondiale, par technologie, 2020-2026
(En exaoctets par mois)

Source : CNUCED, d'après Ericsson Visualizer, disponible à l'adresse www.ericsson.com/en/reports-and-papers/mobility-report?f=8&ft=2&r=1&t=1,20&s=4&u=3&y=2020,2026&c=3 (consulté en avril 2021).

jeux. Les applications de messagerie et de réseaux sociaux, déjà largement utilisées sur les smartphones, profiteront aussi de la 5G, tout comme les services en nuage. Toutes ces évolutions se traduiront à l'évidence par une multiplication des transferts de données transfrontières. Du fait de sa grande capacité de traitement des données et de son impact économique potentiel, la 5G est le facteur clef à la base des conflits technologiques et commerciaux entre les États-Unis et la Chine, avec au centre l'entreprise chinoise Huawei, leader dans le développement de cette technologie.

2. Câbles sous-marins

On estime que les câbles sous-marins acheminent près de 99 % du trafic international (ITIF, 2019). Leur avantage par rapport à d'autres canaux, tels que les satellites (examinés ci-dessous), tient à leur capacité à transporter beaucoup plus de données pour un coût nettement inférieur[26].

Les connexions par câble sous-marin sont illustrées à la figure I.29, qui intègre également les transmissions terrestres. La carte interactive des transmissions terrestres de l'UIT fait le point sur la connectivité de la

---

[26] Voir Submarine Cable FAQs, disponible à l'adresse www2.telegeography.com/submarine-cable-faqs-frequently-asked-questions.

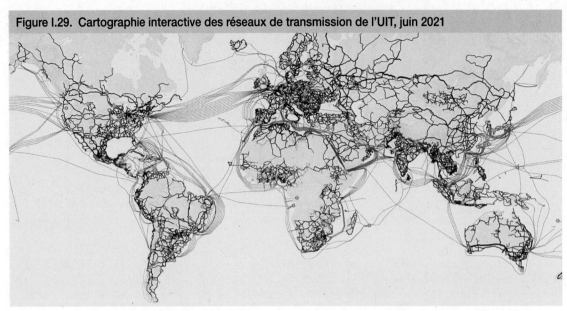

Figure I.29. Cartographie interactive des réseaux de transmission de l'UIT, juin 2021

Source : CNUCED, d'après ITU Interactive Transmission Map, disponible à l'adresse www.itu.int/itu-d/tnd-map-public/.

dorsale nationale (fibre optique, micro-ondes et stations terrestres de télécommunication par satellite), ainsi que sur d'autres paramètres clefs du secteur des TIC[27].

S'agissant des liaisons interrégionales, la carte montre que les réseaux de câbles sous-marins sont les plus denses sur la route transatlantique nord et les routes transpacifiques, respectivement entre les États-Unis et l'Europe et entre les États-Unis et l'Asie. La carte révèle en outre que la densité des connexions intrarégionales est la plus forte en Europe, en Asie de l'Est et en Asie du Sud. L'Afrique et l'Amérique latine affichent une densité plus faible, tant pour les interconnexions intercontinentales que pour les interconnexions intrarégionales ; de vastes zones de ces régions restent mal desservies.

Les principaux utilisateurs de la bande passante internationale sont également les principaux investisseurs dans les câbles. Il s'agit notamment de fournisseurs de contenu tels que Google, Facebook, Amazon et Microsoft, mais aussi d'opérateurs tels que Telxius, China Telecom et Telstra[28]. Selon TeleGeography, contrairement aux essors précédents enregistrés dans le domaine de la construction de câbles sous-marins, les fournisseurs de contenu tels qu'Amazon, Google, Facebook et Microsoft jouent un rôle plus actif dans ce boom récent. À elles seules, ces sociétés font état d'une demande de trafic de centre de données tellement incroyable qu'elles sont à l'origine de la plupart des projets et définissent les priorités en matière de câbles sous-marins[29].Cette situation est illustrée par la figure I.30, qui montre l'utilisation de la capacité de la bande passante internationale par type de fournisseur[30]. Comme mentionné précédemment, les vidéos, les réseaux sociaux et les services de jeux, qui sont dans une large mesure fournis par les grandes plateformes numériques telles que YouTube (Google), Netflix ou encore Facebook, représentent 80 % du trafic Internet total.

---

[27] Des cartes plus détaillées des câbles sous-marins sont disponibles sur Global Internet Map 2021, à l'adresse https://global-internet-map-2021.telegeography.com/ ; et sur Platform DIGITAL, à l'adresse https://go2.digitalrealty. com/rs/087-YZJ-646/%20images/Map_Digital_Realty_2010_Platform_DIGITAL_Global_Map.pdf?_ga=2.119330761.15 52758197.1613555008584212833.1613555008.

[28] Voir TelegGeography, 8 octobre 2019, « Is Your Planned Submarine Cable Doomed? », disponible à l'adresse https://blog.telegeography.com/is-your-planned-submarine-cable-doomed.

[29] Voir TelegGeography, 9 novembre 2019, « A Complete List of Content Providers' Submarine Cable Holdings », disponible à l'adresse https://blog.telegeography.com/telegeographys-content-providers-submarine-cable-holdings-list.

[30] Pour plus de détails sur la situation de l'industrie du câble sous-marin, voir « Submarine Telecoms Industry Report 2020/2021 Edition », disponible à l'adresse https://subtelforum.com/products/submarine-telecoms-industry-report/.

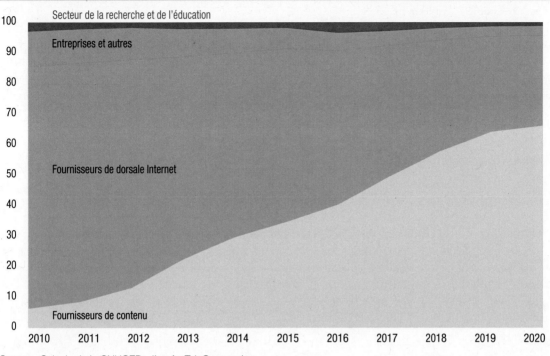

Figure I.30. Largeur de bande internationale utilisée dans le monde, par type de fournisseur, 2010-2020
(En pourcentage)

Source : Calculs de la CNUCED, d'après TeleGeography.

3. Satellites

Les satellites permettent de couvrir les zones reculées non desservies par la fibre optique. Le rapport *The Role of Satellite as an Augmented Connectivity* de l'International Data Corporation explore la situation en matière de connectivité satellitaire de nouvelle génération et les utilisations potentielles innovantes pour les zones reculées, mais aussi pour les banlieues, les villes et les villages (IDC, 2021b). Il en arrive à la conclusion que les périphéries opérationnelle, tactique et distante des entreprises et des pouvoirs publics connaîtront une impulsion majeure en termes de connectivité et de fonctionnalité quand les solutions de connectivité de périphérique 5G satellitaire deviendront réalité ou à condition qu'elles le deviennent ; ces solutions permettront de nouvelles utilisations dans les secteurs de la logistique commerciale et militaire, de l'agriculture, du pétrole, du gaz et de l'exploitation minière et des services publics, ainsi que la connectivité haut débit résidentielle à distance.

Les grands acteurs, tels que SpaceX et Amazon, ont investi massivement dans le haut débit satellitaire et ont prévu d'y consacrer chacun près de 10 milliards de dollars[31]. Ces entreprises cherchent à couvrir par le haut débit des endroits éloignés et mal desservis, facilitant ainsi le bon fonctionnement des écoles et des pouvoirs publics outre-mer ou offrant un accès Internet aux régions touchées par une catastrophe naturelle ou un conflit. Autre grande motivation de ces investissements : la possibilité d'améliorer l'accès aux données d'un plus grand nombre d'internautes et de générer ainsi de nouveaux revenus, avec un retour sur investissement potentiellement énorme. D'après la banque Morgan Stanley, l'industrie spatiale mondiale pourrait générer des revenus de l'ordre de 1 000 milliards de dollars en 2040, voire davantage, contre 350 milliards de dollars actuellement (Morgan Stanley, 2020). Les opportunités les plus significatives à court et moyen terme pourraient être offertes par l'accès Internet à haut débit par satellite. Le haut débit satellitaire représentera 50 % de la croissance prévue de l'économie spatiale mondiale d'ici à 2040, voire jusqu'à 70 % dans le scénario le plus optimiste. Le lancement de satellites assurant un service Internet à haut débit contribuera à faire baisser le coût des données, alors même où la demande de ces données explose.

---

[31] Voir *Reuters*, 30 juillet 2020, « Taking on SpaceX, Amazon to invest $10 billion in satellite broadband plan ».

4. Points d'échange Internet

Le développement de l'infrastructure Internet domestique liée aux données, facteur aussi important pour le fonctionnement d'Internet que la qualité de la connectivité et la couverture, permettra de renforcer les effectifs et le nombre d'entreprises actives dans l'économie numérique axée sur les données. Ceci inclut les points d'échange Internet (IXP) et les centres de données offrant des services de colocation. Les IXP sont des emplacements physiques où différents réseaux se connectent pour échanger du trafic Internet via des infrastructures de commutation communes. Les réseaux qui participent aux IXP peuvent être des fournisseurs de services Internet, des fournisseurs de contenu, des sociétés d'hébergement, des organismes publics, etc. Les IXP sont disséminés dans plusieurs pays et permettent aux réseaux locaux d'échanger efficacement des informations, supprimant ainsi la nécessité de faire transiter le trafic Internet local par l'étranger. Il a été démontré que les vitesses d'accès aux contenus locaux peuvent être décuplées grâce à un IXP, en raison de l'acheminement plus direct du trafic (Internet Society, 2015).

On dénombrait 556 IXP dans le monde en avril 2021, situés essentiellement dans des pays développés (293) ou en développement et en transition (220 et 43, respectivement). Dans ces groupes, on comptait en moyenne 7,9 IXP par pays développé, 3,9 IXP par pays en transition et 2,6 IXP par pays en développement. Au niveau régional, l'Europe arrivait en tête en nombre absolu d'IXP, suivie de l'Amérique du Nord et de l'Asie (fig. I.31). En termes de volume de trafic de données passant par ces IXP régionaux, l'Europe, forte de 28 % de l'ensemble des IXP, arrive également en tête avec 60 % de la production globale de bande passante intérieure. Cette situation est due en partie au fait que plusieurs IXP fonctionnent en tant que hubs intercontinentaux en Europe. L'Afrique comptait 9 % de tous les IXP, mais avec une production de bande passante intérieure ne représentant que 2 %.

La présence d'un IXP n'est pas toujours synonyme d'avantages aux utilisateurs locaux. Ainsi, Djibouti dispose d'un IXP faisant office de plaque tournante régionale et fournissant des services aux pays voisins, mais la structure monopolistique du secteur national des télécommunications conduit à des tarifs Internet inabordables (World Bank, 2021). Par conséquent, la présence d'IXP dans un pays ou le volume accru de données échangées par leur intermédiaire ne se traduit pas nécessairement par des débits plus rapides et des coûts de connexion à Internet moins élevés pour les utilisateurs locaux. À l'inverse, un IXP inclusif pour les partenaires nationaux, internationaux et autres, permettant un traitement sur un pied d'égalité de tous les participants (souvent concurrents), peut encourager l'appairage de leurs réseaux. Ceci dit, la plupart des pays en développement ne disposent pas de l'infrastructure nationale permettant d'échanger

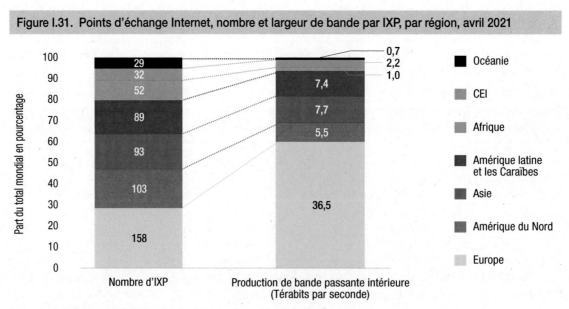

Figure I.31. Points d'échange Internet, nombre et largeur de bande par IXP, par région, avril 2021

Source : Calculs de la CNUCED, d'après la base de données Packet Clearing House, disponible à l'adresse https://www.pch.net/ixp/dir/summary_growth_by_country (consulté en avril 2021).

des données générées localement via des IXP, même si la mise en place d'un point d'échange Internet n'est pas une opération très coûteuse (Internet Society, 2015) en recourant à un stockage dans des centres de données en colocation et à un traitement sur des plateformes en nuage (World Bank, 2021). Les centres de données offrant des services de colocation et les marchés des nuages informatiques dans le monde sont le sujet de la sous-section suivante.

5.   Marchés des nuages informatiques et centres de données

L'informatique en nuage permet la prestation de services informatiques via Internet. C'est un moyen pour les entreprises d'accéder à des processus d'innovation plus rapides et à des ressources flexibles, et de profiter d'économies d'échelle, tout en stockant leurs données à des coûts beaucoup plus avantageux. Selon l'entreprise américaine de conseil Gartner, d'ici à 2025, 80 % des entreprises fermeront leurs centres de données traditionnels (10 % l'ont déjà fait en 2019) pour se tourner vers des centres de données offrant des services de colocation et des centres de données hyperscale (Gartner, 2019).

Les centres de données en colocation sont fortement concentrés dans les pays développés. En janvier 2021, sur un total de 4 714 centres de ce type, près de 80 % étaient basés dans des pays développés, principalement en Amérique du Nord et en Europe. Seuls 897 étaient implantés dans des pays en développement, essentiellement en Asie, et 119 dans des économies en transition. L'Afrique et l'Amérique latine hébergeaient respectivement 69 et 153 de ces centres de données. Il est intéressant de noter que si l'UE des 27 et le Royaume-Uni disposaient respectivement de 1 105 et 273 centres de données en colocation (contre 1 796 aux États-Unis et seulement 154 en Chine), l'Europe n'a pas été en mesure de tirer parti des données dans la même mesure que les États-Unis et la Chine. Il semblerait donc que pour réussir dans l'économie des données, il ne suffise pas d'investir dans des centres de données[32].

Concernant les centres de données hyperscale[33], les États-Unis arrivent en tête, avec près de 39 % des 597 centres de données hyperscale recensés fin 2020, suivis par la Chine avec 10 % et le Japon avec 6 %. Le nombre total de ces centres a plus que doublé depuis 2015. Amazon, Microsoft et Google exploitent collectivement plus de 50 % de l'ensemble des centres de données hyperscale. Plus de la moitié des nouveaux centres créés en 2020 l'ont été par Amazon et Google (Synergy Research Group, 2021a). Sur un plan général, comme le montre le figure I.32, deux sociétés américaines (Amazon et Microsoft) ont généré à elles seules 52 % du total des revenus des services d'infrastructure en nuage.

L'analyse et l'exploitation des données, appuyées notamment par les centres de données, peuvent s'avérer fort utiles pour réaliser les objectifs de développement durable, y compris pour lutter contre le changement climatique. Cependant, l'économie numérique, et en particulier les centres de données, ont des impacts environnementaux non négligeables (voir encadré I.4). La localisation des centres de données peut être dictée par une logique environnementale (par exemple, leur installation dans les pays au climat tempéré afin d'économiser l'énergie nécessaire au refroidissement de leurs infrastructures) ; mais elle repose également sur d'autres facteurs, tels que la fiabilité et le coût d'utilisation des infrastructures énergétiques locales (voir chap. III). La localisation des centres de données est une question clef pour les flux transfrontières de données. Comme nous le verrons en détail au chapitre IV, l'exigence d'une localisation du stockage des données sur un territoire particulier est l'une des mesures employées pour réglementer les flux transfrontières de données. Le développement de l'Internet des objets et l'adoption de la 5G induiront probablement une évolution du marché des centres de données, qui passera d'une prédominance des centres hyperscale à ce que l'on appelle les centres de données périphériques ou de proximité, puisque les impératifs en matière de latence des transmissions de données exigeront que

---

[32] Calculs de la CNUCED, d'après la base de données de Data Center Map, disponible à l'adresse www.datacentermap.com/datacenters.html (consulté en janvier 2021).

[33] Selon Equinix (2020), un centre de données hyperscale est un type de colocation conçu pour répondre aux exigences techniques, opérationnelles et tarifaires des entreprises hyperscale, telles qu'Amazon, Alibaba, Facebook, Google, IBM, Microsoft et quelques autres. Ces « hyperscalers » ont des besoins en volume et en puissance absolument énormes pour prendre en charge la scalabilité massive de milliers de serveurs pour des tâches liées au nuage, à l'analyse de mégadonnées ou au stockage.

Figure I.32. Revenus des services d'infrastructure en nuage, par fournisseur, quatrième trimestre 2020
(Part de marché en pourcentage)

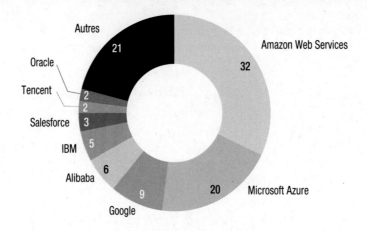

Source : CNUCED, d'après Synergy Research Group (2021b) et Statista (2021).

Encadré I.4. Consommation énergétique des centres de données et des réseaux de transmission de données

Les infrastructures et la consommation d'énergie sont des aspects essentiels du fonctionnement de l'économie numérique axée sur les données. D'après The Shift Project, la consommation énergétique de l'économie numérique représentait 1,9 % de la consommation énergétique mondiale en 2013, une quote-part qui est passée à 2,7 % en 2017, et était en passe d'atteindre les 3,3 % en 2020 (The Shift Project, 2019:16). Près de 35 % de l'énergie consommée par l'ensemble des segments de l'économie numérique en 2017 allaient aux centres de données et aux réseaux de transmission de données (19 % et 16 %, respectivement). Selon l'Agence internationale de l'énergie, la demande énergétique mondiale des centres de données et des réseaux de transmission de données s'élevait, respectivement, à 200 TWh (soit 0,8 %) et 250 TWh (soit 1 %), les réseaux mobiles représentant les deux tiers au sein de ces réseaux de transmission de données (IEA, 2020).

Les centres de données consomment de l'électricité pour la collecte, le stockage, la transmission et l'analyse des données. Si leur niveau global de consommation est resté constant au fil du temps, leur technologie a radicalement évolué. La consommation énergétique des centres de données traditionnels, qui représentait 90 % de celle de l'ensemble des centres de données en 2010, est tombée à 30 % en 2019, reflétant ainsi l'essor des centres de données en nuage et hyperscale. L'Agence internationale de l'énergie prévoit que la part des centres de données hyperscale progressera pour atteindre près de 50 % de la consommation d'énergie de tous les centres de données en 2022. Comme indiqué dans le rapport Data Centres and Data Transmission Networks de l'Agence internationale de l'énergie (IEA, 2020), si les tendances actuelles en matière d'efficacité du matériel et de l'infrastructure des centres de données sont maintenues, la demande énergétique mondiale des centres de données peut rester pratiquement inchangée jusqu'en 2022, malgré une hausse de 60 % de la demande de services. La forte croissance de cette demande de services de centres de données sera compensée par les améliorations continues en termes d'efficacité des serveurs, des dispositifs de stockage, des commutateurs de réseau et de l'infrastructure des centres de données, ainsi que par le passage à une part beaucoup plus importante de centres de données en nuage et hyperscale. L'abandon des petits centres de données peu performants au profit de centres en nuage et hyperscale, d'envergure nettement plus grande, se traduit inévitablement par une diminution de la part de l'infrastructure des centres de données dans la demande totale d'énergie.

Source : CNUCED.

ces dernières soient plus proches de la source[34]. Certains signes laissent entrevoir une évolution vers un système multi-nuages, combinant différents types de centres de données.

I. LE TRAITEMENT ET L'UTILISATION DES DONNÉES : L'INTELLIGENCE ARTIFICIELLE

Les bénéfices et les coûts des données sont essentiellement liés à leur utilisation pour alimenter les algorithmes d'IA et ainsi en tirer des renseignements et prévoir les comportements. Cette relation établie entre l'IA et les données est bidirectionnelle : sans données, la contribution de l'IA se limiterait à des systèmes fondés sur la connaissance et régis par des règles de type « si-alors » ; et sans intelligence artificielle, la valeur susceptible d'être extraite des données se limiterait à l'expérience humaine et à la compréhension théorique des phénomènes du monde réel, avec pour seule amélioration les capacités de calcul plus rapides et plus précises offertes par les ordinateurs. L'IA et le contrôle des données peuvent générer des retombées colossales : des gains économiques bien évidemment, mais aussi un pouvoir considérable et la capacité de contrôler et de façonner l'avenir de la technologie, de l'économie et de la société. D'où la course acharnée au leadership en matière d'IA qu'ont engagée les pays du monde entier. La concurrence est tout aussi intense dans le secteur privé entre les grandes plateformes numériques, qui sont toutes très actives et investissent massivement dans l'IA.

À l'échelle des pays, les États-Unis sont en tête du développement de l'IA, mais la Chine rattrape rapidement son retard. Ces deux protagonistes ont représenté à eux seuls près de 94 % de l'ensemble du financement des startups dans ce domaine entre 2016 et 2020[35]. Pour leur part, l'Union européenne est à la traîne dans le développement de l'IA[36] et les pays en développement, notamment africains et sud-américains, ne sont pas en bonne place. Une étude sur l'utilisation actuelle et potentielle de l'IA par les startups et les PME dans les pays à revenu faible et intermédiaire de quatre régions – Afrique subsaharienne, Afrique du Nord, Asie du Sud et Asie du Sud-Est – a conclu que l'IA pouvait potentiellement être bénéfique pour le bien commun, mais sans pour autant que des retombées positives soient garanties. La protection des données, les préjugés profondément ancrés et résultant de mauvaises méthodes de collecte de données, l'inclusion sociale et l'utilisation responsable de l'IA soulèvent encore de nombreuses questions. L'intelligence artificielle permet aux nouvelles technologies de gagner en efficacité et en productivité, mais elle peut aussi creuser les inégalités et entraver ainsi la réalisation des objectifs de développement durable de l'Organisation des Nations Unies. Le recours accru aux données suscite de nouvelles préoccupations quant à la confidentialité et à l'éthique, d'où la nécessité de réglementer les solutions d'IA sur la base de principes déontologiques et du respect de la vie privée solides (GSMA, 2020c:2).

Selon les estimations, les investissements mondiaux dans les entreprises d'IA ont considérablement augmenté au cours des cinq dernières années. Pour la seule année 2019, les entreprises privées d'IA ont attiré près de 40 milliards de dollars d'investissements en capitaux propres en plus de 3 100 transactions. La valeur de certaines opérations n'ayant pas été divulguée publiquement, le total des transactions pourrait être bien plus élevé et atteindre jusqu'à 74 milliards de dollars. Les États-Unis regroupent les principaux investisseurs dans les entreprises privées d'IA (Arnold *et al.*, 2020). Les plateformes numériques mondiales jouent un rôle clef, grâce à leur accès à d'énormes quantités de données[37]. La figure I.33 illustre l'évolution des investissements privés dans les entreprises d'IA ces dernières années ainsi que le rôle limité joué par les pays en développement, hormis la Chine. En termes de dépenses publiques consacrées à l'intelligence artificielle, la Chine occupe la première place (avec environ 22 milliards de

---

[34] Voir CBInsights, 11 mars 2021, « What is edge computing? » Disponible à l'adresse www.cbinsights.com/research/what-is-edgecomputing/.

[35] CNUCED, d'après les informations de CBInsights data, disponibles à l'adresse www.cbinsights.com/research/ (consulté en janvier 2021).

[36] Pour une comparaison détaillée de la situation en matière de développement de l'IA aux États-Unis, en Chine et dans l'Union européenne, voir Castro and McLaughlin (2021).

[37] Voir Unite.ai, 17 octobre 2020, « Investments by Tech Giants In Artificial Intelligence is Set to Grow Further », disponible à l'adresse www.unite.ai/the-investments-of-tech-giants-in-artificial-intelligence-is-set-to-grow-further/.

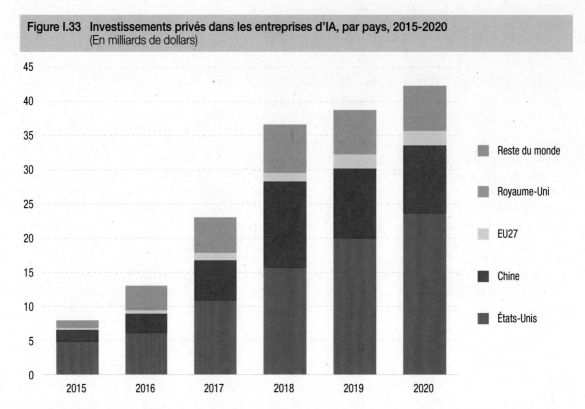

Figure I.33   Investissements privés dans les entreprises d'IA, par pays, 2015-2020
(En milliards de dollars)

Source : Calculs de la CNUCED, d'après la base de données publiquement accessible de NetBase Quid – 2021 AI Index Report (Zhang *et al.*, 2021), disponible à l'adresse https://aiindex.stanford.edu/report/ (consulté en avril 2021).

dollars), suivie par l'Arabie saoudite, l'Allemagne, le Japon (moins de 4 milliards de dollars chacun) et les États-Unis (environ 2 milliards de dollars)[38].

Après cette analyse de la situation de l'ensemble des étapes de la chaîne de valeur des données, de la collecte des données jusqu'à leur utilisation dans l'IA, en passant par leur transmission et leur stockage, il est un aspect qui intervient à toutes ces étapes : l'utilisation de semi-conducteurs. Ces composants sont essentiels à la circulation des données et au fonctionnement de l'économie numérique. Le marché des semi-conducteurs a été pénalisé par la perturbation des chaînes de valeur mondiales due à la pandémie. Les semi-conducteurs sont également un facteur majeur de la dynamique géopolitique liée aux développements des technologies numériques (voir encadré I.5).

J.   RELATIONS ENTRE LES DONNÉES, LES DROITS DE L'HOMME ET LA SÉCURITÉ

Les données ne sont pas seulement une ressource économique. Elles sont aussi étroitement liées à des questions relevant du respect de la vie privée et des droits de l'homme en général, ainsi qu'à la sécurité. Certains peuvent en abuser ou en faire mauvais usage, affectant ainsi les systèmes politiques et la démocratie. Quelques événements marquants ont rappelé la nécessité de traiter ces aspects avec le plus grand soin. Parmi les incidents les plus connus, citons : en 2013, la divulgation par Edward Snowden de programmes de surveillance mondiaux ; en 2018, la révélation de la collecte par la société de conseil Cambridge Analytica de données personnelles d'utilisateurs, sans leur consentement ; et en 2020-2021, la découverte de failles de protection des données concernant la société de reconnaissance faciale Clearview et l'ouverture d'enquêtes à ce propos. L'économie numérique axée sur les données

---

[38]   Les chiffres sont ceux annoncés publiquement dans le rapport sur la stratégie nationale en matière d'IA. Voir Tortoise, « The Global AI Index, Spotlighting the G20 nations », disponible à l'adresse www.theglobalaisummit.com/FINAL-Spotlighting-the-g20-Nations-Report.pdf.

Encadré I.5.   Le marché des semi-conducteurs

La croissance exponentielle des données s'accompagne d'une demande accrue de semi conducteurs pour leur génération, leurs transferts, leurs traitements et leur stockage. Contrairement à la plupart des développements technologiques numériques, principalement impulsés par les États-Unis et la Chine, le géant asiatique ne joue pas un rôle prépondérant sur le marché des semi-conducteurs. Les États-Unis représentaient 47 % des ventes totales en 2020, et la République de Corée 20 % (fig. de l'encadré). La Chine n'arrivait qu'en sixième position, avec 5 % des ventes totales.

En 2021, le marché des semi-conducteurs a connu une situation de pénurie due à la pandémie. L'essor de l'électronique grand public a fait exploser la demande et la chaîne de valeur mondiale des semi-conducteurs a rencontré des difficultés, entraînant une pénurie de l'offre (Varas *et al.*, 2021).

Figure de l'encadré.   Ventes de semi-conducteurs, par pays, 2020
(Part du total mondial en pourcentage)

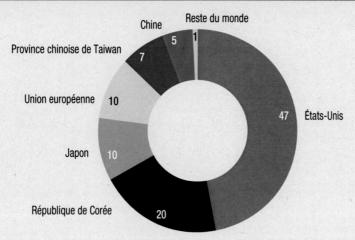

Source : Calculs de la CNUCED, d'après 2021 Factbook, SemiconductorIndustry Association, disponible à l'adresse https://www.semiconductors.org/wp-content/uploads/2021/05/2021-SIA-Factbook-FINAL1.pdf.

a par ailleurs donné lieu à des affaires importantes d'informations fausses et trompeuses. Le monde numérique est rempli de « fake news » visant à manipuler la société, un phénomène qui a gagné en visibilité avec la pandémie de COVID-19 et donné lieu à ce que l'Organisation mondiale de la Santé qualifie « d'infodémie »[39].

Le Ranking Digital Rights Corporate Accountability Index de 2020 évalue les politiques et engagements publics en matière de vie privée, de liberté d'expression et d'information des 26 plus puissantes plateformes numériques et entreprises de télécommunications. Ces sociétés représentent une capitalisation boursière combinée de plus de 11 000 milliards de dollars. La majorité des 4,6 milliards d'internautes dans le monde sont concernés de près ou de loin par leurs produits et services. En 2020, la plupart des entreprises ont amélioré leurs procédures et des exemples notables de bonnes pratiques ont été relevés. Mais ces points positifs ont été éclipsés par des constatations démontrant qu'au plan mondial Internet est confronté à une crise systémique de transparence et de responsabilité. Les utilisateurs des grandes plateformes numériques et des principaux services de télécommunications à l'échelle mondiale ne savent généralement pas qui est en mesure d'accéder à leurs informations personnelles et dans quelles circonstances. Ils ne savent pas non plus qui contrôle leur capacité à se connecter à Internet, à dialoguer en ligne ou à accéder aux informations, et quelles sont les informations promues et mises en avant[40]. Les résultats concernant les plateformes numériques sont présentés dans le tableau I.3.

---

[39] Voir Organisation mondiale de la Santé, Infodemic, disponible à l'adresse www.who.int/health-topics/infodemic#tab=tab_1.

[40] Voir l'Indice de responsabilité des entreprises de Ranking Digital Rights, 2020, disponible à l'adresse https://rankingdigitalrights.org/index2020/.

Entreprise	Total	Gouvernance	Liberté d'expression	Respect de la vie privée
Twitter	53	47	60	51
Verizon Media	52	64	40	51
Microsoft	50	65	40	51
Google	48	54	46	48
Facebook	45	62	35	46
Apple	43	49	22	54
Kakao	42	42	38	44
Mail.Ru	27	23	19	33
Yandex	27	24	20	33
Alibaba	25	7	17	36
Baidu	25	11	13	37
Samsung	23	29	15	25
Tencent	22	4	15	32
Amazon	20	6	14	28

Tableau I.3. Indice de responsabilité des plateformes numériques de Ranking Digital Rights, 2020 (En pourcentage)

Source : CNUCED, d'après l'Indice de responsabilité des entreprises de Ranking Digital Rights, 2020, disponible à l'adresse https://rankingdigitalrights.org/index2020/.

Alors que les droits de l'homme et la sécurité sont de nature plus qualitative et de ce fait plus difficiles à quantifier, cette section détaille quelque peu les tendances et les préoccupations sociétales croissantes auxquelles il convient de répondre.

1. Vie privée et surveillance

Avec la multiplication exponentielle des flux de données, composés essentiellement de données personnelles, le respect de la vie privée est devenu une préoccupation majeure à l'échelle mondiale. Plusieurs enquêtes reflètent des inquiétudes à ce propos qui s'amplifient à mesure que la transition numérique s'intensifie. Ainsi, d'après l'enquête mondiale 2019 CIGI-Ipsos-CNUCED sur la sécurité et la confiance liées à Internet, 78 % des personnes interrogées sont préoccupées par le respect de leur vie privée en ligne, et plus de la moitié le sont davantage qu'il y a un an. Pour la cinquième année consécutive, la majorité des personnes interrogées ont déclaré craindre plus pour leur vie privée en ligne que l'année précédente[41]. Aux États-Unis, une autre enquête de 2019 a révélé que la majorité des participants est d'avis que leurs données personnelles sont moins sécurisées aujourd'hui, que la collecte de données présente plus de risques que de bénéfices et qu'il n'est pas possible de vivre au quotidien en échappant au traçage[42].

Au cours de la pandémie, un certain nombre d'applications de localisation des contacts ont été développées afin de suivre la contagion et d'éviter les contacts avec des personnes porteuses du virus. Ces applications ont suscité un débat sur les problèmes de confidentialité et de protection des données. Il semble qu'elles aient eu davantage de succès en Asie qu'en Europe ou aux États-Unis. En effet, à l'occasion d'une enquête menée par Cisco en 2020 sur la protection de la vie privée dans le cadre de la

---

[41] Voir www.cigionline.org/internet-survey-2019.

[42] Pew Research Center, 15 novembre 2019, « Americans and Privacy: Concerned, Confused and Feeling Lack of Control Over Their Personal Information », disponible à l'adresse www.pewresearch.org/internet/2019/11/15/americans-and-privacy-concerned-confused-and-feeling-lack-of-control-over-their-personal-information/.

pandémie, 60 % des personnes ont exprimé leur inquiétude quant à la protection de leurs données dans les outils qu'elles utilisent[43].

Le scandale Snowden a provoqué une prise de conscience mondiale des activités de contrôle de la population mises en œuvre par les gouvernements. Cela étant, la surveillance est pratiquée aussi bien par le secteur public que par le secteur privé, car les entreprises contrôlent de nombreuses données sur les individus. La différence réside dans le fait que la surveillance exercée par les gouvernements vise principalement à assurer la sécurité et le contrôle politique, tandis que celle opérée par les entreprises privées est axée sur l'exploitation commerciale des données. Les implications peuvent être importantes en termes de droits de l'homme. Selon l'analyse de Feldstein (2019) sur l'expansion mondiale de la surveillance par l'IA, de plus en plus d'États déploient des outils de surveillance de pointe fondés sur l'intelligence artificielle pour contrôler et tracer les citoyens, et ces technologies se répandent à un rythme nettement plus rapide que ne le prévoyaient les experts. Sur les 176 pays analysés par la Dotation Carnegie pour la paix international, 75 au moins utilisent activement les technologies d'IA à des fins de surveillance. Il s'agit entre autres des pays dotés de villes intelligentes ou de plateformes pour des villes sûres, de systèmes de reconnaissance faciale et de services de police intelligents. La Chine est l'un des principaux acteurs du développement de la surveillance par l'IA dans le monde, mais les entreprises américaines sont également très actives dans ce secteur. Les technologies de surveillance par IA proposées par ces entreprises sont présentes dans 32 pays.

La reconnaissance faciale est une innovation technologique clef pour la surveillance. Très controversée partout dans le monde, son interdiction suscite de nombreux débats. Au total, 109 pays utilisent ou ont approuvé le recours à la technologie de reconnaissance faciale à des fins de surveillance. Pendant ce temps, en 2019, la Belgique a jugé qu'un projet pilote mettant en œuvre cette technologie dans un aéroport contrevenait à la législation fédérale, alors que la France et la Suède ont récemment interdit la reconnaissance faciale dans les écoles. Aux États-Unis, San Francisco est devenue la première ville américaine à interdire purement et simplement la technologie de reconnaissance faciale en 2019. Depuis lors, plusieurs autres villes, dont Oakland et Northampton, ont voté en faveur d'une telle mesure[44]. Les autorités de protection des données de l'Union européenne ont, elles aussi, demandé l'interdiction de ces technologies[45].

2. Sécurité

La sécurité des données sur Internet fait l'objet de nombreuses menaces, notamment les violations de données, les vols d'identité, les logiciels malveillants, les rançongiciels et d'autres types de cybercriminalité. L'analyse de l'évolution récente des violations de données montre que, de manière générale, le nombre d'incidents de sécurité a diminué entre 2015 et 2019. Cependant, si les incidents ayant entraîné la divulgation confirmée de données à des parties non autorisées (violations de données) sont restés relativement stables (environ 2 000 cas) au cours de la période 2015-2018, ils ont fortement progressé en 2019, passant à 3 950 cas. L'Amérique du Nord a été de loin la région la plus touchée par ce phénomène, suivie par la région Asie et Pacifique, qui a enregistré une fréquence plus élevée de telles infractions par rapport à l'ensemble des incidents. Viennent ensuite l'Europe, le Moyen-Orient et l'Afrique. La couverture pour l'Amérique latine et les Caraïbes étant limitée, les incidents et violations de données restent peu fréquents, mais ceci ne reflète pas forcément un meilleur système de défense contre ces dernières[46].

---

43   Cisco, 2020, « Consumer Privacy Survey: Protecting Data Privacy During the Pandemic and Beyond », disponible à l'adresse www.cisco.com/c/dam/en_us/about/doing_business/trust-center/docs/cisco-consumer-privacy-infographic-2020.pdf.

44   Pour plus de détails, voir la carte mondiale de la reconnaissance faciale, disponible à l'adresse https://surfshark.com/facial-recognition-map et Nature, 18 novembre 2020, « Resisting the rise of facial recognition ».

45   Voir Contrôleur européen de la protection des données, 21 juin 2021, « EDPB & EDPS call for ban on use of AI for automated recognition of human features in publicly accessible spaces, and some other uses of AI that can lead to unfair discrimination », disponible à l'adresse https://edps.europa.eu/press-publications/press-news/press-releases/2021/edpb-edps-call-ban-use-ai-automated-recognition_en.

46   Voir Verizon, « Data Breach Investigation Report » (plusieurs années).

Ces violations sont devenues plus courantes avec l'avènement de l'informatique en nuage et la généralisation du stockage numérique. En raison de la pandémie, 2020 a été une année exceptionnelle en termes de cybercriminalité, des entreprises étant sévèrement touchées aux quatre coins du globe. La situation sanitaire a facilité l'action des cybercriminels, qui ont ciblé des victimes vulnérables dans le secteur des soins de santé, ainsi que des personnes sans emploi ou en télétravail. Les escroqueries ont augmenté de 400 % en mars 2020, faisant de la pandémie la plus grande menace de sécurité de tous les temps. En 2020, les États-Unis ont été victimes de violations de données d'un coût moyen record, s'élevant à 8,64 milliards de dollars. On estime que d'ici à 2025, la cybercriminalité devrait coûter annuellement au monde près de 10 500 milliards de dollars[47].

Les investissements dans les entreprises de cybersécurité ont dépassé les 11 milliards de dollars en 2020, le niveau le plus élevé depuis 2016, en pleine crise économique mondiale. Le montant moyen par transaction en cybersécurité a plus que doublé entre 2016 et 2020, passant de 10 millions de dollars à 23 millions de dollars. Cette hausse s'explique en grande partie par le risque accru d'incidents et de violations de données résultant de l'accélération du passage au numérique de la société et des attaques visant le secteur de la santé après le début de la crise sanitaire de 2020. Les États-Unis sont de loin le principal investisseur dans les entreprises de cybersécurité (près des trois quarts du montant global), suivis par la Chine et Israël, pour la période 2016-2020 (CBInsights, 2021).

3. Coupures d'Internet

Malgré la nécessité accrue de recourir à Internet en raison de la pandémie, 155 coupures d'Internet ont été répertoriées en 2020. Ce chiffre est en baisse par rapport aux 196 coupures enregistrées en 2018 et 213 en 2019, mais il ne doit pas être considéré comme le signe d'une diminution de l'impact d'une coupure ou d'une amélioration générale des droits numériques. En effet, 25 pays ont procédé à des coupures d'Internet en 2018, contre 33 en 2019 et 29 en 2020. En 2020, sur les 29 pays concernés, 10 étaient situés en Afrique subsaharienne, 8 au Moyen-Orient et en Afrique du Nord, 6 en Asie et dans le Pacifique, 3 en Amérique latine et dans les Caraïbes, et 2 en Europe. Le plus grand nombre de coupures d'Internet (109) a été relevé en Inde (Access Now, 2021).

Ces coupures ont un effet perturbateur sur les vies et les moyens de subsistance, elles portent atteinte aux droits de l'homme, à la santé et à la sécurité publiques et affectent le droit au développement (Nyokabi *et al.*, 2019). Par ailleurs, le coût total des restrictions d'Internet pour l'économie mondiale depuis 2019 a été estimé à 14,5 milliards de dollars[48]. La pandémie a encore amplifié l'impact négatif de ces coupures.

K. CONCLUSIONS ET FEUILLE DE ROUTE POUR LA SUITE DU RAPPORT

Ce chapitre a planté le décor du présent rapport et abordé les questions fondamentales liées à la définition et aux caractéristiques des données, avant de dresser un aperçu des évolutions récentes de l'économie numérique axée sur les données, dans laquelle s'inscrivent les flux transfrontières de données. Il a été l'occasion d'analyser les évolutions mondiales en matière de TIC et d'infrastructures de données, de trafic, de valeur et de marchés des données, ainsi que dans les différentes étapes de la chaîne de valeur des données. La fracture numérique traditionnelle, en termes de connectivité, d'accès et d'utilisation d'Internet, reste profonde et constitue un défi récurrent pour le développement. Par ailleurs, le rôle

> Une fracture liée aux données est ainsi venue s'ajouter à l'ancienne fracture numérique.

---

[47] Voir Varonis, 16 avril 2021, « 98 Must-Know Data Breach Statistics for 2021 » ; on y trouve également des détails sur les principales violations de données récentes.

[48] Voir Top10VPN, 4 janvier 2020, « The Global Cost of Internet Shutdowns ».

grandissant des flux transfrontières de données et des données en tant que ressource économique, a engendré de nouvelles dimensions de la fracture numérique, en rapport avec la collecte, la transmission, le stockage, le traitement et l'utilisation des données. Une fracture liée aux données est ainsi venue s'ajouter à l'ancienne fracture numérique.

L'évolution rapide des technologies numériques peut offrir des opportunités en termes de création et de captation de valeur, mais elle pose également des problèmes non négligeables. L'économie numérique fondée sur les données est marquée par des inégalités et des déséquilibres importants dans les rapports de forces entre les pays et au sein de ceux-ci. La majeure partie des bénéfices est captée par quelques plateformes numériques américaines et chinoises d'envergure mondiale. La pandémie a aggravé cette situation en accélérant la transformation numérique. Ces plateformes mondiales ont réussi à renforcer leur position dominante alors que le reste de l'économie sombrait dans la crise économique.

Les plateformes numériques mondiales amplifient leurs investissements dans toutes les composantes de la chaîne de valeur mondiale des données : collecte des données par le biais des services de la plateforme orientée vers le consommateur, transmission des données par les câbles sous-marins et les satellites, stockage des données (centres de données en nuage et hyperscale) et analyse des données (IA). Sur un plan général, les tendances présentées dans ce chapitre laissent également entrevoir la nécessité de modifier la dénomination des plateformes numériques mondiales. Bien qu'elles disposent d'un avantage en termes de données grâce à leur composante « plateforme », elles sont bien plus que de simples « plateformes numériques ». Leurs activités couvrent de nombreux secteurs et elles sont présentes à tous les niveaux de l'économie numérique (depuis le secteur numérique de base, celui des services numériques, à l'économie numérique stricto sensu jusqu'à l'économie numérisée au sens large)[49] et elles sont à considérer comme des multinationales du numérique. La réglementation des flux transfrontières de données ne pourra se faire sans se préoccuper également de la gouvernance de ces multinationales du numérique.

Le rythme soutenu de la transition numérique avant 2020 avait déjà sonné l'alerte quant à la nécessité de réglementer l'économie numérique afin d'en optimiser les bienfaits, d'en minimiser les risques et de lui permettre ainsi de contribuer au développement (UNCTAD, 2019a). L'accélération de la dématérialisation en raison de la pandémie a rendu les fractures numériques encore plus visibles et l'urgence d'une réglementation aux niveaux national, régional et international encore plus pressante. La gouvernance des données est essentielle dans ce contexte, notamment la gouvernance des flux transfrontières de données qui sont l'objet du présent rapport.

Les flux transfrontières de données jouant un rôle de plus en plus prépondérant dans l'économie mondiale, il est urgent de les réglementer de manière appropriée au plan international, dans le cadre général de la gouvernance mondiale des données. Actuellement, ceux qui sont en mesure d'extraire ou de collecter les données et qui ont la capacité de les traiter ultérieurement, donc principalement les multinationales numériques américaines et chinoises, occupent une position privilégiée pour capter la majeure partie de la valeur des données. À l'opposé, ceux que l'on peut considérer comme les producteurs ou les sources de données sous forme brute, en l'occurrence les utilisateurs des plateformes, dont beaucoup résident dans les pays en développement, contribuent eux aussi à cette valeur mais ne profitent pas des gains de développement. Il est indispensable de mettre en place un nouveau système international de réglementation de ces flux, afin que les bénéfices des flux transfrontières de données soient répartis équitablement.

> L'accélération de la dématérialisation en raison de la pandémie
> a rendu les fractures numériques encore plus visibles et
> l'urgence d'une réglementation aux niveaux national, régional
> et international encore plus pressante.

---

[49] Voir la représentation de l'économie numérique dans la figure I.1 de UNCTAD (2019a).

Dans ce contexte, la suite du présent rapport se concentrera sur la dimension internationale des données et sera structurée comme suit : le chapitre II examine la littérature consacrée aux flux transfrontières de données et met en lumière certaines lacunes pour lesquelles le rapport s'efforcera de proposer quelques solutions. Le chapitre III prend un certain recul et examine les principaux enjeux des flux transfrontières de données et du développement. Le chapitre IV analyse les approches de l'économie numérique fondée sur les données dans les principales zones mondiales d'influence, en mettant l'accent sur celles qui influent sur la gouvernance mondiale des flux de données ou qui risquent de fragmenter l'espace numérique, avec les implications potentielles pour les pays en développement. Le chapitre V détaille les principales mesures mises en œuvre au niveau national pour réglementer les flux transfrontières de données, tandis que le chapitre VI passe en revue les approches politiques régionales et internationales en matière de flux transfrontières de données. Pour sa part, le chapitre VII conclut par une discussion des options politiques envisageables pour progresser sur la voie d'un consensus en matière de gouvernance des données et de flux transfrontières de données, dans le but de garantir que les avantages potentiels générés viennent appuyer les objectifs de développement mondiaux, tout en empêchant l'utilisation abusive ou impropre des données.

Avant de procéder à une analyse plus détaillée du rôle et des implications des flux de données pour le développement et les politiques connexes, ce chapitre passe en revue la littérature consacrée à ces flux. L'objectif est d'identifier les principaux problèmes et lacunes, ainsi que les domaines d'amélioration présentant un réel intérêt pour le débat politique international..

Ce chapitre met en évidence l'absence de définition communément admise des données et des flux transfrontières de données. Cette lacune fait obstacle à leur évaluation et entrave toute discussion constructive et la recherche d'un consensus sur leur gouvernance. Les études qui traitent des conséquences sur le développement des divers types de flux transfrontières et des taxonomies de données sont rares. Par ailleurs, la littérature est principalement axée sur la dimension commerciale des données et néglige généralement leur caractère multidimensionnel. La plupart des études sont publiées dans des pays anglophones et ne traitent que rarement des pays en développement.

EXAMEN DE
LA LITTÉRATURE
CONSACRÉE AUX FLUX
TRANSFRONTIÈRES
DE DONNÉES

II

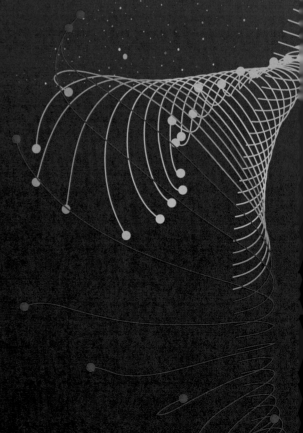

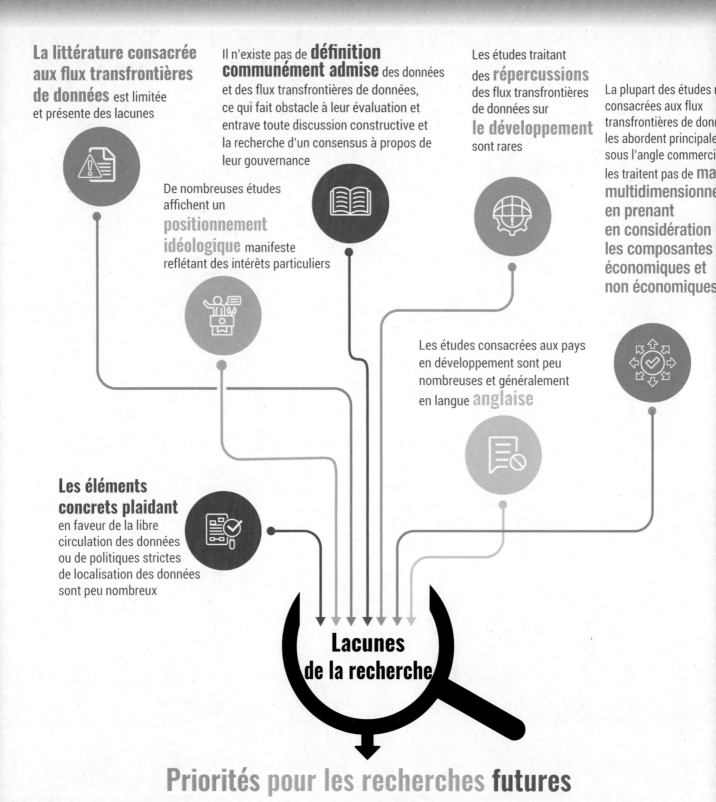

La littérature consacrée aux flux transfrontières de données est limitée et présente des lacunes

Il n'existe pas de **définition communément admise** des données et des flux transfrontières de données, ce qui fait obstacle à leur évaluation et entrave toute discussion constructive et la recherche d'un consensus à propos de leur gouvernance

Les études traitant des **répercussions** des flux transfrontières de données sur **le développement** sont rares

La plupart des études consacrées aux flux transfrontières de données les abordent principalement sous l'angle commercial les traitent pas de manière multidimensionnelle en prenant en considération les composantes économiques et non économiques

De nombreuses études affichent un **positionnement idéologique** manifeste reflétant des intérêts particuliers

Les études consacrées aux pays en développement sont peu nombreuses et généralement en langue **anglaise**

Les éléments concrets plaidant en faveur de la libre circulation des données ou de politiques strictes de localisation des données sont peu nombreux

Lacunes de la recherche

Priorités pour les recherches futures

Œuvrer à la définition et à la mesure des données et des flux de données

Se concentrer sur les **répercussions** des flux transfrontières de données **sur le développement**

Insister davantage sur **la nature multidimensionnelle des données**

Procéder à des évaluations plus objectives des politiques relatives aux flux transfrontières de données, en pesant les avantages et les inconvénients

A. INTRODUCTION

Le rôle grandissant des données dans une économie numérique en mutation du fait des avancées technologiques rapides a donné lieu ces dernières années à une recrudescence d'études consacrées aux flux transfrontières de données. Les rapports de banque et publications sur les technologies de l'information (TI) ont été les premiers documents à avoir employé l'expression « flux transfrontières de données ». Le débat international sur les flux transfrontières de données n'est cependant pas nouveau. Ces flux figuraient déjà en bonne place à l'ordre du jour international dans les années 1970 et 1980. À titre d'exemple, l'Organisation de coopération et de développement économiques (OCDE) a adopté en 1980 les Lignes directrices régissant la protection de la vie privée et les flux transfrontières de données de caractère personnel (Kuner, 2011)[1]. À l'époque, l'accent était principalement placé sur la protection des données à caractère personnel et le respect de la vie privée. Au cours de la dernière décennie, avec l'ampleur grandissante du rôle des données en tant que ressource économique, les débats se sont davantage orientés vers les aspects liés à l'économie.

Avec l'expansion d'Internet et le bouleversement des flux d'informations, de biens et de services qu'elle a engendrée, les flux transfrontières de données ont gagné en importance et le nombre de publications qui leur sont consacrées a considérablement augmenté. Comme illustré par la figure II.1, le nombre de résultats de recherche sur Google Scholar pour des publications scientifiques contenant l'expression « flux transfrontières de données », classées par année, a fortement progressé entre 1994 et 2020.

Le présent chapitre passe en revue la littérature juridique et économique publiée par la société civile et le secteur privé[2] et dresse un état des lieux de la recherche sur les flux transfrontières de données et leur réglementation[3]. Il analyse en particulier les définitions pertinentes qui ont actuellement cours, la mesure de ces flux, l'objectif des recherches et les perspectives des pays.

Un aspect particulièrement intéressant est la prépondérance des recherches menées par les pays développés sur leur propre situation et la tendance à l'occultation du rôle et des

Figure II.1 Nombre de publications sur les flux transfrontières de données, 1994-2020

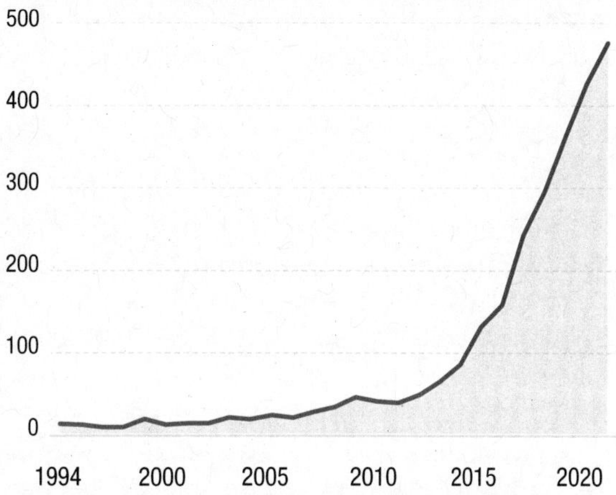

Source : UNCTAD, a partir de Google Scholar, disponible en https://scholar.google.com (consultado el 18 de enero de 2021).
Note : D'après des recherches par mots clefs sur « flux transfrontières de données » pour des publications datées de 1994 à 2020. Ce graphique est indicatif et ne prétend pas relever d'une recherche systématique exhaustive par mots clefs des sujets associés.

besoins des pays en développement dans ce secteur évolutif de l'économie numérique. Par ailleurs, de nombreuses études reposent sur des hypothèses et des positions idéologiques implicites et ne prennent pas en considération l'ensemble des arguments.

Cette revue documentaire ne se veut ni exhaustive ni systématique. Son but est de mettre en évidence les principaux problèmes et lacunes et de recenser les points d'amélioration présentant un réel intérêt pour le débat politique international sur les flux transfrontières de données et le développement. Le présent rapport s'efforce de répondre à certaines de ces questions et de contribuer à combler les lacunes. Plus spécifiquement, ce chapitre s'attache essentiellement à la littérature récente, plus pertinente pour éclairer le débat international existant sur ce thème.

---

[1] Voir le chapitre VI pour plus de détails sur les Lignes directrices de l'OCDE.

[2] Cet examen ne couvre pas les documents et publications des instances publiques, les points de vue gouvernementaux étant reflétés dans les discussions politiques présentées dans les chapitres IV à VI.

[3] Un tableau contenant les détails de la littérature examinée figure dans l'annexe en ligne du chapitre II, disponible à l'adresse https://unctad.org/system/files/official-document/der2021_annex1_en.pdf.

B. DÉFINITION DES DONNÉES ET DES FLUX TRANSFRONTIÈRES DE DONNÉES

Alors que les flux transfrontières de données occupent une place grandissante dans la littérature scientifique et politique, le consensus sur les éléments les plus fondamentaux – la définition des données et des flux transfrontières de données – reste inaccessible.

Dans de nombreuses études, le concept de « donnée » est considéré comme acquis et compris par tous, alors même qu'il peut faire référence à des dimensions ou des notions extrêmement variées. Krotova et Eppelsheimer ont entrepris une analyse documentaire sur la gouvernance des données à l'aide d'outils de traitement automatique du langage (text mining) et établi une distinction entre les données et les informations. Pour les auteurs, l'information est constituée de données affinées et traitées pour en augmenter la valeur, alors que les données se contentent de décrire des caractéristiques et des propriétés d'événements ou d'objets (Krotova and Eppelsheimer, 2019). Pour sa part, l'OCDE définit les données comme un ensemble de points bruts qui, par le biais du traitement et de l'analyse, sont convertis en informations (Casalini and López González, 2019 ; Nguyen and Paczos, 2020 ; Tomiura *et al.*, 2019).

En lien avec la gouvernance des données, certains auteurs considèrent les données comme le nouveau capital permettant de capter les rentes dans une économie (Ciuriak, 2020). D'autres sont d'avis que la vision de ce qui définit les données est souvent trop limitée et que les données ne peuvent pas simplement être traitées comme d'autres ressources économiques, par exemple les infrastructures, le travail ou le capital. Elles naissent comme des sous-produits de la vie, d'où les implications sur la façon de réglementer et de gérer les flux de données (Aaronson, 2019a).

De même, il n'existe pas de définition exploitable de ce qui constitue un flux transfrontière de données, qui permettrait de mesurer ces flux et pourrait servir de base commune aux discussions. En substance, il s'agit d'un transfert libre de données par-delà des frontières internationales ou différents marchés internationaux (Linden and Dahlberg, 2016 ; WEF, 2020b). Cependant, les données ne passant pas par le bureau des douanes, une définition plus précise serait la bienvenue. La Business Software Alliance (BSA, 2017) définit plus concrètement les points de départ et d'arrivée d'un flux transfrontière de données, considérant qu'il s'agit d'un transfert de données entre des serveurs implantés dans des pays différents.

Bien d'autres auteurs ont pris l'option de ne pas définir ces flux. Les partisans de la libre circulation transfrontière des données mettent l'accent sur ses éventuels effets positifs, notamment sa contribution à l'innovation, à la productivité, à la recherche et aux interactions sociales (BSA, 2017 ; Spiezia and Tscheke, 2020).

Sur un plan général, en considérant les définitions des données et des flux transfrontières de données comme une chose acquise, beaucoup d'auteurs se concentrent sur un aspect spécifique des données, habituellement d'ordre commercial. Ce faisant, ils omettent d'autres dimensions liées aux flux de données et présentant des caractéristiques différentes, et par conséquent, des implications autres pour la gouvernance des données, leur réglementation et les pays à différents niveaux de développement.

C. QUANTIFIER LES FLUX TRANSFRONTIÈRES DE DONNÉES ET LEUR IMPACT

Les définitions relativement générales des flux transfrontières de données laissent ouverte la question de la mesure des flux réels, comme évoqué au chapitre I. Techniquement, un flux de données peut être mesuré en bits et octets par unité de temps (Nicholson and Noonan, 2017), mais rien ne permet de savoir à quel endroit cette mesure doit être prise pour déterminer si un flux spécifique est transfrontière et s'il est entrant ou sortant. Néanmoins, un corpus croissant de publications vise à quantifier l'impact de ces flux.

Certaines études contournent les problèmes de mesure en définissant les flux de manière restrictive, les rendant ainsi maîtrisables et quantifiables. Le McKinsey Global Institute les définit essentiellement comme des flux de données et de communication transfrontières et les mesure à l'aide de la bande passante Internet, de la pénétration Internet et des minutes d'appel Internet. En parallèle, il tente de

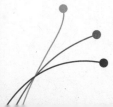

différencier les flux transfrontières de données d'autres flux, tels que les flux financiers (McKinsey, 2014), même si le secteur bancaire est lui-même partie prenante à d'importants flux de données. Globalement, il estime que la contribution des données à la hausse du produit intérieur brut (PIB) mondial a dépassé celle du commerce des marchandises (McKinsey, 2016). Cependant, les opérateurs mobiles eux-mêmes semblent considérer que la mesure de ces flux est suffisamment complexe. Une étude consacrée aux flux transfrontières de données publiée par l'Association du Système mondial de communications mobiles (GSMA) se garde de quantifier les flux de données internationaux (GSMA, 2018a).

D'autres se réfèrent à des études de cas pour démontrer le rôle grandissant des données, notamment dans les entreprises, le secteur de la santé et la recherche. Ainsi dans un rapport sur ces flux, les auteurs expliquent que des entreprises telles que les constructeurs aéronautiques collectent des masses de données pendant les vols internationaux afin d'étayer les services de maintenance et de réparation. Dans le même esprit, un fabricant de camions et de bus a mis en place un service chargé d'analyser les données de conduite afin d'optimiser le rendement énergétique, de réduire l'impact environnemental du transport et d'exploiter les données agrégées pour surveiller la flotte et détecter les problèmes à un stade plus précoce (Castro and McQuinn, 2015).

Comme la mesure du volume des flux de données est une opération délicate et relève pour l'essentiel de l'approximation, certaines analyses économiques ont pris le parti d'effectuer des mesures indirectes. Trois grandes approches prédominent en la matière : premièrement, des approximations à partir de composantes numériques du commerce ; deuxièmement, des enquêtes et des observations sur les changements de comportement face à des modifications réglementaires ; et troisièmement, des évaluations de l'impact des restrictions imposées aux flux de données.

Une des approches visant à quantifier les flux transfrontières de données consiste à analyser la contribution des services numériques au commerce global, ou au PIB. Dans un rapport pour le Département américain du commerce, Nicholson et Noonan se sont efforcés d'estimer la valeur maximale des services fournis par voie numérique par rapport à la globalité du commerce international de services des États-Unis d'Amérique, entre 2002 et 2011. Ils ont identifié cinq catégories de statistiques commerciales du *Bureau of Economic Analysis*, qui peuvent être établies grâce aux technologies de l'information et des communications (TIC) et sont donc susceptibles d'impliquer des flux de données. Cette approche a permis une approximation, car il n'existe pas de chiffres disponibles sur la part de ces services qui est effectivement fournie par voie numérique. En 2011, les services assurés par voie numérique auraient enregistré un excédent commercial de 136 milliards de dollars avec des exportations numériques s'élevant à 357 milliards de dollars, ce qui aurait représenté 60 % de l'ensemble des exportations de services. En outre, ces services contribueraient à un tiers de la valeur ajoutée des exportations totales et seraient de ce fait d'une importance cruciale pour l'économie américaine (Nicholson and Noonan, 2017). Par voie de conséquence, les flux transfrontières de données concernés sont probablement aussi d'une grande valeur. Mais cette approche présente un inconvénient majeur : elle ne peut mesurer que les flux assortis d'une valeur monétaire. Les données qui passent les frontières avant le traitement qui les convertit en produits à valeur commerciale ne peuvent pas être prises en compte. Par conséquent, l'importance des flux transfrontières de données est de toute évidence sous-estimée, car beaucoup d'entre eux n'apparaissent pas dans les statistiques commerciales officielles.

L'Institut de recherche sur l'économie, le commerce et l'industrie a enquêté auprès de grandes et moyennes entreprises japonaises sur leurs transferts de données à l'étranger après l'introduction du RGPD (Règlement général sur la protection des données) de l'Union européenne relatif à la protection des personnes physiques à l'égard du traitement des données à caractère personnel et à la libre circulation de ces données, ainsi que des législations relatives à la cybersécurité adoptées par la Chine et l'Inde (Tomiura *et al.*, 2019). Les auteurs ont évalué les changements de comportement des entreprises dans le cadre d'une analyse descriptive. Parmi les entreprises interrogées, 5 % ont indiqué avoir été affectées négativement par l'introduction du RGPD, et 8 % par les législations relatives à la cybersécurité. Un tiers des entreprises touchées ont déplacé le lieu de stockage et de traitement de ses données. En outre, 40 % des entreprises ont renforcé leurs dispositions de protection des données en réponse au RGPD, tandis que plus de la moitié des 8 % d'entreprises touchées n'ont pas réagi aux législations relatives à la cybersécurité. Dans l'ensemble, seul 1 % des sociétés interrogées ont modifié ou arrêté leurs activités dans l'Union européenne à la suite de l'introduction du RGPD. En réaction aux législations relatives à la cybersécurité, environ 5 % des entreprises ont modifié leurs pratiques de transfert de données vers les pays concernés. L'impact du RGPD sur les flux de données semble comparativement plus faible que dans certaines autres études (Gupta *et al.*, 2020 ; Ferracane and van der Marel, 2020). En outre, l'enquête révèle une proportion étonnamment faible d'entreprises transférant quotidiennement des données à l'échelle internationale, ce qui peut laisser entrevoir un possible problème d'évaluation.

Un autre corpus de la littérature s'est attaché à mesurer la valeur des flux transfrontières de données de manière implicite, en simulant ou en estimant l'impact sur les flux de données des restrictions telles que le RGPD en Europe ou les législations sur la localisation des données[4] dans d'autres régions du monde. Un rapport de la Chambre de commerce des États-Unis procède à une mesure indirecte de ces flux sur la base d'un modèle d'équilibre général pour simuler l'impact du RGPD, avant son introduction, sur le commerce, le PIB et le bien-être global. Les estimations montrent que les restrictions à la libre circulation des données et la perte de compétitivité qui en découle entraîneraient une contraction du PIB de l'Union européenne comprise entre 0,8 % et 3,9 %. L'impact négatif sur le revenu par habitant est estimé entre 340 et 1 140 dollars. Pour les auteurs, cette perte anéantirait tous les gains commerciaux obtenus grâce à l'accord de libre-échange (ALE) conclu entre l'Union européenne et les États-Unis, démontrant ainsi l'intérêt des flux transfrontières de données dans un contexte commercial (Bauer *et al.*, 2013).

Les mêmes auteurs ont également établi un indice des mesures de réglementation des données afin de déterminer l'impact en termes de productivité des réglementations nationales relatives aux flux de données sur les industries des pays concernés. Cet indice repose sur des sous-indicateurs de l'indicateur de réglementation des marchés de produits de l'OCDE, et sur les politiques propres à chaque pays, en plus de mesures de l'intensité des données dans divers secteurs. Ces travaux ont permis de constater que les industries les plus consommatrices de données sont également les plus affectées négativement en termes de productivité et de prix par les restrictions imposées aux flux de données. Les estimations montrent que ces restrictions entraîneraient une baisse du PIB réel à moyen et long terme comprise entre 0,1 % et 0,58 %, soit plusieurs milliards de dollars dans le cas de l'Union européenne (Bauer *et al.*, 2016). D'autres études (Badran, 2018 ; Ferracane and van der Marel, 2020 ; Ferracane *et al.*, 2020) ont également mesuré la perte de valeur des flux transfrontières de données due aux restrictions de données, en termes de baisse du potentiel d'innovation et de la productivité des entreprises et des secteurs, pour différents groupes de pays. Une analyse de CUTS International (Gupta *et al.*, 2020) révèle que des mesures de restriction appliquées aux données entraîneraient une chute des exportations indiennes de services numériques et provoqueraient une baisse du PIB du pays de l'ordre de 0,2 % à 0,34 %. Pour la taille cible de l'économie indienne en 2025, cela se traduirait par un écart de 9 à 17 milliards de dollars.

En revanche, d'autres experts ont analysé l'impact de la suppression des restrictions par le biais de la signature entre deux pays des mêmes accords sur la confidentialité des données (Spiezia and Tscheke, 2020). Ils ont constaté que le fait d'être signataire de la Convention 108 du Conseil de l'Europe ou des accords « Safe Harbour » conclus entre les États-Unis et l'Union européenne et les États-Unis et la Suisse, se traduit par une hausse de 6 % à 8 % du commerce de marchandises. La ratification de la Convention 108 est associée à une croissance du commerce des services de 12 % pour les paires de pays, alors qu'aucun effet significatif n'est observé en la matière pour les accords « Safe Harbour » américains[5]. Par conséquent, le poids des règles de conformité plus strictes est compensé par les avantages liés à la facilitation des flux de données au sein des parties aux accords ; cet impact est significatif tant statistiquement qu'économiquement.

Outre le problème posé par la mesure quantitative de ces flux, une difficulté d'ordre juridique liée à la définition des flux transfrontières de données peut aussi avoir une incidence sur leur mesure. À titre d'exemple, le transfert de la propriété de données d'une entité d'un pays à une entité dans un autre pays,

---

[4] La localisation des données fait référence à une mesure politique dans le contexte de la réglementation des flux de données transfrontaliers qui impose de stocker les données dans un territoire particulier.

[5] La Convention 108 est abordée plus en détail au chapitre VI. Le « Safe Harbour » a été remplacé par le bouclier de protection des données UE-États-Unis, qui est également abordé au chapitre IV.

sans que ces données quittent leur centre de données, peut constituer un flux transfrontière de données alors qu'aucun transfert réel n'a lieu et n'a été mesuré (Nguyen and Paczos, 2020).

À ce stade, la littérature consacrée à la quantification de ces flux fourmille de suggestions censées favoriser une meilleure compréhension du sujet. Mais compte tenu des lacunes significatives qui subsistent pour parvenir à dresser un tableau complet, il est indispensable d'approfondir les travaux sur la mesure des flux transfrontières de données, de développer différentes options et, au final, d'identifier les approches susceptibles de contribuer aux statistiques nationales sur le sujet.

D. TYPES DE DONNÉES

Les données peuvent être classées selon une multitude de critères. Celles couvertes par la majorité des recherches se répartissent généralement en trois catégories : les données commerciales, les données d'entreprises et les données à caractère personnel. Une bonne part de la littérature traite des données se rapportant à des activités commerciales. Les recherches couvrent le commerce des services, des biens et des services numériques, et tentent généralement de quantifier les flux de données d'une manière ou d'une autre. Deux types d'analyses sont habituellement menées : des tentatives de quantification des flux réels de données par le biais des composantes « services » des échanges commerciaux (McKinsey, 2014 ; Nicholson and Noonan, 2017) ; ou des estimations de l'impact des restrictions imposées aux flux de données ou de la levée de ces restrictions (Badran, 2018 ; Bauer *et al.*, 2013, 2016 ; Gupta *et al.*, 2020 ; Ferracane *et al.*, 2020 ; Ferracane and van der Marel, 2020 ; Spiezia and Tscheke, 2020).

Un autre type de données est utilisable dans les exercices de quantification : le volume des flux de communication, exprimé en octets (Bughin and Lund, 2017 ; McKinsey, 2014). Mais la valeur des flux de communication est difficile à établir, ce qui ne facilite pas les comparaisons avec la valeur des marchandises et autres flux internationaux et en explique la rareté.

Les recherches juridiques dans ce domaine s'articulent autour de trois grandes catégories non exclusives de données : les données commerciales, les données à caractère personnel par opposition aux données non personnelles, et les comparaisons de divers régimes pertinents en matière de flux de données. La libre circulation étant souvent décriée au motif que les données personnelles échappent au contrôle des entités responsables, une part importante de la littérature est axée sur les différents mécanismes imposant au niveau mondial des restrictions aux données (Chander and Lê, 2015). Plusieurs études notent que les réglementations établissent généralement une distinction entre données à caractère personnel et données non personnelles (Chander and Lê, 2015 ; Aaronson, 2019a ; Aaronson and Maxim, 2013 ; Meltzer, 2020 ; Casalini and López González, 2019 ; DazaJaller *et al.*, 2020 ; Mattoo and Meltzer, 2018 ; WEF, 2020b). D'autres se penchent sur le rôle des données dans les échanges commerciaux, et notamment sur la réglementation des flux de données dans le cadre du régime commercial (Burri, 2016 ; DazaJaller *et al.*, 2020 ; Mattoo and Meltzer, 2018 ; Hilbig, 2018 ; BDI, 2017 ; Aaronson and Maxim, 2013). Cependant, Aaronson souligne qu'une grande partie des données n'a aucun rapport avec un quelconque échange commercial, ce qui rend problématique la réglementation de ces données via les accords commerciaux (Aaronson, 2019a).

Dans le contexte des données d'entreprise, certains experts ont analysé l'utilisation qui en est faite pour améliorer les modèles économiques existants en les centrant davantage sur les données, ainsi que la valeur de ces données dans les nouveaux modèles économiques (Nguyen and Paczos, 2020). D'autres ont évalué le rôle des flux libres de données d'entreprise dans le contexte de la liberté de circulation au sein de l'Union européenne (Linden and Dahlberg, 2016).

Un corpus de la littérature a été consacré aux divers types de données dans le contexte de leur gouvernance. Au niveau macro, il s'attache aux questions de réglementation au plan national et international, à la compatibilité et à l'interopérabilité des différentes approches réglementaires (Aaronson, 2019a ; Ademuyiwa and Adeniran, 2020 ; GSMA, 2018b ; Mattoo and Meltzer, 2018 ; Microsoft, 2018 ; WEF, 2020b). Au niveau micro, l'accent est davantage placé sur la gestion et la valeur des données des entreprises (Engels, 2019 ; Krotova and Eppelsheimer, 2019).

Pour sa part, la Banque mondiale classe les données en deux groupes, les données à vocation publique et celles à vocation privée, et distingue deux catégories de méthodes de collecte, les méthodes nouvelles ou les méthodes traditionnelles. Les données à vocation publique collectées par des méthodes traditionnelles couvrent généralement une large population, mais pêchent souvent par manquent d'actualité. À l'inverse les nouvelles données à vocation privée peuvent s'avérer très détaillées et opportunes, mais sont rarement représentatives d'une population, en particulier des minorités (World Bank, 2021).

En plus de ces grandes catégories, certains auteurs font état de critères supplémentaires susceptibles de faciliter une différenciation des différents types de données (Coyle *et al.*, 2020) :

- Les spécificités des données : par exemple, leur sensibilité ou leur finalité ;
- L'origine des données : sont-elles fournies, observées, dérivées ou déduites ? (OECD, 2013a) ;
- L'utilisation faite des données : servent-elles par exemple aux ressources humaines, à l'entreprise, au commerce B2C ou à des fins techniques (Rentzhog and Jonströmer, 2014) ;
- Certaines caractéristiques : par exemple données publiques ou privées, données propriétaires ou ouvertes, données créées activement ou passivement (Nguyen and Paczos, 2020).

Ces critères permettent de mieux comprendre la nature et la finalité des données, tout en illustrant le fait qu'en fonction du type des données utilisées, celles-ci peuvent être décrites de multiples façons. En même temps, cette multidimensionnalité met en évidence la difficulté d'établir des règles claires en rapport avec les données, puisque le seul fait de définir de manière précise ces données pose déjà problème (De La Chapelle and Porciuncula, 2021).

E. POSITIONS À L'ÉGARD DES FLUX TRANSFRONTIÈRES DE DONNÉES

Quatre grands groupes – la société civile, le monde universitaire et les groupes de réflexion, le secteur privé et les organisations internationales – se penchent sur les flux transfrontières de données. Au sein de chaque groupe, les positions à l'égard de ces flux concordent.

Les milieux universitaires et les groupes de réflexion[6] sont généralement partisans de la libre circulation des données, même si beaucoup sont également favorables à l'établissement de règles claires en la matière (Aaronson, 2014, 2019a ; Aaronson and Maxim, 2013 ; Badran, 2018 ; Bauer *et al.*, 2013, 2016 ; Chander and Lê, 2015 ; Chen *et al.*, 2019 ; Ciuriak, 2020 ; Ferracane *et al.*, 2020 ; Ferracane and van der Marel, 2020 ; Kimura, 2020 ; Meltzer, 2020 ; Tomiura *et al.*, 2019). Les études en faveur de la libre circulation des données sont principalement dictées par des considérations économiques et s'opposent généralement à la localisation des données et aux réglementations en matière de protection de la vie privée, qui alourdissent les transferts internationaux. Ces études encouragent les flux transfrontières de données car ils permettent de réduire les coûts de l'activité économique et de développer le commerce international, le bien-être des consommateurs et le PIB (Bauer *et al.*, 2013 ; Badran, 2018 ; HinrichFoundation, 2019 ; Tomiura *et al.*, 2019 ; Ferracane *et al.*, 2020 ; Ferracane and van der Marel, 2020). Autre argument contre la localisation des données : les possibles inefficacités. D'abord, le maintien des données à l'intérieur des frontières nationales et la création d'une industrie du stockage des données ne sont pas forcément synonymes d'une hausse significative de l'emploi, les centres de données étant pour la plupart automatisés (Chander and Lê, 2015). Par ailleurs, la localisation des données ne contribue pas à leur sécurité. La conservation des données en un lieu unique les rend plus vulnérables à la destruction par des catastrophes (naturelles), mais aussi par des pirates informatiques lorsque la sécurité ne répond pas aux normes les plus récentes (Chander and Lê, 2015). De plus, Taylor note que le coût d'opportunité de la localisation des données est trop élevé, même pour les pays en développement, car un Internet fragmenté aura des effets négatifs sur les technologies émergentes, les rendant par exemple plus tendancieuses si elles reposent sur un

---

[6] Plusieurs groupes de réflexion, tels que l'European Centre for International Political Economy, l'Information Technology and Innovation Foundation et la Hinrich Foundation, entre autres, soutiennent fermement la libre circulation des données, principalement pour des raisons économiques et commerciales.

ensemble limité et homogène de données lorsqu'il s'agit de transformer ces dernières en informations (Taylor, 2020).

Cependant, en défendant la libre circulation des données sur la base du coût supposé de la localisation des données, les auteurs ne prennent pas en compte les effets redistributifs des gains provenant de la libre circulation des données, un aspect primordial pour le développement. Les bénéfices, tirés par exemple du commerce électronique, profiteront probablement surtout aux secteurs et personnes déjà privilégiés en matière d'accès aux marchés internationaux ou de compétences. Les inégalités au sein des pays et entre eux risquent d'en être exacerbées (Hill, 2018 ; Avila, 2020).

Bien que prônant globalement la libre circulation des données, Mitchell et Mishra proposent un cadre révisé de l'Organisation mondiale du commerce (OMC), assorti de règles permettant une mise en œuvre échelonnée. Cette approche permettrait aux pays en développement de renforcer leurs capacités à faire appliquer les nouvelles règles en matière de données et de mettre en place l'infrastructure numérique avant d'être liés par les dispositions de l'OMC. En outre, le cadre proposé imposerait aux pays développés d'assurer une assistance technique pour le renforcement de ces capacités (Mitchell and Mishra, 2019). Certaines recherches plaident également en faveur de la libre circulation des données au motif qu'elle contribue aux droits de l'homme, à la liberté d'expression et à la démocratie (Bauer *et al.*, 2013 ; Chander and Lê, 2015).

Dans le même esprit, des organisations internationales telles que l'OCDE, la Banque mondiale et le Forum économique mondial encouragent la libre circulation des données, en particulier pour le commerce, comme moyen de créer de la valeur (Casalini and López González, 2019 ; Daza Jaller *et al.*, 2020 ; Mattoo and Meltzer, 2018 ; Nguyen and Paczos, 2020 ; Spiezia and Tscheke, 2020 ; WEF, 2019 ; World Bank, 2021). Une relative liberté de circulation des données par-delà les frontières favorise la croissance économique et la coopération internationale, sur la base d'un système d'échange de données aussi fluide que possible, et ne doit idéalement pas se traduire par un renforcement de la fragmentation entre les pays (World Bank, 2021). Alors que de nombreuses études sont plutôt axées sur le commerce, Spiezia et Tscheke soulignent qu'au-delà des données commerciales, les types de données qui passent les frontières sont relativement mal connus et qu'il serait judicieux d'étudier de manière plus approfondie les types de données non commerciales qui circulent librement (Spiezia and Tscheke, 2020).

Les auteurs de publications sur les flux transfrontières de données issus du secteur privé sont peu nombreux. Ils répondent pour la plupart à des intérêts commerciaux internationaux et sont donc généralement favorables à la libre circulation des données. Leur point de vue est motivé par la préservation et le développement de leurs activités. Ils assimilent les restrictions imposées aux flux à des mesures protectionnistes (BDI, 2017). La défense d'un certain niveau de sécurité des données et de règles de confidentialité est un autre de leurs points communs (BSA, 2017 ; Global Data Alliance[7] 2020 ; GSMA, 2018a, 2018b ; Microsoft, 2018). Cette position est probablement motivée par un besoin de confiance, tant de la part des consommateurs que des régulateurs. Dans ce contexte, les publications sont pour l'essentiel des déclarations soulignant l'importance de la libre circulation transfrontière des données mais comportant peu d'éléments analytiques (BSA, 2017 ; Global Data Alliance, 2020 ; International Chamber of Commerce, 2021).

L'attitude de la société civile à l'égard de la libre circulation des données est plus nuancée. Certains auteurs basés aux États-Unis plaident fermement en faveur des flux transfrontières de données pour soutenir l'économie, et préconisent des négociations commerciales afin de définir des règles contraignantes à leur imposer (Castro and McQuinn, 2015 ; Cory, 2017, 2019). D'autres insistent davantage sur la nécessité d'accompagner ces flux de règles et de règlements de formes diverses, par exemple des normes techniques communes pour garantir la sécurité (McLaughlin and Castro, 2019), et/ou un environnement réglementaire approprié, notamment en termes de protection des données, de cybersécurité, de responsabilité juridique et d'interopérabilité entre les pays (WEF, 2020b). Ces experts cherchent à favoriser les échanges de données dans le cadre de lignes directrices claires destinées à protéger les individus.

---

[7]   La Global Data Alliance a été créée début 2020 pour promouvoir la libre circulation transfrontalière des données. Voir Medianama, 23 janvier 2020, « Cross-industry global coalition launched to advocate for free flow of data across borders ».

Les acteurs de la société civile s'intéressant aux pays en développement sont plus circonspects à l'égard de la libre circulation des données. Si celle-ci est imposée aux pays par le biais d'accords commerciaux, les pays en développement risquent d'être défavorisés (Hilbig, 2018). Ces accords peuvent limiter le champ d'action des politiques nationales et des approches du développement propres à chaque pays (Our World is Not for Sale, 2019). En outre, pour tirer parti de l'économie numérique, les pays en développement devront trouver des moyens de localiser la valeur économique des données, ce qui pourrait nécessiter des mesures protectionnistes temporaires ou un meilleur cadre pour la propriété et la rémunération des données (Gurumurthy *et al.*, 2017 ; Hill, 2018 ; James, 2020). En l'absence de règles nationales mieux adaptées, notamment en matière d'imposition des entreprises technologiques internationales, les écarts de revenus et les problèmes de protection de la vie privée sont susceptibles de prendre de l'ampleur et de renforcer les dépendances (Kilic and Avila, 2019 ; Raghavan, 2018). Par conséquent, une élaboration moins rapide des politiques pourrait assurer une distribution plus équitable des gains provenant des données (Trade Justice Movement, 2020).

Jörg Mayer fait preuve de prudence quant au libre transfert vers l'étranger des données relatives aux préférences des consommateurs des pays en développement. Sous l'angle d'une politique industrielle axée sur les données, les entreprises nationales pourraient utiliser les données relatives aux préférences des consommateurs dans le secteur manufacturier pour développer de nouveaux produits destinés à de nouveaux segments du marché intérieur. Cette politique industrielle limiterait la fuite de certaines données et soutiendrait ainsi un développement économique moins tributaire des exportations (Mayer, 2020). De même, à l'appui du développement de l'industrie numérique, Singh souligne la nécessité d'une politique industrielle permettant aux données nationales de contribuer à la création de valeur dans le pays (Singh, 2019). Dans divers articles et rapports, les auteurs insistent eux aussi sur l'importance de la politique industrielle pour le développement dans l'économie numérique axée sur les données (Foster and Azmeh, 2020 ; Ciuriak, 2018).

En revanche, d'autres experts s'interrogent sur la possibilité de réduire la fracture numérique si les pays en développement n'ont pas accès à des services numériques internationaux relativement bon marché. Ils ont conscience de la répartition asymétrique de la propriété intellectuelle et des technologies habilitantes permettant de tirer parti des données appartenant principalement aux entreprises des pays développés, une situation qui peut rendre la politique industrielle attrayante dans le contexte du numérique (Mitchell and Mishra, 2019).

F. PORTÉE DE LA RECHERCHE

Les aspects commerciaux et économiques sont au cœur de la plupart des recherches actuelles. Les autres dimensions des données n'étant pas prises en considération, les orientations et analyses sont relativement limitées. Le présent rapport étant favorable au libre-échange et aux marchés mondiaux intégrés, les arguments concernant les flux transfrontières de données ne dérogeront pas à ce principe.

Spiezia et Tscheke analysent l'effet de l'adhésion collective à des accords internationaux en matière de données sur le commerce des services et des biens. Axant leur approche empirique sur le commerce, ils ont cependant conscience des limites de leur étude, puisque beaucoup de données n'ont aucun caractère commercial. Ils se penchent sur la difficulté d'identifier et de mesurer de manière appropriée la valeur associée aux flux de données, tout en reconnaissant que l'évaluation correcte d'autres facteurs, tels que la vie privée, pose également problème (Spiezia and Tscheke, 2020). Reprenant à leur compte les préoccupations en matière de respect de la vie privée, Mattoo et Meltzer analysent différentes options réglementaires et tentent de déterminer la meilleure solution pour l'instauration d'une libre circulation des données assortie d'une protection de la confidentialité des données à caractère personnel. Ils privilégient une réglementation du respect de la vie privée propre à chaque pays et rejettent l'inclusion de dispositions relatives à la confidentialité des données dans les ALE. Ils prônent des accords de coopération internationale spécifiques entre régulateurs, tels que le bouclier de protection des données UE-États-Unis, aujourd'hui inopérant (Mattoo and Meltzer, 2018). D'autres auteurs ont entrepris d'évaluer la valeur économique des flux de données afin d'étayer leurs arguments et leurs positions sur les incidences positives de ces flux (Nguyen and Paczos, 2020).

La note d'orientation du T20 sur la libre circulation des données s'appuie sur la théorie microéconomique, selon laquelle la main invisible d'un marché contribue à son équilibre (Chen *et al.*, 2019). Ainsi, en l'absence de défaillances du marché, la libre circulation des données serait la voie optimale à suivre. Toute intervention politique faisant obstacle à cette libre circulation ne peut se justifier que pour remédier aux défauts du marché, par exemple une concurrence imparfaite, ou pour répondre à des arguments non économiques, tels que des enjeux sociaux, dont le respect de la vie privée et la sécurité. La note d'information souligne que la libre circulation des données est la meilleure solution et que les réglementations ne sont à envisager qu'en deuxième option.

Tomiura et ses coauteurs ont entrepris d'étudier l'effet de la réglementation des flux transfrontières de données sur les entreprises japonaises. Ils ne prennent pas position quant aux restrictions et s'efforcent de déterminer l'importance des flux de données pour les entreprises interrogées, mais la formulation des questions suggère une préférence implicite pour la libre circulation internationale des données. L'évaluation porte uniquement sur les effets négatifs de la réglementation relative aux transferts de données, en cherchant à établir si les échanges avec les régions soumises à la réglementation ont diminué, s'ils ont été réorientés ailleurs ou stoppés (Tomiura *et al.*, 2019). Compte tenu de l'octroi du statut d'adéquation au Japon par l'Union européenne, on peut s'attendre à une intensification des échanges de données, conformément aux conclusions sur la protection des données dans Spiezia and Tscheke (2020).

Certaines analyses empiriques semblent tenir pour acquis que la réglementation des données a des effets négatifs sur le commerce et le PIB, et que les mesures visant à limiter les flux de données constituent une menace pour l'idée fondatrice d'Internet (Chander and Lê, 2015 ; McLaughlin and Castro, 2019). Plusieurs études réfutent également l'idée que les restrictions imposées aux flux internationaux de données sont un moyen de soutenir le développement d'une industrie locale de l'information ; or, elles auraient plutôt tendance à augmenter les coûts pour les entreprises locales, en particulier les plus petites, à limiter les choix pour les consommateurs et à faire peser une menace sur la sécurité des données (Badran, 2018 ; Chander and Lê, 2015 ; Cory, 2017 ; McLaughlin and Castro, 2019 ; Castro and McQuinn, 2015). Sur un plan général, la discussion est trop biaisée et se contente de mettre en évidence des impacts négatifs.

Les associations d'entreprises et les acteurs du secteur privé centrent encore davantage leurs arguments, vraisemblablement dans le but de défendre leurs propres intérêts. Ils sont d'avis que les flux transfrontières de données doivent être soutenus de la meilleure manière possible et présentent à cet effet des notes d'orientation reposant souvent sur des éléments empiriques ou des analyses limitées, au lieu de peser les avantages et les inconvénients. La Fédération des industries allemandes considère ainsi que les données sont le moteur de l'industrie 4.0, et que la fluidité de ces flux est un aspect essentiel pour préserver la compétitivité de ses adhérents. Pour la fédération, tout ALE devrait limiter les restrictions imposées aux données, considérées comme une nouvelle forme de protectionnisme (BDI, 2017). De même, la Global Data Alliance souligne les domaines d'action – cybersécurité, protection de la vie privée et application de la loi – qu'elle soutient pour renforcer la confiance des consommateurs et favoriser les entreprises, l'innovation et la croissance dans tous les secteurs (Global Data Alliance, 2020). La GSMA, l'association des fournisseurs de réseaux mobiles, définit les contours de son argumentation dans le titre de l'une de ses publications, « Cross-Border Data Flows: Realising benefits and removing barriers » (Flux transfrontières de données : concrétiser les bénéfices et lever les obstacles) (GSMA, 2018a). Elle avance que les flux de données offrent aux particuliers, aux entreprises et aux organisations un plus large éventail d'options, en diversifiant le choix des consommateurs et en réduisant les coûts d'exploitation des opérateurs de réseau qui œuvrent par-delà les frontières. Cependant, les opérateurs de téléphonie mobile sont soumis à des règles spécifiques, qui restreignent leurs possibilités de tirer parti de ces économies d'échelle à l'international du fait des mesures de localisation des données du réseau (GSMA, 2018b). Dans le même ordre d'idée, Microsoft explique qu'une infrastructure nuagique solide permet de relever bon nombre des grands défis sociétaux, économiques et environnementaux actuels et propose une feuille de route à cet effet (Microsoft, 2018). Toutes ces perspectives présentent cependant un même défaut : elles ne prennent pas en considération les effets distributifs des bénéfices des flux transfrontières de données.

Cela étant, alors que beaucoup d'experts préconisent la libre circulation transfrontière des données pour soutenir le commerce, et par ricochet la productivité, l'innovation et le PIB, Aaronson adopte une

approche plus globale en considérant qu'un Internet ouvert a également des répercussions sur les droits de l'homme, la politique étrangère et la sécurité (Aaronson, 2014). Il examine par ailleurs le rôle des données en tant que ressource économique et adopte pour ce faire une vision plus large que l'analogie fréquemment utilisée selon laquelle « les données sont le nouveau pétrole » (Aaronson, 2019a). Il démontre que la gouvernance des données est encore hétérogène, ce qui exige de la part des pouvoirs publics le développement d'une nouvelle approche de la gouvernance de ces flux. Cela pourrait se traduire par l'émergence d'un cadre permettant de faire progresser la liberté d'Internet sur la base de lignes directrices plus claires, un point que la plupart des réglementations et des ALE ont négligé jusqu'à présent (Aaronson, 2014).

En conclusion, la plupart des publications ne parviennent pas à évaluer objectivement le rôle des flux transfrontières de données dans l'économie et la société, pas plus que leurs éventuels avantages et inconvénients. Les études semblent se conformer à un résultat prédéterminé, parfois expressément énoncé, mais souvent laissé à l'appréciation du lecteur.

G. PERSPECTIVE DE DÉVELOPPEMENT DES FLUX TRANSFRONTIÈRES DE DONNÉES

La réflexion sur les flux transfrontières de données est étroitement liée à la nécessité de soutenir les activités faisant intervenir des flux importants, un aspect qui transparaît dans l'origine géographique et linguistique de la réflexion pionnière sur ce thème, largement dominée par les auteurs anglophones des pays développés. Les réglementations sont guidées, dans une certaine mesure, par la nécessité de garantir un avantage concurrentiel aux acteurs nationaux (Aaronson and Maxim, 2013) et la recherche est corrélée à cette nécessité.

La plupart des recherches étant le fait de pays développés, les exemples de publications consacrées aux flux de données abordés sous l'angle du développement sont relativement rares. Pour l'instant, dans l'économie des données, les pays en développement ont été davantage consommateurs, voire exploités, que producteurs (Aaronson, 2019a ; Hilbig, 2018). Les clivages numériques qui subsistent, s'agissant notamment de la capacité à mettre en œuvre des approches fondées sur les données dans le cadre du développement économique, donnent aux pays développés une longueur d'avance en matière d'analyse et de création de valeur à partir des données en libre circulation par-delà les frontières (Mayer, 2020).

Selon une enquête portant sur cinq états africains, l'impact de la localisation des données est sensiblement plus faible dans ces pays que dans l'Union européenne. Si cet aspect peut sembler a priori positif, il est probablement lié au nombre plus restreint de relations commerciales et de liens qu'entretiennent ces pays avec d'autres, une situation qui n'est pas forcément souhaitable pour un développement économique à long terme. En outre, la localisation des données en Afrique pourrait avoir des répercussions particulièrement graves du fait du manque de fiabilité de l'approvisionnement en énergie, qui renchérit le coût de fonctionnement des centres de données locaux (Badran, 2018).

S'agissant des pays en développement, il a été noté que leur contribution à l'élaboration de cadres de gouvernance des données au niveau mondial risque de s'avérer problématique, car nombre d'entre eux ne disposent pas encore des normes, règles et réglementations appropriées, ni des infrastructures requises pour une économie axée sur les données (Aaronson, 2019a). Sans plan au niveau national, il est malaisé pour les responsables de prendre position dans le débat international et de soutenir par exemple l'élaboration de normes interopérables permettant aux pays de poursuivre leurs propres stratégies (Aaronson, 2014 ; Cory, 2017, 2019 ; Hill, 2018 ; Mattoo and Meltzer, 2018 ; Meltzer, 2020 ; Microsoft, 2018). Les États-Unis et l'Union européenne proposant des règles strictes en matière de libre circulation des données ou de protection des données, les pays en développement risquent d'être pris entre deux feux, contraints de s'aligner sur l'une ou l'autre de ces approches du fait de leur faiblesse en termes de pouvoir de négociation (Aaronson and Maxim, 2013). La Banque mondiale insiste sur la nécessité d'une meilleure inclusion des pays à faible revenu dans les négociations sur le commerce numérique et la gouvernance des données ; elle estime que les résultats ne devraient pas faire peser sur les pays une

charge réglementaire, financière et en termes de capacité trop importante, afin de garantir l'applicabilité des nouvelles règles (World Bank, 2021).

Certaines études se sont penchées sur les opportunités qui s'offrent aux pays en développement. Dans la vision implicite du développement de Cory, l'innovation est stimulée par les échanges d'idées et de données et par l'accès à des solutions à faible coût telles que les logiciels en nuage. Les pays en développement tireraient ainsi parti de réglementations optimisant le potentiel d'innovation en permettant la libre circulation des données (Cory, 2019). Ce point de vue rejoint celui de Chen, qui souligne que les habitants des pays en développement utilisent de plus en plus les technologies de communication à forte intensité de données et qu'à ce titre ils ont un besoin urgent de cadre réglementaire leur permettant d'exploiter ce potentiel de croissance économique (Chen *et al.*, 2019).

Concernant les pays en développement, la plupart des débats sur les flux transfrontières de données et le développement sont centrés sur l'Inde, qui dispose d'une vaste industrie de services numériques et entretient des liens solides avec l'étranger. Les États indiens dotés d'un secteur des technologies de l'information développé affichent un niveau de vie plus élevé et attirent davantage d'investissements directs étrangers. De même, le dynamisme des exportations de services numériques est généralement corrélé à celui de l'innovation en termes de dépôt de brevets et de nombre de startups. L'Inde est ainsi une parfaite illustration des bénéfices découlant de la libre circulation des données. En modélisant les restrictions en matière de données, CUTS International (Gupta *et al.*, 2020) conclut qu'elles sont néfastes pour le développement car elles se traduisent par des pertes considérables d'exportations de services numériques et de PIB. Cependant, pour tirer des enseignements sur le développement d'autres pays, l'exemple de l'Inde n'a qu'une validité limitée. La vaste superficie du pays et sa classe moyenne bien éduquée et anglophone sont des facteurs clefs qui empêchent la reproduction de l'expérience indienne dans de nombreux autres pays, handicapés par une étroitesse du marché intérieur qui les empêche de bâtir une économie numérique nationale moderne (Deardorff, 2017 ; World Bank, 2021).

Certaines études ont conscience des écarts dans l'état de préparation des pays, mais n'aborde pas la question de savoir comment les pays en développement peuvent être affectés par certaines approches de la gouvernance des données pour ces flux, ou comment ils peuvent être des moteurs efficaces du développement. (BSA, 2017 ; McKinsey, 2014).

Tant que les pays en développement ne seront pas capables de piloter leur propre développement dans la sphère numérique, leurs capacités et moyens financiers limités créeront une nouvelle dépendance. Ce « colonialisme numérique » des grandes entreprises technologiques se concrétise par des initiatives visant à façonner le débat politique dans leur propre intérêt par le biais d'actions de lobbying, d'investissements dans les infrastructures et de dons de matériel et de logiciels aux pays en développement (Avila, 2020).

Par voie de conséquence, la capacité d'un pays à prendre ses propres décisions et à élaborer ses politiques relatives aux données et aux flux de données, en un mot sa souveraineté des données, gagne en importance (Hilbig, 2018 ; McLaughlin and Castro, 2019 ; Avila, 2020 ; Taylor, 2020), même si la définition et la motivation de cette souveraineté varient considérablement d'un pays à l'autre (De La Chapelle and Porciuncula, 2021). Pour donner corps à cette indépendance, plusieurs auteurs proposent des feuilles de route visant à mettre en place une meilleure gouvernance des données et à instaurer des environnements propices (Aaronson, 2019a ; Ademuyiwa and Adeniran, 2020 ; Chen *et al.*, 2019 ; GSMA, 2018b ; WEF, 2020b). En outre, il est conseillé aux pays d'adopter en leur sein des approches multipartites pour façonner le cadre de gouvernance en fonction des priorités de leurs entreprises et des autres acteurs. Plusieurs publications centrent leurs feuilles de route sur les cadres de protection de la vie privée, les environnements informatiques en nuage et la facilitation des flux transfrontières de données sur un plan général (GSMA, 2018b ; Microsoft, 2018 ; WEF, 2020b). Concernant le développement, elles reconnaissent que la voie menant au meilleur environnement réglementaire est propre à chaque pays. Le manque d'expertise pertinente est un problème majeur pour tirer profit de règles et de réglementations actualisées, comme le confirment les responsables interrogés en Asie (GSMA, 2018b). En revanche, le Forum économique mondial propose une feuille de route de très haut niveau, sans toutefois entrer dans les détails de sa mise en œuvre (WEF, 2020b). Pour leur part, Ademuyiwa et Adeniran analysent de manière détaillée les problèmes de gouvernance des données que les pays africains ont à résoudre

pour créer leurs secteurs numériques, numériser leurs économies et prendre leur place dans la chaîne de valeur mondiale des données, et ainsi tirer parti de l'économie numérique. Ils soulignent le rôle des règles et de la réglementation en matière d'ententes, de concurrence, de fiscalité, de confidentialité des données et de sécurité, ainsi que de compétences (Ademuyiwa and Adeniran, 2020).

La coopération internationale en matière de flux transfrontières de données est également une question essentielle. S'il est important que les pays disposent d'une marge de manœuvre réglementaire pour élaborer des mécanismes adaptés à leurs besoins individuels, la nature transfrontière des flux de données incite à la coopération. Aaronson appelle par ailleurs à la création d'une organisation internationale encourageant les flux transfrontières de données et contribuant à l'élaboration de normes communes qui les facilitent dans tous les pays (Aaronson, 2019a). Cette approche est reprise par la GSMA, qui estime préférable de légiférer sur ces flux au niveau régional, afin de créer des zones peu restrictives, à l'exemple de l'Union européenne (GSMA, 2018a).

La plupart des rares publications intégrant la perspective du développement sont en langue anglaise et produites par des experts de pays avancés. Dans le cas de l'Amérique latine, plusieurs rapports abordent les flux transfrontières de données dans le contexte d'analyses sur le commerce numérique, dont Cory and Castro (2018), Meltzer (2018) et Suominen (2018). Aguerre est l'un des seuls experts latino-américains à avoir réalisé une étude sur ce thème (Aguerre, 2019). Des analyses en d'autres langues et sur d'autres aspects pourraient s'avérer fort utiles pour élargir la portée du débat. À titre d'exemple, des travaux intéressants ont été menés en français sur la géographie des données, dont ceux de Cattaruzza (2019).

H. DÉFAUTS DE LA LITTÉRATURE ACTUELLE

La littérature actuelle comporte quelques courants positifs susceptibles de contribuer aux discussions politiques, mais les études présentent également des faiblesses. L'une d'entre elles tient aux hypothèses implicites formulées par de nombreux auteurs pour étayer leurs propos. Le postulat le plus répandu est qu'il n'est pas souhaitable de restreindre les flux de données. Ainsi, certains auteurs étudient uniquement les incidences négatives de la réglementation des données. Cette démarche est correcte si l'on s'en tient à la théorie économique, avec l'hypothèse sous-jacente que le marché débouche sur des résultats probants, mais elle néglige l'existence d'imperfections du marché, telles que les tendances monopolistiques ou les valeurs sociétales, qui pourraient générer des résultats différents (Tomiura *et al.*, 2019). D'un point de vue plus technique, les hypothèses qui sous-tendent les modèles d'équilibre général et leurs étalonnages risquent de compromettre la généralisation des résultats à des échantillons d'autres pays (Badran, 2018 ; Bauer *et al.*, 2013, 2016 ; Ferracane and van der Marel, 2020 ; Ferracane *et al.*, 2020).

Une meilleure définition des données, ainsi que des secteurs économiques, des sociétés et de l'environnement global qu'elles affectent, est primordiale pour avancer dans les discussions relatives à leur quantification et leurs implications politiques. L'une de ces discussions aborde les flux de données en tant que forme de commerce et se penche sur la question de savoir si les ALE doivent ou non régir les flux transfrontières de données au niveau international. Les recherches sont principalement axées sur la dimension commerciale des données, notamment en vue d'une élaboration de règles internationales dans le cadre des négociations commerciales (Aaronson, 2014 ; Bauer *et al.*, 2013 ; BDI, 2017 ; Castro and McQuinn, 2015 ; Cory, 2017 ; Microsoft, 2018 ; Nicholson and Noonan, 2017). Le sujet est à l'évidence sensible pour les flux transfrontières de données. Mais d'autres experts rejettent l'idée d'une réglementation de ces flux dans le cadre des négociations commerciales, estimant que celles-ci sont trop monolithiques ou ne tiennent pas compte de l'ensemble des acteurs concernés, notamment de la communauté de la gouvernance d'Internet (Burri, 2016 ; Mattoo and Meltzer, 2018).

Une définition de droits relatifs aux données permettrait par ailleurs d'améliorer la traçabilité des données et de leurs flux. Compte tenu du rôle croissant que jouent les flux transfrontières de données, certains experts cherchent à savoir si la libre circulation des données doit devenir l'une des « libertés de circulation » au cœur du marché intérieur de l'Union européenne, ce qui placerait en la matière les données sur un pied d'égalité avec les biens, les services, les capitaux et les personnes. En conclusion, l'option retenue serait plutôt celle d'une libre circulation des données considérée comme une liberté subsidiaire, mais à

l'évidence un débat sur la nature des flux de données s'impose pour mieux cerner le sujet (Linden and Dahlberg, 2016).

En outre, comme souligné précédemment, la perspective du développement n'est pas bien documentée dans la littérature, d'où le problème supplémentaire lié à la difficulté de généraliser à tous les pays la mise en œuvre de certaines propositions relatives à la gouvernance des données. Certains en appellent à la souveraineté des pays pour légiférer en la matière, sans pour autant proposer d'idées sur les modalités à suivre (McLaughlin and Castro, 2019 ; Hilbig, 2018). Dans le même esprit, la demande d'un niveau approprié de protection des données ne précise pas comment évaluer ce niveau (Global Data Alliance, 2020). Enfin, certaines feuilles de route risquent d'être difficiles à suivre, car elles requièrent d'abord de remédier au manque de capacités pour initier et guider le processus politique (Ademuyiwa and Adeniran, 2020 ; Microsoft, 2018 ; WEF, 2020b).

I.   CONCLUSION ET PERSPECTIVES

La revue documentaire présentée dans ce chapitre fait apparaître plusieurs limitations et lacunes :

- La littérature actuelle ne parvient toujours pas à formuler une définition des données et des flux transfrontières de données, une lacune qui entrave toute discussion constructive à propos de leur gouvernance ;

- La mesure des flux transfrontières de données reste confrontée à des problèmes importants ;

- Les publications traitant des différents types de données sont rares et les taxonomies utilisées ne prennent pas correctement en compte les implications des différentes classifications sur les flux transfrontières de données. La majeure partie des recherches les aborde essentiellement sous l'angle commercial, même si certains auteurs se penchent sur les questions de confidentialité transfrontière. Sur un plan général, des d'études analysant les flux transfrontières de données sous l'angle multidimensionnel font cruellement défaut ;

- Les analyses objectives mettant en balance les avantages et les inconvénients des différentes options relatives aux flux transfrontières de données ne sont pas légion. Beaucoup d'études reposent sur des orientations idéologiques manifestes et des hypothèses implicites sur lesquelles elles fondent leur argumentation et débutent généralement par une opinion prédéterminée en faveur de la libre circulation des données ou de la localisation des données. Dans tous les cas de figure, la recherche a essentiellement pour objectif de justifier la position adoptée ;

- Du point de vue du développement, les éléments factuels soutenant la libre circulation transfrontière des données ou des politiques strictes de localisation des données sont peu nombreux. La plupart des études prônant la libre circulation des données cherchent à mesurer l'impact négatif des restrictions sur la circulation des données en termes de coût d'opportunité. Cette approche n'intègre cependant pas les questions d'équité et de répartition liées à l'appropriation des gains, ainsi que les dimensions non économiques des données, telles que le respect de la vie privée et la sécurité ;

- Dans le même temps, les arguments en faveur de politiques strictes de localisation des données à l'appui du développement national sont fragiles. Rien ne prouve que le maintien des données à l'intérieur des frontières nationales se traduise par un développement économique ou social ;

- L'absence d'éléments factuels venant étayer l'une ou l'autre des deux options s'explique par des problèmes de quantification, mais également par le fait que l'économie numérique fondée sur les données et l'explosion des flux transfrontières de données sont des phénomènes relativement récents ;

- La littérature se compose essentiellement de rapports en langue anglaise, publiés généralement dans les pays développés ou en Inde lorsqu'ils sont axés sur le monde en développement ;

- Enfin, la relation entre les flux transfrontières de données et le développement n'attire que peu l'attention et, si tant est qu'elle soit prise en compte, elle est souvent analysée par des experts de pays développés. Les études sur le sujet réalisées dans les pays en développement, hormis en Inde, sont extrêmement rares.

Dans l'ensemble, ces conclusions mettent en lumière les lacunes importantes dans la littérature consacrée aux flux transfrontières de données et au développement, des lacunes qui ont également des répercussions sur le débat politique. Dans ce contexte, le chapitre suivant s'efforce de prendre du recul et de jeter les bases d'une analyse plus large et plus inclusive des flux transfrontières de données.

Au regard des lacunes de la littérature et des insuffisances des débats sur les flux transfrontières de données mises en évidence au chapitre II, le présent chapitre revient aux fondamentaux des données et de leurs flux transfrontières. Cela implique de reconsidérer leurs définitions, leurs concepts et leurs caractéristiques. Sans une compréhension commune de ce que sont les données et les flux transfrontières de données, et des interconnexions complexes qu'implique l'économie des données, il est difficile de parvenir à un consensus sur leurs implications ou sur les politiques à mettre en place pour mettre les données au service du développement.

Le présent chapitre souligne le caractère multidimensionnel des données, qui exige une approche holistique de leur gouvernance. S'appuyant sur l'analyse des tendances présentée au chapitre I, il note que les données peuvent générer une valeur privée mais aussi sociale, mais que la création de valeur nécessite l'accès à de grandes quantités de données et la disponibilité de capacités et de compétences pour les convertir en informations numériques. Le résultat dépend, entre autres, du type de données concernées et de la manière dont ces données sont collectées, analysées et partagées. Les déséquilibres et inégalités des rapports de force dans les flux transfrontières de données suscitent des inquiétudes quant à leurs implications potentielles pour les pays en développement.

RETOUR AUX FONDAMENTAUX :
LES ENJEUX

III

Les données sont **multidimensionnelles**

Dimension économiques

Collecter   **Stocker**   **Analyser**

Valeur privée
(par exemple, par la publicité en ligne ciblée, les plateformes numériques, les services de données)

Valeur sociale
(par exemple, changement climatique, santé)

Dimension non économ

Vie privée

Autres droits de l'ho

Sécurité

Les données se **différencient des biens et des services**, et leurs flux se distinguent des échanges commerciaux

L'important ce n'est pas tant la propriété que les **droits d'accès, le contrôle et l'utilisation faite des données**

L'accès aux données et leur utilisation sont déterminants pour le **développement**

Les pays sont à des sta différents de **préparati termes de** capacité à ex les données au bénéfice du développement

Enjeux

Les implications des flux transfrontières de données diffèrent selon le **type de données concerné**

Divers facteurs sont à prendre en compte pour le choix de la **localisation des données**

Quelques **entreprises numériques mondiales** disposent d'un **accès privilégié** aux données et de **capacités sans équivalent pour les** convertir en informations numériques

Les **pays en dévelop** risquent de devenir **simples fournisseu de données** et de d payer pour les inforn numériques produite à partir de leurs don

---

Des politiques sont indispensables

Optimiser les gains de l'économie des données, tout en minimisant les risques encourus

Assurer une répartition équitable des bénéfices

Prendre en compte les arbitrages complexes

Une simplification à out préconisant la libre circ des données ou une localisation stricte des données ne sera pas d'u grande utilité : il faut d solutions intermédiaires

La gouvernance mondiale des dor doit adopter une approcheglobal multidimensionnelle, pangouvernementale et multipartite

A. INTRODUCTION

La relation entre les données et le développement peut être abordée de deux manières différentes, interconnectées et d'égale importance. Les données peuvent d'abord servir à éclairer les décisions et les processus visant à réaliser les objectifs économiques, sociaux et environnementaux. Vu sous cet angle, la relation entre l'utilisation des données et le développement est assez évidente. Des données plus nombreuses et accessibles, fruits des progrès des technologies numériques, peuvent contribuer de manière significative à la réalisation des objectifs de développement durable, en fournissant des éléments probants à l'appui de la prise de décision. Cette situation est illustrée par divers exemples liés à la réduction de la pauvreté, à la santé, aux questions d'environnement et de changement climatique, aux transports, à l'énergie ou à l'agriculture (World Bank, 2021).

Mais les données peuvent aussi s'inscrire dans les processus de développement économique proprement dits, dans la chaîne de valeur des données, car elles sont devenues une ressource économique essentielle. En ce sens, le développement est le fruit de l'adjonction de valeur aux données, via le traitement des données brutes visant à les convertir en informations numériques (produit de données). Le concept de données au service du développement renvoie ici au rôle que les données peuvent jouer en tant que moteur du développement, en termes de valeur ajoutée économique au niveau national dans les pays en développement, ce qui est la définition même du développement économique. Dans ce contexte, il est plus compliqué de faire en sorte que le développement tire profit des données.

> En termes de développement économique, il est important de veiller à ce que les pays en développement puissent capter de façon appropriée la valeur des données recueillies auprès de leurs citoyens et de leurs organisations.

Les données sont devenues le nerf de l'économie numérique et peuvent apporter des avantages significatifs en matière de développement à différents agents économiques, mais surtout, en leur qualité de bien public, à la société dans son ensemble. C'est pourquoi il est souhaitable que les données soient partagées en vue de renforcer leurs effets positifs tout en réduisant les risques potentiels (OECD, 2019a). Mais partager des données en accordant un accès élargi à la plupart des citoyens, dans le but de maximiser les bénéfices potentiels, implique que ces données puissent circuler tant au niveau national qu'international. Dans ce contexte, il est important d'examiner les divers types de données susceptibles d'avoir des implications différentes en termes d'accès, y compris celles qui passent les frontières.

En termes de développement économique, il importe de veiller à ce que les pays en développement puissent capter de façon appropriée la valeur des données recueillies auprès de leurs citoyens et de leurs organisations. Les retombées économiques des données et de leurs flux transfrontières ne sont ni automatiques, ni réparties uniformément entre les pays et en leur sein (UNCTAD, 2019a) : le libre jeu des forces du marché ne conduit pas à des résultats efficaces et équitables. Les politiques publiques ont donc un rôle important à jouer car en l'absence d'un mécanisme international adéquat de réglementation des flux transfrontières de données, les plateformes numériques mondiales et les grandes entreprises des chaînes de valeur mondiales jouissent d'un accès privilégié et du contrôle d'énormes quantités de données. Elles sont particulièrement bien placées pour s'approprier les gains potentiels et ont le pouvoir d'empêcher la concrétisation de gains sociaux potentiels en limitant l'accès aux données. Cette situation a des répercussions importantes sur les inégalités et affecte les perspectives de développement. C'est pourquoi il est essentiel, du point de vue économique, de s'intéresser à la valeur privée et sociale des données, mais aussi à la répartition équitable de la valeur créée à partir de ces données, au sein des pays et entre eux.

Les données ont un impact considérable, et pas seulement en termes de valeur économique ; les aspects non économiques sont également à prendre en comppte car ils ont des effets importants sur les individus et la société et ne peuvent être dissociés de l'économie en raison de la nature particulière des données. Les flux transfrontières de données ont des incidences nombreuses et complexes dans divers domaines

qu'il convient d'analyser de manière approfondie et de bien comprendre pour les mettre au service du développement. Les données peuvent être contraintes à l'intérieur des frontières nationales pour s'assurer que l'économie nationale puisse en bénéficier, mais également pour d'autres motifs tout aussi légitimes, notamment la protection de la vie privée et des autres droits de l'homme, ou les questions de sécurité. L'utilisation abusive ou impropre des données engendre des problèmes graves qu'il y a lieu d'intégrer et d'atténuer, car ils altèrent grandement la confiance des utilisateurs, et nous incitent à protéger les données au moyen de différentes garanties et politiques de contrôle des flux transfrontières.

Les données et leurs flux, tant nationaux qu'internationaux, peuvent apporter de nombreux bénéfices qu'il importe de promouvoir et de répartir de manière équitable, en empêchant qu'ils soient captés par quelques entreprises et pays. Mais ces bénéfices s'accompagnent de risques et difficultés qui doivent être abordés avec prudence. L'ensemble de ces facteurs impacte les personnes, de plus en plus fréquemment à l'origine des données, mais aussi les entreprises privées, grandes ou petites, ainsi que les pouvoirs publics et la société civile. Il est donc important pour tous de réfléchir en détail aux principaux enjeux liés aux données et aux flux transfrontières sous l'angle du développement, d'en analyser les implications pour l'élaboration des politiques et d'explorer les multiples interconnexions et relations sous-jacentes entre données et développement pour améliorer la compréhension des flux transfrontières de données en termes de politique.

> Les données et leurs flux, tant nationaux qu'internationaux, peuvent apporter de nombreux bénéfices qu'il importe de promouvoir et de répartir de manière équitable, en empêchant qu'ils soient captés par quelques entreprises et pays, mais ils s'accompagnent également de risques et de défis qui doivent être abordés avec prudence.

Dans ce contexte, et au vu des lacunes de la littérature et des débats sur les flux transfrontières de données mises en évidence au chapitre II, le présent chapitre prend du recul pour approfondir la compréhension du rapport entre les flux transfrontières de données et le développement, en revenant aux fondamentaux. En fait, le point de départ est la définition et les caractéristiques des données présentées au chapitre I et que le présent chapitre détaille. La section B examine les modes de collecte et d'utilisation des données. La section C aborde ensuite les différentes dimensions des données qui complexifient leur analyse et celle de leurs flux transfrontières. La propriété, l'accès, le contrôle et les droits sur les données sont analysés en section D. La section E étudie la circulation des données et la pertinence de leur lieu de stockage, tandis que la section F se penche sur les différents types de données et leurs implications pour les flux transfrontières de données. Pour sa part, la section G analyse le déséquilibre des rapports de force et les inégalités qui naissent des flux transfrontières de données. La section H explore la position des pays en développement dans la chaîne de valeur internationale des données. Les problèmes de souveraineté liés à ces flux, à différents niveaux, sont présentés dans la section I, tandis que la section J met en évidence les intérêts contradictoires et les compromis politiques qui se manifestent dans ce contexte. La section K est axée sur les capacités nécessaires pour tirer parti des données, avant que les conclusions ne soient présentées dans la section L.

B. COLLECTE, PROFILAGE ET UTILISATION DES DONNÉES

Toute donnée circulant sur Internet peut être recueillie. Comme examiné au chapitre I, cette collecte peut employer divers canaux, notamment les navigateurs Web, des applications mobiles ou des appareils connectés à l'Internet des objets. Il s'agira entre autres de données à caractère personnel, mais aussi de données géospatiales, météorologiques, de données de capteurs (machine-à-machine) et de données de trafic. Elles peuvent être fournies volontairement, par exemple des coordonnées personnelles pour l'inscription à un service Web ou tirées d'une enquête en ligne. Mais le plus souvent, les données collectées

et analysées proviennent d'observations, par exemple l'historique de navigation sur le Web, la géolocalisation ou l'adresse IP, et peuvent inclure des données techniques sur le périphérique connecté, son système d'exploitation ou son adresse MAC (commande d'accès au support physique). Avec un accès adapté, il est parfaitement envisageable d'intercepter toutes les données envoyées sur Internet, notamment les courriels ou autres messages de type texte, les messages vocaux ou vidéo, ou encore les communications provenant de dispositifs connectés à l'Internet des objets, tels que les réfrigérateurs ou les sonnettes connectées[1].

À certaines fins, il est important de recueillir des données utilisables en guise d'identifiants (permettant de relier une information à une personne spécifique). Les identifiants sont des données qui renvoient à une personne ou à un dispositif précis (uniques), qui ne changent pas facilement (persistantes) et qui sont facilement accessibles (disponibles)[2]. Tous les identifiants ne répondent pas à l'ensemble de ces trois critères, mais à certains seulement, par exemple un nom, une adresse électronique ou un numéro de téléphone. L'identification est essentielle pour déterminer le degré d'anonymisation des données et permet d'établir une distinction entre les données personnelles et des données non personnelles. Cependant, en dépit des progrès enregistrés par les technologies d'anonymisation, le degré d'anonymisation des données reste une question controversée, comme nous le verrons plus loin.

La collecte de données peut avoir des finalités diverses, notamment le développement de produits et de services, la publicité ciblée ou encore la surveillance, et être autorisée sur la base d'accords de service, de politiques d'utilisation, d'exigences ou de demandes légales. Sans se prévaloir d'aucune autre partie, les données peuvent être recueillies par des entités qui possèdent, contrôlent ou ont accès à des infrastructures clefs d'Internet (par exemple, les points d'échange Internet (IXP)), des sites Web, des serveurs Web ou des logiciels (systèmes d'exploitation et applications). Ces entités regroupent entre autres les propriétaires de sites Web, les plateformes de commerce électronique ou de médias sociaux, les développeurs d'applications, les développeurs de systèmes d'exploitation, les fournisseurs de services Internet (FSI), les pouvoirs publics et les pirates informatiques. Les données peuvent également être obtenues indirectement, par exemple par l'intermédiaire de courtiers en données, d'ordonnances judiciaires ou d'autres demandes légales, ou être achetées sur le dark Web.

L'économie des données a donné lieu à la création d'un nouveau vocabulaire et à l'apparition d'une pléthore de nouveaux acteurs. Il s'agit notamment des « personnes concernées », en l'occurrence la ou les personnes vivantes identifiées ou identifiables (appelées également « entités ») auxquelles se rapportent des données à caractère personnel[3], ou des courtiers en données, des entreprises qui rassemblent des données en provenance de diverses sources, les traitent pour les enrichir, les nettoyer ou les analyser, puis les cèdent sous licence à d'autres organisations[4]. Parmi les autres acteurs en rapport avec les données, on peut citer les agrégateurs, les analystes ou encore les responsables du traitement des données, qui sont chargés de déterminer dans quel but et avec quels moyens des données personnelles seront traitées[5].

> Une question intéressante à propos de la collecte et du suivi des données est de savoir dans quelle mesure les énormes quantités de données recueillies sont réellement nécessaires au fonctionnement des services ou si la collecte est excessive.

---

[1] C'est pourquoi les transferts de données sont de plus en plus cryptés, par exemple avec le passage du protocole HTTP (Hypertext Transfer Protocol) non sécurisé au protocole HTTPS (Hypertext Transfer Protocol Secure) plus sécurisé.

[2] Voir Electronic Frontier Foundation, 2 décembre 2019, « Behind the One-Way Mirror: A Deep Dive Into the Technology of Corporate Surveillance », disponible à l'adresse https://www.eff.org/wp/behind-the-one-way-mirror.

[3] Ce concept a été généralisé avec le RGPD. D'autres réglementations utilisent des expressions différentes. Par exemple, en Inde, la personne concernée est appelée « the data principal ».

[4] Voir les définitions, disponibles à l'adresse https://ico.org.uk/for-organisations/data-protection-fee/legal-definitions-fees/#subject et www.gartner.com/en/information-technology/glossary/data-broker.

[5] Voir Commission européenne, « Qu'est-ce qu'un responsable du traitement des données ou un sous-traitant des données ? » Disponible à l'adresse https://ec.europa.eu/info/law/law-topic/data-protection/reform/rules-business-and-organisations/obligations/controller-processor/what-data-controller-or-data-processor_fr.

S'agissant de la collecte de données à des fins commerciales, une distinction est à établir entre la collecte et le suivi des données réalisés directement par l'intervenant concerné et ceux opérés par des tiers. Les principales plateformes en ligne collectent d'énormes quantités de données à chaque fois que leurs services sont utilisés. La collecte de données réalisée par les entreprises au moyen de leurs propres produits et services est appelée « suivi first party ». Ces données peuvent être collectées sur la base d'un consentement implicite ou explicite. Cependant, elles peuvent également l'être par des parties autres que le site Web ou le service avec lequel l'utilisateur interagit directement, ce que l'on appelle le « suivi tiers ». À titre d'exemple, Facebook collecte des informations sur les utilisateurs d'autres sites Web et applications grâce à ses « pixels de conversion » invisibles, et Google exploite les données de localisation pour suivre les visites des utilisateurs dans les magasins traditionnels[6]. En fait, un grand nombre de courtiers en données et d'agences de publicité en ligne assurent un suivi quotidien de la navigation sur le Web et de l'utilisation des périphériques. La plupart des « suivis tiers » sont destinés à établir des profils de personnes et d'entités, utilisables par la suite pour leur adresser des publicités ciblées. L'encadré III.1 présente quelques-unes des méthodes de suivi les plus courantes sur Internet. Certaines grandes plateformes numériques ont décidé de remanier leurs pratiques en la matière, ce qui peut avoir des implications en termes de vie privée et de concurrence. L'impact positif de ces changements sur le respect de la vie privée reste à démontrer.

Une question intéressante à propos de la collecte et du suivi des données est de savoir dans quelle mesure les énormes quantités de données recueillies sont véritablement nécessaires au fonctionnement des services ou si la collecte est excessive. Ce point est important car une grande partie des données sont des données observées, généralement collectées sans le consentement de l'utilisateur ou sans que celui-ci en ait connaissance. D'aucuns diront qu'en acceptant les conditions de service, l'utilisateur a donné son accord à cette collecte de données.

Cependant, ce consentement prétendument « éclairé » est très discutable, compte tenu de l'opacité de la présentation des conditions des services, formulées très souvent dans un langage complexe et peu digeste. En outre, le consentement est présenté sous une forme « à prendre ou à laisser », ne laissant à l'utilisateur pas d'autre choix que d'accepter les conditions. En principe, les conditions de service devraient être plus transparentes et claires, afin que les utilisateurs sachent ce qu'ils ont accepté, et être conçues de manière à éviter toute collecte excessive de données inutiles. Ce dernier point est toutefois assez délicat, car les données ont une valeur « optionnelle » ou potentielle, qui ne se matérialise qu'après traitement et utilisation. Ainsi, certaines collectes de données sont spéculatives et effectuées sans connaissance préalable de l'utilisation prévue ultérieurement. Il restera toujours un arbitrage à réaliser entre les pratiques de consentement et l'innovation dans les services axés sur les données.

Encadré III.1. Suivi sur Internet

Le suivi du comportement en ligne peut prendre des formes diverses, et les outils et techniques évoluent constamment. Voici quelques-unes des méthodes les plus courantes actuellement utilisées :

Cookies de suivi

Un cookie est une information enregistrée par un navigateur Web lorsqu'une personne visite un site Web, afin de pouvoir reconnaître le périphérique lors de la prochaine visite. Les cookies répondent à différents objectifs, l'un d'entre eux étant de suivre le comportement en ligne d'un utilisateur dans le but de personnaliser l'expérience de navigation ou de diffuser des publicités ciblées. Les cookies de suivi peuvent être placés par le site Web cible (cookies « first-party ») ou par ses partenaires (cookies tiers) et contiennent des identifications leur permettant de reconnaître les utilisateurs et de les pister en ligne. Chaque fois qu'un utilisateur se reconnecte au site Web, le navigateur renvoie les informations contenues dans le cookie, telles que les clics, les préférences d'achat, les spécifications du périphérique, les lieux et l'historique de recherche. Ces dernières années, l'utilisation de cookies tiers a été surveillée de près et bloquée par certains des navigateurs les plus utilisés, notamment Mozilla Firefox, Safari et bientôt Google Chrome.

---

[6]   Voir la note 58.

Encadré III.1. Suivi sur Internet *(suite)*

Balises Web

Les balises Web sont de minuscules images d'un seul pixel qui permettent de suivre le comportement des utilisateurs sur les sites Web ou les messageries. À l'ouverture d'une page Web ou d'un courrier électronique contenant une balise de ce type, le navigateur ou le client de messagerie télécharge l'image, obligeant le périphérique à envoyer une requête au serveur où elle est stockée. Cette requête automatique fournira des informations utilisables pour obtenir des données relatives au système de l'utilisateur, telles que son adresse IP, l'heure à laquelle la requête a été faite, le type de navigateur Web ou de client de messagerie à l'origine de la requête, ainsi que l'existence de cookies envoyés précédemment par le serveur hôte. Ce dernier peut stocker toutes ces données et les associer à des données provenant d'autres traceurs ou identificateurs.

Empreinte numérique de l'appareil

La prise d'une empreinte numérique du navigateur ou de l'appareil, en clair la collecte de données relatives au matériel et au logiciel d'un dispositif particulier est une forme de suivi encore plus intrusive. Les données sont recueillies par le biais d'un script (une liste de commandes exécutées par un logiciel) opérant en arrière-plan au cours de la visite d'un site Web. Ces scripts déterminent le système d'exploitation de l'appareil, le navigateur ou les autres logiciels installés, l'utilisation ou non d'un bloqueur de publicité, le fuseau horaire, la langue, la résolution de l'écran et la profondeur de couleur, les extensions de navigateur installées, et même des spécifications techniques plus précises concernant la carte graphique et les pilotes. L'ensemble de ces différents éléments constitue une empreinte numérique unique permettant l'identification et le suivi de l'appareil, sans recourir à des cookies et même lorsque l'adresse IP est masquée.

Appareils mobiles

Des techniques analogues sont mises en œuvre pour suivre l'utilisation des applications sur les appareils mobiles. Si les applications mobiles ne sont pas en mesure d'exploiter les cookies de la même manière que les traceurs Web, elles peuvent tirer parti du fonctionnement des systèmes d'exploitation mobiles et accéder à des identifiants uniques leur permettant de relier l'activité à un appareil spécifique. De plus, dans les applications mobiles, il n'est pas possible d'accorder un privilège sans accorder le même privilège à tout le code tiers en cours d'exécution. Certains systèmes d'exploitation mobiles, par exemple la mise à jour 14.5 de l'iOS d'Apple, ont récemment innové en proposant une option permettant aux utilisateurs de bloquer le suivi des applications.

Suivi des prestataires de services Internet

Outre le suivi par des sites Web de type first-party et tiers, les activités en ligne peuvent également être surveillées par les prestataires de services Internet, car ce sont leurs serveurs qui acheminent tout le trafic d'un utilisateur. En analysant les informations NetFlow, un prestataire de services Internet peut recueillir des informations sur le site Web visité, le temps passé sur ce site et d'autres données de base sur la connexion et le type de données transférées. L'inspection approfondie des paquets (DPI) livre au prestataire encore davantage de renseignements. Si un site Web n'utilise pas de communication cryptée, le prestataire peut surveiller pratiquement tout, y compris les noms d'utilisateur et les mots de passe, les produits achetés, ainsi que les numéros et adresses de cartes de crédit, lorsqu'ils sont saisis pour le paiement et la livraison. Même en cas de visite d'un site Web recourant à une communication cryptée, le fournisseur de services Internet est en mesure de savoir quel est le site cible et d'analyser le trafic Internet et ses métadonnées, telles que la taille, le type, le moment et la destination des paquets de données. Ces prestataires sont donc potentiellement en mesure de collecter davantage de données personnelles que Facebook ou Google.

Source : CNUCED, d'après Electronic Frontier Foundation, 2 décembre 2019, « Behind the One-Way Mirror: A Deep Dive Into the Technology of Corporate Surveillance », disponible à l'adresse https://www.eff.org/wp/behind-the-one-way-mirror ; TechCrunch, 19 juin 2020, « Oracle's BlueKai tracks you across the web. That data spilled online », disponible à l'adresse https://techcrunch.com/2020/06/19/oracle-bluekai-web-tracking/ ; Avast, 14 mai 2021, « Data Brokers: Everything You Need to Know », disponible à l'adresse https://www.avast.com/es-es/c-data-brokers?redirect=1 ; United States Federal Trade Commission Consumer Information, mai 2021, « How To Protect Your Privacy Online », disponible à l'adresse https://www.consumidor.ftc.gov/articulos/como-proteger-su-privacidad-en-linea ; Goodwill Community Foundation, « Understanding browser tracking », disponible à l'adresse https://edu.gcfglobal.org/en/Internetsafety/understanding-browser-tracking/1/ ; Proton Technologies AG, « How to protect your data from your ISP », disponible à l'adresse https://protonvpn.com/blog/is-your-isp-selling-your-data/ ; StackExchange, « My ISP uses deep packet inspection ; what can they observe? », disponible à l'adresse https://security.stackexchange.com/questions/155057/my-isp-uses-deep-packet-inspection-what-can-they-observe.

La collecte des données et le suivi peuvent poser question, mais ce qui importe, c'est leur finalité, l'utilisation qui en est faite, car c'est elle qui déterminera la valeur des données et leurs effets positifs ou négatifs pour les individus et la société. Comme indiqué précédemment, ces données sont utilisables dans une perspective de développement, notamment pour renforcer globalement l'efficacité et la productivité. Elles sont un ingrédient essentiel de l'intelligence artificielle (IA) et servent à créer des profils de personnes ou d'entités. Grâce aux données, aux perspectives qu'elles offrent et aux profils créés, les entreprises et les organisations sont capables d'améliorer leurs produits et de personnaliser leurs services, d'enrichir l'expérience des clients, et de mener des campagnes publicitaires ciblées. Sous cet angle, les entreprises qui collectent les données peuvent générer des profits importants en monétisant les données. S'agissant des incidences négatives, les entreprises, mais aussi les pouvoirs publics, qui contrôlent les données ont moyen de manipuler les opinions en utilisant des outils d'économie de l'attention et du comportement, avec potentiellement des effets indésirables pour la société. Ces profils peuvent être le fruit d'une utilisation abusive ou impropre des données, et avoir un impact extrêmement trouble, notamment en termes de discrimination, sur les diverses activités où ils interviennent : le recrutement, l'assurance, les prêts bancaires et les services sociaux. La discrimination peut également être de nature sexiste ou raciale si les données et les algorithmes sont biaisés. En effet, la production de renseignements numériques valables implique de disposer d'énormes quantités de données, sachant toutefois que la qualité de ces renseignements sera fonction de la qualité des données sous-jacentes.

Sur un plan général, du fait de leur « conversion » en données à mesure de la transformation numérique des activités et événements dans ce que l'on appelle désormais « l'économie de la surveillance » (Clarke, 2019), les personnes deviennent le véritable produit. Les informations numériques tirées des données se transforment en marchandises et, comme les données sont le reflet des activités et des comportements des citoyens, ces derniers sont eux aussi assimilés en quelque sorte à des marchandises. Par la transition numérique, le monde passe d'une économie de marché à une société de marché, permettant au marché de s'étendre à de plus en plus d'aspects de la vie.

C.   LE CARACTÈRE MULTIDIMENSIONNEL DES DONNÉES

Une bonne compréhension du rôle des données dans l'économie et la société, et de leurs propriétés fondamentales, nécessite d'examiner leurs différentes dimensions. Cette section met en évidence le caractère multidimensionnel des données, non seulement en tant que ressource économique, pour leur valeur à la fois privée et sociale, mais aussi en rapport avec des aspects non économiques tels que le respect de la vie privée et des autres droits de l'homme ou la sécurité. Dans toutes leurs dimensions, interconnectées et qu'il convient d'appréhender dans leur ensemble, les données sont devenues une ressource stratégique pour les individus, les entreprises et les pays. Ces dimensions sont indissociables et l'élaboration des politiques devra, pour être efficace, éviter les approches cloisonnées pour aborder les questions relatives aux données. Cela étant, il est toujours possible de placer l'accent sur une dimension spécifique en fonction des choix politiques, mais à condition de prendre en considération les impacts transdimensionnels.

1.   La dimension économique des données

Une grande partie du débat sur les données repose sur l'idée clef qu'elles sont devenues une *ressource économique* essentielle. L'économie numérique est de plus en plus définie par des éléments immatériels avec, au cœur de l'avantage concurrentiel, de nouveaux aspects des organisations, tels que la connaissance, la propriété intellectuelle et le code numérique (Haskel and Westlake, 2017). Cette évolution encourage les organisations à collecter, combiner et traiter toujours plus de données pour générer de la valeur économique (UNCTAD, 2019a ; Mayer-Schönberger and Cukier, 2013). Les données sont devenues une ressource particulièrement importante pour les principaux modèles économiques du numérique. Ainsi, les modèles économiques des plateformes reposent sur les données et conduisent, par le biais de l'analyse, à des cercles vertueux d'améliorations fondées sur les données et la production d'autres données (Gawer, 2014). Les données alimentent les modèles et les systèmes : les modèles économiques tournant autour de l'IA et des algorithmes ne peuvent vivre sans.

De ce point de vue, l'accent peut être placé différemment sur les aspects économiques fondamentaux des données. Celles-ci peuvent être considérées comme une *marchandise* dont il peut être fait commerce, mais leur négociabilité potentielle est très discutable, en particulier pour les données brutes. Il est difficile d'instaurer des droits de propriété ou d'établir la propriété des données, notamment parce qu'elles sont de nature non rivale, avec de nombreux utilisateurs potentiels simultanés, et qu'elles sont généralement le reflet des personnes et de leurs comportements (voir ci-dessous). En outre, comme les données brutes individuelles n'ont qu'une valeur potentielle « optionnelle », puisque que la valeur économique dans l'économie numérique fondée sur les données ne se matérialise qu'après agrégation des données brutes, leur conversion en produits de données et leur monétisation au travers de leur utilisation, il n'existe aucun mécanisme approprié permettant de déterminer les prix sur le marché des données brutes. En outre, la valeur des données après traitement est fortement tributaire du contexte. Ainsi, il n'existe pas de marchés de données brutes véritablement développés et formalisés, ce qui implique que ces données ne peuvent pas être directement achetées ou vendues, et qu'il n'y a pas de demande et d'offre appropriées. Comme l'a précisé la Banque mondiale (World Bank, 2021:32), bien que les échanges bilatéraux privés de données soient bien établis dans certains créneaux (notamment l'échange de données personnelles pour cibler la publicité), aucun marché multilatéral n'a vu le jour pour les données, et les nombreuses tentatives visant à créer de tels marchés se sont toutes soldées par des échecs. Seules les informations numériques résultant du traitement des données sont monétisables et commercialisables, donc les références aux marchés des données concernent principalement les marchés de ces produits de données.

> Au-delà de la valeur économique privée des données, du point de vue du développement, il est également primordial d'examiner la valeur sociale des données.

Les données peuvent également être perçues comme un *capital* (Sadowski, 2019 ; Tang, 2021), mais une fois encore, ce sont surtout les informations numériques qui peuvent être considérées comme un capital, un actif susceptible d'améliorer le fonctionnement d'une entreprise et de conduire à la richesse. Compte tenu du rôle essentiel que jouent les données dans les décisions des organisations et de la société, elles sont aussi assimilables à une *infrastructure* à l'importance grandissante au niveau de l'organisation, du secteur, de la région ou du pays (OECD, 2015). Cette approche laisse entrevoir la valeur sociale des données, examinée ci-après (Kawalek and Bayat, 2017). Les données peuvent également être envisagées sous l'angle du *travail*, car elles reflètent souvent des activités menées par des hommes (Arrieta-Ibarra *et al.*, 2018). Si les données sont en grande partie générées par des individus, elles sont généralement captées, agrégées et traitées par des entreprises privées. Ce décalage entre la création des données au niveau de l'individu et leur contrôle par des entreprises a suscité un débat sur la question de savoir si les particuliers reçoivent une juste compensation pour leur « travail à titre gratuit » de création de données. Ces discussions se sont intensifiées à mesure que les données des utilisateurs devenaient le fondement de la rentabilité de bon nombre des acteurs mondiaux du numérique. La perspective des données sous l'angle du travail pourrait alors conduire à une meilleure prise en compte des personnes ou producteurs de données, en vérifiant par exemple s'ils ont un pouvoir de négociation suffisant pour obtenir une part équitable de la valeur de leur travail (Aaronson, 2019a). L'économie numérique a également des incidences en matière de fiscalité, notamment pour ce qui est de la détermination du lieu où la valeur est créée et où elle est soumise à l'impôt. Le fait que ces activités ne requièrent aucune présence physique rend leur imposition extrêmement complexe.

Au-delà de la valeur économique privée des données, du point de vue du développement, il est également primordial de prendre en considération leur valeur sociale[7]. Comme évoqué au chapitre I, les données présentent des caractéristiques particulières car elles sont non rivales, en dépit de degrés d'exclusivité variables. Les données impliquent souvent des externalités, positives ou négatives. La valeur

---

[7]   Pour une discussion plus détaillée sur la valeur sociale des données, voir le projet de la Nuffield Foundation intitulé « Valuing data: foundations for data policy », disponible à l'adresse https://www.nuffieldfoundation.org/project/valuing-data-foundations-for-data-policy. Sur l'aspect « bien public » des données, voir également MacFeely (2020a).

des données est essentiellement relationnelle et résulte de leur comparaison ou de leur agrégation. En elles-mêmes, les données individuelles n'ont aucune valeur. Du fait de ces externalités, les marchés ont tendance à fournir insuffisamment de données qui produisent des effets positifs, et trop de celles qui ont des incidences néfastes sur la société. En outre, les données sont le fruit d'une coproduction entre la personne ou l'entité qui en est à l'origine et le propriétaire de la technologie de collecte. Ainsi, la valeur des données pour l'économie et la société dans son ensemble est différente de la valeur commerciale pour les entreprises privées qui les collectent et les exploitent : certains types de données possèdent des caractéristiques permettant de les assimiler à des biens publics. Traiter les données comme un bien public pourrait également se justifier par le fait qu'une part importante de la technologie utilisée par les entreprises numériques résulte de la recherche publique, et par les effets de réseau, qui sont collectifs. Cette approche permettrait de façonner l'économie numérique d'une manière qui réponde aux besoins publics (Mazzucato, 2018).

Par ailleurs, comme nous le verrons plus loin, les données procurent des avantages concurrentiels et un fort pouvoir de marché aux entreprises numériques, se traduisant par des déséquilibres dans les rapports de force et des inégalités. Les mécanismes du marché ne semblent pas produire de résultats efficaces ou équitables pour la société, d'où la nécessité d'élaborer des politiques publiques visant à garantir l'optimisation de la création de valeur, tant privée que sociale, à partir des données et une répartition équitable de cette valeur dans la société, au niveau national et international, tout en prévenant les risques potentiels.

> Les données procurent des avantages concurrentiels et un fort pouvoir de marché aux entreprises numériques, se traduisant par des déséquilibres dans les rapports de force et des inégalités.

Si l'optimisation de la valeur sociale des données nécessite un partage plus conséquent des données ainsi que des politiques publiques adaptées et propices, les données relevant de l'intérêt ou du bien public peuvent être collectées ou générées aussi bien par le secteur privé que public. Celles générées par le secteur public sont en principe partagées avec la société au sens large, par le biais de multiples initiatives de libre accès aux données partout dans le monde. Lors de la conception des politiques de partage des données et de la réglementation des flux transfrontières de données, il conviendra de distinguer les données collectées par le secteur privé de celles recueillies par les pouvoirs publics, car le traitement des données et les effets sont différents.

S'agissant des flux transfrontières de données, l'important est de savoir si la nature de bien public des données a des implications au-delà des frontières nationales. Si tel est le cas, les données générées dans un pays pourront également apporter une valeur sociale dans d'autres pays, à condition d'instaurer un partage des données au niveau international. Différents exemples en liaison avec les défis globaux du développement ont été recensés dans ce contexte. La situation liée à la COVID-19 a clairement démontré l'importance du partage des données sanitaires à l'échelle mondiale pour faire face aux conséquences de la pandémie et mettre au point un vaccin. Le partage international des données peut également être utile à des fins environnementales[8]. L'utilisation des données pour relever ce type de défis mondiaux suppose de favoriser les flux transfrontières de données, en gardant à l'esprit que les risques liés au partage des données sont plus difficiles à maîtriser dans un contexte international et que des politiques publiques sont indispensables pour remédier aux déséquilibres entre les pays résultant de ces flux.

2. Les dimensions non économiques des données

Les dimensions non économiques des données ont principalement trait au respect des droits de l'homme et aux questions de sécurité nationale. La dimension « *droits de l'homme* » des données apparaît en analysant l'origine des données et en les reliant aux protections et droits fondamentaux, car elles représentent souvent les activités et les comportements d'utilisateurs ou d'entités. Lorsque des masses de

---

8   Voir, par exemple, Jha and Germann (2020), ainsi que Royal Society (2021) s'agissant des données sanitaires, et UNEP (2020), au sujet des données environnementales.

données sont détenues par des organisations, la question est de savoir comment cette situation interagit avec les droits fondamentaux et la protection des personnes (Singh and Vipra, 2019). Plus précisément, certaines déclarations fondamentales sur les droits de l'homme, dont la Déclaration universelle des droits de l'homme des Nations Unies, qui prévoit entre autres le droit à la vie privée (art. 12), sont applicables aux données (Heeks and Renken, 2018). Outre la protection de la vie privée, le Plan d'action de coopération numérique du Secrétaire général (United Nations, 2020a) englobe la protection contre la surveillance, la répression, la censure et le harcèlement en ligne en tant qu'aspects importants des droits de l'homme en ce qui concerne les technologies numériques axées sur les données[9]. La liberté d'opinion et d'expression sont d'autres droits humains pertinents (art. 19).

Les données relatives aux individus étant générées de manière toujours plus détaillée, des tensions peuvent survenir entre ces droits fondamentaux et les données détenues. Le respect de la vie privée doit également être envisagé d'un point de vue collectif, les données d'une personne pouvant révéler des éléments d'information sur d'autres personnes[10]. Une approche des données sous l'angle des droits devrait être davantage axée sur ces questions liées aux droits de l'homme, en examinant comment protéger ces droits fondamentaux dans le cadre du traitement des données d'un individu, et comment les individus peuvent faire valoir leurs droits et contrôler ces processus. Cette perspective des droits de l'homme trouve également un écho dans les questions en rapport avec la discrimination, par exemple en termes de genre et de race, que peuvent susciter l'IA, la surveillance et les techniques de manipulation des données. En outre, la surveillance et la manipulation des données peuvent porter atteinte à des droits humains démocratiques, voire influencer les systèmes politiques. Cette influence sur la politique aura peut-être à son tour des répercussions sur l'économie, car les politiques économiques sont conçues et appliquées par les responsables politiques élus et les régimes politiques[11].

> Le caractère multidimensionnel des données, du point de vue économique et non économique, met en évidence des aspects et des points de vue importants sur les données et leurs flux qui ne peuvent être abordés de manière isolée.

Le fait que les données puissent être utilisées à mauvais escient par les organisations qui les contrôlent et affecter ainsi les droits de l'homme, que ce soit par le secteur privé ou par les pouvoirs publics, altère la confiance des utilisateurs et limite les bénéfices potentiels susceptibles d'être tirés de l'économie numérique fondée sur les données. À titre d'exemple, les doutes en matière de respect des droits de l'homme ont été un facteur limitant l'utilisation des applications numériques de recherche des cas contacts pour aider à lutter contre la propagation de la COVID-19[12]. Les politiques seraient bien inspirés de veiller à garantir le respect des droits de l'homme afin de renforcer la confiance. En outre, du point de vue du secteur privé, une approche fondée sur la protection des droits de l'homme dans le traitement des données peut devenir un avantage concurrentiel en termes de réputation.

Les données présentent également une dimension « *sécurité* » qu'il convient de prendre en compte. Elles peuvent concerner des activités sensibles pour la sécurité nationale et l'application de la loi, mais

---

[9] Voir l'action du Haut-Commissariat des Nations Unies aux droits de l'homme (HCDH) sur « le droit à la vie privée à l'ère du numérique », disponible à l'adresse https://www.ohchr.org/FR/Issues/DigitalAge/Pages/DigitalAgeIndex. aspx. Pour d'autres grands instruments internationaux et régionaux relatifs aux droits humains reconnaissant le droit à la vie privée, voir notamment Privacy International, 23 octobre 2017, « What is Privacy ? » Disponible à l'adresse https://privacyinternational.org/explainer/56/what-privacy. Voir également les rapports annuels du HCDH sur la liberté d'opinion et d'expression, disponibles à l'adresse https://www.ohchr.org/en/issues/freedomopinion/pages/annual.aspx.

[10] Voir, par exemple, Véliz (2019) ; et Viljoen (2020), pour plus de détails sur la nature collective de la vie privée.

[11] Pour un aperçu complet de la relation entre les données et les droits de l'homme, voir Ebert, Busch and Wettstein (2020).

[12] Voir, par exemple, Lewis (2020) ; « Algorithm Watch, Digital contact tracing apps: do they actually work? A review of early evidence », disponible à l'adresse https://algorithmwatch.org/en/analysis-digital-contact-tracing-apps-2021/ ; et Back *et al.* (2021).

aussi pour la culture et les valeurs nationales. Comme de plus en plus d'activités sont codées sous forme de données, la nature des flux de données devient une préoccupation pour ceux qui privilégient la sécurité et l'application de la loi. Assurer la sécurité et la protection des données produites par de grandes organisations (par exemple l'armée ou certains organismes stratégiques) est un volet de plus en plus central de la sécurité nationale. Cette perspective sur les données recoupe souvent la dimension économique. Ainsi, les règles nationales en vigueur en matière de sécurité dans les pays à forte orientation géopolitique seront probablement axées sur la protection des secrets commerciaux et de la propriété intellectuelle des entreprises nationales autant que sur les activités nationales sensibles.

À mesure que les données gagnent en importance, elles contribuent également à la traque de la criminalité et à l'application des lois. D'où l'importance grandissante de l'accessibilité et de la juridiction des données. Ces dernières peuvent par ailleurs empiéter sur les questions de sécurité intérieure. Dans certains pays, les flux de données (notamment ceux qui intègrent des médias ou des applications) sont susceptibles d'aller à l'encontre des normes culturelles ou morales, ou d'être politiquement sensibles au point de déclencher une censure.

En résumé, le caractère multidimensionnel des données, sous l'angle économique et non économique, met en évidence des aspects et points de vue importants concernant les données et leurs flux qui ne peuvent être abordés de manière isolée. Les responsables politiques devront traiter les flux transfrontières de données de façon holistique, en tenant compte de toutes les dimensions. À l'évidence, l'attention portée aux diverses dimensions en fonction des priorités politiques sera différente, mais l'important est de prendre conscience de l'impact que toute mesure peut avoir sur chacune des dimensions. Ainsi, si les flux transfrontières de données ne sont régis que sous l'angle commercial, d'autres facteurs liés à la vie privée ou à la sécurité seront omis, ce qui risque fort de conduire à une réglementation inappropriée. Comprendre comment les différentes dimensions des données se complètent ou entrent en opposition les unes avec les autres est primordial pour une analyse holistique des données et des politiques y afférentes, y compris des flux transfrontières. En intégrant la nature multidimensionnelle des données, il importe aussi de veiller à ce que les aspects non économiques ne servent pas d'excuse pour mettre en œuvre des politiques ayant des répercussions économiques et affectant les possibilités d'évolution des pays en développement.

Le caractère multidimensionnel des données met également en évidence la difficulté à tirer des conclusions précises sur l'aspect positif ou négatif de l'impact de leurs flux transfrontières pour les pays en développement. Les données sont rapidement copiées, transférées, agrégées et réutilisées dans différents contextes, pouvant servir simultanément à de multiples fins. Celles générées par un dispositif médical, par exemple, peuvent servir à la fois à améliorer le traitement d'un individu et à alimenter les observatoires mondiaux de la santé qui soutiennent le développement, mais également à élaborer des modèles de risque d'entreprise qui excluent les personnes marginalisées de la couverture médicale.

D. PROPRIÉTÉ, ACCÈS, CONTRÔLE ET DROITS SUR LES DONNÉES

Pour bien comprendre la nature particulière des données, il convient également d'aborder les questions de propriété des données, de droits sur les données, d'accès aux données et de contrôle des données. Bien que la notion de « propriété » des données fasse l'objet d'un vaste débat, ce concept n'a pas grande importance. L'établissement des régimes juridiques applicables aux données (Correa, 2020)[13] se heurte à de sérieuses complications en raison des spécificités des données, notamment le fait qu'elles soient intangibles, non rivales, coproduites et que leur valeur soit relationnelle. En termes économiques, la prudence est de mise : gardons-nous d'assimiler les données à des biens économiques conventionnels ou ne nous inspirons pas sans discernement des modèles économiques fondés sur la rareté, l'offre et la demande. En effet, comme mentionné précédemment, il n'existe pas de véritables marchés multilatéraux pour les données (brutes). Ces propriétés sont également essentielles pour la définition des données : en tant que représentation d'un fait ou concept dans le monde, elles ne sont pas à considérer comme un bien économique conventionnel que l'on peut posséder. Cependant, elles peuvent être assorties d'un

---

13   Voir aussi Cofone (2020) et Scassa (2018).

ensemble de droits – d'utilisation, de distribution, de modification – qui sont à définir par des normes et des politiques (Heverly, 2003).

De plus, s'agissant de données personnelles ou collectives, elles représentent les actes et les comportements de l'individu (ou de la communauté pour les données collectives). Il est donc plus judicieux de raisonner en termes de droits sur les données, qui sont inaliénables ou inhérents à la personne (ou à la communauté). Plus que la propriété en elle-même, ce qui compte, ce sont les droits sur les données, c'est-à-dire le droit d'accéder aux données, de les contrôler et de les utiliser (UNCTAD, 2019a). Pour Privacy International, les droits relatifs aux données englobent le droit d'accéder aux données, de les modifier, de les déplacer ou de les supprimer, le droit de connaître l'auteur de la collecte, leur lieu de stockage et leur destination, de savoir qui peut y accéder et à quelles fins[14]. En outre, du fait des difficultés d'application des droits de propriété aux données évoquées précédemment, ces données ne peuvent pas être commercialisées, mais seulement partagées.

Les principaux cadres recensent généralement trois grands domaines de données qui se chevauchent et qui sont associés à différents types de droits et de contrôle (Correa, 2020 ; OECD, 2020a) : les *données publiques*, employées à des fins publiques, utilisées de manière plus ouverte et donc moins soumises à des droits et des contrôles, afin de favoriser le partage[15] ; les *données personnelles*, représentant des faits ou des comportements relatifs à des individus et recoupant les droits humains fondamentaux. Les cadres applicables aux données à caractère personnel visent à déterminer comment les individus peuvent contrôler les données collectées à leur sujet et y accéder (Duch-Brown *et al.*, 2017) ; les *données privées d'entreprise*, des données propriétaires associées à des organisations, définies davantage en termes de contrôle qu'en termes de droits. En général, les organisations peuvent contrôler les données en en limitant l'accès ou l'utilisation et en préservant la rareté de cette ressource économique. Lorsque les organisations échangent, achètent ou utilisent des produits de données d'autres organisations, ces produits peuvent être assujettis à des contrats commerciaux et à des licences. Au fil du temps, les données sont devenues une ressource organisationnelle essentielle qui fait l'objet d'investissements importants en capital, d'où les pressions exercées pour instaurer des règles plus strictes en matière de « propriété » des données afin de protéger les investissements privés.

Des tiraillements peuvent naître à l'intersection de ces trois domaines fondamentaux de données (OECD, 2015). Les données personnelles collectées par le secteur privé sont particulièrement problématiques. D'une part, les quantités massives de données en ligne peuvent contenir des éléments permettant d'identifier les personnes concernées, alors que les citoyens expriment souvent des inquiétudes quant au respect de leur vie privée et à leur consentement à la collecte de ces données (Floridi, 2020). D'autre part, comme les données propriétaires sont au cœur de l'avantage concurrentiel des entreprises, ces dernières tiennent à contrôler les données dans lesquelles elles ont investi. De la même manière, des tensions pourraient naître de la collecte de données environnementales par des entreprises commerciales au prétexte que ces données devraient relever du domaine public puisqu'elles représentent des faits relatifs à la planète.

> Plus que la propriété en elle-même, ce qui compte, ce sont les droits sur les données, c'est-à-dire le droit d'accéder aux données, de les contrôler et de les utiliser.

---

[14] Voir Privacy International, 6 février 2019, « We don't want to sell our data, we want data rights! », disponible à l'adresse https://privacyinternational.org/news-analysis/2683/we-dont-want-sell-our-data-we-want-data-rights.

[15] Un certain flou semble régner dans la littérature quant à l'expression « données publiques ». Il peut s'agir de données produites par le secteur public destinées soit aux seuls décideurs politiques soit à la société dans son ensemble, auquel cas elles deviennent des données ouvertes. Par ailleurs, comme mentionné dans la discussion sur les données en tant que bien public, les données collectées par le secteur privé peuvent également être partagées avec la population dans son ensemble et utilisées dans l'intérêt public.

E. FLUX TRANSFRONTIÈRES DE DONNÉES, COMMERCE ET LOCALISATION DES DONNÉES

Les flux transfrontières de données correspondent à des transferts de données d'un pays à un autre. Pour que ce transfert ait lieu, les données sont scindées en paquets, qui suivent divers itinéraires au sein des réseaux constituant Internet. Internet étant un réseau mondial de réseaux, ces paquets de données transitent par une infrastructure distribuée à l'échelle planétaire et leurs transferts sont « transfrontières » par nature (Mishra, 2019). Ce qui détermine qu'un flux de données est transfrontière est l'origine de l'utilisateur ou client et le serveur de destination. Ce peut être le cas d'une recherche (requête) Google lancée par un internaute dont la résidence, c'est-à-dire l'origine, est située hors des États-Unis et adressée à Google aux États-Unis, la destination. La nature mondiale et distribuée des flux de données complique souvent la compréhension des flux transfrontières de données ; ainsi, même si les données sont transférées entre deux dispositifs numériques dans le même pays, elles risquent fort d'être acheminées par un ou plusieurs serveurs étrangers à des fins d'efficacité économique ou technologique. Il est donc essentiel de bien comprendre le fonctionnement d'Internet pour analyser les relations entre les flux transfrontières de données et le développement, ainsi que leurs implications politiques. L'annexe du présent chapitre détaille la manière dont les flux de données passent les frontières.

Afin d'avoir une idée plus précise des flux transfrontières de données, cette section aborde deux autres aspects essentiels : les similitudes et différences entre les flux transfrontières de données et le commerce international, ainsi que la problématique liée à la localisation des données.

1. Flux transfrontières de données et commerce international

Le cadre conceptuel de mesure du commerce numérique établi par l'Organisation de coopération et de développement économiques (OCDE), l'Organisation mondiale du commerce (OMC) et le Fonds monétaire international (FMI) met en évidence sur quoi reposent les interactions et les divergences entre commerce et données. Il relève que les flux de données non directement monétisés ne sont généralement pas considérés comme des flux commerciaux dans les normes statistiques actuelles ; c'est le cas par exemple des informations personnelles communiquées sur les réseaux sociaux ou les données recueillies par les entreprises dans le cadre de l'Internet des objets (OECD, WTO and IMF, 2020:24) ; les informations et données non monétisées ne sont donc pas considérées comme relevant du commerce numérique.

Les spécificités des données évoquées précédemment impliquent que ces dernières et leurs flux internationaux soient traités différemment des biens et services conventionnels. Les données sont davantage perçues comme étant partagées que possédées ou échangées (Coyle *et al.*, 2020), voire commercialisées. Le commerce traditionnel peut fonctionner sans flux de données importants, mais les échanges de biens ou de services sont de plus en plus liés, à certains égards, à des flux transfrontières de données. Dans le commerce des biens ou des services, la commande et le paiement sont réalisables par voie numérique. Dans le cas des biens et services numérisés, la commande peut intervenir en ligne, tout comme la livraison. Cependant, les flux transfrontières de données se rapprochent dans une certaine mesure du commerce. Ils ne sont pas toujours clairement associés à des transactions et/ou peuvent être monétisés de manière plus indirecte. Les utilisateurs ont peut-être la possibilité d'utiliser gratuitement un service en ligne étranger (comme les moteurs de recherche, les médias sociaux, le streaming vidéo et la navigation sur le Web), mais au cours de ce processus, les données générées à leur propos sont extraites, traitées et monétisées, par exemple par le biais de publicités ciblées. En outre, avec le renforcement de l'intégration des produits et services, les flux transfrontières de données pérennes tendront également à faciliter les services proposés sur des dispositifs tels que les téléphones et les capteurs.

Associés ou non à des flux commerciaux, les flux transfrontières de données diffèrent grandement en nature, rapidité, régularité et capacité de suivi. Les liens entre ces flux et des transactions commerciales sont souvent peu clairs, et dans bien des cas inexistants. Un appareil mobile, par exemple, peut transmettre ou recevoir des flux de données concernant son utilisateur sur une longue période, simplement en étant allumé. La rapidité et la régularité des flux transfrontières de données les différencient également du commerce international. Une seule interaction de l'utilisateur avec une application peut générer une

cascade de flux transfrontières différents, notamment des données utilisateur captées, des données provenant de requêtes au stockage en nuage et des flux de données liés à la publicité et à d'autres utilisations, parfois entre une série de services et d'organisations intermédiaires. Les flux de données étant fluides, fréquents et difficiles à localiser dans un réseau sans frontières, le partage d'un même ensemble de données peut se répéter en quelques nanosecondes. Les chercheurs et les responsables politiques auront parfois du mal à déterminer ce qui relève de l'importation ou de l'exportation, à quel moment les données sont soumises au droit national et quel est le type d'application transfrontière le plus approprié (Aaronson, 2019b:546-547).

> Compte tenu des spécificités des données par rapport aux biens et services et de leur nature multidimensionnelle, les flux transfrontières de données nécessitent un traitement différent de celui du commerce en termes de réglementation.

Le commerce international et les autres flux économiques internationaux font partie de systèmes bien établis de contrôle et de mesure. Mais il n'existe pas de façon évidente d'appliquer les approches commerciales à ces flux. La gouvernance du commerce international est éclairée par des statistiques reposant principalement sur les types, les valeurs et les lieux (source et destination) d'échanges pour réguler les flux. Ces approches sont complexes, voire impossibles, à mettre en œuvre lorsqu'il s'agit de suivre ces flux de données qui ne font l'objet d'aucune statistique officielle. Les caractéristiques techniques des flux de données, leur fréquence, leur acheminement sous forme de paquets et le rôle des intermédiaires (notamment des plateformes) impliqués dans la transmission des flux de données, rendent difficile la détermination de leur origine et de leur destination. De même, évaluer la valeur des données et des flux de données est une tâche ardue, puisqu'il s'agit essentiellement d'une valeur potentielle « optionnelle », qui ne se concrétise qu'au moment de l'utilisation, et qu'elle est hautement contextuelle. De surcroît, comme les données sont le plus souvent des sous-produits non valorisés de la production et de la consommation de biens et de services, il est difficile d'établir à quel endroit la valeur est créée et collectée (Slaughter and McCormick, 2021). C'est pourquoi les approches bien rôdées appliquées aux échanges commerciaux internationaux (par exemple, les règles d'origine) entre territoires sont inapplicables aux données, en raison de la nature de ces données et de leurs flux transfrontières.

Compte tenu des spécificités des données par rapport aux biens et services et de leur nature multidimensionnelle, les flux transfrontières de données nécessitent un traitement différent de celui du commerce en termes de réglementation. Contrairement au commerce, dans de nombreux pays, certains types de données (telles que les données non personnelles ou non sensibles, comme nous le verrons dans la section suivante) peuvent être envoyées par Internet sans enregistrement, approbation ou autorisation. La transmission d'autres types de données, notamment celles à caractère personnel, sera liée à des régimes de responsabilité juridique. Dans ce cas, aucun obstacle technique n'est posé à la libre circulation, mais les organisations sont censées respecter des règles, au risque de voir leur responsabilité engagée en cas de problème. Dans le cadre des récentes réglementations relatives aux données personnelles, par exemple, les organisations sont souvent tenues de s'enregistrer officiellement auprès des régulateurs (voir également le chapitre V).

2. L'emplacement des données

Le choix de l'emplacement de stockage des données dépend de différents facteurs techniques, économiques, de sécurité, juridictionnels et liés à la vie privée, ainsi que de la disponibilité et de la fiabilité des infrastructures et de l'énergie nécessaire à leur fonctionnement[16]. Le caractère transfrontière ou non

---

[16] L'emplacement de stockage des données, qui est l'endroit effectif où se trouvent les données, est à distinguer de la localisation des données, qui est une mesure politique dans le contexte de la réglementation des flux transfrontaliers de données qui impose d'implanter les données sur un territoire particulier.

des flux est généralement lié à cet emplacement de stockage. Lors de l'interaction avec un site Web ou une application, le serveur hébergeant le contenu ou l'application peut être implanté n'importe où dans le monde. Certains services en ligne possèdent et exploitent leurs propres centres de données, d'autres louent de l'espace serveur à d'autres entreprises telles qu'Amazon Web Services, Microsoft Azure, Google ou autres. Un serveur peut aussi se trouver chez un fournisseur d'accès à Internet, dans une petite entreprise ou au domicile d'un internaute. Pour sa part, le serveur Internet stocke les données localement sur ses disques durs ou les transfère à un autre serveur, situé généralement mais pas obligatoirement au même endroit. Comme évoqué au chapitre I, des volumes de données de plus en plus importants sont stockés dans un nombre limité de centres de données hyperscale (en rapport avec la concentration des serveurs infonuagiques, des infrastructures et des entrepôts de données), implantés pour l'essentiel dans les pays développés et en Chine.

Techniquement, les données voyagent par la fibre à la vitesse de la lumière et ne sont soumises à aucune contrainte en matière de lieu de stockage, des requêtes pouvant être transmises rapidement par les applications ou services. Les modèles économiques des grandes entreprises technologiques reposent généralement sur cette flexibilité du lieu de stockage. Les infrastructures de données de base fournissent des services au monde entier ou à une vaste région, sachant que les centres de données sont majoritairement implantés en Amérique du Nord et en Europe occidentale, des régions qui regroupent à elles seules près des deux tiers de l'ensemble des centres en colocation (voir chap. I)[17].

Si le stockage des données ne nécessite pas d'implantation en un lieu précis, des arguments techniques plaident en faveur d'une meilleure répartition à l'échelle mondiale des données et de l'infrastructure de stockage. Le fait de disposer d'une source de données plus locale est avantageux pour les entreprises locales en termes de coûts. En outre, pour réduire le temps de latence, c'est-à-dire le temps de réponse à la requête, une localisation des données plus proche de leur origine est souhaitable (World Bank, 2021). Une plus grande diversité de centres de données permet par ailleurs de juguler d'autres risques techniques, notamment les coupures sporadiques de la fibre et le manque de redondance. Ces arguments sont moins pertinents pour les données en différé ou ne nécessitant pas une bande passante élevée, mais deviennent un véritable défi pour la nouvelle génération d'applications en temps réel opérant à partir de flux de données extrêmement sensibles aux délais ou très interactifs (notamment les applications infonuagiques ou de surveillance en temps réel dans l'industrie).

Dans de tels cas, la proximité devient déterminante pour garantir la viabilité des flux de données de grande envergure. Cela n'implique pas nécessairement d'implanter les données sur le territoire national, mais met en lumière l'existence d'obstacles potentiellement subtils liés aux flux transfrontières de données dans certaines régions et susceptibles d'avoir un impact sur le développement économique. Ainsi, les grandes entreprises technologiques ont peu investi dans certaines régions, telles que l'Afrique, qui pâtissent d'un manque d'infrastructures de données, notamment de serveurs d'applications, de centres de données et de réseaux de diffusion de contenu (Fanou *et al.*, 2017 ; Weller and Woodcock, 2013). La situation s'est améliorée ces dernières années, mais un impact n'est jamais à exclure, par exemple une dégradation des performances de certaines applications nuagiques ou une hausse des coûts globaux pour les fournisseurs de données (Chetty *et al.*, 2013). Dans les pays en développement, le stockage local des données a rarement été justifié par des raisons politiques, mais plutôt par des motivations économiques ou liées à la sécurité.

Le choix du lieu de stockage local des données repose souvent sur des considérations de juridiction et de sécurité. En effet, en stockant les données hors des frontières d'un État, l'accès pour des raisons juridiques peut s'avérer délicat. Des traités d'entraide judiciaire permettent aux nations d'accéder à des données en dehors d'une juridiction, mais ils ne couvrent pas tous les pays. Par ailleurs, les réponses ne sont pas rapides et parviennent souvent dans un délai trop long, allant de six semaines à dix mois, même lorsque la demande émane des États-Unis (Brehmer, 2018). Certains exemples largement médiatisés

---

[17] Les entrepôts de données à bas coût et l'informatique en nuage dépendent d'économies d'échelle potentielles, et les décisions des entreprises concernant l'emplacement de ces installations de données sont très structurées, et reposent sur différentes raisons telles que la situation en matière de risque et la disponibilité des infrastructures, y compris l'énergie, ainsi que les coûts et des considérations politiques et réglementaires (Azmeh et al., 2021).

ont montré que l'accès aux données pour des motifs de sécurité n'est pas toujours des plus faciles. La célèbre affaire *États-Unis c. Microsoft* en 2017 illustre les problèmes potentiels liés aux flux transfrontières : les tribunaux américains ont soutenu Microsoft dans son refus d'autoriser l'accès à ses données aux autorités américaines au motif que ces données étaient stockées dans des centres de données à Dublin, en Irlande (Daskal, 2017).

La cybersécurité peut également être invoquée pour justifier le stockage local des données. Les flux transfrontières et le stockage international ont été associés à des risques potentiels, notamment la surveillance entre États ou l'extraction indue de données nationales, voire les deux (Meltzer, 2015). Ces arguments sécuritaires sont toutefois largement controversés. Une telle surveillance existe manifestement, mais il est peu probable que l'emplacement du stockage des données soit un élément déterminant en termes de cybersécurité. Par ailleurs, dans de nombreux pays, le stockage national des données ne peut se faire que sur la base d'une multitude de petits centres de données mal gérés et coûteux (Chander and Lê, 2014). Pour les citoyens de pays autocratiques soucieux de la sécurité de leurs données personnelles, le stockage national peut d'autre part présenter davantage de risques de surveillance que le stockage international (Meltzer, 2015). En termes de sécurité, les entreprises préfèrent généralement placer leurs données dans divers endroits afin de minimiser les risques.

Le stockage local des données peut aussi s'expliquer par des raisons économiques. Les arguments invoqués sont les mêmes que dans les débats sur le commerce traditionnel : la production locale joue un rôle essentiel en soutenant les compétences, l'émergence d'entreprises nationales et le développement en général (Foster and Azmeh, 2020). Dans le même esprit, le stockage local des données (et la réduction des flux transfrontières de données) est censé soutenir les capacités et les infrastructures de données locales et stimuler l'économie numérique. Cet argument a toutefois ses limites : contrairement à la localisation de la production de biens ou de services, même si les centres de données sont situés dans le pays, le traitement des données peut toujours être réalisé à distance, hors des frontières. Par conséquent, les centres de données nationaux n'auront pour avantage direct que la création d'un nombre relativement faible d'emplois induits, correspondant principalement à la construction initiale des bâtiments, et d'un nombre limité d'ingénieurs réseau, de techniciens et d'agents de sécurité sur le terrain (Chander and Lê, 2014).

> Le choix du lieu d'implantation des données dépend de divers facteurs techniques, économiques, juridictionnels et liés à la sécurité et la vie privée, mais aussi de la disponibilité et de la fiabilité des infrastructures et de l'énergie nécessaires à leur fonctionnement, qui peuvent aller dans des directions différentes et doivent être évalués de manière globale.

Certains arguments laissent cependant entrevoir que les retombées des investissements dans les centres de données pourraient être plus significatives que prévues et que d'autres types de capital et de capacité liés aux données sont induits par la présence de centres de données. Cette approche est moins documentée dans les pays en développement, mais les éléments factuels recueillis dans les pays développés montrent que ces centres peuvent venir compléter d'autres investissements dans les infrastructures de données et qu'ils ont des répercussions économiques non négligeables, en soutenant par exemple la modernisation conjointe public-privé des infrastructures d'énergie et de transport (NVTC, 2020 ; Washington State Department of Commerce, 2018 ; UNCTAD, 2019a). Par conséquent, malgré des gains économiques directs limités tirés de l'implantation nationale des centres de données, la présence de ces centres peut être dans certains cas une composante importante d'un train plus large d'investissements planifiés visant à renforcer la capacité et le capital de données dans un pays. En outre, bien que les arguments en faveur du stockage des données au niveau national gagnent du terrain, les éléments factuels venant étayer cette relation sont peu nombreux.

La stratégie consistant à exiger que les données soient stockées à l'échelle nationale ne peut être bénéfique que dans les grands pays dotés de la masse et de l'échelle critiques nécessaires pour créer de la valeur à partir des données. Par ailleurs, le maintien des données à l'intérieur des frontières ne peut conduire au développement économique que si le pays dispose des capacités de transformer les données en informations numériques et de les monétiser, comme nous le verrons ci-dessous. Les compétences en matière de traitement des données sont un élément essentiel et peuvent être développées localement, même si le centre de données est situé ailleurs ; l'infrastructure de connectivité est elle aussi plus importante que les centres de données proprement dits. Pour les petits pays, les données ne peuvent générer que peu de valeur si elles ne sont pas en mesure de franchir les frontières, puisque la valeur des données résulte en partie de leur agrégation.

Il est donc plus judicieux de se concentrer sur le lieu de création (et de captation) de la valeur à partir des données, le lieu où ces données sont transformées en produits de données et qui n'est pas nécessairement celui où les données sont générées. La véritable valeur économique est produite sur le lieu de l'utilisation des données ; c'est donc le flux de valeur des données qui importe plus que le flux des données elles-mêmes. En ce sens, l'emplacement physique du stockage n'est pas nécessairement un facteur déterminant pour le développement. Mais tout dépend des besoins en matière de traitement, puisque les principales capacités de traitement des données se trouvent dans les centres de données internationaux de très grande envergure, rarement situés dans les pays en développement, à l'exception de la Chine.

D'aucuns pourraient faire valoir que si l'accès aux données est assuré, il n'existe aucun lien entre le lieu de stockage des données et le développement économique. Avec cette garantie d'accès, les acteurs nationaux peuvent utiliser librement ces données à des fins économiques. Il en serait ainsi d'une entreprise stockant ses données dans un centre de données implanté hors de son pays d'origine (ce qui entraîne nécessairement un flux de données transfrontière), qui pourra en tirer profit tant qu'elle sera en mesure d'utiliser les données à ses fins.

Il en va autrement lorsqu'une plateforme numérique d'envergure mondiale extrait les données des internautes d'un pays donné et les utilise à son profit, sans aucune compensation ni possibilité pour les entreprises du pays source d'utiliser ces données de manière productive. En effet, en tant que pionnières en la matière, les entités étrangères jouissent de l'avantage conféré aux précurseurs en termes d'analyse et de traitement des données, et les pays en développement moins avancés auront du mal à rattraper ce retard, même en ayant accès à leurs données. Un cadre international adéquat réglementant les flux transfrontières de données devrait garantir l'accès aux données et faire en sorte que les gains tirés de ces dernières soient équitablement répartis en cas d'accès restreint. Il conviendrait par ailleurs de le compléter par un renforcement des capacités de traitement des données des pays en développement. Globalement, le choix du lieu d'implantation des données dépend de divers facteurs techniques, économiques, juridictionnels et liés à la sécurité et la vie privée, mais aussi de la disponibilité et de la fiabilité des infrastructures et de l'énergie nécessaires à leur fonctionnement, qui peuvent aller dans des directions différentes et doivent être évalués de manière globale. Il appartient aux responsables politiques des pays en développement d'évaluer les coûts et les avantages liés à la décision relative à la localisation physique des données, en prenant en considération les caractéristiques spécifiques de leur pays et leurs besoins en termes de stratégie de développement.

F. DIFFÉRENTS TYPES DE DONNÉES : IMPLICATIONS POUR LES FLUX TRANSFRONTIÈRES DE DONNÉES

Les données peuvent être classées en plusieurs types selon diverses taxonomies. Les discussions précédentes ont déjà abordé plusieurs types de données, notamment les données fournies à titre volontaire et celles observées, les données structurées et non structurées, et les données personnelles, publiques ou privées. D'autres classifications sont possibles : données recueillies à des fins commerciales ou administratives ; données utilisées par les entreprises, y compris les données professionnelles, des ressources humaines, les données techniques et commerciales ; les données immédiates et historiques ;

les données sensibles et non sensibles ; et les données d'entreprise à entreprise (B2B), d'entreprise à consommateur (B2C), de gouvernement à consommateur (G2C) ou de consommateur à consommateur (C2C). Il est important d'établir clairement une distinction entre ces différents types de données, car elle a des implications sur les modalités d'accès à octroyer au niveau national et international, ainsi que sur la façon de manipuler les données.

Cette section aborde certaines catégories clefs de flux de données susceptibles de servir de base à un traitement différencié des données lors de leur circulation transfrontière. Elle propose également quelques pistes pour une réglementation plus détaillée des flux transfrontières de données. Cependant, compte tenu des problèmes sérieux posés par la quantification et la différenciation de ces flux, son application risque d'être limitée dans la pratique.

Il importe tout d'abord de déterminer qui sont les producteurs de données et qui en sont les consommateurs. Cela implique de vérifier si les flux transfrontières de données sont associés à des échanges B2B, G2C, B2C ou C2C. Il est par ailleurs judicieux d'aborder certaines questions transversales complémentaires, pouvant induire un traitement différentié des données à caractère personnel et sensible.

1.   Types de producteurs et d'utilisateurs de données

a)   Données commerciales

Comme souligné précédemment, les flux de données propriétaires résultant d'interactions B2B et B2C sont probablement rattachés à des accords juridiques d'entreprises qui précisent les données transmises et les modalités de leur circulation par-delà les frontières. Lorsque les flux ne sont pas en rapport avec des données personnelles, ils peuvent être déterminés par les règles internes des entreprises, des accords interentreprises ou des contrats.

Pour les données organisationnelles transfrontières associées aux transferts intra-entreprises, aux chaînes de valeur mondiales ou aux échanges B2B, la préoccupation essentielle est de préserver le contrôle et la confidentialité des données, véritable cœur de l'avantage concurrentiel dans une économie des données. Par exemple, veiller à ce que les données « machine à machine » ou provenant de l'Internet des objets soient échangées rapidement et en toute sécurité est un aspect de plus en plus crucial du fonctionnement des chaînes de valeur mondiales (Foster *et al.*, 2018).

b)   Données gouvernementales et ouvertes

Les pouvoirs publics combinent souvent leurs services de données avec le secteur privé pour ce qui est de l'utilisation des sources, des services et du stockage des données. C'est pourquoi les flux transfrontières de données initiés par les pouvoirs publics peuvent également être façonnés par des contrats et des accords. Les données gouvernementales sont souvent considérées comme plus sensibles que les autres, surtout si elles relèvent d'infrastructures nationales critiques. Les flux transfrontières de ces données peuvent donc être soumis à des exigences supplémentaires, notamment à la réglementation nationale. Certaines données étatiques ne seront autorisées à franchir les frontières que sous certaines conditions (par exemple, l'utilisation impérative de certaines normes ou de standards de cryptage spécifiques ; ou l'imposition d'un stockage en nuage privé, par opposition au nuage public, à des fins de sécurité). Parfois même, les flux transfrontières de données seront interdits en cas de données particulièrement sensibles, comme nous le verrons plus loin en détail.

Les données gouvernementales internes peuvent faire l'objet d'un traitement plus rigoureux, mais les entités gouvernementales et autres organismes à but non lucratif ont cependant tendance à partager leurs données dans le but de créer une valeur économique et sociale. Des données correctement partagées stimulent la coopération régionale ou internationale. Au niveau des pouvoirs publics, les flux transfrontières de données dans des domaines tels que l'harmonisation du commerce, les bases de données commerciales, les plateformes régionales de gouvernance et les systèmes de sécurité nationale ou de lutte contre la criminalité sont de plus en plus courants.

Les flux de données peuvent également être intégrés à des ressources plus ouvertes, que l'on pourrait considérer comme une catégorie de données destinée à une utilisation et un partage ouverts. Des groupements organisationnels ou des secteurs spécifiques peuvent se réunir pour convenir des modalités de partage des données au niveau national ou international. Dans ce domaine, les activités ayant favorisé l'élaboration de normes, de plateformes et la promotion du partage des données sur l'aide sont un exemple patent de réussite. L'Initiative internationale pour la transparence de l'aide a encouragé les gouvernements et les organisations non gouvernementales à partager leurs données sur l'aide, afin qu'elles puissent ensuite être agrégées et exploitées à l'échelle mondiale pour mieux comprendre ce secteur (Pamment, 2019).

c) Données des consommateurs

Les flux transfrontières de données concernant des consommateurs peuvent faire l'objet d'un traitement spécifique. Plus important encore, les données relatives aux consommateurs incluront vraisemblablement des données à caractère personnel et, à ce titre, les flux pourront être soumis à des règles supplémentaires. Les données personnelles pouvant également être combinées à d'autres sources de données, ce point est traité en tant que question transversale ci-dessous. Les interactions transfrontières entre les consommateurs et les entreprises étrangères, ou entre un consommateur et un consommateur étranger, ont pris de l'ampleur essentiellement grâce aux technologies numériques et soulèvent un certain nombre de questions quant au traitement potentiel de ces flux. Les entreprises étrangères ne relevant pas de la compétence des autorités nationales, les flux de données B2C étrangers comportent des risques liés au respect par ces pays des règles internationales et nationales concernant par exemple les normes, le travail et la fiscalité (Aaronson, 2019a). La croissance des flux de données C2C par-delà les frontières suscite également des interrogations quant au traitement pertinent et à la compétence juridictionnelle. Par exemple, les interactions C2C à grande échelle dans le commerce électronique et les flux de données C2C associés à l'économie des « petits boulots » ont été rendus possibles par les plateformes en ligne. Celles-ci permettent certaines activités opérant hors des cadres réglementaires existants, qui devront probablement être réexaminés.

2. Questions transversales pour les données personnelles et sensibles

a) Données personnelles

Les données personnelles constituent une catégorie importante de données dont les flux nécessitent une réglementation complémentaire. Divers types et sources de données peuvent comporter des données personnelles. Les flux impliquant des interactions avec les consommateurs intègrent généralement des données personnelles associées à un individu, mais ils ne sont pas les seuls dans ce cas. Les entreprises et d'autres organisations peuvent, par exemple, échanger des informations relatives aux utilisateurs, dans le cadre de flux transfrontières de données liés à des processus B2B ou organisationnels intra-entreprises.

Les données personnelles présentes dans ces flux de données sont diverses et variées. Il s'agira de données fournies volontairement par les utilisateurs dans le cadre de leur interaction avec des applications et des services, telles que des informations démographiques ou relatives aux cartes de crédit. Il peut également s'agir d'un éventail plus large de données observées dans le cadre de l'utilisation d'un produit ou d'un service, par exemple, les applications de commerce électronique qui conservent la liste des produits qu'un utilisateur a consultés, voire des données potentiellement plus détaillées collectées à propos de la localisation, des interactions, etc. (OECD, 2020a). D'autres types de données dérivées[18] peuvent aussi être générés à propos d'individus particuliers, notamment sur la base de données collectées (telles que des informations sur le risque et le crédit), puis potentiellement combinés avec d'autres sources externes, personnelles et non personnelles. À titre d'exemple, une compagnie d'assurance peut agréger

---

[18] Selon OECD (2019a), les données dérivées (ou déduites ou implicites) sont créées à partir de l'analyse des données, y compris les données créées de manière assez « mécanique » en utilisant un raisonnement simple et des principes mathématiques basiques pour détecter des tendances. Elles sont donc à considérer comme des « produits de données », puisqu'impliquant un traitement des données brutes.

les données personnelles fournies par une personne avec des données relatives à la même personne mais provenant de sources externes, ainsi que d'autres données, telles que la localisation et le risque démographique, afin de déterminer les niveaux de risque (GSMA, 2018c).

Les flux transfrontières de données à caractère personnel seront vraisemblablement soumis à une série d'accords et de réglementations. Par exemple, l'expéditeur et le destinataire des données devront probablement adhérer à des normes et à des accords commerciaux sur les modalités de collecte, de transmission et de réutilisation des données. Sur un plan plus général, ce sont les réglementations en matière de protection des données qui seront déterminantes à cet égard. Pour l'heure, différentes approches fondamentales de la protection des données personnelles ont vu le jour à l'échelle mondiale, mais leur harmonisation s'avère difficile, comme nous le verrons aux chapitres IV et V.

Un point important concernant ces différentes règles est la détermination des types de flux de données censés contenir des données personnelles. Si les données fournies volontairement, telles que les informations démographiques, sont clairement des données personnelles, il peut y avoir un certain flou quant à savoir si les données observées sont à caractère personnel ou non, lorsqu'elles ne permettent pas d'identifier précisément un individu spécifique. Les règles plus strictes qui ont vu le jour en matière de données personnelles visent à renforcer la protection des données par l'introduction de définitions plus larges de celles à caractère personnel, notamment lorsque des données anonymisées et communiquées de façon volontaire permettent encore l'identification indirecte d'une personne, par exemple celles associées aux adresses IP ou aux cookies. (Bird and Bird, 2017).

Compte tenu des risques et de la charge réglementaire potentielle liés à la captation et au partage des données personnelles, les entreprises s'efforcent habituellement de procéder à l'anonymisation des données pour assurer une plus grande flexibilité des flux de données. Les approches courantes consistent à déconnecter les données observées d'une personne spécifique, à utiliser la pseudo-anonymisation ou à partager les données uniquement sous forme d'agrégats. Si efficaces soient-elles, on peut se demander si, à mesure que le volume de données sur les individus augmente, ces techniques aboutissent vraiment à des données anonymisées. La protection des données devenant plus stricte au niveau mondial, des recherches ont été menées pour mettre au point de nouvelles techniques permettant de renforcer le processus d'anonymisation. On peut citer à cet égard certaines techniques récentes telles que la perturbation des données, consistant à ajouter un bruit aléatoire aux données pour assurer l'anonymat des individus tout en maintenant la structure, ou les données synthétiques, dans lesquelles des données artificielles sont générées par des algorithmes pour refléter le caractère des données réelles, mais sans représenter les sujets (PDPC, 2018). À l'ère de l'apprentissage automatique, il est probable que les modèles de données et les algorithmes formés se généralisent également comme alternative aux données personnelles. Lorsque les modèles ont été entraînés de manière satisfaisante, les données du modèle peuvent être partagées à moindre risque entre les applications. Ces approches de l'anonymisation des données sont intéressantes du point de vue des droits de l'homme, car elles atténuent le risque d'identification des utilisateurs et peuvent favoriser à l'avenir le partage des données personnelles en tant que biens publics numériques.

b) Données sensibles

Une segmentation importante consiste à classer les données dans la catégorie « sensibles », et de soumettre leurs flux à des règles ou réglementations additionnelles, s'agissant notamment des modalités de leur transmission transfrontière. Les principaux problèmes dans les flux transfrontières de données tiennent aux différences d'appréciation du caractère sensible des données : ce qui est classé comme données sensibles varie d'un pays à l'autre et au fil du temps.

Les données associées à des secteurs spécifiques peuvent être soumises à des règles supplémentaires en dehors de la réglementation générale relative aux données. Ce sera par exemple le cas des services financiers ou des télécommunications qui risquent de faire l'objet de règles plus strictes en matière de données, interdisant par exemple les transferts vers l'étranger ou posant des exigences spécifiques en termes de stockage ou de flux. La classification des flux de données sensibles peut parfois prêter à confusion et contredire d'autres règles édictées généralement par un large éventail de ministères,

notamment ceux de la santé, du commerce et de l'industrie, et des finances. Dans d'autres pays, les règles relatives aux données définissent de manière plus globale les flux de données considérées comme sensibles.

3. Aspects techniques des flux de données

Les données peuvent également être classées en fonction de critères techniques et soumises à un traitement différent. Le traitement des flux transfrontières différera par exemple en fonction du format des données. Les flux transfrontières associés à certains types d'applications, tels que l'audio, la vidéo, la messagerie, les protocoles de télécommunication IP et les données cryptées, peuvent faire l'objet de traitements différenciés. L'une des solutions employées pour ce faire est le blocage technique de flux de données spécifiques au niveau des passerelles Internet nationales ou l'injonction faite à tous les FSI nationaux de bloquer ces formats. Ce traitement technique ne se traduit pas nécessairement par un blocage des flux ; les pays peuvent simplement les déprioriser, en l'occurrence revoir leur priorité et passer ces flux au second plan. La dépriorisation des flux transfrontières de données audio ou vidéo entraînera par exemple une baisse de la qualité d'un service international. Cette méthode a souvent été employée de manière informelle pour favoriser les entreprises et les producteurs locaux. D'autres aspects techniques des flux peuvent faire l'objet d'un traitement différencié, mais cette démarche est moins courante. Ainsi, les traitements qui différencient les données brutes de celles traitées (qui peuvent intégrer des éléments de propriété intellectuelle) ou cryptées (impliquant que les données suivent des protocoles de cybersécurité plus stricts) constitueront peut-être des catégories importantes à l'avenir.

En résumé, cette section a illustré le large éventail de catégories de données, ainsi que les différences de traitement des flux transfrontières en fonction du type de données. Dans la pratique, l'identification et la distinction de ces différentes catégories de données peuvent s'avérer un véritable défi. Sans une coopération étroite entre producteurs et consommateurs de données, il est extrêmement difficile de différencier les flux de données sur la base de services ou de biens spécifiques, ou encore de mettre en évidence une éventuelle intégration de données personnelles dans le flux. Il est tout aussi ardu d'identifier les producteurs et les utilisateurs des flux de données, car de nombreux intermédiaires, notamment des plateformes, des réseaux privés virtuels ou encore des réseaux de diffusion de contenu, interviennent dans les flux transfrontières. Ils jouent un rôle essentiel dans l'infrastructure d'Internet, mais compliquent sérieusement la reconnaissance de la source et de la destination des flux. Dans un contexte où des algorithmes sophistiqués sont capables de créer des profils hautement personnalisés pour cibler au mieux la publicité, une question se pose : est-il possible de concevoir de la même manière des algorithmes sophistiqués capables de suivre les différents types de données ?

Au-delà des défis techniques liés à leur identification, les problèmes politiques et culturels jouent également un rôle important dans les flux transfrontières de données. Pour bon nombre des catégories décrites (telles que les services, les données personnelles et les données sensibles), il n'existe aucune définition qui soit convenue au niveau mondial. Ces définitions variant selon les régions et même entre les pays d'une même région, il est extrêmement difficile de déterminer comment traiter les flux transfrontières. Comme le montre la discussion à propos des données à caractère personnel, le problème est loin d'être mineur : des définitions divergentes peuvent conduire à des écarts très importants dans le volume des flux pris en compte sous l'étiquette « données à caractère personnel ».

La classification adéquate des données n'est pas une mince affaire, mais les avantages à en tirer sont évidents, car des types différents de données ont des implications diverses en termes de flux, y compris par-delà les frontières. La classification permettrait de déterminer le mode d'accès requis pour chaque type de données et faciliterait le partage des données dans le respect des garanties nécessaires. Le système pourrait se traduire par des conditions d'accès spécifiques pour différents agents, au niveau national ou international. Il convient absolument de redoubler d'efforts et de mener des recherches pour parvenir à un consensus sur une taxonomie des données qui soit utile dans le contexte des flux transfrontières de données et de leur réglementation internationale.

G. DÉSÉQUILIBRES DANS LES RAPPORTS DE FORCE ET INÉGALITÉS RÉSULTANT DES FLUX TRANSFRONTIÈRES DE DONNÉES

Comme évoqué dans le rapport sur l'économie numérique 2019 (UNCTAD, 2019a), la dynamique du marché de l'économie numérique axée sur les données engendre des asymétries d'information, une concentration du marché et des déséquilibres dans les rapports de force, qui accentuent les inégalités entre et au sein des pays. D'énormes richesses ont été générées en un temps record, mais elles sont concentrées dans les mains d'un petit nombre d'individus, d'entreprises et de pays. La récupération de la valeur générée par la conversion des données brutes en informations numériques (la chaîne de valeur des données) est de plus en plus le fait de quelques plateformes numériques d'envergure mondiale (voir aussi le chapitre I). Cet état de fait est également illustré par les échanges inégaux dans les flux transfrontières de données. Dans le contexte des politiques et réglementations actuelles, cette tendance devrait en principe perdurer et contribuer au renforcement des inégalités et des déséquilibres dans les rapports de force. La présente section revient sur ces points sous l'angle de la domination du secteur privé et de certains aspects de la justice en matière de données. Les conséquences sont non négligeables pour les politiques de développement, et il importe de veiller à une répartition équitable des gains de revenus de l'économie numérique fondée sur les données, y compris des flux transfrontières de données, et à l'instauration d'une justice en matière de données.

1. Concentration du pouvoir de marché

La chaîne de valeur des données est dominée par les multinationales du numérique et les entreprises qui contrôlent les chaînes de valeur mondiales. Du point de vue de la production, même si les pouvoirs publics, les petites entreprises ou les citoyens mettent en place des capacités de collecte ou d'exploitation des données, les flux de données sont généralement captés par des entreprises privées ou s'effectuent entre ces sociétés, souvent entre des filiales, des services et des partenaires liés aux quelques grandes entreprises technologiques qui règnent sur les différents volets de la chaîne de valeur des données. L'origine des problèmes de développement qui ont trait aux flux de données est à chercher dans l'extraction et le contrôle des données par ces grandes entreprises, qui leur permettent de créer de la valeur et de la capter à titre privé. À mesure que ces sociétés investissent et se développent, les entreprises nouvellement implantées se heurtent à des limites de plus en plus infranchissables en termes de compétitivité, du fait des capacités humaines et du capital requis pour lutter à cette échelle. Nous courons un risque sérieux de clivage en matière d'apprentissage, avec un petit nombre d'experts jouant un rôle central dans la création de valeur, en poste dans les entreprises technologiques, des entreprises disposant d'une infrastructure informatique et de traitement des données appropriée et de l'accès aux données.

> La récupération de la valeur générée par la conversion des données brutes en informations numériques (la chaîne de valeur des données) est de plus en plus le fait de quelques plateformes numériques d'envergure mondiale, une situation qui se reflète également dans les échanges inégaux dans les flux transfrontières de données.

Dans des pays différents, les entreprises sont plus ou moins bien préparées à générer de la valeur dans l'économie numérique fondée sur les données. Les asymétries d'information résultent de l'avantage concurrentiel que les données procurent aux entreprises pionnières. Si près de 20 % des entreprises des pays de l'OCDE ont participé à des transactions commerciales électroniques en 2017, dans la plupart des pays, les grandes sociétés sont deux fois plus nombreuses que les PME à participer au commerce électronique et cet écart ne fait que se creuser en chiffres absolus (OECD, 2019b). Dans beaucoup de pays en développement, les petites entreprises font moins appel au commerce électronique. Par ailleurs,

les plateformes numériques géantes telles que Google, Alibaba, Amazon et Tencent ont déjà accumulé d'énormes quantités de données qu'elles peuvent transformer en nouveaux produits et services de données à valeur ajoutée. Elles disposent par ailleurs de moyens financiers leur permettant d'acquérir la puissance de calcul et l'expertise nécessaires en matière de données (Ciuriak, 2018). Les nouveaux produits et services développés à partir des données génèrent à leur tour encore davantage de données, accentuant ainsi sans cesse le pouvoir de marché des géants du numérique (Weber, 2017). Les entreprises qui profitent de ces asymétries d'information sont généralement de grandes sociétés installées aux États-Unis et en Chine (UNCTAD, 2019a). Certaines plateformes numériques performantes sont implantées au niveau régional dans les pays en développement, par exemple Mercado Libre en Amérique latine et Jumia en Afrique. Mais en matière de données, ces plateformes régionales suivent généralement des pratiques similaires à celles des entreprises numériques d'envergure mondiale, à une échelle toutefois plus réduite.

La maîtrise des données procure des avantages en matière d'information, un phénomène qui vient s'ajouter aux autres sources de dysfonctionnement potentiel du marché dans l'économie fondée sur les données, notamment les économies d'échelle et de gamme et les effets de réseau. Tous ces éléments favorisent la concentration du marché et donc la récupération de parts de marché par les entreprises leaders. L'asymétrie d'information inhérente à l'économie des données semble irréversible, aucune solution de marché ne permet de la corriger. L'exploitation de ces asymétries, ajoutée au fait que les investissements dans la collecte et le « nettoyage » des données sont souvent d'un coût initial élevé mais d'un coût marginal faible voire nul (comme d'autres biens et actifs numériques ou immatériels), donne à entendre que les grandes entreprises qui contrôlent les données peuvent tirer des rentes importantes de l'extraction des données[19].

L'économie mondiale des données pose également de sérieux problèmes structurels pour le développement. Contrairement à d'autres technologies où l'innovation a été diffusée à l'échelle mondiale, les exigences croisées de compétences élevées, de ressources à forte intensité de capital et d'une quantité massive de données rendent beaucoup plus difficile la résolution par le marché de ces défis structurels liés aux données. Les plateformes et dispositifs clefs qui enrichissent les chaînes de valeur des données évoluent vers une situation où le « gagnant rafle toute la mise » : les grandes entreprises technologiques qui réussissent se développent souvent par l'intégration à différents stades des chaînes de valeur des données, et peuvent se déployer dans différents secteurs. Les plus prospères investiront probablement aussi dans les infrastructures de collecte de données ainsi que dans la recherche et le développement en matière d'IA, ce qui viendra encore consolider leur domination (UNCTAD, 2019a ; Srnicek, 2016 ; voir également le chapitre I).

> La maîtrise des données procure des avantages en matière d'information, un phénomène qui vient s'ajouter aux autres sources de dysfonctionnement potentiel du marché dans l'économie fondée sur les données, notamment les économies d'échelle et de gamme et les effets de réseau.

Compte tenu du caractère partiellement exclusif des données, les détenteurs de données privées sont fortement incités à accumuler les données pour renforcer leurs rentes économiques actuelles et futures et à utiliser ces données comme une barrière à l'entrée sur le marché. Ils sont ainsi en mesure d'accentuer leur pouvoir de marché et de renforcer les inégalités : des déséquilibres considérables apparaissent dans les rapports de force entre les grandes entreprises numériques d'une part et les particuliers, les petites entreprises et les pouvoirs publics d'autre part. Ces phénomènes se traduisent également par des asymétries entre pays lorsque les données passent les frontières. Du fait de la taille et du pouvoir considérables des grandes entreprises du numérique, aucun pays, notamment en développement,

---

[19]   Pour des discussions plus approfondies sur la perception de rentes dans l'économie numérique fondée sur les données, voir Mazzucato et al., 2020 ; Ciuriak, 2020 ; et Rikap, 2021.

ne serait probablement en mesure, à lui seul, de contenir leur puissance. Avec l'intensification de la pénétration et de l'influence de ces géants mondiaux au plan international, une coopération entre pays est de plus en plus indispensable pour parvenir à des résultats équitables en matière de développement, dans l'intérêt des populations et de la planète.

2. Justice en matière de données et inclusion

Une réflexion plus large sur les données et le développement implique de se pencher sur les disparités des économies de données au sein des pays. Les tensions générales provoquées par l'impact inégal des données dans des pays où seule une élite éduquée est à même d'en profiter ne doivent pas être sous-estimées (IDC and OpenEvidence, 2017). Au-delà des indicateurs économiques de développement, en se focalisant sur le développement social et la justice au sens large, il est important d'identifier les injustices en matière de données, notamment les diverses dimensions de la collecte et du traitement et des données, ainsi que la structure sociétale susceptibles de générer des inégalités, pour veiller à ce que la politique en matière de données contribue effectivement à promouvoir l'inclusion et le développement durable (Heeks and Renken, 2018). Les exemples d'injustices en matière de données sont également à mettre en rapport avec le potentiel de discrimination fondé sur les données pour des motifs divers, notamment le genre ou la race, qui affecte les droits de l'homme[20].

Pour les pays en développement, des craintes ont par exemple été formulées à propos des modalités de mise en place de l'infrastructure de données, car elle produit des données sur les groupes et les communautés à faible revenu susceptibles de conduire à l'exploitation et à de nouvelles exclusions économiques et sociales (Arora, 2016 ; Flyverbom *et al.*, 2017). Pour construire une base d'informations numériques sur les utilisateurs à faible revenu dans ces marchés, les utilisateurs deviennent les cibles des systèmes et de l'infrastructure de données (Arora, 2016). À titre d'exemple, la fourniture d'un service Internet gratuit dans les pays en développement, par le biais de programmes tels que Free Basics/ Discover de Facebook, peut permettre aux groupes à faible revenu de bénéficier d'un accès Internet à bas coût. Pour leur part, les détracteurs de ces opérations affirment qu'il s'agit d'une source de données comportementales en ligne qui contribue à l'expansion de ces entreprises et risque de conduire à de futures injustices en matière de données pour les personnes démunies. Au Kenya, les applications de technologie financière, souvent créées par des entreprises basées aux États-Unis, ne se contentent pas de fournir des applications de gestion des paiements, des assurances, etc. Elles sont également intégrées dans une infrastructure de collecte des données, qui permet à ces entreprises de construire des modèles de risque social des participants, une activité pouvant représenter une part aussi importante des bénéfices que les commissions directes qu'elles tirent de leurs produits financiers (Donovan and Park, 2019 ; Iazzolino and Mann, 2019)[21].

Les politiques spécifiques relatives aux flux transfrontières de données pourraient alors devoir prendre en compte des objectifs de réduction des injustices et des risques liés aux données, et tirer parti du numérique et des données pour parvenir à un développement plus inclusif (Foster and Azmeh, 2020 ; Singh, 2018a ; Singh and Vipra, 2019). En outre, les pouvoirs publics se concentreront sur la création et le soutien de biens publics numériques tels que les données à valeur sociale, évoquées ci-dessus, et le développement d'infrastructures et de plateformes plus ouvertes venant étayer le développement.

H. LES PAYS EN DÉVELOPPEMENT DANS LA CHAÎNE INTERNATIONALE DE VALEUR DES DONNÉES

Les déséquilibres de rapports de force et les inégalités résultant des flux transfrontières évoqués dans la section précédente se traduisent aussi par l'apparition d'inégalités géographiques. Malgré le potentiel croissant des activités exercées à la marge des chaînes de valeur des données, très peu de leaders

---

[20] Pour des discussions plus détaillées sur la justice en matière de données, voir Global Data Justice, « A global inclusive dialogue about the future of data », disponible à l'adresse https://globaldatajustice.org/.

[21] Voir aussi la discussion sur les stratégies d'expansion des principales zones d'influence dans l'économie mondiale des données au chapitre IV.

numériques arrivent à percer dans les pays en développement, si ce n'est dans quelques régions bien précises, par exemple en Afrique du Sud, en Chine, en Inde et en Indonésie (David-West and Evans, 2016a ; Evans, 2016). Certains de ces pays, notamment la Chine, mais aussi l'Inde et l'Indonésie, affichent des prouesses numériques toujours plus remarquables, mais font figure d'exceptions car beaucoup d'autres pays en développement accusent un retard considérable en termes de préparation à l'économie numérique fondée sur les données.

Dans le contexte de la chaîne internationale de valeur des données, les différentes phases de collecte, stockage, analyse et transformation des données en informations numériques se déroulent pour la plupart dans des pays différents, provoquant un déséquilibre de plus en plus manifeste des flux transfrontières de données. Pour les pays en développement, les flux des données extraites, principalement des données brutes, suivent résolument l'axe sud-nord (McKinsey, 2014). Compte tenu de la domination des entreprises du numérique des pays développés, les données traitées pour devenir des informations numériques sont concentrées dans un nombre limité de pays avancés (Mueller and Grodal, 2019 ; Weber, 2017), pour l'essentiel aux États-Unis et en Chine. Ces pays captent l'avantage concurrentiel de la production de données et de leur utilisation à des fins productives.

> Les pays en développement risquent de devenir de simples fournisseurs de données brutes pour les plateformes numériques mondiales et de devoir payer pour obtenir les informations numériques tirées de leurs données.

Comme évoqué dans UNCTAD (2019a), les entreprises de nombreux pays en développement risquent de se retrouver en position de subordonnées, les données et la valeur qui leur est associée étant concentrées dans les mains de quelques plateformes numériques mondiales et autres multinationales qui contrôlent les données. Les pays en développement risquent de ce fait de devenir de simples fournisseurs de données brutes pour les plateformes numériques mondiales et de devoir payer pour obtenir les informations numériques tirées de leurs données. Cette situation laisse entrevoir l'apparition, dans l'économie numérique axée sur les données, d'un nouveau modèle de relations internationales, de type « centre-périphérie », dans lequel les États-Unis et la Chine occupent la place centrale et le reste du monde gravite à la périphérie. Cette configuration tranche avec la séparation traditionnelle entre pays développés et pays en développement, avec un pays en développement au centre et un certain nombre de pays développés en périphérie. Or, ces pays développés de la périphérie sont bien mieux préparés à relever les défis qui découlent de cette situation que les pays en développement.

Ainsi, l'émergence des données en tant que ressource économique a donné naissance à un nouveau niveau dans la division internationale du travail (Rikap, 2021 ; Coyle and Li, 2021 ; Feijóo *et al.*, 2020), comme le reflète la typologie des flux de données présentée dans le tableau III.1. Ce dernier présente différents types de pays en fonction de plusieurs critères : a) sont-ils essentiellement destinations de flux d'entrée de données ou sources des flux de sortie de données ? b) s'agit-il de pays développés ou en développement ? c) quelle est leur taille ? d) disposent-ils de plateformes en ligne dominantes sur le plan international ? et e) disposent-ils d'industries technologique de pointe et de talents ? Des exemples sont fournis pour chaque type.

L'aspect problématique de ce déséquilibre des flux de données a fait l'objet de divers débats, sur la base de modèles économiques adaptés afin de prendre en compte les flux transfrontières de données (Mueller and Grindal, 2019). Les approches économiques associant développement et commerce de libre-échange reposent sur le postulat que des échanges transfrontières ouverts réduisent le coût des biens pour les consommateurs des pays en développement. Les marchés ouverts dynamisent également la concurrence et l'innovation et favorisent la spécialisation, les entreprises nationales recherchant un avantage comparatif (Hunt and Morgan, 1995). Certains ont avancé que, dans l'économie numérique, la libre circulation des données suit ce paradigme et qu'un Internet ouvert est un puissant moteur du

Tableau III.1. Classification des pays/groupes de pays en fonction de leurs flux transfrontières de données, par niveau de développement		
	Flux d'entrée de données	Flux de sortie de données
Pays développés	Grands pays disposant de plateformes internationales en ligne dominantes, d'industries technologiques de pointe et de talents : - *États-Unis*	Pays et régions dépourvus de plateformes internationales en ligne dominantes mais dotés d'industries technologiques de pointe et de talents : - *Union européenne* - *Japon* - *Royaume-Uni*
Pays en développement	Grands pays disposant de plateformes internationales en ligne dominantes ainsi que d'industries technologiques de pointe et de talents : - *Chine*	Grands pays dépourvus de plateformes internationales en ligne dominantes mais dotés d'industries technologiques de pointe et de talents : - *Inde* Grands pays dépourvus de plateformes internationales en ligne dominantes, d'industries technologiques de pointe et de talents : - *Indonésie* Petits pays dépourvus de plateformes internationales en ligne dominantes, d'industries technologiques de pointe et de talents : - *Pays d'Afrique subsaharienne*

Source : CNUCED, d'après Coyle and Li (2021).

développement et du commerce (Bauer *et al.*, 2014 ; Meltzer, 2015). Dans cette optique, le déséquilibre des flux de données ne poserait pas nécessairement problème, mais ferait partie d'un processus économique continu où les différences de flux seraient liées à des différentiels de coûts. Les déséquilibres seraient résolus par le marché : l'économie numérique prospérant grâce à la rapidité des flux transfrontières, les tentatives de les brider risquent d'en réduire les avantages (Aaronson, 2019a).

> Les flux transfrontières de données ne peuvent pas profiter aux populations et à la planète si quelques rares géants numériques mondiaux, implantés dans quelques pays seulement, accaparent à titre privé l'essentiel des bénéfices qui en découlent.

S'agissant des échanges commerciaux, certains observateurs se sont élevés contre l'idée d'un commerce ouvert et sans entraves au motif qu'il profite généralement aux pays développés puissants, impose aux pays en développement un surcroît d'importations et exclut du marché leurs entreprises nationales (Stiglitz, 2012). Les réflexions sur les inégalités des flux transfrontières de données laissent également entrevoir un problème quant aux lieux de production à valeur ajoutée dans l'économie numérique (Weber, 2017). De ce point de vue, les déséquilibres résultant des flux transfrontières peuvent justifier de la part des pays en développement une intervention stratégique et des mesures politiques, afin de garantir qu'une plus grande part de la valeur ajoutée tirée des données reste sur leur territoire.

Les flux transfrontières de données ne peuvent pas profiter aux populations et à la planète si quelques rares géants numériques mondiaux, implantés dans quelques pays seulement, accaparent à titre privé l'essentiel des bénéfices qui en découlent. Pour favoriser le développement, un système international fonctionnant correctement et réglementant ces flux pourrait aider considérablement les pays en développement à s'approprier une part plus équitable de la valeur des données.

I. LA SOUVERAINETÉ ET LES DIFFÉRENTS NIVEAUX DE GOUVERNANCE DES DONNÉES

Les flux transfrontières de données font naître nombre de questions relatives à la souveraineté des données et à l'utilisation faite de ces dernières. La souveraineté évoque généralement les acteurs ou les groupes qui disposent de la légitimité, de l'autorité et du pouvoir de contrôler et d'exercer une influence dans une société donnée. Divers acteurs ont cherché à exercer un contrôle sur les flux de données, par le biais d'activités, de règles et de politiques variées (Couture and Toupin, 2019). Mais, à l'instar de la propriété des données, dans l'économie numérique axée sur les données la notion de souveraineté est profondément altérée par l'émergence de nouvelles nuances et significations. Traditionnellement, la souveraineté a été associée à un territoire national et à des frontières physiques. Mais dans l'économie numérique axée sur les données ce concept est totalement remis en cause, les données étant transmises par Internet, un réseau conçu à l'origine sous forme d'un espace ouvert, et les frontières nationales étant brouillées.

Un autre facteur affecte la souveraineté : l'extension de la taille et du pouvoir du marché permet aux puissantes plateformes numériques mondiales de se comporter en États-nations. Elles autorégulent leurs gigantesques écosystèmes numériques, qui englobent de plus en plus d'aspects de la vie et de la société, et compromettent la souveraineté des véritables États-nations. Cette section examine les différents niveaux et échelles de contrôle, en appliquant le concept de souveraineté aux technologies numériques et aux données : la souveraineté dans l'économie numérique axée sur les données est abordée aux niveaux des pays et des individus (ainsi que des communautés et des groupes), et sous l'angle géographique.

1. Souveraineté nationale

Par convention, la souveraineté a été définie au niveau de l'État-nation, qui dispose de la légitimité, du pouvoir et de la capacité d'établir des règles et de gouverner (généralement conférés par la volonté souveraine de sa population au moyen d'élections démocratiques). Les données revêtant une importance économique grandissante et les États ayant le sentiment de perdre le contrôle du fait des flux transfrontières de données, face à d'autres pays ou à des plateformes numériques mondiales, la souveraineté des données au niveau national suscite des préoccupations croissantes.

Les expressions « souveraineté numérique » et « souveraineté des données » ont récemment été l'objet d'un large débat[22] ; avant 2011, la notion de souveraineté des données n'avait quasiment pas cours dans les débats universitaires et publics (Couture, 2020). Elle a pris diverses significations reflétant des valeurs culturelles et préférences politiques différentes selon les régions (Couture and Toupin, 2019) ; sa signification peut également évoluer au fil du temps, en fonction des changements de priorités nationales (voir chap. IV). À titre d'exemple, la souveraineté numérique fait l'objet d'un débat animé dans l'Union européenne, sur la base de ses valeurs visant à protéger les droits fondamentaux ; ce débat est également en rapport avec l'idée que l'Union européenne doit renforcer ses capacités et « rattraper son retard » dans l'économie numérique axée sur les données, face aux plateformes numériques mondiales dominantes des États-Unis et de Chine (European Parliament, 2020).

Mais l'attention semble s'être déplacée plus récemment sur le concept « d'autonomie stratégique »[23]. L'approche de la souveraineté numérique adoptée par la Chine fait des technologies numériques et d'Internet de véritables atouts géopolitiques. Le pays met ainsi l'accent sur les plans nationaux qui favorisent un leadership technologique mondial et la protection des données en tant qu'actif central et stratégique pour les pouvoirs publics (Budnitsky and Jia, 2018), en insistant fermement sur la sécurité (Creemers, 2020). Aux États-Unis, la souveraineté des données relève essentiellement du secteur privé.

---

[22] La souveraineté numérique et la souveraineté des données font l'objet d'un vaste débat qui illustre les divergences et les complications qui naissent de ces concepts. Pour des analyses détaillées, voir Hummel et al., 2021 ; Pohle and Thiel, 2020 ; Aydın and Bensghir, 2019 ; Couture, 2020 ; et Coyer and Higgott, 2020.

[23] Voir, par exemple, « Digital sovereignty is central to European strategic autonomy », un discours du Président du Conseil européen, Charles Michel, lors de l'événement en ligne « Masters of Digital 2021 », disponible à l'adresse www.consilium.europa.eu/en/press/press-releases/2021/02/03/speech-by-president-charles-michel-at-the-digitaleurope-masters-of-digital-online-event/ ; et Aktoudianakis (2020).

Le chapitre IV examine en détail les principales approches mondiales en matière de gouvernance des données, en rapport avec diverses visions de cette souveraineté.

Lorsque d'autres pays en développement ont évoqué la notion de souveraineté nationale, il s'agissait souvent d'un mélange de ces différentes idées. Au Brésil et en Indonésie, par exemple, l'accent a été placé sur le renforcement des capacités, tout en évoquant les infrastructures critiques que les nations sont tenues de contrôler dans le cadre de la souveraineté (Azmeh and Foster, 2018). Les discussions dans les pays en développement ont également permis d'ancrer plus fortement les concepts sociaux et culturels de souveraineté numérique, qui étaient auparavant plus courants dans les mouvements sociaux et les communautés open source. Ces idées sont liées à des héritages plus anciens de domination et d'inégalités postcoloniales, et au désir des groupes de prendre collectivement le contrôle de leurs moyens et de leur destin (Avila, 2018 ; Couture and Toupin, 2019 ; Kwet, 2019). Dans le contexte des économies fondées sur les données, le colonialisme numérique/des données a une portée plus large que le colonialisme historique exercé par certains pays sur d'autres ; le colonialisme dans le contexte numérique a trait à l'exploitation d'êtres humains par le biais des données, par des entreprises ou des gouvernements, et il peut se produire dans tous les pays (Couldry and Mejias, 2018, 2021).

Dans toutes ces situations, la souveraineté nationale se heurte à la nature mondiale d'Internet et à la difficulté d'attribuer une territorialité aux flux transfrontières de données. L'approche consistant à contrôler plus stratégiquement les principaux actifs numériques n'est potentiellement viable que dans les grands pays dotés d'un leadership centralisé et désireux d'adopter des réglementations fortement interventionnistes. Et même dans ce cas, la question de savoir si ces approches sont véritablement efficaces au regard de la fragmentation des réseaux de production et d'innovation mondiaux reste ouverte.

La souveraineté numérique à l'échelle du pays est souvent associée à la nécessité de stocker les données dans les limites des frontières nationales. Cependant, comme nous l'avons vu précédemment, le lien entre le stockage des données à l'intérieur du pays et le développement n'a rien d'évident. Un cadre international bien défini et opérationnel de gouvernance des données, couvrant aussi les flux transfrontières de données, pourrait permettre une interprétation commune et clarifier les droits de souveraineté en matière de données.

2. Individus, communautés et groupes

La problématique des flux transfrontières de données dépasse le cadre des entreprises et des pouvoirs publics et touche les individus (et les droits de la personne) ; la question de la souveraineté des données au niveau de l'individu est donc fondamentale dans le contexte de l'économie numérique fondée sur les données. Les droits relatifs aux données individuelles sont utiles pour contrôler l'utilisation faite des données et prévenir les usages abusifs ou impropres ; ces droits s'imposent aux entreprises comme aux pouvoirs publics, tant au niveau national qu'international.

Du fait de la capacité de maîtrise des technologies numériques et des données du secteur privé et du contrôle que les pouvoirs publics sont susceptibles d'exercer, les débats sur la souveraineté numérique au niveau de l'individu tournent souvent autour des droits sur les données, comme évoqué plus haut, et des moyens dont disposent les individus pour revendiquer l'accès, le contrôle, la propriété ou l'utilisation de leurs données privées (Floridi, 2020), et les protéger contre les utilisations abusives ou impropres. En effet, la notion de souveraineté numérique dans l'Union européenne met l'accent sur le rôle des individus dans le contrôle de leurs données (European Parliament, 2020).

La souveraineté numérique peut avoir des implications multiples : les technologies numériques peuvent faciliter la transition de l'économie numérique actuelle du capitalisme de surveillance, dans laquelle une poignée de sociétés américaines et chinoises luttent pour la suprématie numérique mondiale, vers un avenir numérique centré sur les personnes, reposant sur des droits accrus pour les travailleurs, l'environnement et les citoyens, et la promotion d'une innovation sociale à long terme. Cette souveraineté doit briser la logique binaire qui offre deux scénarios exclusifs pour l'avenir du numérique : le « Big State » (l'État tout puissant), qui prive les gens de leurs libertés individuelles, et le « Big Tech » (les grandes entreprises technologiques toutes puissantes), assorti de monopoles de données qui finiront par gérer des infrastructures critiques telles que les soins de santé ou l'éducation. Ni l'une ni l'autre ne sont des options souhaitables dans un monde démocratique. Heureusement, une troisième voie est possible : la « Big Democracy ». Une démocratisation des données, de la participation citoyenne et de la technologie au service de la société et de la transition écologique (Bria, 2020).

Quelques signes laissent entrevoir que les individus pourraient choisir de prendre le contrôle de leurs données. Il semble que certains utilisateurs réfléchissent à une « souveraineté personnelle des données », qui consisterait à laisser aux consommateurs le choix de l'utilisation des technologies numériques en fonction de la manière dont leurs données sont employées, en particulier lorsqu'ils soupçonnent un traitement inapproprié (Kesan *et al.*, 2016). Récemment, des activistes ont également commencé à mettre au point des outils favorisant la souveraineté personnelle des données, en recourant à des dispositifs ou des logiciels spécifiques permettant de garder le contrôle de ses données (Couture and Toupin, 2019). Grâce à des logiciels libres visant à protéger la vie privée, comme ownCloud et nextCloud, les utilisateurs sont en mesure d'héberger leurs propres services cloud, sans extraction de données personnelles. Un autre exemple est Signal, un concurrent de WhatsApp, qui utilise le chiffrement de bout en bout pour sécuriser les conversations. Plusieurs startups ont également vu le jour dans le contexte de l'économie des données personnelles, comme Digi.me et Meeco, grâce auxquelles les utilisateurs peuvent partager ou tirer profit de leurs données. Jusqu'à présent, ces activités sont d'une ampleur limitée, mais elles pourraient avoir une incidence sur les flux de données à l'avenir.

Les communautés ont souvent initié des activités liées à la souveraineté des données, en cherchant à affirmer les droits de leur groupe sur les données. À titre d'exemple, certaines communautés autochtones ont revendiqué des droits sur leurs propres données (Kukutai and Taylor, 2016). Dans les pays en développement, des appels ont également été lancés pour que d'autres groupes et communautés à différentes échelles acquièrent des droits sur les données, notamment les commerçants ou des groupes professionnels plus larges (Singh and Vipra, 2019). Sur un plan plus général, les arguments fréquemment avancés concernant la discrimination et les préjugés raciaux intégrés dans les données (Arora, 2016 ; Noble, 2018) pourraient conduire à des demandes futures émanant de communautés plus nombreuses, de groupes marginaux ou discriminés pour réclamer des droits communautaires sur les données en tant qu'aspect de la justice en matière de données (Heeks and Renken, 2018). Contrairement aux données personnelles, les revendications de souveraineté de groupe en sont à leurs premiers balbutiements et sont généralement moins bien étayées par des droits sous-jacents (comparativement à ceux relatifs aux données personnelles). Il convient cependant de ne pas les sous-estimer si des communautés, des groupes ou des travailleurs ont le sentiment que la propriété de leurs propres espaces et de leurs pratiques, ainsi que leur capacité à contrôler leur situation en toute indépendance, sont réduites du fait de l'extraction de données (Singh and Vipra, 2019).

3. Géographie

Des revendications de souveraineté numérique ont été formulées à différents niveaux géographiques. Au niveau infranational, elles visent généralement à obtenir l'accès à des données collectées à titre privé dans des espaces d'intérêt public. Il peut s'agir de données locales sur le trafic, la population ou la pollution, détenues par des entreprises privées et susceptibles d'améliorer l'analyse, la gestion et l'aménagement du territoire. Par le biais de négociations ou à des moments bien précis, des entreprises technologiques comme Uber, Siemens, Airbnb et Orange ont partagé des données pour soutenir des projets urbains (voir, par exemple, OECD, 2020a ; Villani, 2018). Dans certaines initiatives de pays en développement, la souveraineté est également apparue grâce à des projets stratégiques menés conjointement par des fournisseurs de données et le secteur public en vue de mettre en place une infrastructure de données, ou encore de collecter et d'analyser des données, comme par exemple dans les projets de villes intelligentes en Inde (Heeks *et al.*, 2021). Certaines propositions visent par ailleurs à appuyer une souveraineté élargie en matière de données, comme l'open data, les fiducies de données, les coopératives de données et la gérance de données (Gonzalez-Zapata and Heeks, 2015 ; Open Data Institute, 2019a ; O'Hara, 2019). Ces quêtes de souveraineté sont souvent moins affirmées et leur mise en œuvre pratique reste limitée. Dans les exemples susmentionnés, les villes ont rarement cherché à contrôler les données ou à empêcher

les flux transfrontières de données. Elles réclament plutôt la possibilité d'accéder aux données et de les exploiter à leurs propres fins.

> Il est très difficile de concilier la notion de souveraineté nationale traditionnellement associée au territoire national avec la nature sans frontières, la globalité et l'ouverture de l'espace numérique dans lequel les données circulent.

En résumé, plusieurs notions de souveraineté viennent étayer des revendications de droits sur les données, et ce, à différents niveaux géographiques ; la signification de la souveraineté numérique/des données (et donc des droits associés) reste confuse (Christakis, 2020 ; De La Chapelle and Porciuncula, 2021). Il est très difficile de concilier la notion de souveraineté nationale traditionnellement associée au territoire national avec la nature sans frontières, la globalité et l'ouverture de l'espace numérique dans lequel les données circulent. En outre, la souveraineté nationale n'est pas la seule à faire sens dans l'économie numérique axée sur les données ; la souveraineté des données exercée à titre personnel (ou par des communautés) revêt également une importance capitale compte tenu de la nature des données. Cela implique que la souveraineté individuelle des personnes ou des communautés en matière de données peut nécessiter d'être protégée face aux entreprises privées et aux pouvoirs publics, dans le seul but de garantir que les individus concernés (et les communautés) gardent le contrôle de leurs données, et d'en empêcher un usage abusif ou impropre. D'où la nécessité de réglementer les données de manière appropriée dans un vaste cadre international de gouvernance. Il est essentiel que les pays puissent se prévaloir de leur souveraineté sur les données générées au niveau national, afin de prendre des décisions autonomes sur cette base et d'en tirer profit, mais aussi pour préserver leur indépendance face aux plateformes numériques mondiales et aux gouvernements étrangers. Cela ne doit pas se traduire par des stratégies d'autosuffisance ou d'isolationnisme, qui ont peu de chances de réussir compte tenu du caractère de réseau d'Internet et du niveau élevé d'interdépendance de l'économie numérique fondée sur les données.

J. INTÉRÊTS CONTRADICTOIRES DANS LES FLUX TRANSFRONTIÈRES DE DONNÉES ET ARBITRAGES POLITIQUES

Les disparités économiques, politiques et culturelles entre les pays peuvent se traduire par des divergences de vues à propos des données, du respect de la vie privée, d'Internet, de l'économie numérique, de la surveillance, etc. Les intérêts contradictoires de divers pays peuvent susciter des tensions entre eux. Des tensions peuvent également naître au sein d'un pays, entre différents acteurs de l'économie numérique, par exemple les individus, les communautés, les grandes et petites entreprises privées du secteur numérique ou d'autres secteurs, ainsi que la société civile et les pouvoirs publics, car leurs intérêts diffèrent.

Dans ce contexte, des divergences majeures apparaissent entre les objectifs politiques au niveau national et entre les pays, ainsi qu'entre les intérêts des divers acteurs s'agissant des flux transfrontières de données. En voici quelques exemples : la sécurité nationale par opposition à la protection de la vie privée, l'innovation par opposition à la protection des données, la surveillance par opposition au respect de la vie privée, ou encore la répartition des gains entre les pays ou les agents économiques. Même au sein d'un pays, des difficultés peuvent survenir ; ainsi, quelle est la finalité de l'innovation ? L'innovation va-t-elle servir uniquement les intérêts des plateformes numériques mondiales qui contrôlent les données et renforcer leur pouvoir par la maîtrise de l'IA ? Ou bien sert-elle l'intérêt public ? Entre les pays, les différences de culture et de valeurs concernant les questions liées aux données, à la vie privée et à la souveraineté, entre autres, peuvent conduire à des points de vue contrastés sur la manière d'aborder ces thèmes et les politiques nécessaires pour réglementer les flux transfrontières de données.

La figure III.1 est une illustration simplifiée de ces tensions dans le contexte de trois pays (transposable à des pays multiples). Elle montre la complexité des relations entre les différents acteurs de l'économie numérique aux niveaux national et international. Les lignes entre les pays et les acteurs représentent les tensions qui sont susceptibles d'émerger.

Figure III.1. Complexité des relations entre différents acteurs dans le contexte des flux transfrontières de données

Source : CNUCED.

Les discussions sur les flux transfrontières de données mettent en évidence le caractère contextuel de l'élaboration de règles, en fonction des diverses catégories de données et de flux de données, sur la base de différentes perspectives. C'est pourquoi, les pays en développement devront probablement réfléchir à l'incidence des décisions relatives à la politique des données sur ces flux, les coûts des entreprises, la confidentialité des données, la sécurité nationale, l'innovation et la concurrence, entre autres. Il leur faudra faire des choix entre ces avantages, en fonction de leurs objectifs de développement.

L'élaboration de politiques dans ce domaine exige d'avoir conscience de la complexité des intérêts antagonistes, des dilemmes et des compromis à faire, et de les évaluer correctement. Des choix politiques seront nécessaires, car les intérêts peuvent être très divers. Les responsables devront pondérer les intérêts et objectifs et parvenir à l'équilibre requis pour répondre à leurs besoins spécifiques tout en soutenant leurs objectifs de développement. Au final, le résultat sera le fruit de choix politiques et sociétaux.

Cette discussion met également en évidence le fait que la gouvernance des données nécessite une approche holistique, à l'échelle des pouvoirs publics dans leur ensemble, et capable de concilier les différents objectifs politiques. Autre aspect important : la prise en compte des intérêts de toutes les parties prenantes. Enfin, pour résoudre les conflits d'intérêts entre pays à propos des flux transfrontières de données, il convient d'élaborer des politiques au niveau international/multilatéral afin que les voix et les points de vue des pays en développement soient correctement reflétés dans la gouvernance mondiale des données.

K.   CAPACITÉ À TIRER PARTI DES DONNÉES

La discussion des sections précédentes a mis en lumière l'importance de l'accès aux données et de leur utilisation à des fins productives et au bénéfice du développement. Mais ces données peuvent également faire l'objet d'un usage abusif ou impropre, ce qui pose de sérieux problèmes. L'accès aux données est une condition *sine qua non* pour en tirer profit, mais il n'est pas suffisant. La valeur des données résulte de leur agrégation, de leur analyse et de leur traitement pour en faire des informations numériques. En plus de l'accès, il faut donc disposer également de la capacité de convertir les données en informations numériques monétisables ou utilisables dans l'intérêt public. Il est donc essentiel d'analyser les capacités requises pour exploiter les données à des fins productives et de développement. La création et la captation de valeur à partir des données exigent des infrastructures liées aux données qui soient disponibles et accessibles à un coût raisonnable pour permettre la circulation des données, mais nécessitent aussi des compétences, des ressources et des liens avec le reste de l'économie, ainsi qu'un soutien par le biais de réglementations et de politiques appropriées (UNCTAD, 2019a).

> L'accès aux données est une condition sine qua non pour en tirer profit, mais il n'est pas suffisant ; il faut disposer également de la capacité de convertir les données en informations numériques monétisables ou utilisables dans l'intérêt public.

Pour se lancer dans l'économie numérique axée sur les données et en tirer parti, les pays ne partent pas tous d'un même niveau de préparation en termes de connectivité et d'infrastructure de données, d'esprit d'entreprise et de compétences numériques, de ressources financières et de capacités institutionnelles. La plupart des pays en développement ne disposent pas de réelles capacités numériques. En outre, la taille limitée de leurs marchés restreint la possibilité de réaliser des économies d'échelle et de gamme dans l'économie des données. De plus, dans ces pays, rares sont les citoyens qui exigent des responsables politiques l'élaboration de règles pour gérer les données (Weber, 2017).

D'où la crainte de beaucoup de pays en développement de ne pas être en mesure de rattraper leur retard dans ce nouveau contexte et d'obtenir un avantage comparatif dans d'autres biens ou services résultant de l'utilisation des données. Sans une expertise fondée sur les données, il semble que la position des pays en développement dans le commerce de biens tels que les matières premières risque d'en pâtir. Pour rester compétitifs, ces pays n'auront d'autre choix que de recourir à l'analyse des données pour améliorer leurs processus de production et leurs produits (UNCTAD, 2017).

Du point de vue de la main-d'œuvre et du travail de production et de traitement des données, l'hypothèse généralement avancée est que la production est une activité hautement automatisée nécessitant la contribution d'experts en systèmes et données. Cependant, l'analyse de la production de données laisse apparaître l'implication d'une main d'œuvre d'un autre type. Certaines catégories de données particulièrement riches – par exemple les données en ligne, vidéo et audio – nécessitent fréquemment une intervention humaine pour leur collecte, leur classification, leur filtrage et nettoyage pour parvenir à un traitement véritablement efficace (Gray and Suri, 2019). Ainsi, sous l'angle de la main d'œuvre, derrière les systèmes et algorithmes complexes pilotés par les données, se cachent souvent des cohortes de « travailleurs du numérique » mal rémunérés, généralement originaires de pays en développement.

Les compétences requises pour gérer des données stockées relèvent de l'administration, de la gestion et de l'analyse des bases de données et nécessitent habituellement des administrateurs systèmes et des spécialistes qualifiés des bases de données. Cela étant, ces activités peuvent, pour une bonne part, être menées à distance, n'importe où dans le monde, grâce à des outils en ligne. La localisation géographique des analystes et des spécialistes des bases de données est donc aisément dissociable de celle des centres de données (Azmeh *et al.*, 2021).

L'analyse et la conversion des données sont principalement confiées à des spécialistes de la science des données et des technologies de l'information. Les spécialistes de l'analyse ont souvent une formation universitaire et sont en général hautement qualifiés. Du fait de la forte demande mondiale de telles compétences, les pays en développement peinent à retenir leurs ressortissants disposant de ces qualifications (Huang and Arnold, 2020). En outre, l'analyse requiert de plus en plus fréquemment des manipulations des données ne faisant intervenir que des compétences faibles ou moyennes, ce qui offre des opportunités professionnelles à des personnes aux compétences informatiques basiques. Le travail moins qualifié est confié à des salariés en charge de l'extraction, de la sélection, de la correction, du filtrage et de l'étiquetage des données, étant entendu que ces tâches sont essentielles à l'efficacité des grandes entreprises axées sur les données. Les principaux centres d'externalisation et de traitement en ligne, notamment l'Inde et les Philippines, sont devenus des centres d'analyse numérique à faible niveau de qualification (Graham *et al.*, 2017 ; Gray and Suri, 2019). Une évolution a également été observée dans d'autres pays en développement, par exemple dans les régions rurales plus connectées (Malik *et al.*, 2016) et les centres urbains d'Afrique, la connectivité permettant à des salariés faiblement rémunérés de devenir des « ouvriers du numérique » (Anwar and Graham, 2020).

Plus largement, s'agissant d'un secteur émergeant dans les pays en développement, la capacité à tirer profit des données nécessitera aussi des compétences au sein des organes gouvernementaux et de régulation, notamment pour analyser techniquement les flux de données, renforcer les capacités et comprendre les rapports entre les données et des secteurs et industries plus larges. Les responsables politiques devront porter une attention particulière aux compétences requises en matière de science des données et d'IA, afin de développer de l'entrepreneuriat mais surtout de renforcer le cadre institutionnel de l'élaboration des politiques. Les pouvoirs publics ne disposent souvent pas des ressources humaines requises pour concevoir, mettre en œuvre et contrôler les politiques pertinentes, car les meilleurs talents sont attirés par le secteur privé.

> D'importants défis restent à relever en termes de capacités au niveau individuel, des entreprises et des politiques pour faire en sorte que les pays en développement ne soient pas simplement des sites de collecte de données, mais qu'ils puissent tirer profit de ces données.

Il convient également d'axer les réflexions sur une exploitation plus générale des données au bénéfice du développement. Ce chapitre a montré que le caractère multidimensionnel des données et la prévalence des flux transfrontières de données imposent aux régulateurs d'instaurer une réglementation des flux de données concurrents sur la base d'une compréhension claire des avantages et des inconvénients.

En résumé, la croissance de la chaîne de valeur des données offre aux pays en développement la possibilité de renforcer leurs capacités, mais force est de souligner que les infrastructures de données et de collecte de données sont majoritairement gérées et contrôlées par de grandes entreprises situées, pour la plupart, dans les pays en développement, à l'exception notable de la Chine. D'importants défis restent à relever en termes de capacités au niveau individuel, des entreprises et des politiques pour faire en sorte que les pays en développement ne soient pas simplement des sites de collecte de données, mais qu'ils puissent tirer effectivement profit de ces données.

L. CONCLUSION

Ce chapitre a exploré de manière approfondie les relations complexes entre les flux transfrontières de données et le développement, qui sont étroitement liées à la nature particulière des données. Dans le contexte des données et de leurs flux transfrontières, les points de vue divergent grandement sur leurs implications, les personnes susceptibles de revendiquer des droits sur les données, la classification des flux transfrontières en fonction du type de données et les approches de la souveraineté numérique.

Ces différentes approches résultent de la variété des situations et des visions politiques, sociales et économiques des pays et ont une incidence sur les politiques suivies.

Les spécificités des données, notamment leur statut de bien public, impliquent qu'elles peuvent générer non seulement des gains privés importants, mais aussi une valeur sociale et des bénéfices en termes de développement. Au final, la valeur des données dépend de l'utilisation qui en est faite. Les données individuelles sont d'une utilité restreinte, mais elles recèlent une valeur potentielle car elles constituent l'ingrédient indispensable à la création d'informations numériques monétisables ou exploitables à des fins privées et sociales. Pour concrétiser les bénéfices de l'économie numérique, les données doivent être partagées et utilisées, ce qui implique généralement des flux transfrontières de données. Dans ce contexte, l'accès aux données est primordial. Mais les implications liées à l'utilisation faite des données ont des dimensions économiques et autres.

> Les politiques publiques ont un rôle à jouer, aux niveaux national et international, pour optimiser les bénéfices tirés des données et de leurs flux transfrontières, tout en minimisant les risques encourus et en assurant une répartition équitable des bénéfices qui en sont tirés.

En outre, d'un point de vue économique, la nécessité de favoriser les flux de données ne signifie pas que les données doivent pouvoir traverser les frontières sans contrepartie. Actuellement, en l'absence d'un système international réglementant les flux transfrontières de données, les plateformes numériques mondiales ont toute latitude pour extraire les données brutes des pays en développement et s'approprier la majeure partie de la valeur créée, avec pour effet un accroissement des déséquilibres dans les rapports de force et des inégalités. Les flux transfrontières de données ne pourront jamais profiter aux populations et à la planète si leurs bénéfices sont majoritairement accaparés par un petit groupe de géants mondiaux du numérique implantés dans quelques pays.

Les mécanismes du marché ne conduisent pas à eux seuls à des résultats efficaces ou équitables. Les politiques publiques ont un rôle à jouer, aux niveaux national et international, pour optimiser les bénéfices tirés des données et de leurs flux transfrontières, tout en minimisant les risques encourus et en assurant une répartition équitable des bénéfices qui en sont tirés. Compte tenu de la portée globale des flux transfrontières de données, des mesures nationales et l'élaboration de politiques au plan international seront incontournables.

Ce chapitre nous a permis de mettre en lumière les points suivants :

- Les spécificités des données leur confèrent une nature très différente des biens et des services. Les données sont intangibles, non rivales, partiellement exclusives et de nature relationnelle et multidimensionnelle ;

- Compte tenu de leur caractère particulier, les flux transfrontières de données sont à traiter différemment du commerce international de biens et de services ;

- Il n'y a aucun rapport évident entre le stockage des données à l'intérieur des frontières nationales et le développement économique du pays concerné ; de multiples facteurs divergents entrent en jeu lorsque la décision de localiser les données doit être prise, et ils sont tous étroitement liés à la situation spécifique d'un pays ;

- Des données de types différents peuvent avoir des implications différentes en termes de flux transfrontières de données et de politiques connexes ;

- L'accès aux données et leur utilisation (y compris les usages potentiellement impropres) sont essentiels pour le développement, tout comme la capacité à créer et à tirer profit des données, c'est-à-dire à les convertir en informations numériques (produits de données) ;

- Le mélange complexe d'intérêts contradictoires entre les acteurs de l'économie numérique mondiale axée sur les données et de compromis politiques est à prendre en considération lors de l'élaboration des politiques relatives aux flux transfrontières de données au service du développement ;

- L'élaboration d'un système de gouvernance mondiale des données doit adopter une approche holistique, multidimensionnelle, pangouvernementale et multipartite, aux niveaux national et international.

En explorant les opportunités offertes par les flux transfrontières de données et les défis posés, ce chapitre propose une réflexion visant à faciliter l'élaboration des politiques en la matière. L'émergence de certains secteurs clefs, par exemple la protection des données, le renforcement des capacités et les règles favorisant la croissance économique, met en évidence les possibilités offertes aux pays en développement pour tirer parti de la chaîne de valeur des données.

La définition de règles appropriées pour les flux transfrontières de données peut contribuer à garantir le respect des droits relatifs aux données, à réduire les problèmes structurels et à favoriser le développement économique. D'autres compromis liés à l'éthique sont à prendre en compte, notamment la relation entre la création de valeur à partir des données et la surveillance des populations par le biais des données, ainsi que les liens entre le filtrage des données et la censure.

Les pays chercheront peut-être à contrôler l'accès aux données pour des raisons techniques, économiques, pour respecter la vie privée ou d'autres droits humains. Mais en l'absence d'un système international opérationnel de réglementation des flux transfrontières de données assurant l'optimisation de la valeur des données, privées et publiques, les protégeant contre les abus et en répartissant équitablement leurs gains au sein des pays et entre eux, ces derniers n'auront d'autre choix que de tenter de conserver leurs données à l'intérieur de leurs frontières nationales pour s'assurer que leur économie profite des bénéfices des données en termes de développement. Cependant, il importe de garder à l'esprit que s'il ne peut y avoir création de valeur sans données brutes, l'accès aux données ne sert à rien s'il n'est pas assorti des capacités de les traiter et de les monétiser ou de générer une valeur sociale. Dans ce contexte, l'imposition de restrictions aux flux transfrontières de données risque de n'apporter aucun avantage et de simplement ériger des obstacles et créer des incertitudes pour les entreprises et les particuliers qui cherchent à échanger des données par-delà les frontières.

La diversité des points de vue et des perspectives sur les principales caractéristiques des données et de leurs flux transfrontières, ainsi que les complexités qui y sont associées, montrent qu'il est nécessaire d'évaluer soigneusement tous les éléments en jeu lors de la conception des politiques. Tous les facteurs n'œuvrant pas forcément dans la même direction, il est impératif de tenir compte des divers intérêts et interconnexions en jeu. Les questions abordées dans ce chapitre peuvent conduire à des combinaisons multiples de politiques qui nécessiteront des choix en fonction d'options politiques et sociétales et d'objectifs de développement. Globalement, il n'existe pas de solution miracle. La simplification excessive du débat politique, sous forme d'appels à la libre circulation des données (ou à l'interdiction de la localisation des données) à un extrême, et à la localisation stricte des données de l'autre, ne sera probablement pas d'une grande utilité. Il convient d'évaluer en détail les implications des flux transfrontières de données, en considérant les disparités entre les pays, les types de données, les intérêts et les objectifs politiques. Comme le veut la formule : « le diable est dans les détails ».

Sur un plan général, les données sont devenues une ressource stratégique essentielle alimentant les tensions géopolitiques entre différents pays du monde, comme nous le verrons dans le prochain chapitre. En substance, il s'agit de déterminer le gagnant de la course au contrôle des technologies et des données numériques, qui confèrent le pouvoir d'influer sur la société et de la maîtriser. Dans ce contexte, les flux transfrontières de données sont un élément clef.

La simplification excessive du débat politique, sous la forme d'appels à la libre circulation des données (ou à l'interdiction de la localisation des données) à un extrême, et à la localisation stricte des données de l'autre, ne sera probablement pas d'une grande utilité.

Ce chapitre met également en évidence le risque d'approches nationales fragmentées en matière de réglementation, avec des disparités significatives entre pays susceptibles d'entraver le développement global. Il convient donc d'examiner plus en détail les cadres de gouvernance appropriés et l'émergence d'une coopération internationale autour des flux transfrontières de données favorisant des trajectoires de développement plus générales. Le reste du rapport passe en revue les politiques existantes en matière de flux transfrontières de données à différents niveaux. Le chapitre IV est consacré au niveau national et traite des tendances en matière de gouvernance des données qui peuvent avoir une incidence sur les flux transfrontières de données. Pour sa part, le chapitre V recense les réglementations nationales en matière de flux transfrontières de données. Les politiques aux niveaux régional et international sont examinées au chapitre VI, tandis que le chapitre VII explore les possibilités d'aller de l'avant s'agissant des politiques relatives aux flux transfrontières de données.

ANNEXE AU CHAPITRE III : COMMENT LES DONNÉES CIRCULENT PAR-DELÀ LES FRONTIÈRES

1. La circulation des données

a) Le modèle « client-serveur »

La plupart des flux de données actuels sur Internet reposent sur le modèle « client-serveur ». Il fait référence à la structure d'application distribuée qui répartit les tâches ou les charges de travail entre des serveurs (prestataires de services) et des clients (consommateurs de services). Un serveur hôte exécute une ou plusieurs applications serveur, qui partagent du contenu ou des ressources avec des clients. Un client ne partage aucune de ses ressources, il demande du contenu ou un service à un serveur.

Les clients et les serveurs échangent des messages (des paquets de données) selon un modèle de type requête-réponse. Pour communiquer, le périphérique client et les serveurs hôtes utilisent des règles et des langages communs pour la transmission des données. Aujourd'hui, la plupart des communications obéissent au modèle TCP/IP. Le protocole de contrôle de transmission (TCP) assure une transmission fiable, ordonnée et vérifiée des paquets de données entre le serveur et les applications client (connexion en trois étapes). Le protocole Internet (IP) est le principal protocole de communication pour le transfert (routage) des paquets de données sur les réseaux.

b) Le modèle de fournisseurs de services Internet à trois niveaux

Internet se compose d'un ensemble de réseaux distincts mais interconnectés, qui constituent chacun un système autonome. Ces systèmes autonomes sont contrôlés par des fournisseurs de services Internet (FSI), disposant de leurs propres politiques commerciales, topologies de réseau interne, services et profils de clients. Outre le système d'adressage IP, les systèmes autonomes partagent également un cadre de routage global BGP (Border Gateway Protocol ou protocole de passerelle frontière) pour connecter les différents réseaux.

Tous ces réseaux sont reliés par des points d'échange Internet (IXP), des emplacements physiques auxquels les entreprises d'infrastructure Internet telles que les FSI, les réseaux de diffusion de contenu, les entreprises Web, les prestataires de services de communication, les prestataires de services en nuage et de logiciels en tant que services, se connectent pour échanger le trafic Internet. Ces lieux d'échange Internet regroupent différents réseaux et permettent aux fournisseurs de réseaux de partager des interconnexions de transit en dehors de leurs réseaux.

Les FSI assurent le transport du trafic Internet pour le compte d'autres FSI, d'entreprises ou d'organisations et d'individus non FSI. Ils sont classés selon un modèle à trois niveaux, en fonction du type de services Internet qu'ils assurent :

- Les fournisseurs de services Internet de niveau 1 forment l'épine dorsale d'Internet. Également appelés prestataires de services réseau, ces FSI construisent des infrastructures telles que les câbles sous-marins transatlantiques et fournissent du trafic à tous les autres FSI, mais pas aux utilisateurs finaux. Les FSI de niveau 1 possèdent et gèrent leur infrastructure d'exploitation, y compris les routeurs et autres équipements intermédiaires (tels que les commutateurs) qui constituent l'épine dorsale d'Internet. Ils n'échangent du trafic Internet avec d'autres fournisseurs de niveau 1 que sur une base non commerciale, via des interconnexions d'appairage privées sans contrepartie financière. Les réseaux de niveau 1 supportent des volumes de trafic très élevés et de vastes bases de clients avec un grand nombre de routeurs, et sont généralement composés de nombreux systèmes autonomes ;

- Un FSI de niveau 2 est un prestataire de services utilisant une combinaison de transit payant via des FSI de niveau 1 et d'échange de trafic avec d'autres FSI de niveau 2 pour acheminer le trafic Internet vers les clients finaux via des FSI de niveau 3. Les FSI de niveau 2 sont généralement des prestataires régionaux ou nationaux. Seuls quelques FSI de niveau 2 sont à même de fournir des services à des clients situés sur plus de deux continents. Leur vitesse d'accès est généralement

plus lente que celle des FSI de niveau 1, et ils se trouvent à au moins un « saut de routeur » de la dorsale d'Internet ;

- Un FSI de niveau 3 est un prestataire qui achète uniquement du transit Internet. Par définition, son rôle principal est de fournir un accès Internet à des clients finaux. Les FSI de niveau 3 se concentrent sur le marché local des entreprises et des consommateurs. Ils fournissent la « rampe d'accès », l'accès local à Internet à des clients finaux, par le biais de réseaux d'accès par câble, ligne numérique d'abonné (DSL), fibre ou sans fil. Leur couverture est limitée à des pays ou des sous-régions spécifiques, par exemple une zone métropolitaine. Les FSI de niveau 3 utilisent et rémunèrent des FSI de niveau supérieur pour accéder au reste d'Internet.

c) Étapes du flux de données

En combinant le modèle client-serveur et le modèle de FSI à trois niveaux, le flux de données Internet se présente comme suit :

1. Un message provenant de l'application client (par exemple, un navigateur Web) est décomposé en plusieurs paquets de données, assortis d'instructions pour le réassemblage (TCP) et la destination (IP) ;

2. Les paquets de données sont transmis du dispositif (par exemple, un PC, une tablette ou un smartphone), via le routeur et le modem, au FSI du client (FSI local/de niveau 3), qui fournit l'accès à d'autres réseaux sur Internet ;

3. Les paquets de données sont reçus par le FSI local (niveau 3) ;

4. Connectés via les IXP, les paquets de données sont ensuite acheminés par le FSI de niveau 3 vers des FSI de niveau 2, qui peuvent à leur tour transférer les paquets vers des FSI de niveau 1 (la dorsale Internet) ;

5. Grâce au protocole d'échange de route, chaque paquet de données individuel peut être dirigé par plusieurs voies jusqu'à sa destination, en passant par divers IXP, situés dans différents pays et exploités par différents FSI (voir sect. suivante) ;

6. Au final, tous les paquets de données sont réceptionnés par le FSI de destination (FSI local/ de niveau 3), qui transmet les paquets au serveur de destination (identifié par l'adresse IP de destination) ;

7. Arrivés à destination, les paquets de données sont réassemblés et la requête est exécutée dans son application ;

8. La réponse du serveur au client suit un processus similaire.

2. Comment les données traversent-elles les frontières nationales ?

a) Identifier les flux transfrontières de données

Comme évoqué dans le modèle à trois niveaux, les paquets de données sont acheminés par différents réseaux locaux, régionaux ou internationaux. Les transferts de données transfrontières s'effectuent principalement entre ou dans des réseaux de niveau 1 et sont généralement acheminés par câbles en fibre optique à très haut débit. Les données voyageant à la vitesse de la lumière et leur itinéraire exact n'étant défini que lorsqu'elles sont en transit, il est quasiment impossible de déterminer où et quand un paquet de données spécifique franchit une frontière nationale. Cependant, chaque fois qu'un paquet de données traverse un pays, il est acheminé par un centre de données, où il est transmis dans l'infrastructure de réseau propre au FSI, ou échangé dans un IXP avec le réseau d'un autre FSI. C'est à ces points d'entrée et de sortie physiques que le caractère transfrontière des flux de données peut être établi.

Une autre façon d'envisager les flux transfrontières de données consiste à se concentrer sur les informations (données) plutôt que sur les paquets de données individuels. Les paquets de données individuels ne transportant qu'une partie des informations transmises, ils n'ont qu'une valeur limitée. Les données peuvent être traitées qu'après le réassemblage de l'ensemble des paquets de données. Dans

cette approche, il existe deux endroits physiques par lesquels tous les paquets de données passent obligatoirement après avoir été envoyés par l'expéditeur et avant d'être reçus par le destinataire, à savoir le FSI du client et le FSI du serveur. C'est grâce à ces fournisseurs de services Internet qu'il est possible de déterminer la nature transfrontière d'une transmission de données.

b) Acheminement du trafic Internet international

Le trafic Internet est acheminé via différents réseaux contrôlés par les FSI et connectés à des IXP. La route qu'un paquet de données va emprunter entre les divers réseaux est déterminée par le protocole BGP (protocole de passerelle frontière). Classé comme protocole de routage à vecteur de chemin, il prend des décisions de routage en fonction du chemin, des politiques de réseau ou des ensembles de règles configurés par un administrateur de réseau. Chaque routeur BGP maintient une table de routage standard utilisée pour orienter les paquets en transit et prendre les décisions de chemin optimal en fonction de l'accessibilité actuelle, du nombre de sauts et d'autres caractéristiques du chemin. Si plusieurs chemins sont disponibles (par exemple, au sein d'une vaste structure d'hébergement), les stratégies BGP communiquent les préférences de l'organisation quant au chemin que le trafic doit emprunter pour entrer et sortir du réseau. Comme susmentionné, le routage peut également intervenir au sein d'un système autonome (réseau de FSI), auquel cas les protocoles de passerelle intérieure permettent de déterminer l'itinéraire d'un paquet de données. Bien que les flux de données soient largement « mondialisés », les experts ont calculé que plus de 66 % de l'ensemble du trafic Web international sont acheminés via les États-Unis (Mueller and Grindal, 2019:77) du fait des nombreux centres de données mondiaux implantés dans ce pays.

c) Enregistrement des flux transfrontières de données

Les flux transfrontières de données ne sont pas enregistrés à l'échelon national ou international. Cela ne veut pas dire pour autant que les données ne peuvent pas être suivies à la trace sur Internet. Ainsi, le protocole ICMP (Internet Control Message Protocol) est utilisé par les dispositifs de réseau, notamment les routeurs, pour envoyer des messages d'erreur et des informations opérationnelles signalant la réussite ou l'échec d'une communication avec une autre adresse IP. Utilisant l'ICMP, traceroute et tracert sont des commandes de diagnostic de réseau informatique permettant d'afficher les routes (chemins) possibles et de mesurer les délais de transit des paquets sur un réseau IP.

Les adresses IP par lesquelles transitent les paquets de données des périphériques réseau permettent de déterminer le pays, la ville ou le code postal, ce qui permet de connaître l'emplacement géographique d'un objet. Il existe plusieurs bases de données de géolocalisation sur Internet qu'il est possible d'interroger. La principale source de données sur les adresses IP est constituée par les registres Internet régionaux, qui attribuent et distribuent les adresses IP aux organisations situées dans leurs régions de service respectives. Elles peuvent être complétées par des sources secondaires, telles que l'exploration de données ou les données de localisation géographique soumises par les utilisateurs, et affinées. Les géolocalisations sur Internet sont utilisées pour les enquêtes criminelles, la détection des fraudes, le marketing et l'octroi de licences.

Compte tenu de la nature particulière des données et des disparités mondiales dans l'exploitation de leurs flux transfrontières, les politiques auront un rôle clef à jouer pour parvenir à la réalisation de divers objectifs de développement. Cependant, comme le montrent ce chapitre et le suivant, les approches adoptées pour régir les données et leurs flux transfrontières varient considérablement d'un pays à l'autre. Ce chapitre est axé sur les principales approches politiques de l'économie numérique et de la gouvernance des données mises en œuvre dans certains grands pays qui sont susceptibles d'avoir une incidence mondiale sur l'économie numérique, y compris sur les réglementations des flux transfrontières de données. Dans ce contexte, les divergences se traduisent par des tensions à l'échelle de l'économie mondiale, notamment entre les États Unis et la Chine, accompagnées d'un risque de fragmentation de l'espace numérique et d'Internet et de répercussions potentiellement graves pour les pays en développement.

Le présent chapitre insiste sur l'importance d'éviter les approches cloisonnées afin de favoriser des retombées plus inclusives et plus équitables de l'économie numérique fondée sur les données. Le « nationalisme des données » ne peut servir les intérêts des pays en développement et de l'économie mondiale. Il aura pour seuls résultats des réglementations nationales inefficaces, des opportunités de marché limitées pour les petites entreprises et des possibilités réduites d'innovation numérique, avec au final un petit nombre de gagnants et beaucoup de perdants.

PRINCIPALES
APPROCHES DE LA
GOUVERNANCE
DE L'ÉCONOMIE NUMÉRIQUE
AXÉE SUR LES DONNÉES
DANS LE MONDE :
L'ESPACE NUMÉRIQUE
RISQUE-T-IL LA
FRAGMENTATION ?

IV

Les grands acteurs de l'économie numérique ont adopté

des approches de la gouvernance des données et des flux de données

très différentes et les consensus sont rares aux niveaux international et régional

Approche de la gouvernance des données

⚑ États-Unis	⚑ Union européenne	⚑ Chine
Contrôle des données par le secteur privé	Contrôle des données par les individus sur la base de valeurs	Contrôle des données par les pouvoirs publics

Stratégie d'expansion pour renforcer le contrôle des données

Par le biais d'entreprises numériques privées	Leadership et partenariats en matière de réglementation	Route de la soie numérique

Contexte mondial actuel

Risque de fragmentation de l'espace numérique et d'Internet

Tensions entre les principaux acteurs

Les plateformes numériques mondiales continuent d'étendre leurs propres écosystèmes de données

Course au leadership dans développements technolo pour obtenir des avantage économiques et stratégiqu

Une économie numérique axée sur les données et cloisonnée **va à l'encontre de l'esprit initial d'Internet et** ne servirait probablement pas les intérêts des pays en développement

En termes économiques, l'interopérabilité générera de meilleurs résultats

La **fragmentation** risque d'entraver le progrès technologique, de limiter la concurrence, de favoriser les structures de marché oligopolistiques dans différents secteurs et de permettre aux pouvoirs publics d'exercer une influence accrue

La fragmentation poserait par ailleurs des obstacles supplémentaires **à la collaboration entre les juridictions**

En l'absence d'un système international de réglem **des flux de données,** certains pays n'auront d'autre choix que de restr ces flux pour réaliser leurs objectifs politiques

A. INTRODUCTION

Pour que les flux transfrontières de données bénéficient au développement, il est indispensable d'élaborer des politiques appropriées, comme le montre le chapitre III. Pour gérer leurs données et leurs flux transfrontières, la plupart des pays mettent en œuvre des mesures diverses en fonction de leur situation et de leurs valeurs politiques, économiques, sociales et culturelles. Ces mesures reflètent également les priorités des objectifs politiques nationaux. Ce chapitre et le suivant dressent une vue d'ensemble de la gouvernance des flux transfrontières de données au niveau national partout dans le monde. Le présent chapitre commence par passer en revue les principales approches et tendances en matière de gouvernance de l'économie numérique fondée sur les données dans les pays ayant une influence mondiale sur les flux transfrontières. Puis le chapitre suivant détaillera les mesures spécifiques de réglementation de ces flux transfrontières, afin de dresser un état des lieux de ces réglementations nationales dans le monde.

Il fut un temps où Internet était défini principalement par une absence de centralisation (Medhora and Owen, 2020) dans un espace libre et ouvert. La nécessité d'un Internet mondial interopérable a fait l'objet de nombreux débats (ECLAC and I&JPN, 2020 ; Internet Society, 2020a), car il est potentiellement capable de toucher tous les publics, d'intégrer des chaînes de valeur numériques mondiales et d'ouvrir des marchés bien plus vastes que les marchés nationaux[1]. Mais aujourd'hui, l'économie de plateforme, l'intelligence artificielle (IA), l'état de surveillance et l'informatique quantique exigent des corpus de données énormes, d'où le renforcement de pôles d'influence centralisés. Les géants mondiaux du numérique qui extraient les données et les contrôlent créent leurs propres écosystèmes. Parallèlement, les problèmes liés à l'économie numérique fondée sur les données ont été de plus en plus considérés comme relevant de la sphère nationale du fait de revendications de souveraineté sur les données générées dans le pays. Ces deux tendances témoignent d'une situation de cloisonnement, qui s'accorde mal avec la nature ouverte d'Internet. Au sein de ces pôles centralisés, les concepts de gouvernance numérique et de gouvernance des données diffèrent grandement.

La section B de ce chapitre examine les principales approches de l'économie numérique et de la gouvernance des données dans cinq grands pays à l'influence planétaire sur la réglementation des flux transfrontières de données : les États-Unis, la Chine, l'Union européenne, la Fédération de Russie et l'Inde. Les stratégies expansionnistes des approches américaine, chinoise et européenne sont examinées dans la section C. La section D se penche ensuite sur l'éventualité d'une fragmentation de l'espace numérique et explore l'impact de l'affrontement entre différents modèles de régulation des données, notamment ceux des États-Unis et de la Chine, ainsi que les risques potentiels que ferait naître la fragmentation d'Internet et de l'économie numérique fondée sur les données. Il met par ailleurs en évidence les conséquences possibles d'une telle évolution pour les pays en développement. Ce chapitre dresse ainsi une vue d'ensemble de la gouvernance des données à l'échelle mondiale, en s'attachant aux principales zones d'influence. Le chapitre suivant présentera un état des lieux global des politiques nationales relatives aux flux transfrontières de données.

B. PRINCIPALES APPROCHES DE L'ÉCONOMIE NUMÉRIQUE ET DES FLUX TRANSFRONTIÈRES DE DONNÉES

Cette section examine les principales approches de la gouvernance de l'économie numérique, ainsi que les modèles de régulation correspondants des flux transfrontières de données. Les cinq cas d'école retenus peuvent être résumés, de manière quelque peu simplifiée, comme suit : une approche axée sur

---

[1]   Internet Society a identifié les propriétés essentielles qui définissent « Internet Way of Networking », pour lui permettre, en tant que « réseau de réseaux », d'apporter des avantages technologiques et économiques, à savoir : une infrastructure accessible avec un protocole commun, une architecture ouverte de blocs de construction interopérables et réutilisables, une gestion décentralisée et un système unique de routage distribué, des identifiants globaux communs et un réseau polyvalent neutre sur le plan technologique. Voir Internet Society, « Internet Way of Networking », disponible à l'adresse www.internetsociety.org/issues/internet-way-of-networking/.

le marché (États-Unis) ; un mélange complexe d'approches axées sur la sécurité et sur le développement numérique (Chine) ; une approche axée sur les droits (Union européenne) ; une approche axée sur la sécurité (Fédération de Russie) ; et une approche axée sur le développement national (Inde). Plusieurs autres pays ont choisi de s'inspirer de ces modèles réglementaires en y apportant quelques adaptations, comme nous le verrons dans le chapitre suivant. Cependant, ces grandes approches ne sont pas forcément des modèles à suivre car chacune d'entre elles reflète la situation et les priorités particulières du pays correspondant. À cet égard, la conclusion de ce chapitre et du suivant est simple : en matière de gouvernance des flux transfrontières de données, il n'existe pas d'approche unique.

L'objectif de cette section est de décrire le cadre général des principales approches et de mettre en évidence les divergences susceptibles de poser des problèmes de compatibilité ou d'interopérabilité, ou de faire craindre une éventuelle fragmentation de l'espace numérique au niveau mondial, avec les incidences que cela pourrait avoir sur les pays en développement, comme nous le verrons dans la section suivante. En outre, du fait du rythme d'évolution des technologies numériques et compte tenu de la prise de conscience croissante de la nécessité de réglementer leurs implications dans l'économie numérique axée sur les données, il est clair que ces approches n'ont rien d'immuable et qu'elles sont en constante évolution. La situation décrite est celle qui se présente à nous au début de l'année 2021.

1.   Promouvoir les marchés et l'innovation : l'approche des États-Unis

Les États-Unis ont abordé l'économie numérique en adoptant une conception fondée sur un marché libre[2], assorti d'un cadre réglementaire lui aussi libéral pour les flux transfrontières de données. Le pays a privilégié une approche privée axée sur le marché, visant à stimuler l'innovation et à défendre les avantages dont jouissent ses entreprises numériques pionnières et leurs positions dominantes, par le biais d'effets de réseau et d'acquisitions. Dans ce contexte, les États-Unis ont conclu des accords commerciaux pour garantir à leurs entreprises un accès sans entrave aux marchés étrangers, en favorisant par exemple la libre circulation des données et en interdisant des pratiques telles que les obligations de localisation des données et des serveurs (voir chap. VI). Comme l'indiquent les rapports du *Congressional Research Service*, le pays adopte sur le plan général une approche axée sur le marché, qui soutient un Internet ouvert, interopérable, sécurisé et fiable, facilitant la libre circulation des informations en ligne (CRS, 2020a, 2020b). Grâce à elle, toutes les données remontent systématiquement aux États-Unis lorsque des utilisateurs, partout dans le monde, communiquent avec des entreprises américaines.

L'une des principales motivations de l'approche réglementaire du pays en matière de flux transfrontières de données est la préservation de son leadership sur le marché numérique mondial et la poursuite de son expansion sur de nouveaux marchés (voir ci-dessous). Jusqu'à présent, le secteur technologique américain a connu un énorme succès grâce au développement de produits et de services axés sur les données qui ont pénétré la plupart des marchés du monde. Il en a résulté une « boucle de rétroinformation positive » : plus les entreprises américaines collectent de données, meilleurs sont leurs produits et, par conséquent, plus grande est leur capacité à réussir sur les marchés mondiaux (Weber, 2017). C'est pourquoi les États-Unis se sont opposés au protectionnisme numérique et au protectionnisme des données, en approuvant par exemple le cadre de protection de la vie privée et les règles transfrontalières de protection de la vie privée de l'Association de coopération économique Asie-Pacifique (APEC), par le biais desquels des agents de confiance agréés par les autorités certifient les entreprises effectuant des transferts internationaux de données (voir chap. VI).

Un Internet sans clivage et la libre circulation des informations par-delà les frontières font partie intégrante de la philosophie politique et économique américaine (Clinton, 2010). Contrairement à la plupart des pays développés, les États-Unis ne disposent pas d'un cadre général de protection de la confidentialité des données et n'imposent pas d'exigences de conformité spécifiques pour les transferts transfrontières de données à caractère personnel. Par contre, le pays a adopté des mesures de localisation strictes des données liées à la défense, imposant à toute entreprise fournissant des services en nuage à son

---

[2]   L'État a toutefois joué un rôle fondamental dans le développement d'Internet et dans l'émergence de plateformes numériques d'envergure mondiale

CHAPITRE IV

PRINCIPALES APPROCHES DE LA GOUVERNANCE DE L'ÉCONOMIE NUMÉRIQUE AXÉE SUR LES DONNÉES DANS LE MONDE : L'ESPACE NUMÉRIQUE RISQUE-T-IL LA FRAGMENTATION ?

Ministère de la défense de stocker ses données exclusivement sur le territoire national[3]. Plus récemment et bien qu'il ne s'agisse pas d'une restriction générale des flux de données, les États-Unis ont adopté le programme « Clean Network » destiné à protéger les actifs critiques contre les interférences étrangères et à préserver la vie privée des personnes en posant des restrictions aux opérateurs de télécommunications, aux applications et aux services nuagiques jugés non fiables, notamment d'origine chinoise[4]. Ainsi, en dépit du cadre libéral général sur les flux transfrontières de données, les États-Unis privilégient une approche restrictive pour des questions spécifiques liées à la défense et à la sécurité nationale.

En raison du modèle mondial de l'informatique en nuage axé sur le marché, les autorités fédérales américaines ont parfois rencontré des difficultés pour obtenir des données stockées sur des serveurs à l'étranger. Après un contentieux complexe entre le Federal Bureau of Investigation et Microsoft en vue de l'obtention de données d'utilisateurs stockées sur des serveurs en Irlande en 2013[5], les États-Unis ont adopté le « Clarifying Lawful Overseas Use of Data Act » (appelé CLOUD Act)[6] afin de clarifier l'usage légal des données stockées hors des États-Unis. Cette loi poursuit un double objectif : a) permettre aux autorités fédérales chargées de l'application des lois d'exiger des entreprises basées aux États-Unis qu'elles communiquent les données de leurs utilisateurs stockées à l'étranger, sur la base d'un mandat ou d'une injonction, à condition que cela ne porte pas atteinte au droit à la vie privée d'un individu dans le pays étranger où les données sont stockées ; b) établir une procédure permettant aux États-Unis de conclure des accords exécutifs avec des pays étrangers[7] dans le but de fournir des données aux fins de l'application de la loi, à condition que ces pays étrangers se soient engagés à respecter l'État de droit et la protection de la vie privée. Ces accords exécutifs visent à accélérer l'accès aux données à des fins répressives, qui pâtit traditionnellement de délais extrêmement longs dans le cadre des traités d'entraide judiciaire (United States Department of Justice, 2019).

Les États-Unis ont opté pour une approche sectorielle souple et ad hoc pour réglementer la confidentialité des données, et n'ont imposé des normes spécifiques que dans certains domaines, tels que la protection de la vie privée des enfants[8], les informations relatives à la santé[9] et la confidentialité des données financières[10]. Aucune de ces réglementations sectorielles ne contient cependant de restriction relative aux flux transfrontières de données, en dépit d'exigences de conformité plutôt sévères imposées à tous les prestataires de services. Ces dernières années, des pressions croissantes ont été exercées en vue de l'adoption d'une loi sur la protection de la vie privée au niveau fédéral, qui ont conduit à un premier projet

---

[3] Département de la défense américain, « Defense Federal Acquisition Regulation Supplement: Network Penetration Reporting and Contracting for Cloud Services », DFARS Case 2013-D018, disponible à l'adresse www.federalregister. gov/documents/2015/08/26/2015-20870/defense-federal-acquisition-regulation-supplement-network-penetration-reporting-and-contracting-for.

[4] Département d'État américain, « Announcing the Expansion of the Clean Network to Safeguard America's Assets », 5 août 2020, disponible à l'adresse https://2017-2021.state.gov/announcing-the-expansion-of-the-clean-network-to-safeguard-americas-assets/index.html. Voir aussi « The Clean Network », disponible à l'adresse https://2017-2021. state.gov/the-clean-network/index.html.

[5] United States v. Microsoft Corp., 584 U.S. ___, 138 S. Ct. 1186 (2018).

[6] Clarifying Lawful Overseas Use of Data Act ou CLOUD Act (loi clarifiant l'utilisation légale des données à l'étranger) (S.2383, H.R. 4943).

[7] À ce jour, les États-Unis et le Royaume-Uni ont conclu un accord exécutif de ce type. Département de la justice, « U.S. and UK Sign Landmark Cross-Border Data Access Agreement to Combat Criminals and Terrorists Online », 3 octobre 2019, disponible à l'adresse www.justice.gov/opa/pr/us-and-uk-sign-landmark-cross-border-data-accessagreement-combat-criminals-and-terrorists.

[8] La loi sur la protection de la vie privée des enfants en ligne (Children's Online Privacy Protection Act) prescrit un certain nombre d'exigences en matière de collecte d'informations à caractère personnel concernant les enfants de moins de 13 ans, notamment l'obtention du consentement vérifiable des parents.

[9] La loi de 1996 sur l'assurance maladie (Health Insurance Portability and Accountability Act) crée des normes nationales pour la protection des informations sensibles relatives à la santé des patients et impose un consentement explicite pour la divulgation des données.

[10] La loi Gramm-Leach-Bliley établit des normes applicables aux institutions financières en matière de protection et de stockage des informations relatives aux clients.

de loi présenté en mars 2021[11]. En outre, certains États, à l'instar de la Californie et de la Virginie[12], ont adopté des législations complètes en matière de protection de la vie privée, conférant aux particuliers des droits substantiels en la matière (Christakis, 2020).

Ces mesures visant à régir la protection de la vie privée dans certains États américains, ainsi que la proposition de réglementation fédérale, pourraient annoncer un changement de cap et laissent entrevoir un possible abandon de l'approche du marché libre avec les géants du numérique. Il en va de même pour la réglementation antitrust : le Congrès a mené une enquête approfondie concernant la concurrence sur les marchés numériques et plusieurs mesures antitrust ont été adoptées, impliquant plusieurs États, le Département de la justice et la Commission fédérale du commerce[13]. C'est également le signe que les autorités prennent conscience des effets néfastes que les abus de ces entreprises peuvent avoir sur la société, et qu'il peut être nécessaire d'y remédier par le biais d'une réglementation gouvernementale. En outre, l'interdiction récente des activités de certaines entreprises numériques étrangères (par exemple Huawei, TikTok et Grindr) sur le marché américain laisse présager de nouvelles interventions étatiques sur les marchés et l'imposition de restrictions accrues concernant les données et leurs flux transfrontières pour des raisons de sécurité nationale. Ainsi, les États-Unis prôneraient une politique de libre circulation des données pour leurs entreprises dans le monde entier et donc de libre afflux de données étrangères sur le territoire américain, mais imposeraient en parallèle une politique empêchant les entreprises étrangères axées sur les données de pénétrer le marché américain et interdisant les sorties de données nationales correspondantes.

2. Promouvoir la sécurité nationale et publique et encourager le développement numérique : l'approche de la Chine

Contrairement à l'approche de marché libre adoptée par les États-Unis, le système économique et politique chinois repose sur une intervention forte de l'État dans l'économie et la société, transposée tout naturellement à l'économie numérique, et donc sur une réglementation stricte des flux transfrontières de données. En Chine, les responsables politiques contrôlent les données et les informations, non seulement celles qui entrent et sortent du pays, mais aussi les données intérieures, afin de préserver la stabilité sociale et favoriser les secteurs fondés sur la connaissance.

Le succès exceptionnel de la Chine dans la construction de son secteur numérique national s'explique par plusieurs facteurs : une concurrence étrangère limitée (grâce au « Grand Pare-feu »), la présence d'un énorme marché intérieur, une application peu regardante des lois sur la propriété intellectuelle, des capacités et des ressources technologiques adéquates, une forte capacité réglementaire et des investissements stratégiques tant publics que privés dans le secteur numérique (Foster and Azmeh, 2020). Le développement numérique est un élément clef de l'initiative Made in China 2025, notamment par le subventionnement des plateformes chinoises émergentes, des investissements publics massifs dans les technologies numériques de nouvelle génération, telles que l'IA et l'Internet des objets, et la facilitation de la croissance des entreprises chinoises sur les marchés régionaux. L'expansion de ses capacités technologiques nationales et son autosuffisance en matière de technologies critiques constituent également un élément important du programme des autorités chinoises. Et pourtant le pays a récemment pris des mesures en matière de concurrence, en réaction au pouvoir de marché jugé trop important de

---

[11] Voir, par exemple, « Remarks at the Future of Privacy Forum » de Christine S Wilson, Commissaire, Commission fédérale américaine du commerce « A Defining Moment for Privacy: The Time is Ripe for Federal Privacy Legislation », 6 février 2020, disponible à l'adresse www.ftc.gov/system/files/documents/public_statements/1566337/commissioner_wilson_privacy_forum_speech_02-06-2020.pdf et IAPP (International Association of Privacy Professionals) « The first but not last comprehensive US privacy bill of 2021 », 17 mars 2021.

[12] California Consumer Privacy Act (loi de Californie sur la protection de la vie privée des consommateurs) de 2018 [1798.100 – 1798.199] et Virginia Consumer Data Protection Act (loi de Virginie sur la protection de la vie privée des consommateurs) de 2021.

[13] Voir Subcommittee on Antitrust, Commercial and Administrative Law of the Committee of the Judiciary, Investigation of Competition in Digital Markets, disponible à l'adresse https://judiciary.house.gov/uploadedfiles/competition_in_digital_markets.pdf?utm_campaign=4493-519 ; et The Guardian, 19 décembre 2020, « This is big': US lawmakers take aim at once-untouchable big tech ».

certaines entreprises : à titre d'exemple, une amende record de 2,8 milliards de dollars a été infligée au géant chinois Alibaba à la suite d'une enquête antitrust[14].

Le modèle chinois de réglementation des flux transfrontières de données, très restrictif, repose sur le rôle central de la cybersécurité dans la sécurité nationale (Lee, 2018 ; Liu, 2020). Parallèlement à cela, la Chine est un exemple exceptionnel de réussite parmi les pays en développement, car son modèle contraignant associé à plusieurs interventions stratégiques des autorités, a stimulé la croissance du marché numérique national et a conduit au succès mondial de plusieurs entreprises technologiques chinoises, telles que Baidu, Alibaba, Meituan Dianping et Tencent. La sécurité nationale et la stabilité sociale sont les motivations prédominantes de la réglementation des données transfrontières en Chine, mais c'est le volet économique qui constitue désormais le cœur des politiques de réglementation des données. Cette évolution s'est traduite par une focalisation initiale sur la réglementation des flux entrants de données pour des raisons de sécurité nationale et de surveillance (Nussipov, 2020a), mais aussi par une attention accrue portée à la restriction des flux sortants. Pour sa part, la protection de la vie privée n'est pas une priorité majeure, sachant que la Chine est un acteur majeur en termes de surveillance numérique de masse (voir chap. I).

Les autorités chinoises ont instauré diverses restrictions sur les flux transfrontières de données dans la législation nationale. Par exemple, la loi sur la cybersécurité exige que les fournisseurs « d'infrastructures critiques » stockent les « données importantes » et les « données à caractère personnel » sur le territoire chinois[15]. Le terme « infrastructure critique » est défini de manière large et ambiguë, englobant aussi bien les services publics de communication, l'énergie, les transports que la protection des ressources en eau, la finance, les services publics, l'administration en ligne ou tout autre domaine dans lequel la perte, la destruction ou la fuite de données peut porter gravement atteinte à la sécurité de l'État, à l'économie nationale, aux moyens de subsistance de la population et à l'intérêt public[16]. En outre, les transferts transfrontières de données personnelles par les fournisseurs d'infrastructures critiques sont soumis à une évaluation approfondie de la sécurité par les instances de régulation[17]. Par ailleurs, pour assurer la sécurité publique et faciliter l'accès réglementaire aux données, la Chine impose plusieurs règles sectorielles de localisation des données, notamment pour les données relatives à la santé[18], celles recueillies par les organismes d'enquête en matière de crédit[19], les données personnelles collectées par les banques commerciales[20], les services cartographiques sur Internet[21], les données à caractère personnel, les données commerciales recueillies par les plateformes de taxis en ligne[22] et les opérateurs de location de vélos sur Internet[23], ainsi qu'une restriction générale au transfert transfrontière de secrets d'État[24].

L'approche chinoise de la préservation de la cybersouveraineté a évolué au fil des ans pour intégrer la réglementation du matériel informatique (contrôle de la circulation des données sur les réseaux, par exemple l'échange de données aux points d'échange Internet (IXP)), la réglementation des logiciels (par exemple l'accès aux réseaux privés virtuels) et la réglementation des données et du contenu (Gao, 2019). Les autorités chinoises exercent par ailleurs un contrôle strict sur les normes Internet/relatives aux

14 *The Verge*, 10 avril 2021, « China fines Alibaba $2.8 billion after antitrust investigation ».

15 Art. 37 de la loi relative à la cybersécurité (Chine).

16 Art. 31 de la loi relative à la cybersécurité (Chine).

17 Projet de mesures sur l'évaluation de la sécurité des transferts transfrontaliers de données à caractère personnel (Chine).

18 Art. 10 des mesures de gestion de la population et des soins de santé (Chine).

19 Art. 24 du Règlement sur l'administration de l'industrie des enquêtes de crédit (Chine).

20 Art. 6 de l'avis visant à inciter les institutions financières bancaires à protéger les données financières personnelles (Chine).

21 Art. 34 du Règlement relatif à l'administration de la carte (Chine).

22 Art. 27 des mesures provisoires pour l'administration des opérations et des services commerciaux de réservation de taxis en ligne (Chine).

23 Art. 4, par. 13, de l'avis d'orientation visant à encourager et à réglementer le développement de la location de vélos sur Internet (Chine).

24 Art. 48 de la loi de la République populaire de Chine relative à la protection des secrets d'État (Révision 2010) (Chine).

données mises en œuvre dans les technologies nationales, ce qui renforce indirectement le contrôle souverain sur les flux de données (Hoffman *et al.*, 2020). La Chine travaille sur la standardisation du secteur technologique, en vue d'influer sur les normes mondiales, par le biais de l'initiative « China Standards 2035 ». Elle a proposé par exemple à l'Union internationale des télécommunications un nouveau système de protocole IP, qui pourrait modifier les modalités de circulation des données[25]. Les autorités ont d'autre part proposé une réglementation exigeant l'acheminent local du trafic si un internaute chinois accède à un site Web local (Bennett and Raab, 2020).

Actuellement, le pays apporte la dernière touche à son cadre de protection des données, qui prévoit de subordonner le transfert transfrontière de données à caractère personnel à la réalisation d'une des conditions suivantes : a) le transfert de données doit faire l'objet d'une évaluation de sécurité menée par les autorités ; b) les autorités ont délivré un certificat attestant de la protection des données à caractère personnel lors du transfert ; c) le transfert de données est conforme à un accord international ; et d) le transfert de données remplit toute autre condition spécifiée dans la réglementation[26]. En outre, cette loi inclut une obligation claire de localisation des données, tous les exploitants d'infrastructures d'information critiques et les gestionnaires de données personnelles notifiés étant tenus de stocker sur le territoire national les données à caractère personnel qu'ils recueillent[27]. Le Gouvernement s'efforcera de conclure des accords internationaux pour le transfert des données personnelles et la reconnaissance mutuelle des normes de protection de ces données[28].

L'intérêt économique de la Chine pour le marché numérique peut expliquer le changement subtil d'orientation du pays, auparavant non négociable, sur les flux transfrontières de données au cours des derniers mois. Ainsi, en 2020, les autorités chinoises ont fait savoir qu'elles étaient disposées à autoriser les flux transfrontières de données dans la zone de libre-échange de Hainan[29]. De même, dans une autre déclaration, elles ont souligné l'importance de la coordination internationale en matière de sécurité des données et ont rejeté une clause « universaliste » pour le stockage local des données, afin de garantir la sécurité nationale dans un environnement économique mondial axé sur le numérique (Liu, 2020:94)[30]. L'origine du virage politique de la Chine à propos des flux de données commerciales pourrait être la volonté de faciliter la composante numérique de l'initiative « Une ceinture et une route », encore appelée « Route de la soie numérique », lancée en 2015 (Liu, 2020). Cette stratégie chinoise majeure vise à étendre l'influence du pays à l'échelle mondiale dans l'économie numérique axée sur les données, comme évoqué ci-après.

3. Défendre les droits individuels et les valeurs fondamentales : l'approche de l'Union européenne

Contrairement à l'approche américaine, axée sur le contrôle des données par le secteur privé, et à celle de la Chine, qui privilégie le contrôle des données par les autorités publiques, l'Union européenne met l'accent sur le contrôle des données par les individus. Elle adopte une approche réglementaire forte vis-à-vis de l'économie numérique axée sur les données, qui repose sur la protection des droits fondamentaux et le respect des valeurs de l'Union européenne. En ce sens, elle est considérée comme une approche centrée sur l'humain[31]. Ainsi, les réglementations relatives aux flux transfrontières de données sont relativement strictes et mettent l'accent sur la protection de la vie privée des personnes. L'Union européenne entend

---

[25] Pour plus d'informations sur la nouvelle proposition IP, voir Internet Society (2020b) ; sur l'initiative « China Standards 2035 », voir Datenna, « China Standards 2035: A Global Standard for Emerging Technologies », 15 juin 2020, disponible à l'adresse https://www.datenna.com/2020/06/15/china-standards-2035-a-global-standard-for-emerging-technologies/ et Rühlig, 2020.

[26] Art. 38 de la loi relative à la protection des informations personnelles (Chine).

[27] Art. 40 de la loi relative à la protection des informations personnelles (Chine).

[28] Art. 12 de la loi relative à la protection des informations personnelles (Chine).

[29] The Diplomat, 4 juin 2020, « Is China Changing Its Thinking on Data Localization? »

[30] En fait, comme l'indique Liu, le Comité permanent a également proposé une disposition dans la loi chinoise sur la cybersécurité qui autorise les flux de données conformes à un traité international.

[31] Voir Union européenne, « Principles for a human-centric, thriving and balanced data economy », disponible à l'adresse https://dataprinciples2019.fi/wp-content/uploads/2019/09/Dataprinciples_web_1.0.pdf.

créer un marché numérique unique au sein de ses frontières, avec des produits numériques et des données circulant librement dans le cadre d'un ensemble de règles protégeant les personnes, les entreprises et les pouvoirs publics contre les abus engendrés par la collecte, le traitement et la commercialisation des données.

La réglementation de l'économie numérique et des données dans l'Union européenne a principalement été mise en place sur un mode défensif, en réponse aux préoccupations suscitées par les activités des plateformes numériques mondiales, notamment quant aux abus de pouvoir de marché, à la concurrence ou à la fiscalité, en plus de la protection des données. Comme mis en lumière dans le Rapport sur l'économie numérique de 2019 (UNCTAD ; 2019a) et au chapitre I du présent rapport, la plupart des plateformes numériques d'envergure mondiale ont leur siège aux États-Unis et en Chine, alors que les plateformes numériques basées dans l'Union européenne sont relativement marginales. Ces dernières années, l'Union européenne a adopté une position plus proactive pour développer l'économie numérique axée sur les données et a lancé de multiples initiatives dans ce domaine. Elle a par ailleurs appliqué une approche plus intégrée des différentes politiques de l'économie numérique que le reste du monde[32].

Le Règlement général sur la protection des données (RGPD) de l'Union européenne, entré en vigueur en 2018, est l'un des cadres de protection des données les plus complets au monde, assorti de vastes exigences en matière de transfert de données à caractère personnel hors de la région. Il ne contient cependant aucune restriction explicite aux transferts transfrontières de données non personnelles dans l'Union européenne. Le RGPD est applicable au traitement[33] des « données personnelles », définies comme « des informations se rapportant à une personne physique identifiée ou identifiable »[34]. Selon son approche fondamentale, les données à caractère personnel ne peuvent être transférées et traitées hors de l'Union européenne que si le droit à la vie privée des citoyens est pleinement respecté[35]. À cet effet, les transferts de ces données ne sont autorisés de manière automatique qu'à destination d'un groupe spécifique de pays et de territoires dotés d'un cadre de protection des données jugé équivalent au RGPD par la Commission européenne (« décision d'adéquation »)[36]. Cette dernière a pour l'heure reconnu qu'Andorre, l'Argentine, le Canada (organisations commerciales), les îles Féroé, Guernesey, Israël, l'île de Man, le Japon, Jersey, la Nouvelle-Zélande, la Suisse et l'Uruguay offraient une protection suffisante[37]. Les décisions établissant un niveau adéquat de protection des données sont le fruit de longues négociations bilatérales, la Commission européenne prenant en compte plusieurs facteurs dans les pays étrangers, notamment leurs cadres de confidentialité et de protection des données, le respect de l'État de droit, les engagements internationaux en matière de protection des données et la solidité de leurs relations économiques et politiques avec l'Union[38].

Le transfert de données à caractère personnel vers des pays non membres de l'Union européenne qui n'ont pas obtenu de décision d'adéquation n'est possible que dans deux cas : a) si le sous-traitant des données peut offrir des « garanties appropriées », notamment des règles d'entreprise contraignantes qui permettent les transferts intra-entreprise, des clauses types de protection des données adoptées par la Commission pour les transferts interentreprises et des mécanismes de certification approuvés par l'Union

---

[32]   Voir « Europe's Digital Decade: digital targets for 2030 », disponible à l'adresse https://ec.europa.eu/info/strategy/priorities-2019-2024/europe-fit-digital-age/europes-digital-decade-digital-targets-2030_es.

[33]   Le traitement est défini de manière large à l'article 4, par. 2, du RGPD comme « toute opération ou tout ensemble d'opérations effectuées ou non à l'aide de procédés automatisés et appliquées à des données ou des ensembles de données à caractère personnel, telles que la collecte, l'enregistrement, l'organisation, la structuration, la conservation, l'adaptation ou la modification, l'extraction, la consultation, l'utilisation, la communication par transmission, la diffusion ou toute autre forme de mise à disposition, le rapprochement ou l'interconnexion, la limitation, l'effacement ou la destruction ».

[34]   Art. 4, par. 1, du RGPD.

[35]   Considérant 101 du RGPD.

[36]   Art. 45, par. 1, du RGPD.

[37]   L'évolution de la situation en ce qui concerne les décisions d'adéquation peut être consultée sur le site « Adequacy decisions : How the EU determines if a non-EU country has an adequate level of data protection », disponible à l'adresse https://ec.europa.eu/info/law/law-topic/data-protection/international-dimension-data-protection/adequacy-decisions_en.

[38]   Art. 45, par. 2, du RGPD.

européenne[39] ; ou b) si l'une des situations dérogatoires suivantes s'applique : la personne concernée a donné son consentement explicite au transfert envisagé, après avoir été informée des risques que ce transfert pouvait comporter, le transfert de données est nécessaire pour des motifs importants d'intérêt public ou à la sauvegarde des intérêts vitaux de la personne concernée, ou si le transfert a lieu au départ d'un registre public[40]. Toutefois, ces dérogations ne peuvent être invoquées que dans des circonstances spécifiques, et non pour des transferts de données transfrontières réguliers et quotidiens.

Bien que le RGPD soit un règlement applicable aux données à caractère personnel au sein de l'Union européenne, il a un effet extraterritorial, puisqu'il s'applique à toutes les activités des responsables du traitement ou des sous-traitants dans l'Union, « que le traitement ait lieu ou non dans l'Union »[41]. Le terme « responsable du traitement » désigne « un organisme qui détermine les finalités et les moyens du traitement »[42], tandis que celui de « sous-traitant » désigne un organisme « qui traite des données à caractère personnel pour le compte du responsable du traitement »[43]. Du fait de cette disposition, une entreprise, même sans présence physique dans l'Union européenne, sera tenue de se conformer au RGPD lorsque ses activités commerciales incluent l'offre de produits/services numériques dans l'Union ou le suivi du comportement de ses résidents[44]. Cette extraterritorialité peut cependant poser quelques problèmes en termes d'application (Greze, 2019).

Ces dernières années, l'Union européenne a mis l'accent sur l'objectif de « souveraineté numérique ». Cette démarche s'explique par plusieurs facteurs, notamment la suprématie des entreprises américaines et chinoises dans les technologies numériques, et la nécessité de réduire la dépendance à l'égard des technologies externes en l'absence d'entreprises technologiques européennes performantes. Elle reflète également les préoccupations concernant la capacité de l'Union européenne à assurer la protection de la vie privée de ses citoyens, et les risques de sécurité associés aux technologies étrangères (Hesselman *et al.*, 2020). Par exemple, l'incapacité des gouvernements de l'Union européenne à développer des applications de recherche des contacts pendant la pandémie de COVID-19, et leur dépendance à l'égard des technologies conçues par Google et Apple, ont été considérées comme des atteintes majeures à leur souveraineté numérique. Malgré l'absence de définition claire de la « souveraineté numérique » dans la politique de l'Union, on peut considérer qu'elle fait globalement référence à la sécurisation et à la protection de l'infrastructure numérique en Europe, et au respect du droit à la vie privée des Européens, notamment en leur conférant le droit de décider où, comment et par qui leurs données personnelles sont utilisées (Christakis, 2020)[45]. L'objectif de la souveraineté numérique se retrouve dans une récente initiative européenne, proposée initialement par les Gouvernements français et allemand, et appelée GAIA-X[46] (encadré IV.1).

L'intégration numérique a été l'une des priorités des responsables politiques européens ces dernières années, grâce à des initiatives telles que le marché unique numérique. La Stratégie européenne pour les données est un pilier essentiel de ces efforts ; dans ce contexte, le Règlement sur la gouvernance des données a été présenté afin d'améliorer la disponibilité des données et de renforcer les mécanismes de partage de ces dernières au sein de l'Union européenne. Il inclut des dispositions spécifiques pour le transfert de données non personnelles vers des pays non membres de l'Union européenne, suivant une approche similaire au cadre d'adéquation du RGPD. Si les exigences ne sont pas équivalentes à la

---

[39]   Art. 46, par. 2, du RGPD.

[40]   Art. 49 du RGPD.

[41]   Art. 3, par. 1, du RGPD.

[42]   Art. 4, par. 7, du RGPD.

[43]   Art. 4, par. 8, du RGPD.

[44]   Art. 3, par. 2, du RGPD.

[45]   Voir également la déclaration de la Présidente de la Commission européenne, Mme von der Leyen, à l'occasion de la table ronde « Internet, a new human right », après l'intervention de Sir Berners-Lee, 28 octobre 2020, disponible à l'adresse https://ec.europa.eu/commission/presscorner/detail/en/STATEMENT_20_1999.

[46]   Voir « GAIA-X. A federated data infrastructure for Europe », disponible à l'adresse https://www.data-infrastructure.eu/GAIAX/Navigation/EN/Home/home.html.

Encadré IV.1. GAIA-X

GAIA-X est une organisation internationale à but non lucratif basée en Belgique. Elle a été proposée par les Gouvernements allemand et français en 2019 afin de favoriser la mise en place d'une infrastructure en nuage fédérée pour le marché européen et de faciliter ainsi l'échange interopérable de données dans l'Union européenne sous la protection de ses lois. GAIA-X est devenue ensuite une initiative européenne visant à édifier une infrastructure de données performante, compétitive, sûre et digne de confiance pour l'Europe, répondant aux aspirations les plus élevées en termes de souveraineté numérique tout en favorisant l'innovation. Elle entend ainsi mettre en place une infrastructure de données fédérée pour l'Europe, fondée sur des normes ouvertes et interopérables facilitant la mise en place d'un marché unique des données dans l'Union européenne, qui peut à son tour renforcer la capacité des fournisseurs européens de services en nuage à monétiser les données et, à long terme, consolider la position des entreprises numériques européennes sur le marché.

L'initiative promeut l'idée européenne de souveraineté numérique fondée sur la transparence, l'ouverture, la protection des données et la sécurité. Elle vise à créer une infrastructure et un écosystème sûrs et robustes dans l'Union européenne afin de faciliter l'échange de données entre les industries européennes et de soutenir par là même la croissance des secteurs axés sur les données au sein de l'Europe en encourageant l'IA, l'Internet des objets et l'analyse des mégadonnées.

L'initiative GAIA-X est ouverte aux entreprises étrangères, à condition qu'elles se conforment aux principes et politiques suivis par leurs homologues de l'Union européenne dans le cadre de cette initiative. Les résultats attendus englobent la facilitation des infrastructures axées sur les données en Europe, la promotion des entreprises nationales, le renforcement du respect des valeurs européennes et l'atténuation de la dépendance excessive à l'égard des entreprises technologiques américaines et chinoises. Le projet est censé dynamiser le secteur numérique dans l'Union européenne, tout en renforçant la capacité de ses dirigeants à garantir l'adoption des normes de l'Union européenne en matière de protection de la vie privée. L'initiative verra le jour en 2021.

Source : UNCTAD, a partir de Project GAIA-X, disponible en www.bmwi.de/Redaktion/EN/Publikationen/ DigitaleWelt/das-projekt-gaia-x-executive-summary.pdf?__blob=publicationFile&v=6; BMWI, GAIA-X A Federated Data Infrastructure for Europe, disponible en www.bmwi.de/Redaktion/EN/Dossier/gaia-x.html; *The Financial Times*, 21 de diciembre de 2020, "Regulation alone will not strengthen Europe's digital sector"; y Reunión extraordinaria del Consejo Europeo (1 y 2 de octubre de 2020) – Conclusiones (punto 9), disponible en https://www.consilium.europa.eu/media/45932/021020-euco-final-conclusions-es.pdf.

---

localisation des données en soi, elles imposent cependant un cadre strict pour le transfert transfrontière des données publiques hors de l'Union européenne[47].

Compte tenu de l'importance des flux de données entre l'Union européenne et les États-Unis, un accord transatlantique a été conclu en 2016 pour le transfert transfrontière de données à caractère personnel : le Bouclier de protection de la vie privée Union européenne-États-Unis. Cet accord a remplacé le dispositif Safe Harbour entre l'Union européenne et les États-Unis, invalidé par la Cour de justice de l'Union européenne dans l'affaire *Schrems I* en 2015. Dans le cadre du Bouclier de protection de la vie privée, les entreprises peuvent s'autocertifier conformes au RGPD, puis transférer des données de l'Union européenne vers les États-Unis. Mais un arrêt de la Cour de Justice des Communautés européennes dans l'affaire *Schrems II* a une nouvelle fois invalidé ce dispositif en juillet 2020[48], la Cour estimant que les législations sur la surveillance des données aux États-Unis étaient incompatibles avec le RGPD (encadré IV.2).

---

[47]   Voir la stratégie européenne pour les données, disponible à l'adresse https://ec.europa.eu/info/strategy/ priorities-2019-2024/europe-fit-digital-age/european-data-strategy_fr#gouvernance-des-donnes ; et la proposition de règlement du Parlement européen et du Conseil sur la gouvernance européenne des données (acte sur la gouvernance des données), disponible à l'adresse https://eur-lex.europa.eu/legal-content/FR/TXT/HTML/?uri=CELEX:52020PC076 7&from=EN. Il existe deux autres propositions connexes, la législation sur les services numériques (https://ec.europa. eu/info/strategy/priorities-2019-2024/europe-fit-digital-age/digital-services-act-ensuring-safe-and-accountable- online-environment_fr#documents) et la législation sur les marchés numériques (https://ec.europa.eu/info/strategy/ priorities-2019-2024/europe-fit-digital-age/digital-markets-act-ensuring-fair-and-open-digital-markets_fr).

[48]   Data Protection Commissioner v. Facebook Ireland Limited, Maximillian Schrems (affaire C-311/18, « Schrems II »).

Encadré IV.2. Bouclier de protection de la vie privée et arrêt *Schrems II*

En juillet 2020, la Cour de justice de l'Union européenne, dans l'affaire Schrems II, a invalidé le Bouclier de protection de la vie privée pour incompatibilité avec les règles de protection des données de l'Union européenne. Elle a notamment estimé que les lois sur la surveillance des données aux États-Unis n'offraient pas de protections équivalentes à celles de l'Union européenne et qu'elles étaient en contradiction avec les droits garantis dans l'Union européenne, dont l'article 702 du Foreign Intelligence Surveillance Act et l'Executive Order 12333. En outre, la Cour a jugé que les clauses contractuelles standardisées constituaient un mécanisme approprié pour les transferts de données à caractère personnel vers des pays qui n'offrent pas un niveau adéquat de protection, mais que des mesures supplémentaires pouvaient s'avérer nécessaires pour garantir la protection des données à caractère personnel des citoyens européens. Par la suite, en novembre 2020, le Conseil européen de la protection des données a apporté quelques clarifications quant aux mesures supplémentaires requises.

Depuis cet arrêt, les transferts de données ne sont plus autorisés dans le cadre de l'accord Bouclier de protection de la vie privée. Plusieurs associations industrielles et experts ont critiqué l'arrêt *Schrems II* au motif qu'il créait de nouvelles incertitudes pour toutes les entreprises recourant aux clauses contractuelles standardisées. En outre, bien que la Cour de justice européenne ait adopté une approche intrusive en examinant les lois de surveillance américaines, des normes similaires ne s'appliquent pas aux membres individuels de l'Union européenne. Les États-Unis ont répondu que la Cour n'avait pas tenu compte de plusieurs mécanismes de contrôle dans les lois de surveillance américaines et de la disponibilité de mécanismes de recours pour les personnes concernées, en vertu de la loi sur la surveillance des renseignements étrangers (Foreign Intelligence Surveillance Act).

Selon certains experts, avec l'arrêt *Schrems II*, les entreprises étrangères auront plus de difficultés à opérer dans l'Union européenne sans traitement local, l'arrêt instaurant ainsi une forme de « localisation douce des données » (Chander, 2020). Des enquêtes récentes menées auprès des entreprises ont également fait état de certains impacts économiques négatifs de cet arrêt, en particulier pour les petites entreprises, tant au sein de l'Union européenne qu'ailleurs (DigitalEurope *et al.*, 2020). En outre, les entreprises ont exprimé des inquiétudes quant à l'obligation de mettre en œuvre des « mesures supplémentaires » pour les clauses contractuelles standardisées. Bien que le Conseil européen de la protection des données ait ensuite publié des recommandations sur les mesures qui complètent les instruments de transfert destinés à garantir le respect du niveau de protection des données à caractère personnel de l'UE (European Data Protection Board, 2020), celles-ci ne sont pas suffisamment claires et introduisent des contraintes supplémentaires pour le transfert transfrontière de données à caractère personnel vers des pays n'offrant pas un niveau adéquat de protection, telles que des exigences renforcées en matière de cryptage (Christakis, 2020).

Source : CNUCED.

L'Union européenne ne préconise pas la localisation des données en tant que telle dans sa législation[49] et le RGPD reconnaît l'importance des flux transfrontières de données personnelles pour la promotion du commerce et de la coopération internationale[50]. Mais compte tenu des exigences strictes du RGPD, les flux transfrontières de données n'ont pas la tâche facile car peu de pays se sont vus accorder une décision d'adéquation. En outre, certains développements récents, dont le Règlement sur la gouvernance des données, l'arrêt de la Cour de justice européenne dans l'affaire *Schrems II* ou encore l'initiative GAIA-X, peuvent laisser penser que la position de l'Union européenne sur la localisation des données évolue. En effet, ces initiatives risquent d'avoir un impact sur la politique commerciale de l'Union européenne ; comme le déclare la Commission européenne (European Commission, 2021:15) : « La question des données sera fondamentale pour l'avenir de l'UE. En ce qui concerne les transferts transfrontières de données et

---

[49] À titre d'exemple, dans le règlement établissant un cadre applicable au libre flux des données à caractère non personnel dans l'Union européenne, les membres conviennent que « les États membres ne devraient pouvoir invoquer que la sécurité publique pour justifier des exigences de localisation des données ». Voir règlement (UE) 2018/1807 du Parlement européen et du Conseil du 14 novembre 2018 établissant un cadre applicable au libre flux des données à caractère non personnel dans l'Union européenne, par. 18. De même, dans plusieurs négociations commerciales récentes, notamment avec la Nouvelle-Zélande et l'Australie, l'Union européenne a proposé des dispositions interdisant les mesures de localisation des données.

[50] Considérant 101 du RGPD.

Tableau IV.1. Principales caractéristiques des politiques américaines, chinoises et européennes en matière de données

	États-Unis	Chine	Union européenne
Croissance économique et développement dans l'économie numérique fondée sur les données	Principalement basés sur le marché	Intervention énergique du gouvernement	Réglementation ; fait partie du plan de relance post COVID 19 pour soutenir le développement de l'économie numérique
Protection des données et respect de la vie privée	Pas de priorité historique ; pas de législation fédérale complète (mais discussions et propositions) ; lois d'État en Californie et en Virginie	Règles axées sur les activités commerciales	RGPD, basé sur les droits fondamentaux
Sécurité nationale	Les données relatives à la sécurité nationale sont une priorité manifeste	Accès et contrôle étendus des autorités publiques	Chaque État membre est responsable – l'Union européenne peut passer outre dans certaines circonstances
Politique de concurrence	Les données ne sont généralement pas considérées comme un enjeu de concurrence, mais la situation évolue au rythme d'importantes enquêtes et affaires judiciaires antitrust	Il n'est pas clairement établi si les données sont considérées comme un enjeu de concurrence ; peut soutenir les entreprises nationales et publiques ; récente amende antitrust infligée à Alibaba	Les données peuvent être considérées comme un enjeu de concurrence
Flux transfrontières de données	Favorisent la libre circulation des données	Restrictions sévères des flux de données	Libre circulation des données au sein de l'Union européenne et des États offrant un niveau adéquat de protection ; la politique commerciale encourage la libre circulation des données, mais certaines initiatives récentes laissent entrevoir des restrictions

Source : UNCTAD, a partir, parcialmente, de Government Office for Science, Reino Unido (2020).

l'interdiction des exigences de localisation des données, la Commission suivra une approche ouverte mais ferme, fondée sur les valeurs et les intérêts européens. La Commission s'efforcera de faire en sorte que les entreprises européennes puissent bénéficier de la libre circulation internationale des données, dans le respect plein et entier des règles de l'UE en matière de protection des données et d'autres objectifs de politique publique, y compris la sécurité et l'ordre public. En particulier, l'UE continuera de lutter contre les obstacles injustifiés aux flux de données, tout en préservant son autonomie réglementaire en matière de protection des données et de la vie privée ». Par ailleurs, dans le contexte des négociations de l'OMC, l'Union européenne a déclaré que « les Membres s'engagent à assurer les flux transfrontières de données afin de faciliter le commerce dans l'économie numérique. À cette fin, les flux transfrontières de données ne seront pas limités par : a) l'obligation d'utiliser des installations informatiques ou des éléments de réseau se trouvant sur le territoire du Membre aux fins du traitement des données, y compris en imposant l'utilisation d'installations informatiques ou d'éléments de réseau qui sont certifiés ou approuvés sur le territoire dudit Membre ; b) l'obligation de localiser les données sur le territoire du Membre aux fins de leur stockage ou de leur traitement ; c) l'interdiction de stocker ou de traiter les données sur le territoire d'autres Membres ; d) l'obligation de subordonner le transfert transfrontières de données à l'utilisation d'installations informatiques ou d'éléments de réseau se trouvant sur le territoire du Membre ou aux prescriptions en matière de localisation des données sur le territoire dudit Membre »[51].

---

[51] Voir la Déclaration conjointe sur le commerce électronique, proposition de l'UE pour des disciplines et engagements dans le cadre de l'OMC sur le commerce électronique (INF/ECOM/22), 26 avril 2019, disponible à l'adresse

Le tableau IV.1 résume les principales caractéristiques des politiques américaines, chinoises et européennes en matière de données.

Comme nous le verrons à la section C, il s'agit des trois principales approches ayant un impact au niveau mondial. La présente section présente également celles de la Fédération de Russie et de l'Inde, sachant cependant que leur influence mondiale est relativement limitée. La Fédération de Russie a principalement une influence au niveau régional, en tant qu'économie de premier plan et moteur du développement numérique dans l'Union économique eurasienne (Abramova and Thorne, 2021). Pour sa part, l'approche de l'Inde est surtout centrée sur le marché intérieur, sans ambition d'expansion pour l'instant, même si le pays fait figure d'acteur important parmi les pays en développement dans les débats internationaux sur les questions liées à l'économie numérique[52].

4. Promouvoir la sécurité nationale et publique : l'approche de la Fédération de Russie

Comme le modèle chinois, le modèle de réglementation russe relatif aux flux transfrontières de données privilégie avant tout la sécurité des réseaux et des données, considérée comme une question de politique et de sécurité nationale. Pour la Fédération de Russie, la cybersécurité est une prérogative exclusivement souveraine (Nocetti, 2015). Mais, contrairement à la Chine, la Fédération n'a pas mis autant l'accent sur le programme économique en faveur du développement numérique et a relativement moins bien réussi à stimuler le secteur numérique national, à quelques exceptions notables près, comme Yandex (une plateforme de moteur de recherche) et Kaspersky (un fournisseur de services de cybersécurité et de logiciels antivirus).

La Fédération de Russie a imposé une série de restrictions aux flux transfrontières de données. La plus importante est une exigence générale de localisation des données à caractère personnel, qui impose à toutes les entreprises opérant dans le pays d'enregistrer, de systématiser, de rassembler, de stocker, de modifier, de mettre à jour et de récupérer les données personnelles de tous les ressortissants russes en utilisant des serveurs russes[53]. Le Service fédéral de surveillance des communications, des technologies de l'information et des médias a précisé que, pour se conformer à cette disposition, toute entreprise dont les activités commerciales sont axées sur le pays (notamment en proposant un site Web en langue russe ou des prix en roubles) doit initialement enregistrer et stocker les données à caractère personnel sur des serveurs locaux en tant que copies maîtres, avec possibilité ultérieure de reproduire ces données sur des serveurs étrangers (Savelyev, 2016)[54]. En outre, plusieurs lois nationales prévoient des contrôles stricts de l'information, notamment une possibilité d'accès aux données cryptées, à la demande des autorités répressives (Maréchal, 2017). La Fédération de Russie a adopté récemment une série d'amendements à diverses lois fédérales, dont la loi fédérale relative aux communications et la loi relative à l'information, aux technologies de l'information et à la protection de l'information (souvent appelée « loi sur l'Internet souverain » dans les médias internationaux), exigeant de tous les fournisseurs russes de services Internet qu'ils installent des équipements pour acheminer tout le trafic Internet national vers des serveurs situés

---

https://docs.wto.org/dol2fe/Pages/SS/directdoc.aspx?filename=r:/INF/ECOM/22.pdf&Open=True (p. 4).

[52] Certains pays, tels que le Kenya, le Nigéria, l'Afrique du Sud et le Rwanda, semblent influencés par des idées similaires à celles de la localisation des données en Inde (Elmi, 2020).

[53] Art. 18, par. 5, de la loi fédérale n° 152-FZ relative à la protection des données personnelles, telle qu'amendée en juillet 2014 par la loi fédérale n° 242-FZ relative aux modifications apportées à certains actes législatifs de la Fédération de Russie visant à clarifier le traitement des données personnelles dans les réseaux d'information et de télécommunications (Fédération de Russie).

[54] Selon la loi fédérale n° 152-FZ relative à la protection des données personnelles (Fédération de Russie), les transferts transfrontières ne sont autorisés qu'à destination des pays signataires de la Convention du Conseil de l'Europe de 1981, ou des pays expressément approuvés par le régulateur (Afrique du Sud, Angola, Argentine, Australie, Bénin, Canada, Chili, Costa Rica, Gabon, Israël, Japon, Kazakhstan, Malaisie, Mali, Mongolie, Maroc, Nouvelle-Zélande, Pérou, Qatar, République de Corée, Singapour et Tunisie).

dans le pays[55]. Ces amendements autorisent par ailleurs la mise en œuvre d'un système russe de noms de domaine qui permettrait à l'Internet national de fonctionner, même en cas de déconnexion du réseau mondial (Epifanova, 2020).

Contrairement à la Chine, jusqu'à une date très récente la Fédération de Russie n'a pas appliqué de stratégie économique pour développer son secteur numérique national ; son programme en faveur de l'économie numérique a été mis en place en 2017 (Lowry, 2020). Selon certains experts, les autorités considèrent que l'autosuffisance technologique est indispensable dans la mesure où elle favorise la mise en place d'une industrie nationale souveraine, libre de toute influence étrangère, mais les entreprises numériques russes n'ont pas l'ambition durable d'être compétitives sur le marché mondial (Budnitsky and Jia, 2018). La plateforme numérique la plus performante de la Fédération de Russie est Yandex, qui représente environ 55 % du marché national des moteurs de recherche. Yandex est considéré comme plus performant que Google grâce à ses capacités exceptionnelles en langue russe[56]. D'autres entreprises, telles que Mail.ru et Avito, ont connu un succès modéré sur le marché national (Eferin *et al.*, 2019). Les plateformes russes ne disposent pas d'un marché important en dehors du pays et ne sont populaires que dans certains états russophones.

5. Encourager le développement numérique national : l'approche de l'Inde

En matière de flux transfrontières de données et contrairement aux modèles susmentionnés, l'Inde s'oriente progressivement vers un modèle réglementaire centré principalement sur la maximisation des avantages économiques et sociaux des données et des secteurs axés sur les données au bénéfice de ses citoyens et de l'économie nationale, et sur la minimisation des flux de revenus vers les entreprises basées dans les pays numériquement avancés. L'idée sous-jacente est celle d'une protection de l'Inde contre le « colonialisme des données », c'est-à-dire empêcher les pays riches de tirer profit des flux transfrontières de données au détriment des intérêts de l'Inde (Weber, 2017).

Le projet de loi de 2019 sur la protection des données personnelles[57] et le projet de politique nationale en matière de commerce électronique (intitulé « Les données de l'Inde pour le développement de l'Inde »)[58] exposent tous deux clairement l'ambition de l'Inde de construire son secteur numérique en capitalisant sur les données de sa population par le biais de mesures de localisation de ces données. Le projet de loi sur la protection des données personnelles contient des dispositions à cet effet, exigeant qu'une copie des données à caractère personnel sensibles soit enregistrée en Inde[59], et interdit par ailleurs les transferts transfrontières de données personnelles critiques[60]. Les données personnelles sensibles couvrent : a) les données financières ; b) les données de santé ; c) l'identifiant officiel ; d) la vie sexuelle ; e) l'orientation sexuelle ; f) les données biométriques ; g) les données génétiques ; h) le statut transgenre ; i) le statut intersexe ; j) la caste ou la tribu ; k) la croyance ou l'affiliation religieuse ou politique ; ou l) toute autre donnée classée comme donnée personnelle sensible par le Gouvernement[61]. Compte tenu de cette définition extrêmement large, la législation proposée fait peser sur les entreprises une contrainte de conformité plus stricte que le régime juridique actuel (en vertu duquel les données peuvent être transférées vers tout pays offrant le même niveau de protection que l'Inde, à condition que le transfert soit nécessaire à

---

[55] The BBC News, 1er novembre 2019, « Russia Internet: Law introducing new controls comes into force », disponible à l'adresse https://www.bbc.com/news/world-europe-50259597.

[56] CNBC, 21 janvier 2019, « Google is the most popular search engine in most of the world except Russia – here's why », disponible à l'adresse https://www.cnbc.com/2019/01/18/yandex-is-beating-google-in-russia.html.

[57] Projet de loi 2019 sur la protection des données personnelles (Inde), disponible à l'adresse http://164.100.47.4/BillsTexts/LSBillTexts/Asintroduced/373_2019_LS_Eng.pdf.

[58] Draft National E-Commerce Policy: India's Data for India's Development, 2019, disponible à l'adresse https://dipp.gov.in/sites/default/files/DraftNational_e-commerce_Policy_23February2019.pdf.

[59] Art. 33, par. 1, du projet de loi 2019 sur la protection des données personnelles (Inde).

[60] Art. 33, par. 2, du projet de loi 2019 sur la protection des données personnelles (Inde).

[61] Art. 3, par. 36, du projet de loi 2019 sur la protection des données personnelles (Inde).

l'exécution d'un contrat existant et que l'utilisateur y ait consenti)[62]. Les autorités ont toute latitude pour estimer que des données relèvent des « données personnelles critiques », car ce terme ne fait l'objet d'aucune définition[63]. En outre, ce projet de loi reprend l'approche du RGPD en autorisant les transferts transfrontières de données personnelles uniquement dans des circonstances bien particulières : vers des pays pour lesquels le Gouvernement autorise expressément les transferts (approche d'adéquation) ; sous réserve de l'approbation des programmes de transfert de données intragroupe ; avec le consentement de la personne concernée ; ou sur la base d'une nécessité spécifique, telle qu'approuvée par l'instance de régulation[64].

Le projet de politique nationale en matière de commerce électronique[65] prévoit de vastes mesures de localisation des données, sans imposer toutefois de restrictions explicites sur les flux transfrontières de données non personnelles. Plus récemment, un rapport du Comité d'experts sur les données non personnelles, établi par le Ministère de l'électronique et des technologies de l'information, a recommandé la localisation de certaines catégories de données non personnelles (d'une manière similaire au projet de loi sur la protection des données) : les données non personnelles générales peuvent être stockées et traitées partout dans le monde ; les données non personnelles sensibles peuvent être transférées en dehors du pays, mais doivent être stockées en Inde ; et les données non personnelles critiques doivent être stockées et traitées exclusivement en Inde[66]. Les impératifs de localisation des données s'appliquent également aux données collectées au moyen de fonds publics[67], à celles relatives aux abonnés collectées par les sociétés de radiodiffusion[68], aux livres de comptes électroniques[69] et aux données sur les assurés collectées par les compagnies d'assurance[70].

L'une des motivations sous-tendant les diverses propositions indiennes de réglementation des données semble être la protection des intérêts économiques du pays, en veillant à ce que les données numériques locales soient principalement utilisées pour développer les jeunes entreprises numériques nationales (les « champions des données »), et ainsi lutter contre le « colonialisme des données » des grandes entreprises technologiques[71].

Outre la protection des intérêts économiques du pays, l'approche réglementaire indienne en matière de flux transfrontières de données se fonde sur les divers avantages de la localisation des données pour assurer une surveillance réglementaire et une application efficaces de la législation nationale. Ainsi, l'Inde exige de tous les fournisseurs de systèmes de paiement qu'ils stockent les données relatives à ces systèmes sur le territoire national (même si ces données sont traitées à l'étranger), pour permettre à la *Reserve Bank of India* un accès sans entrave, à des fins de surveillance, aux données stockées chez ces fournisseurs et leurs prestataires de services/intermédiaires/vendeurs tiers et autres entités de l'écosystème de

---

[62] Règle 7, règles relatives aux technologies de l'information (pratiques et procédures de sécurité raisonnables et données ou informations personnelles sensibles, 2011 (Inde).

[63] Sect. 33, par. 2, Explicatif, du projet de loi 2019 sur la protection des données personnelles (Inde).

[64] Art. 34 du projet de loi 2019 sur la protection des données personnelles (Inde).

[65] En cours de révision au moment de la préparation du présent rapport.

[66] Ministère de l'électronique et des technologies de l'information, Rapport du Comité d'experts sur le cadre de gouvernance des données non personnelles (août 2020), par. 7.6 et recommandation 6 ix), disponible à l'adresse https://ourgovdotin.files.wordpress.com/2020/07/kris-gopalakrishnan-committee-report-on-non-personal-data-governance-framework.pdf.

[67] Politique nationale de partage des données et d'accessibilité (Inde), 9 février 2014, disponible à l'adresse https://dst.gov.in/national-data-sharing-and-accessibility-policy-0.

[68] Politique consolidée en matière d'IDE 2017 (Inde).

[69] Règle 3, par. 5, des Règles sur les sociétés (comptes), 2014 (Inde).

[70] Règle 18, Réglementation 2017 de l'IRDAI (Autorité indienne de réglementation et de développement des assurances) (Externalisation des activités des assureurs indiens) (Inde).

[71] Voir par exemple, Sinha and Basu (2019) ; The Print, 29 septembre 2019, « Digital colonialism': Why countries like India want to take control of data from Big Tech » ; etMint, 20 janvier 2019, « India's data must be controlled by Indians: Mukesh Ambani ».

paiement[72]. Dans le contexte de la protection des données à caractère personnel, le rapport du Comité Srikrishna indiquait que l'application effective de la loi indienne sur la protection de la vie privée exige invariablement que les données soient stockées localement sur le territoire indien, ce qui pourrait limiter le cas échéant la licéité des transferts transfrontières (Srikrishna Committee Report, 2018:87). Cela étant, exiger la localisation des données à des fins légales renforce la logique de développement économique national qui sous-tend l'approche réglementaire de l'Inde en matière de gouvernance des données, qui repose sur le postulat suivant : plus le volume des données stockées en Inde est important, meilleure sera l'infrastructure numérique nationale pour les technologies numériques émergentes telles que l'IA et l'Internet des objets (Srikrishna Committee Report, 2018).

Certains organes de la société civile ont exprimé leurs préoccupations eu égard au projet de loi sur la protection des données, qui ne contiendrait pas de contrôles et contrepoids adéquats, notamment du fait que les agences gouvernementales peuvent être exemptées de la loi[73]. En effet, si le projet de loi prévoit des exigences de conformité strictes pour les entreprises privées, y compris pour les transferts transfrontières de données à caractère personnel, rien ne prouve son efficacité pour protéger les citoyens contre la surveillance gouvernementale (Burman, 2020).

C. STRATÉGIES D'EXPANSION MONDIALE DES ÉTATS-UNIS, DE LA CHINE ET DE L'UNION EUROPÉENNE

Conscients de l'énorme potentiel économique et stratégique des données exploitable grâce au progrès de la technologie numérique, les États-Unis, la Chine et l'Union européenne déploient beaucoup d'efforts pour élargir à l'échelle mondiale leurs approches de l'économie numérique fondée sur les données et capter le plus possible les gains qui en sont tirés. Leurs visées expansionnistes correspondent à la logique de leurs réglementations nationales. Les États-Unis sont principalement motivés par l'expansion de leurs entreprises numériques d'envergure mondiale, soutenue par la libre circulation des données et l'interdiction de toute exigence de localisation des données dans les accords commerciaux (voir chap. VI). En Chine, l'initiative « Une ceinture et une route » menée par le Gouvernement favorise l'expansion de ses géants du numérique et des télécommunications dans d'autres pays. Les puissantes entreprises numériques de ces pays cherchent de nouveaux marchés, où de nombreux clients potentiels ne sont pas encore connectés à Internet. Comme la plupart des habitants des pays développés et de la Chine sont bien connectés et que leurs données sont déjà largement sous contrôle, les nouveaux utilisateurs potentiels et l'accès connexe aux nouvelles données sont concentrés dans les pays en développement ; on les appelle les « prochains milliards d'utilisateurs » (Pisa and Polcari, 2019 ; Arora, 2019). Dans l'Union européenne, la stratégie est principalement axée sur l'exportation de cadres réglementaires.

Ces stratégies d'expansion viseraient essentiellement à étendre l'influence sur l'économie numérique mondiale fondée sur les données, à renforcer le pouvoir découlant du contrôle des données, qui permet à son tour de contrôler les marchés et la société. S'agissant des États-Unis et de la Chine, compte tenu de leur domination technologique, l'objectif majeur est de fixer des normes mondiales des technologies liées aux données. L'Union européenne cherche pour sa part à influer sur les normes réglementaires mondiales. Malgré ces stratégies d'expansion vers les pays en développement, prétendument fondées sur la coopération internationale, l'humanitaire ou des motivations axées sur le développement, la véritable finalité semble être l'extraction des données de ces pays et la création de valeur à partir de leur traitement. Ces stratégies d'expansion reposent donc sur une logique d'extraction, qui ressemble à s'y tromper aux expériences des pays en développement spécialisés dans la production de ressources naturelles ; le résultat en sera des échanges inégaux et des pays fournisseurs de données brutes tributaires des pays qui les extraient, les contrôlent, et les transfèrent à l'étranger. Ces derniers disposent des capacités technologiques leur permettant de convertir ces données en informations numériques et d'en capter la

---

[72]   Reserve Bank of India, Notification on Storage of Payment Systems Data (Note sur le stockage des données des systèmes de paiement) (Inde), RBI/2017-18/153, DPSS.CO.OD n° 2785/06.08.005/2017-2018, 6 avril 2018, disponible à l'adresse https://www.rbi.org.in/scripts/NotificationUser.aspx?Id=11244.

[73]   Art. 35 du projet de loi sur la protection des données personnelles (Inde).

valeur, alors que les pays en développement devront payer pour récupérer ces produits de données, créés en partie sur la base de données brutes initialement générées chez eux et qui pourraient contribuer à leur développement[74].

Les géants américains du numérique ont mené différents programmes visant à améliorer l'accès à Internet dans les pays en développement, tels que Facebook Free Basics ou Google Project Loon. Ils investissent aussi massivement dans les infrastructures numériques des pays en développement. À titre d'exemple, Facebook dirige un projet intitulé « 2Africa », consistant à installer un câble sous-marin tout autour de l'Afrique afin de connecter 23 pays d'Afrique, d'Asie occidentale et d'Europe d'ici à 2023[75]. Si ces initiatives et investissements en infrastructures procurent certains avantages aux pays en développement en termes de connectivité, il n'est pas évident que le jeu en vaille véritablement la chandelle (voir également chap. III). Ils provoqueront probablement une fuite des données générées au niveau national vers les entreprises américaines, ce qui nuira à la capacité de ces pays à innover et à créer de la valeur en les traitant. Cette nouvelle forme de « colonialisme » par les données suscite de plus en plus d'inquiétudes (Elmi, 2020), et risque de faire naître des problèmes de confidentialité des données, de désinformation, de renforcement de la concentration du marché et de creusement des inégalités (Pisa and Polcari, 2019). Ces grandes entreprises se développent également à l'échelle planétaire via l'acquisition de startups numériques prospères et de concurrents potentiels (UNCTAD, 2019a), affectant ainsi la capacité des entreprises nationales à contribuer au développement à long terme.

La Chine cherche à s'engager dans la coopération Sud-Sud et à étendre son influence par le biais de l'initiative « Une ceinture et une route », qui associe les infrastructures traditionnelles aux technologies numériques reflétant les valeurs et les normes chinoises. Dans ce contexte, la « Route de la soie numérique » s'efforce, entre autres, de favoriser la croissance des entreprises technologiques chinoises, notamment Alibaba, Tencent et Huawei[76], sur les marchés étrangers, y compris par des acquisitions d'entreprises étrangères, à l'instar des géants américains. L'initiative vise par ailleurs à renforcer les investissements chinois dans les infrastructures numériques et de télécommunications, telles que les zones commerciales numériques et les projets de villes intelligentes, dans les pays étrangers (Triolo *et al.*, 2020)[77].

Le succès des projets menés dans le cadre de la « Route de la soie numérique » dépend de l'adoption généralisée des technologies et des services chinois axés sur les données dans les pays concernés par l'initiative « Une ceinture et une route », ainsi que de l'interconnectivité entre la Chine et ces pays et donc de la circulation des données entre eux. Selon certains auteurs, la Chine façonnerait la gouvernance transnationale des données en fournissant des infrastructures numériques aux marchés émergents par le biais de la « Route de la soie numérique » : on parle dans ce cas de « l'effet Pékin » (Erie and Streinz, 2021). Sur le plan économique, ces investissements impliquent des retombées positives, notamment en termes de développement (Arcesati, 2020 ; Gong, Gu and Teng, 2019) mais aussi des coûts pour les pays en développement, du fait de la perte du contrôle de leurs données au profit d'un pays étranger. Par ailleurs, l'approche chinoise s'accompagne d'une dimension politique, car il est à craindre que les technologies

---

[74] Pour des discussions sur la logique d'extraction de l'économie numérique axée sur les données, voir Morozov, 2017 ; et Gurumurthy and Chami, 2020.

[75] Voir Facebook, « Building a transformative subsea cable to better connect Africa », disponible à l'adresse https://engineering.fb.com/2020/05/13/connectivity/2africa/.

[76] À titre d'exemple, il a été rapporté que Huawei a construit plus de 70 % des réseaux 4G en Afrique (voir, The Africa Report, « Huawei's African business could be hurt by US blacklisting », 22 mai 2019).

[77] Voir *Nikkei Asia*, 24 novembre 2020, « China Rises as World's Data Superpower as Internet Fractures », disponible à l'adresse https://asia.nikkei.com/Spotlight/Century-of-Data/China-rises-as-world-s-data-superpower-as-Internet-fractures?utm_source=CSIS+All&utm_campaign%E2%80%A6 ; George Magnus, « Will digital diplomacy cement the Belt and Road Initiative's 'common destiny'? » 17 septembre 2020, disponible à l'adresse https://blogs.lse.ac.uk/cff/2020/09/17/will-digital-diplomacy-cement-the-belt-and-road-initiatives-common-destiny/ ; Robert Greene and Paul Triolo, « Will China Control the Global Internet Via its Digital Silk Road? » 8 mai 2020, disponible à l'adresse https://carnegieendowment.org/2020/05/08/willchina-control-global-Internet-via-its-digital-silk-road-pub-81857. Pour des discussions récentes plus détaillées concernant la « Route de la soie numérique », voir Ly (2020) ; CFR (2020) ; Dekker, Okano-Heijmans and Zhang (2020); et Eder, Arcesati and Mardell (2020).

Encadré IV.3. Le RGPD, norme mondiale pour la protection des données ?

Le RGPD élargit sa portée globale par divers moyens. Tout d'abord, pour se conformer au RGPD, plusieurs entreprises ont modifié significativement leurs modèles économiques et de traitement des données au niveau mondial, et proposent des protections de la vie privée correspondant au RGPD dans le monde entier (Chakravorti, 2018). Deuxièmement, en tant que cadre global, le RGPD est devenu un modèle pour divers pays en développement qui ont récemment adopté ou sont en train d'élaborer leurs lois sur la protection des données. En 2018, 67 pays sur 120 hors de l'Union européenne ont adopté des législations similaires au RGPD (Srikrishna Committee Report, 2018). Troisièmement, en plus d'atteindre les niveaux souhaités de protection des données, plusieurs pays ayant adopté des lois similaires au RGPD nourrissent l'espoir d'obtenir une décision d'adéquation positive de la Commission européenne, ce qui favorisera l'accès de leurs entreprises locales aux marchés européens (Christakis, 2020). Cependant, l'application de règles semblables au RGPD nécessite des ressources réglementaires importantes et risque ne pas correspondre aux réalités du terrain dans de nombreux pays en développement (Chakravorti, 2018). En outre, les règles de type RGPD sur le transfert des données sont susceptibles d'entraîner des coûts de mise en conformité élevés et particulièrement inabordables pour les micros, petites et moyennes entreprises (TPE-PME) des pays en développement. En effet, d'aucuns ont fait valoir qu'en raison de sa complexité, le RGPD n'était pas adapté aux pays à faible revenu (Pisa *et al.*, 2020).

S'agissant de l'Amérique latine, à titre d'exemple, la directive européenne de 1995 relative à la protection des données avait déjà incité certains pays à obtenir un statut approprié afin de pouvoir échanger des flux de données. Mais l'élan qui a conduit à la mise en œuvre du RGPD a servi à catalyser les débats et à réévaluer le niveau actuel d'adéquation de la protection, à la lumière de l'omniprésence des technologies de communication numérique connectant des secteurs plus productifs et du révisionnisme sur les modalités de collecte et de traitement des données qui a vu le jour en 2013, après les déclarations d'Edward Snowden (ECLAC and I&JPN, 2020). La mise en œuvre du RGPD a suscité davantage d'adaptations, qui restent encore à l'étude dans de nombreux pays de la région. Trois États sud américains (Argentine, Mexique et Uruguay) sont en adéquation avec le RGPD ; pour ce qui est des territoires des Caraïbes, la Guadeloupe et la Martinique entrent bien évidemment dans le champ d'application du RGPD (Bleeker, 2020). Le RGPD a inspiré les législations récemment approuvées au Brésil, au Panama et à la Barbade, des pays qui chercheront à court terme à se mettre en conformité avec cette norme (Rodríguez and Alimonti, 2020).

Source : CNUCED.

---

chinoises favorisent la surveillance gouvernementale de la population dans les pays en développement (Kurlantzick, 2020 ; CFR, 2020).

Contrairement aux stratégies américaine et chinoise d'expansion mondiale, fondées sur leur leadership technologique, l'Union européenne s'appuie principalement sur son leadership réglementaire. Ainsi, le RGPD est en passe de devenir un modèle mondial de protection des données (encadré IV.3).

Certains experts affirment que, par le biais du RGPD, l'Union européenne entend exporter ses normes de protection de la vie privée à l'étranger et s'imposer comme un « champion mondial de la réglementation » (Ciuriak and Ptashkina, 2018). C'est ce qui a été appelé « l'effet Bruxelles » ; à titre d'exemple, on considère que la récente proposition européenne de cadre juridique pour l'IA (qui est étroitement liée aux données) vise à faire de l'Europe la référence normative mondiale[78].

L'Union européenne noue également des partenariats avec des pays en développement. Le partenariat Afrique-Europe pour l'économie numérique en est un exemple. Dans le cadre des partenariats internationaux pour la décennie numérique, les objectifs numériques pour 2030 incluent celui-ci : « L'UE promouvra sa stratégie numérique centrée sur l'humain sur la scène internationale et encouragera l'alignement ou la

---

[78] Voir Bradford (2020) et « The Brussels effect : How the European Union rules the world », disponible à l'adresse www.brusselseffect.com/ ; Commission européenne, « A European approach to Artificial intelligence », disponible à l'adresse https://digital-strategy.ec.europa.eu/en/policies/european-approach-artificial-intelligence ; et The Economist, 24 avril 2021, « The EU wants to become the world's super-regulator in AI ».

convergence avec les normes de l'UE »[79]. Cela implique qu'en cas de réglementations conformes à celles de l'Union européenne, les données circuleront librement entre l'Union européenne et les pays concernés.

Quelle que soit la stratégie d'expansion mondiale, il appartient aux pays en développement d'évaluer les avantages nets en termes de développement qui peuvent éventuellement en découler. C'est à eux qu'il incombe d'évaluer les effets positifs en matière d'amélioration de l'infrastructure et de la connectivité, ou de réglementation relative aux données, à l'aune des coûts liés à la cession de leurs données à des entités basées dans des pays étrangers, et ainsi à l'abandon de leur capacité à tirer de la valeur des données.

D. RISQUES ET IMPACTS D'UNE POTENTIELLE FRAGMENTATION DE L'ESPACE NUMÉRIQUE

1. Fragmentation ou convergence ?

Les discussions des sections précédentes montrent que les approches mondiales dominantes, les plus influentes en matière d'économie numérique et de réglementation de la gouvernance des données, sont très éloignées les unes des autres et diffèrent également en termes d'influence mondiale. Les politiques relatives aux flux transfrontières de données varient en fonction des opinions et valeurs économiques, sociales, politiques, institutionnelles et culturelles. Ainsi, le « modèle de cybersouveraineté » prôné par la Chine et la Fédération de Russie contraste fortement avec celui de « libre circulation de l'information » préconisé par les États-Unis. En outre, le modèle de souveraineté numérique de l'Union européenne est bien différent du modèle américain de gouvernance des données. Enfin, les pays en développement émergents, tels que l'Inde, plaident pour un développement économique numérique et des modèles de réglementation des données fondés sur le maintien des données à l'intérieur des frontières nationales, un concept qui va à l'encontre de la libre circulation de l'information et se distingue du modèle réglementaire chinois ou européen.

Ces disparités ont suscité des craintes quant à une éventuelle fragmentation d'Internet et de l'économie numérique fondée sur les données et cette fragmentation de l'économie numérique a été l'un des principaux risques mondiaux évoqués en 2020 (WEF, 2020c). La fragmentation d'Internet a été abordée sous plusieurs angles interdépendants. Certains experts ont développé une approche heuristique et décrit les forces conduisant à une fragmentation d'Internet en termes de perspectives politiques, commerciales et techniques (Drake, Cerf and Kleinwächter, 2016). Selon ces auteurs, la fragmentation politique concernerait des questions telles que la cybersouveraineté, la souveraineté nationale et le cyberespace, le commerce électronique et le commerce, le contenu et la censure, la sécurité nationale, la localisation des données et la vie privée, et la protection des données. La fragmentation commerciale est générée par les procédures d'échange de trafic et de normalisation, la non-protection de la neutralité du réseau, les approches de type « jardin clos », les mécanismes de géolocalisation et de géoblocage, ainsi que par l'application des droits de propriété intellectuelle. La fragmentation technique est produite par les manipulations des DNS et des adresses IP, principalement les ressources Internet dites critiques. D'autres chercheurs ont classé les approches de fragmentation d'Internet en fonction des couches d'infrastructure, de logique et de contenu. Si ces différentes perspectives et couches étaient relativement distinctes au début d'Internet, la dématérialisation croissante d'un nombre de plus en plus important d'activités et de domaines de la vie, de l'économie et de la société, et les interconnexions plus nombreuses en ont progressivement estompé les frontières (De Nardis, 2016). La capacité des grandes plateformes numériques mondiales de jouer un rôle prépondérant sur l'ensemble d'Internet et de l'espace numérique, y compris l'infrastructure de

---

[79] Voir la Commission européenne, « Africa–Europe Alliance: European Commission and African Union Commission welcome the Digital Economy Task Force report », disponible à l'adresse https://ec.europa.eu/international-partnerships/news/africa-europe-alliance-european-commission-and-african-union-commission-welcome-digital-economy_en ; et Commission européenne, « Décennie numérique de l'Europe: objectifs numériques pour 2030 », disponible à l'adresse https://ec.europa.eu/info/strategy/priorities-2019-2024/europe-fit-digital-age/europes-digital-decade-digital-targets-2030_fr.

réseau, n'y est pas étrangère non plus (chap. I). Par conséquent, la fragmentation d'Internet et celle de l'économie numérique deviendraient des processus conjoints.

L'impact de ces modèles contradictoires sur l'Internet, les technologies numériques et la gouvernance des données est parfaitement illustré par les tensions géopolitiques au niveau international. Les plus notables sont les tensions technologiques et commerciales actuelles qui règnent entre les États-Unis et la Chine. Alors que cette dernière a historiquement suivi une approche restrictive, interdit plusieurs services dont le siège se situe aux États-Unis et plutôt encouragé les plateformes et services numériques locaux, les États-Unis ont adopté ces dernières années une position plus agressive à l'égard des entreprises technologiques chinoises. Le programme « Clean Network », évoqué précédemment, en est un parfait exemple. Ce programme, qui vise à supprimer les applications et services chinois non fiables du réseau aux États-Unis et à réduire la présence chinoise dans les réseaux de télécommunications et les câbles sous-marins américains, pourrait contribuer au final à la fragmentation d'Internet[80].

Le récent train de mesures adopté par la Fédération de Russie pour se déconnecter du réseau mondial est lui aussi révélateur de cette fragmentation croissante d'Internet[81], tout comme l'interdiction des applications chinoises décrétée en Inde. Au final, bien que l'Union européenne soit restée partisane d'un Internet libre et ouvert, l'application très contraignante des règles du RGPD au transfert transfrontière des données à caractère personnel (par exemple, l'affaire *Schrems II*) et l'affirmation de la souveraineté numérique pour préserver l'espace politique permettant aux gouvernements européens de réglementer pour protéger les valeurs européennes (par exemple, la loi sur la gouvernance des données et l'initiative GAIA-X) sont également à considérer comme une menace potentielle pour un écosystème commercial numérique intégré.

Ces tensions, particulièrement entre les États-Unis et la Chine, sont liées à la recherche d'un leadership ou d'une suprématie numérique et technologique à l'échelle mondiale, et à la volonté d'établir des normes globales. Le contrôle des données et des technologies d'IA conduisant progressivement au contrôle de l'économie et de la société, il s'agit fondamentalement d'un enjeu de pouvoir économique et politique à l'échelle mondiale. Cependant, il est fort peu probable que cette « course » profite à l'ensemble de la population de la planète, si tant est qu'il puisse y avoir un gagnant. Une solution coopérative donnerait vraisemblablement de meilleurs résultats d'un point de vue global.

Alors que la diversité des approches au niveau national peut laisser entrevoir l'éventualité d'une fragmentation, les discussions ci-dessus montrent qu'une certaine convergence est possible en adoptant une perspective dynamique des différentes approches. Comme nous le verrons plus en détail au chapitre V, l'examen des réglementations spécifiques relatives aux flux transfrontières de données montre que tous les pays ont pour objectifs majeurs, de près ou de loin, la croissance et le développement économiques, la protection de la vie privée et des données et la sécurité nationale. Les divergences viennent de la priorité accordée à chacun de ces trois objectifs et de la manière dont les réglementations sont mises en œuvre. Les autorités américaines, bien que partisanes du marché libre, privilégient progressivement des intérêts plus défensifs, comme indiqué ci-dessus. La Chine envisage une certaine ouverture de ses flux de données et les préoccupations initialement défensives de l'Union européenne évoluent vers des politiques industrielles proches de celles de la Chine. Ainsi, les approches respectives semblent aller dans le sens d'une pondération des attitudes et de positions mieux nuancées, faisant naître l'espoir d'un terrain d'entente entre les principaux acteurs.

La fragmentation d'Internet et de l'économie numérique est loin d'être certaine, elle dépend en grande partie de la volonté des responsables politiques du monde entier de trouver une solution globale susceptible de profiter à tous. Une approche cloisonnée de la gouvernance des données pourrait finalement conduire à un monde dominé par les « nationalismes des données », avec des pays adoptant des politiques de repli national en matière de données, sans consensus international, et réduisant d'autant les possibilités

---

80 Voir par exemple *Forbes*, 17 septembre 2020, « CFIUS and a Tale of Two Internets », disponible à l'adresse www.forbes.com/sites/riskmap/2020/09/17/cfius-and-a-tale-of-two-Internets/?sh=5c37db2439fb.

81 Voir Internet Governance Project, 16 mai 2019, « A closer look at the 'sovereign Runet' law », disponible à l'adresse www.internetgovernance.org/2019/05/16/a-closer-look-at-the-sovereign-runet-law/ ; *Wired*, 6 juin 2019, « Russia and Iran Plan to Fundamentally Isolate the Internet ».

globales d'innovation et de développement numériques (Government Office for Science (United Kingdom), 2020). Cette fragmentation ne peut produire qu'un résultat sous-optimal, dans lequel il sera impossible de concrétiser les avantages potentiels de l'économie fondée sur les données, qui reposent essentiellement sur la circulation des données.

2.   Impact de la fragmentation sur les pays en développement

La fragmentation potentielle de l'économie numérique axée sur les données pourrait aussi faire obstacle au progrès technologique, en raison d'une concurrence réduite, de structures de marché oligopolistiques dans les différents secteurs et d'une influence plus forte des pouvoirs publics. Les opportunités commerciales s'en trouveraient limitées, car l'accès des utilisateurs et des entreprises aux chaînes d'approvisionnement serait plus compliqué, et des restrictions transfrontières brideraient la circulation des données. En outre, la collaboration entre les juridictions serait confrontée à davantage d'obstacles et perdrait en fiabilité (Feijóo *et al.*, 2020).

Les trois géants des données, les États-Unis, la Chine et l'Union européenne, ont chacun adopté des approches distinctes de la gouvernance des données, créant de ce fait des problèmes de compatibilité ou d'interopérabilité, entravant sérieusement la capacité à élaborer des règles mondiales pour régir les flux transfrontières de données et, partant, à créer des conditions de concurrence équitables pour tous les pays. Si ces divergences perdurent, les pays hors de ces courants dominants (à quelques exceptions près, comme l'Inde et la Fédération de Russie) qui seront contraints d'accepter les règles et n'auront d'autre choix que d'opter pour un des trois modèles (Aaronson and Leblond, 2018).

Pour améliorer leur accès aux données et leur position dominante sur le marché, les États-Unis, la Chine et l'Union européenne cherchent à rallier d'autres pays par le biais d'instruments tels que des accords commerciaux ou le renforcement des capacités, ou en échange d'un accès au marché. Les responsables de pays plus petits ou moins avancés se sentiront probablement obligés d'opter pour un modèle plutôt que les autres, soit parce qu'ils entretiennent déjà des relations commerciales importantes avec ce marché, soit parce qu'ils privilégient l'approche de la gouvernance des données de cette approche. Pour bon nombre d'entre eux, le choix sera cependant difficile, voire impossible, car ils entretiennent forcément des relations économiques importantes avec les tenants des autres approches. Leurs gouvernements s'efforceront donc de faire traîner les choses avant de rallier un modèle particulier et les pays en développement seront piégés dans des choix qui affecteront d'autres relations économiques.

À titre d'exemple, les pays d'Amérique latine ont souvent à choisir entre le modèle du RGPD et celui des États-Unis en ce qui concerne la réglementation des flux transfrontières de données et les règles de protection des données ; leurs intérêts économiques étant alignés sur ces deux blocs, la plupart des pays d'Amérique latine sont confrontés à un choix extrêmement difficile (Aguerre, 2019). Plusieurs pays africains semblent désormais rallier le modèle chinois de cybersouveraineté[82], mais ils ont également des liens avec l'Union européenne et les États-Unis. Si la Chine exerce une influence plus forte dans de nombreux pays asiatiques en développement, les alliés traditionnels des États-Unis ont pour leur part été encouragés à adopter une position ferme à l'égard des entreprises chinoises, en excluant par exemple Huawei de leurs réseaux de télécommunications et en interdisant les applications de médias sociaux telles que TikTok[83].

En termes d'infrastructure, la diminution du nombre de points d'interconnexion au réseau mondial résultant de la fragmentation d'Internet entraînerait une hausse des coûts et une baisse globale de l'efficacité ; la fragmentation se traduirait également par une réduction de la capacité à participer aux effets de réseau de la dynamique d'une interconnexion quasi mondiale. Compte tenu du degré élevé d'interconnexion et d'interdépendance avec les fournisseurs mondiaux de contenu et de services dans de nombreux pays en développement, la fragmentation des services Internet risque d'avoir des conséquences notables pour les entreprises et les utilisateurs locaux.

---

[82]   The Diplomat, 23 février 2019, « How China Exports Repression to Africa ».

[83]   Voir, par exemple, Rodrik (2020) ; et The Guardian, 13 juillet 2020, « Europe divided on Huawei as US pressure to drop company grows ».

Le « nationalisme des données » sera particulièrement préjudiciable aux intérêts des pays en développement, notamment des PMA. Il se traduira d'abord par des réglementations nationales inefficaces, en particulier dans les pays en développement disposant d'une faible capacité réglementaire, avec des conséquences néfastes pour la protection de la vie privée et la sécurité, ainsi que pour les utilisateurs nationaux d'Internet, comme nous le verrons dans le chapitre suivant. Deuxièmement, la fragmentation d'Internet limitera l'accès aux marchés mondiaux des TPE-PME nationales, qui resteront confinées à certains marchés locaux ou régionaux. Troisièmement, ces nationalismes réduiront les possibilités d'innovation numérique et feront perdre des opportunités de développement inclusif qui pourraient être facilitées par le partage des données sur la base d'une coopération internationale forte. Enfin, la coexistence de plusieurs nationalismes de données se traduira par quelques rares gagnants mais surtout par une majorité de perdants. Certains pays numériquement bien établis tireront leur épingle du jeu grâce à la taille de leur marché et à leurs compétences technologiques, mais la plupart des petits pays en développement perdront ainsi des occasions d'améliorer leur compétitivité numérique.

En l'absence d'un système international de réglementation des flux transfrontières de données parfaitement opérationnel, permettant d'optimiser les avantages tirés des données tout en limitant les risques, de manière à ce que les gains de revenus soient équitablement répartis, la seule option pour les pays en développement est de réglementer leurs flux de données au niveau national. Le chapitre suivant explore de manière détaillée des politiques spécifiques relatives aux flux transfrontières de données, en vue de dresser un état des lieux des différentes mesures nationales que les pays sont susceptibles d'adopter pour réglementer ces flux.

Ce chapitre dresse un état des lieux des politiques nationales menées dans les divers pays pour régir les flux transfrontières de données. Ces réglementations nationales diffèrent grandement les unes des autres et se répartissent le long d'un spectre allant de la localisation stricte des données à leur quasi-libre circulation. L'approche adoptée reflète généralement les disparités technologiques, économiques, sociales, politiques, institutionnelles et culturelles entre les pays.

Les réglementations des flux transfrontières de données reposent sur diverses considérations de politique publique, notamment la protection de la vie privée et des autres droits humains, l'application de la loi et la sécurité nationale, ainsi que les objectifs de développement économique. Les pays font appel à un vaste éventail d'instruments juridiques et réglementaires, sachant que la détermination du modèle approprié pour réglementer les flux de données reste dans chaque pays un choix politique difficile. Pour les pays en développement, il est particulièrement important d'instaurer un équilibre global permettant de dégager divers résultats réglementaires fondés sur une interaction complexe de facteurs nationaux et internationaux, de maximiser les avantages potentiels de l'économie numérique et d'assurer ainsi un plus grand bien-être à leurs citoyens.

ÉTAT DES LIEUX DES POLITIQUES NATIONALES RELATIVES AUX FLUX TRANSFRONTIÈRES DE DONNÉES

V

Conditions déterminant les approches nationales en matière de gouvernance des données et des flux de données

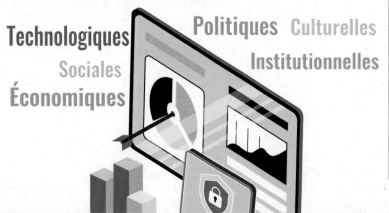

Technologiques   Politiques   Culturelles

Sociales   Institutionnelles

Économiques

Fondements de politique publique qui justifient la réglementation des flux transfrontières de données

Objectifs de développement économique

Protection de la vie privée et des autres droits humains

Application de la loi

Secrets d'État

Les instruments juridiques destinés à réglementer les flux transfrontières de données peuvent inclure des références à :

 La protection des données

 La cybersécurité

 Le matériel et *les logiciels*

 Les marchés publics

 Accords commerciaux

 Secrets d'État

 Fiscalité

 Comptabilité

Spectre de la réglementation des flux transfrontières de donné...

Localisation stricte des données	Localisation partielle des données	Transfert conditionnel : strict	Transfert conditionnel : intermédiaire/souple	Libre circulation des données
Approche restrictive ou défensive		Approche prescriptive		Approche modérée

Il appartient aux pays en développement de trouver l'équilibre optimal entre la promotion du développement économique national, la protection des intérê... publics et l'intégration dans l'économie numérique mondiale

A. INTRODUCTION

La transformation numérique rapide de l'économie et la « donnéification » (ou mise en données) de la société ont incité les pouvoirs publics du monde entier à adopter des réglementations détaillées des flux transfrontières de données. S'appuyant sur les grandes tendances mondiales en matière de gouvernance des données présentées au chapitre IV, notamment des flux transfrontières de données, ce chapitre examine les mesures spécifiques visant à réglementer ces flux partout dans le monde. L'échantillon des pays étudiés n'est pas exhaustif ; dans certains pays, notamment les PMA, de telles réglementations n'ont par exemple pas cours. Cependant, il traduit bien la variété des mesures et des motivations des différents pays, dotés de contextes technologiques, économiques, politiques, institutionnels et culturels les plus divers, ainsi que le positionnement de ces pays sur le spectre des réglementations.

Certains États encadrent strictement les flux transfrontières de données, alors que d'autres ont adopté des cadres de conformité plus nuancés pour réglementer le transfert de données à l'international. Les réglementations peuvent être spécifiques à un secteur ou à une catégorie de données, ou s'appliquer de manière globale à plusieurs secteurs de l'économie et à différentes catégories de données. Ce chapitre explore les différents cadres réglementaires et classe les réglementations nationales en matière de données transfrontières selon plusieurs critères, puis évalue leurs avantages et inconvénients. Il dresse également un état des lieux des réglementations nationales dans ce domaine.

En fonction des valeurs politiques, économiques, sociales, technologiques et culturelles, ainsi que du contexte idéologique des différents pays, les motivations qui sous-tendent la réglementation des flux transfrontières de données diffèrent ou se recoupent. Parmi les principaux objectifs politiques figurent la promotion de la croissance économique nationale, l'optimisation des avantages socioéconomiques des technologies fondées sur les données, l'instauration de la confiance dans l'économie numérique nationale, la résolution de problèmes de politique publique tels que les atteintes à la vie privée et la surveillance, la réduction des cybermenaces (en particulier dans les infrastructures critiques) et la mise en place d'une cyberinfrastructure résiliente et sûre. Par ailleurs, certains gouvernements cherchent un accès rapide aux données à des fins de surveillance réglementaire et d'application de la loi en imposant des mesures de localisation des données. Enfin, des pays estiment que cette réglementation est un outil important pour établir et préserver leur « souveraineté des données » ou « cybersouveraineté », c'est-à-dire exercer un contrôle souverain sur l'Internet national et les flux de données. Toutefois, les réglementations destinées à renforcer le contrôle souverain sur l'Internet national se prêtent également à une surveillance gouvernementale accrue des internautes nationaux. Les différents concepts pertinents dans le contexte de ces réglementations sont détaillés dans l'encadré V.1.

L'élaboration de cadres réglementaires solides, équilibrés et pertinents en matière de flux transfrontières de données est l'un des défis politiques majeurs de l'économie numérique. Il appartient aux autorités d'évaluer au plan national les avantages et les risques découlant des flux transfrontières de données, pour la société dans son ensemble mais aussi au niveau individuel. Les flux transfrontières de données peuvent profiter aux sociétés en renforçant la réalisation de certains droits humains, en offrant aux individus un plus grand éventail de services en ligne compétitifs et en permettant aux entreprises de faire des choix économiquement efficaces (Kuner, 2013 ; WEF, 2020b ; Freedom House, 2020). Parallèlement, les pouvoirs publics ont à faire face aux menaces graves qui pèsent sur les données, notamment celles liées au respect de la vie privée et à la cybersécurité. Par ailleurs, le potentiel implicite de défaillance du marché dans les secteurs axés sur les données, y compris les externalités de réseau, les économies d'échelle et de gamme et l'asymétrie généralisée de l'information (Chen *et al.*, 2019:6 ; Ciuriak, 2019, 2020), fait naître des préoccupations politiques extrêmement complexes. C'est aux pouvoirs publics qu'il incombe de garantir un accès équitable aux données, car celles-ci constituent un « patrimoine national essentiel » pour les technologies numériques émergentes telles que l'intelligence artificielle (IA) et l'Internet des objets (Ciuriak and Ptashkina, 2018). Cette tâche est particulièrement ardue pour les PMA à l'infrastructure numérique médiocre, aux possibilités numériques faibles et aux capacités réglementaires limitées.

La section B du présent chapitre classe les réglementations relatives aux flux transfrontières de données selon divers critères, notamment le type de données concernées, les secteurs touchés et le degré de contrainte. Il analyse plusieurs exemples nationaux de chaque catégorie, en recensant expressément les

> **Encadré V.1. Concepts liés aux politiques nationales en matière de flux transfrontières de données**
>
> Certains concepts et termes se retrouvent couramment dans les modèles réglementaires de gouvernance des données. En voici une explication en langage clair :
>
> - La *localisation des données* fait référence à l'obligation de stocker et/ou de traiter les données sur des serveurs locaux. La localisation des données est souvent appelée aussi « lieu de stockage des données » ;
>
> - La *cybersouveraineté* désigne, de manière générale, le contrôle exercé par les États sur divers aspects d'Internet et des activités qui y sont liées, notamment les contenus numériques, l'infrastructure numérique et les services numériques, à l'intérieur de leurs frontières. Contrairement aux modèles multipartites de gouvernance d'Internet, la cybersouveraineté place l'État au cœur de la gouvernance ;
>
> - La *souveraineté en matière de données ou d'informations* renvoie aux pays qui contrôlent l'ensemble des flux de données transitant par Internet (c'est à dire à l'intérieur, à destination et en provenance de leur territoire) afin d'avoir l'assurance, entre autres, que toutes les données générées et traitées sur le territoire national sont soumises à la législation nationale et peuvent être utilisées de la manière jugée appropriée par les pouvoirs publics ;
>
> - Le *protectionnisme des données* évoque la réglementation des flux de données instaurée par les pouvoirs publics dans le but de faire profiter leurs entreprises nationales d'avantages concurrentiels, notamment en influant négativement sur l'égalité des conditions de concurrence pour les acteurs étrangers ;
>
> - Le *nationalisme des données* désigne l'ensemble des politiques visant à garantir une utilisation des données nationales principalement au profit des intérêts nationaux.
>
> *Source* : CNUCED.

motivations politiques sous-jacentes et les risques potentiels sous l'angle de l'efficacité de la réglementation, du développement économique et de la gouvernance mondiale des données. La section C présente les cadres réglementaires nationaux relatifs aux flux transfrontières de données en fonction de leur caractère restrictif, en partant d'une approche « modérée » jusqu'à une approche « contraignante », en passant par une approche « restrictive » ou « défensive », puis explique les tendances actuelles. La section D propose quelques conclusions.

B. DISPOSITIONS NATIONALES RELATIVES AUX FLUX TRANSFRONTIÈRES DE DONNÉES ET LEURS IMPLICATIONS POLITIQUES

Sur la base d'un examen des réglementations relatives aux flux transfrontières de données[1], cette section se penche sur leurs diverses motivations sous trois angles différents : la politique de protection des citoyens, la sécurité nationale et le développement économique. Elle couvre ainsi un vaste éventail d'objectifs réglementaires tels que la protection des données, la cybersécurité, la protection des secrets d'État, la protection des données publiques/gouvernementales contre la surveillance étrangère, la garantie de l'accès aux données pour les besoins réglementaires et l'application de la loi, et la facilitation de la croissance du secteur numérique national. Puis, la section propose divers modes de classement de ces réglementations, en s'appuyant sur des exemples variés en place dans divers pays du monde. Enfin, elle

---

[1] Lors de la sélection de l'échantillon de pays pour l'examen, divers facteurs ont été pris en compte pour en garantir la représentativité : la position géographique/localisation des pays, le niveau de développement, le type de réglementation en matière de données, les motivations sous-tendant leur réglementation et la disponibilité des informations. Une analyse documentaire détaillée a également été menée, puis les références aux lois et politiques pertinentes ont fait l'objet d'un contrôle croisé pour en vérifier l'exactitude. La liste des réglementations examinées est présentée dans l'annexe en ligne du chapitre V, disponible à l'adresse https://unctad.org/system/files/official-document/der2021_annex2_en.pdf. Comme indiqué au chapitre IV, le rapport reflète la situation au début de l'année 2021.

analyse les implications politiques nationales des réglementations sur les flux transfrontières de données sous plusieurs angles, en soulignant les choix politiques complexes qu'implique l'adoption d'un cadre de gouvernance pour les flux transfrontières de données.

1. Motivations politiques sous-tendant la réglementation en matière de flux transfrontières de données

La présente section expose les différentes motivations politiques qui poussent les pouvoirs publics à réglementer les flux transfrontières de données, afin de comprendre de façon globale les points de vue géopolitiques et sociopolitiques actuels ayant une incidence sur la gestion des flux de données. Pour une analyse plus systématique, les motivations politiques sous-jacentes sont abordées selon trois prismes différents : a) la politique de protection des citoyens ; b) la sécurité nationale ; et c) le développement économique. Dans la pratique, ces motivations peuvent être multiples et se chevaucher.

a) La politique de protection des citoyens

Plusieurs réglementations relatives aux flux transfrontières de données reposent sur des objectifs de protection des intérêts de leurs citoyens, notamment la protection de la vie privée et des données, la cybersécurité, le renforcement de la surveillance réglementaire et l'application de la loi. Beaucoup de pays restreignent ou réglementent ces flux transfrontières dans le but de garantir le respect de leur législation nationale en matière de protection des données. Dans la pratique, très peu de pays imposent des restrictions explicites au transfert transfrontière de données non personnelles, sauf si celles-ci concernent des secteurs hautement sensibles. Alors que les ensembles de données anonymisées transférées dans le cadre de transactions numériques constituent des données non personnelles, plusieurs législations nationales considèrent les données à caractère personnel comme toute information relative à une personne « identifiable » (comme l'article 4, par. 1, du Règlement général sur la protection des données (RGPD)). Les outils d'analyse de données ont facilité la désanonymisation des individus dans ces ensembles de données (Ohm, 2010), mais le concept de « donnée à caractère personnel » peut avoir une portée relativement large.

Généralement, une restriction au transfert transfrontière de données à caractère personnel répond à une double motivation : a) s'assurer que les entreprises (étrangères ou nationales) qui traitent des données à caractère personnel de citoyens ne sont pas en mesure de contourner les obligations énoncées dans les lois nationales sur la protection des données, en les transférant par exemple vers des pays à la législation plus clémente (Bygrave, 2002 ; Kuner, 2013) ; et b) protéger le droit au respect de la vie privée des personnes (y compris le cas échéant les droits constitutionnels) et offrir aux consommateurs des recours adéquats en cas de violation de leurs droits, notamment en cas de pertes financières et d'atteintes massives à la vie privée. Ce dernier objectif est particulièrement crucial dans les secteurs sensibles tels que la santé et la finance, d'où les exigences de localisation ou de transfert conditionnel qui leurs sont imposées dans plusieurs États.

Certains pays, notamment la Chine, le Viet Nam, l'Indonésie, l'Arabie saoudite et la Turquie, exigent la localisation des données des secteurs d'infrastructures critiques ou, plus largement, pour les données gouvernementales. Compte tenu de l'importance de la sécurité de ces données et infrastructures critiques, de plus en plus tributaires des réseaux informatiques, les pouvoirs publics privilégient le stockage local pour garantir un degré maximum de sécurité des données et la résilience de leurs infrastructures nationales. En fait, à mesure que les technologies axées sur les données se développent, notamment l'Internet des objets et l'IA, plusieurs pays envisagent également d'instaurer des restrictions sévères aux transferts de données dans leurs lois et politiques de cybersécurité, afin de préserver la sécurité des données[2].

Dans une certaine mesure, l'inquiétude en termes de sécurité soulevée par les technologies basées sur l'IA et l'Internet des objets n'est pas surprenante, car ces technologies sont encore au stade embryonnaire, très sensibles aux cybermenaces et elles touchent plusieurs secteurs considérés à juste titre comme sensibles par de nombreux pays, notamment les communications, les transports et la

---

[2] Voir, par exemple, Essential Cybersecurity Controls (Arabie saoudite).

finance (Ciuriak, 2019). Il convient cependant d'établir une distinction entre les réglementations visant à répondre à des préoccupations de sécurité technique liées aux technologies numériques (par exemple, protéger les réseaux contre les cybermenaces ou garantir l'intégrité des réseaux, en rapport avec des risques commerciaux ou des menaces plus graves pesant sur des cyberinfrastructures critiques) et celles répondant à des préoccupations de sécurité politique et nationale plus larges, notamment liées à la sécurité nationale ou à la souveraineté économique, comme expliqué ci-dessous. Bien que les préoccupations de sécurité technique et de sécurité nationale se recoupent partiellement (par exemple, les cybermenaces contre les infrastructures critiques ou de défense sont également pertinentes du point de vue de la sécurité nationale), la sécurité nationale peut être conçue de manière plus ample et inclure des notions de stabilité sociale, de sécurité économique et d'autosuffisance, ainsi que de contrôle politique sur les utilisateurs nationaux (Mishra, 2020a ; Roberts *et al.,* 2019).

En outre, certains pays imposent des restrictions aux flux transfrontières de données, y compris des obligations de localisation explicites (strictes ou partielles), à des secteurs sensibles afin de garantir un accès immédiat et fiable aux données, le cas échéant, à des fins de surveillance réglementaire ou d'application de la loi. Un problème commun qui se pose à de nombreux organismes répressifs partout dans le monde est d'obtenir un accès immédiat aux données stockées dans un pays tiers, compte tenu de la lourdeur des procédures d'accès aux données stockées à l'étranger[3]. La loi américaine CLOUD (*Clarifying Lawful Overseas Use of Data*) (voir chap. IV) illustre les inquiétudes suscitées par la localisation des données dans des pays étrangers. Des universitaires ont fait valoir que les mesures de localisation des données peuvent être requises pour renforcer l'efficacité de l'application de la loi et conférer aux autorités un contrôle juridictionnel accru sur les données (Sargsyan, 2016:2223). En outre, les pouvoirs publics peuvent être préoccupés par la soumission des données à caractère personnel de leurs propres citoyens dans des pays étrangers dont la législation n'offre pas le même niveau de protection. Ainsi, dans leur stratégie de transformation numérique, les membres de l'Union africaine se sont fixés pour objectif d'adopter des lois nationales sur la localisation des données afin de protéger la vie privée de leurs citoyens et résidents (African Union, 2020). Les pays d'Amérique latine n'imposent pas d'exigences de stockage local, mais les organes répressifs nationaux, notamment au Brésil ces dernières années, sont de plus en plus favorables à de telles approches. Cela étant, la tendance générale s'oriente davantage vers l'affirmation par les États de leur compétence sur le lieu d'exercice d'une activité plutôt que sur le lieu de stockage des données (ECLAC and I&JPN, 2020).

b) La sécurité et la souveraineté nationales

Plusieurs réglementations relatives aux flux transfrontières de données peuvent être examinées sous l'angle de la sécurité et de la souveraineté nationales. À mesure que les technologies de données se répandent et intègrent divers domaines de la vie, de nombreux dirigeants s'intéressent aux données en tant qu'atout stratégique. Le contrôle des flux de données peut constituer un volet important de la défense d'un pays contre la surveillance étrangère illégitime, qu'elle soit commerciale ou administrative, ainsi qu'un outil utile pour contrôler les activités numériques de ses résidents. La réglementation peut par ailleurs couvrir le contrôle du contenu numérique sur les réseaux domestiques (Sacks and Sherman, 2019). Comme évoqué au chapitre IV, les approches de la Chine et de la Fédération de Russie en matière de gouvernance des flux de données reposent sur cette idée et vont bien au-delà des préoccupations de sécurité technique pour s'étendre à des questions de stabilité sociale, d'autosuffisance technologique et économique et de contrôle politique. À cet égard, la Fédération de Russie a même modifié sa législation existante, autorisant le Gouvernement à couper l'Internet russe du réseau mondial en redirigeant tout le trafic vers des serveurs locaux.

Depuis la divulgation par Edward Snowden en 2013 des programmes de surveillance américains et britanniques d'envergure mondiale, plusieurs gouvernements ont mis en place des restrictions des flux transfrontières de données afin de se protéger contre la surveillance étrangère (Hill, 2014). De plus, certains tiennent à conserver leur contrôle souverain sur les données pour préserver leurs valeurs économiques, politiques, sociales, culturelles et religieuses, même si les conséquences sur les droits humains de ces

---

[3]   *The Economist*, 5 novembre 2016, « Online governance: Lost in the splInternet ».

mesures extrêmes de localisation peuvent s'avérer graves (Taylor, 2020). À titre d'exemple, des contraintes de localisation des données imposées aux fournisseurs de services de médias ou de réseaux sociaux pourraient permettre aux autorités d'accéder plus facilement aux données des utilisateurs[4]. Une utilisation abusive ou impropre de ces données risque d'engendrer des violations des droits humains, compte tenu du renforcement des capacités de surveillance des gouvernements et des moyens accrus des agences de sécurité et de renseignement nationales pour traquer les citoyens et, en particulier, pointer les dissidents politiques[5].

c) Le développement économique

Outre les objectifs politiques de sécurité et de protection des citoyens présentés ci-dessus, la réglementation des flux transfrontières de données peut également être guidée par une logique de développement économique. Comme évoqué au chapitre IV, en matière de réglementation des flux transfrontières de données, l'Inde a adopté progressivement une approche fondée sur des considérations de développement économique. Cette stratégie visant à promouvoir le développement économique national et à créer des champions locaux en matière de données est également implicite dans les lois et les politiques de plusieurs autres pays en développement, notamment le Kenya[6], l'Afrique du Sud (Barnes *et al.*, 2019), le Pakistan[7] et le Rwanda[8]. Même les pays développés sur le plan numérique imposent à l'occasion des restrictions aux flux transfrontières de données, notamment pour protéger leurs entreprises nationales face à la concurrence étrangère[9].

Les marchés numériques étant souvent fondés sur une dynamique associant, dans de nombreux pays en développement, la loi du plus fort (Farrell and Newman, 2019 ; Ciuriak, 2018) à une croissance insuffisamment inclusive de l'économie numérique (World Bank, 2016 ; UNCTAD, 2019a), les politiques industrielles numériques sont, aux yeux de plusieurs États, essentielles pour rattraper leur retard (Azmeh and Foster, 2016) et éviter une dépendance nuisible à l'égard des entreprises technologiques américaines et chinoises (Elmi, 2020 ; Sherman and Morgus, 2018). En outre, comme les investissements numériques ont tendance à être de plus en plus légers en termes d'actifs, de nombreuses entreprises basées dans les pays développés n'investissent pas grandement dans les infrastructures locales, même lorsqu'elles tirent des revenus significatifs de la fourniture de services sur le marché national (Casella and Formenti, 2018). À titre d'exemple, l'Afrique et l'Amérique latine ne regroupent ensemble que 4 % de l'ensemble mondial des centres de données en colocation (voir chap. I). Par ailleurs, à l'exception de quelques plateformes chinoises, aucune autre entreprise technologique implantée dans un pays en développement n'a été en mesure d'établir une présence à l'international.

Au vu des volumes colossaux de données indispensables au développement de l'IA et d'autres technologies fondées sur les données, certains pays en développement, dont l'Inde, se concentrent

---

[4] Voir, par exemple, les restrictions imposées aux médias sociaux au Pakistan, dans la Fédération de Russie et en Turquie.

[5] Voir le rapport du Haut-Commissariat des Nations Unies aux droits de l'homme, Le droit à la vie privée à l'ère du numérique, A/HRC/27/37 (30 juin 2014), par. 2, 3, 14, 42 ; Rapport du Rapporteur spécial sur la promotion et la protection du droit à la liberté d'opinion et d'expression, A/HRC/23/40 (17 avril 2013), par. 33.

[6] La loi kényane relative à la protection des données contient une disposition permettant aux pouvoirs publics d'exiger la localisation des données personnelles afin de préserver les recettes. Voir art. 50, loi relative à la protection des données, 2019 (Kenya).

[7] La politique pakistanaise de 2019 relative au commerce électronique envisage diverses mesures de localisation des données et de réglementation des flux transfrontières de données dans les secteurs liés à l'Internet des objets et pour les données commerciales. Disponible à l'adresse https://www.commerce.gov.pk/wp-content/uploads/2019/11/e-Commerce_Policy_of_Pakistan_Web.pdf.

[8] Dans sa politique relative à la révolution des données, le Rwanda considère les données comme un « actif national souverain ». Le document expose également l'ambition du pays de construire une industrie des données performante. Voir Politique de révolution des données (Rwanda), disponible à l'adresse http://statistics.gov.rw/file/5410/download?token=r0nXaTAv.

[9] Voir, par exemple, Made in China 2025, disponible à l'adresse www.csis.org/analysis/made-china-2025 ; « Announcing the Expansion of the Clean Network to Safeguard America's Assets », 5 août 2020, disponible à l'adresse https://mr.usembassy.gov/announcing-the-expansion-of-the-clean-network-to-safeguard-americas-assets/.

désormais sur la création de capacités nationales en la matière afin de capter une plus grande part des revenus des entreprises numériques étrangères et de dynamiser ainsi la croissance de leurs secteurs numériques nationaux (Singh, 2018b ; Jain and Gabor, 2020). Dans ces pays, faire obstacle au transfert de quantités massives de données de leurs résidents vers des entreprises étrangères par le biais de lois et de politiques strictes de localisation des données est considéré comme une solution potentielle pour encourager la création de systèmes nationaux de données et d'énormes ensembles de données. Ce renforcement des capacités facilite à son tour le développement de produits et services numériques nationaux répondant à la demande grandissante des consommateurs nationaux, et favorise la croissance des entreprises numériques locales. Cela étant, nous verrons plus loin que la localisation des données ne facilite pas en soi le développement de plateformes.

Le tableau V.1 présente un aperçu des diverses motivations qui poussent les pays à réglementer les flux transfrontières de données selon les trois prismes.

Tableau V.1. Motivations des pays à réglementer les flux transfrontières de données		
Politique de protection des citoyens	**Sécurité/souveraineté nationales**	**Développement économique**
Protection des données et de la vie privée	Lutte contre la surveillance étrangère	Création de champions nationaux des données
Cybersécurité	Protection des infrastructures critiques	Garantie d'un accès équitable aux données
Supervision réglementaire des secteurs sensibles	Renforcement du contrôle souverain sur l'Internet national	Réponse à la demande locale par des produits et services locaux
Accès aux données pour les services répressifs	Stabilité sociale et culturelle	
Éthique des données	Stabilité politique	

Source : CNUCED.

2. Types de mesures réglementaires nationales relatives aux flux transfrontières de données

Les réglementations relatives aux flux transfrontières de données peuvent être conçues et mises en œuvre de diverses manières. Sur la base d'une évaluation générale des mesures réglementaires instaurées dans le monde, cette section en propose un classement en fonction de critères spécifiques : a) le champ d'application : application sur un plan général ou uniquement aux flux transfrontières de données dans des secteurs spécifiques ; b) l'ampleur des restrictions : localisation stricte, localisation partielle, transfert conditionnel strict, intermédiaire et souple ou libre circulation des données ; et c) l'approche en termes de responsabilité et de conformité s'agissant des restrictions spécifiques aux flux transfrontières de données à caractère personnel.

a) Champ d'application

Les réglementations relatives aux flux transfrontières de données peuvent s'appliquer sur un plan général à tous les secteurs ou la plupart d'entre eux, ou se limiter aux données collectées et traitées dans des domaines spécifiques. Plusieurs pays ont adopté des législations de protection des données régissant les transferts transfrontières de données à caractère personnel. Ces flux étant communs à la plupart des secteurs, le champ d'application des mesures est « général ». Le RGPD en est un parfait exemple (chap. IV). De même, comme susmentionné, plusieurs pays ont repris partiellement ou totalement l'approche de l'Union européenne en matière de réglementation des flux transfrontières de données à

caractère personnel[10]. En Amérique latine, les instruments les plus pertinents qui abordent explicitement la question de ces flux transfrontières sont les cadres normatifs pour la protection des données. De manière générale, la région applique un régime de restrictions conditionnelles aux flux transfrontières dans les cas où une législation nationale de protection des données est en place, une tendance généralisée qui se retrouve dans plus de la moitié des pays concernés.

En outre, certains pays imposent l'octroi d'autorisations réglementaires pour les transferts transfrontières de données[11]. Dans quelques rares cas, les autorités exigent également de manière stricte le stockage et/ou le traitement des données personnelles dans le pays. Ainsi, au Rwanda, selon une disposition du projet de loi sur la protection des données, les responsables du traitement des données sont tenus d'héberger ou stocker les données à caractère personnel dans le pays[12] ; si cette loi venait à être adoptée, les entreprises seront contraintes de stocker les données au Rwanda même en cas de traitement des données personnelles à l'étranger. Des obligations spécifiques en matière de stockage et de traitement local des données à caractère personnel ont également été proposées en Chine dans le contexte du projet de loi relative à la protection des données (chap. IV)[13].

D'autres pays en revanche ont instauré des réglementations sectorielles des flux transfrontières de données. L'Australie, la Chine, les Émirats arabes unis et le Royaume-Uni interdisent expressément ces flux pour les données du secteur de la santé, afin de protéger les patients[14]. En Chine et en République de Corée, des dispositions sectorielles liées à la confidentialité et à la sécurité des données imposent des restrictions au transfert transfrontière de données des services de cartographie Web[15]. De même, les États-Unis exigent le stockage des données liées à la défense sur des serveurs en nuage nationaux (chap. IV)[16]. Enfin, dans certains pays, le stockage des données de secteurs nécessitant une surveillance réglementaire plus stricte doit obligatoirement être local : c'est le cas par exemple des données financières[17], des données

---

[10] À titre d'exemple, l'Afrique du Sud, l'Argentine, l'Arménie, Bahreïn, la Barbade, le Brésil, la Colombie, la Géorgie, Israël, la Malaisie, le Pérou, la Suisse, la Turquie et l'Ukraine.

[11] Voir, par exemple, l'article 44 de la loi n° 18-07 du 10 juin 2018 relative à la protection des personnes physiques dans le traitement des données à caractère personnel (Algérie) ; l'article 43 de la loi n° 09-08 du 18 février 2009 (Maroc) ; et l'article 54 du projet de loi sur la protection des données (Rwanda).

[12] Art. 55 du projet de loi relative à la protection des données (Rwanda).

[13] Art. 40 de la loi relative à la protection des informations personnelles (Chine) (applicable aux exploitants d'infrastructures critiques et aux gestionnaires d'informations à caractère personnel en ayant reçu notification).

[14] Voir, par exemple, l'article 77 de la loi relative aux dossiers médicaux électroniques contrôlés personnellement (Australie) ; l'article 10 des mesures de gestion démographique et sanitaire (Chine) ; la loi relative aux données de santé de 2019 (Émirats arabes unis) ; le National Health Service and social care data: off-shoring and the use of public cloud services guidance 2018 (Données du National Health Service et des services sociaux : recommandations sur la délocalisation et l'utilisation de services en nuage publics) (Royaume-Uni), disponible à l'adresse https://digital.nhs.uk/data-and-information/looking-after-information/data-security-and-information-governance/nhs-and-social-care-data-off-shoring-and-the-use-of-public-cloud-services.

[15] Voir, par exemple, art. 16 de la loi sur l'établissement, la gestion, etc., des données spatiales (République de Corée) ; l'article 34 du règlement relatif à la gestion de la cartographie (Chine).

[16] Département américain de la défense, « Defense Federal Acquisition Regulation Supplement: Network Penetration Reporting and Contracting for Cloud Services », DFARS Case 2013-D018, disponible à l'adresse https://www.federalregister.gov/documents/2015/08/26/2015-20870/defense-federal-acquisition-regulation-supplement-network-penetration-reporting-and-contracting-for.

[17] Voir, par exemple, art. 12 de la loi consolidée n° 648 du 15 juin 2006 (Danemark) ; l'article 6 de l'avis invitant les institutions financières bancaires à protéger les informations financières personnelles (Chine).

d'assurance[18], des paiements électronique[19], des données de télécommunications[20] et des données relatives aux jeux d'argent[21].

b) *Ampleur de la restriction*

Les réglementations peuvent également être classées en fonction de leur degré restrictif.

i) *Localisation stricte*

La localisation stricte, obligation légale de stocker et/ou de traiter les données dans le pays, peut éventuellement s'accompagner d'une interdiction totale des transferts transfrontières de données (même à des fins de traitement). Certains États imposent une localisation stricte qui peut affecter l'économie dans son ensemble. La Chine a par exemple imposé des exigences strictes en la matière pour les données à caractère personnel et les données importantes collectées par les opérateurs d'infrastructures critiques[22], ce qui peut englober bon nombre des flux transfrontières de données. La loi vietnamienne relative à la cybersécurité contient elle aussi une disposition de localisation large et stricte obligeant tous les prestataires étrangers et nationaux de services de télécommunications et Internet (y compris les services par contournement (over-the-top)) proposés en ligne, à stocker les données localement[23].

Dans certains autres États, la localisation est appliquée de manière extrêmement large, à la discrétion de l'autorité réglementaire. À titre d'exemple, au Kenya, les pouvoirs publics ont le pouvoir d'exiger que les données personnelles soient traitées exclusivement par des serveurs ou des centres de données situés au Kenya, pour des raisons d'intérêts stratégiques de l'État ou de protection des recettes ; mise en œuvre de manière très ambiguë ou extensive, cette disposition peut potentiellement s'apparenter à une obligation de localisation au sens large[24]. L'Inde et le Pakistan prévoient eux aussi d'interdire explicitement les transferts transfrontières de « données à caractère personnel critiques » et d'exiger qu'elles soient stockées et traitées localement, sans pour autant détailler précisément ces données[25]. En conséquence, si par la suite l'expression « données à caractère personnel critiques » est définie de manière extensive par les autorités, cette disposition risque d'affecter beaucoup de flux de données.

---

18 Voir, par exemple, la règle 18, Réglementation 2017 de l'IRDAI (Autorité indienne de réglementation et de développement des assurances) (Externalisation des activités des assureurs indiens (Inde) (applicable aux assurés des compagnies d'assurance).

19 Voir, à titre d'exemple, le paragraphe D6.1, Cadre réglementaire pour les valeurs stockées et les systèmes de paiement électronique (Émirats arabes unis) ; note de la Reserve Bank of India sur le stockage des données des systèmes de paiement (Inde) ; art. 23, loi n° 6493 sur les systèmes de paiement et de règlement de titres, les services de paiement et les établissements de monnaie électronique (Turquie).

20 Voir, par exemple Global Public Policy Institute, « German Bundestag Passes New Data Retention Law », 16 octobre 2015, disponible à l'adresse www.gppi.net/2015/10/16/german-bundestag-passes-new-data-retention-law ; loi fédérale n° 374 sur les amendements à la loi fédérale sur la lutte contre le terrorisme et certains actes législatifs de la Fédération de Russie en ce qui concerne l'établissement de mesures supplémentaires pour lutter contre le terrorisme et garantir la sécurité publique (2016) (Fédération de Russie) ; Lignes directrices pour le développement du contenu nigérian dans les technologies de l'information et de la communication (Nigéria), disponible à l'adresse https://nitda.gov.ng/regulations/.

21 Voir, par exemple, art. 15B vi), loi n° 124 de mai 2015 portant approbation de l'ordonnance d'urgence du Gouvernement n° 92/2014 relative à la réglementation de certaines mesures fiscales et modifiant certains actes législatifs (Roumanie).

22 Art. 37 de la loi relative à la cybersécurité (Chine).

23 Art. 26.3 de la loi relative à la cybersécurité (Viet Nam). Un rapport récent indique toutefois que le gouvernement a l'intention d'appliquer cette disposition uniquement aux entreprises qui ne réagissent pas après avoir été notifiées qu'elles violaient la loi. Voir The Business Times, 15 octobre 2019, « Data localisation requirements narrowed in Vietnam's cybersecurity law ».

24 Art. 50 de la loi relative à la protection des données, 2019 (Kenya).

25 Art. 33, par. 2, du projet de loi relatif à la protection des données personnelles (Inde) ; art. 14, par. 1, du projet de loi relatif à la protection des données (Pakistan).

Certains pays imposent des exigences de localisation strictes à des catégories de données spécifiques, notamment les données relatives à la santé[26], la défense[27], l'Internet des objets[28] ou les données cartographiques[29] et, plus largement, les données gouvernementales et publiques critiques[30]. D'autres ont procédé à l'identique mais pour les documents commerciaux[31], les documents fiscaux[32] et les documents comptables[33]. Les exigences de localisation concernant les documents commerciaux ou comptables relèvent souvent de législations anciennes, instaurées à une époque où tous les documents étaient imprimés sur papier ou stockés physiquement sur des ordinateurs locaux plutôt que sur des serveurs en nuage. De l'avis des experts, ces législations ne sont plus adaptées à l'ère numérique actuelle, où la plupart des documents sont archivés dans le nuage (WEF, 2020b:13).

ii) Localisation partielle

La localisation partielle consiste en une obligation légale de stocker les données localement, mais sans interdiction d'en transférer ou stocker des copies à l'étranger, même si ces opérations peuvent être soumises à certains critères de conformité spécifiques. À titre d'exemple, la Fédération de Russie et le Kazakhstan exigent des entreprises qu'elles enregistrent une copie des données personnelles au niveau local, mais leur transfert à l'étranger est autorisé[34]. La Turquie et le Pakistan imposent aux entreprises de médias sociaux qu'elles stockent toutes les données des utilisateurs sur le territoire national, mais aucune interdiction expresse des transferts transfrontières n'est en vigueur[35]. Certaines provinces canadiennes demandent que les données à caractère personnel collectées par les organismes publics soient stockées localement, bien qu'elles puissent être transférées à l'étranger dans certains cas, notamment après obtention du consentement des personnes concernées[36].

---

[26] Voir, par exemple, art. 77 de la loi relative aux dossiers médicaux électroniques contrôlés personnellement (Australie) ; NHS, « NHS and Social Care Data: Off-Shoring and the Use of Public Cloud Services Guidance 2018 » (Royaume-Uni).

[27] Département américain de la Défense, « *Defense Federal Acquisition Regulation Supplement: Network Penetration Reporting and Contracting for Cloud Services* », DFARS Case 2013-D018, disponible à l'adresse www.federalregister. gov/documents/2015/08/26/2015-20870/defense-federal-acquisition-regulation-supplement-network-penetration-reporting-and-contracting-for.

[28] Voir, par exemple, par. 7, du Cadre réglementaire concernant l'Internet des objets (Arabie saoudite).

[29] Art. 16 de la loi sur l'établissement, la gestion, etc. des données spatiales (République de Corée) ; art. 34 du Règlement relatif la gestion de la cartographie (Chine).

[30] Voir, par exemple, la circulaire présidentielle sur les mesures de sécurité de l'information et de la communication (juillet 2019) (Turquie) (applicable aux informations et données critiques, telles que les informations relatives à l'état civil, à la santé et à la communication, ainsi que les données génétiques et biométriques) ; art. 17 de l'ordonnance ministérielle n° 001/MINICT/2012 du 12 mars 2012 (Rwanda) ; contrôles essentiels de cybersécurité (Arabie saoudite) 27 ; Département américain de la Défense, « 2020 Investment Climate Statements: Algeria », disponible à l'adresse www.state.gov/reports/2020-investment-climate-statements/algeria/.

[31] Voir, par exemple, code de commerce allemand – art. 257, nos 1 et 4 (Handelsgesetzbuch § 257) (Allemagne).

[32] Voir, par exemple, art. 315 du code des impôts sur les revenus (Belgique) ; art. 60 du code de la TVA (Belgique).

[33] Voir, par exemple, art. 388, par. 2, de la loi sur les sociétés de 2006 (Royaume-Uni) ; loi sur la comptabilité (1336/1997) (Finlande).

[34] Voir, par exemple, art. 18, par. 5, de la loi fédérale n° 152-FZ relative à la protection des données personnelles, telle qu'amendée en juillet 2014 par la loi fédérale n° 242-FZ relative aux modifications apportées à certains actes législatifs de la Fédération de Russie visant à clarifier le traitement des données personnelles dans les réseaux d'information et de télécommunications (Fédération de Russie) ; art. 12, par. 2, de la loi relative aux données personnelles (Kazakhstan).

[35] Amendements à la réglementation des diffusions sur Internet et sur la lutte contre les crimes commis sur la diffusion sur Internet, loi n° 5651, octobre 2020 (Turquie), disponible à l'adresse https://iapp.org/news/a/turkish-data-localization-rules-in-effect-for-socialmedia-companies/ ; art. 5 d) des Règles relatives à la protection des citoyens (contre les dangers en ligne), 2020 (Pakistan).

[36] Art. 30, par. 1, de la loi sur l'accès à l'information et la protection de la vie privée, R.S.B.C. 1996 (Colombie-Britannique, Canada) ; art. 5, par. 1, de la loi sur la protection contre la divulgation à l'international des coordonnées personnelles, S.N.S. 2006 (Nouvelle-Écosse, Canada).

iii) *Transfert conditionnel – strict, intermédiaire ou souple*

L'obligation de transfert conditionnel signifie que les données peuvent être envoyées à l'étranger sous réserve que le responsable de leur traitement se conforme à des exigences réglementaires spécifiques. En fonction de ces exigences, les transferts conditionnels peuvent être classés en trois catégories : strict, intermédiaire ou souple.

Les exigences de conformité pour le transfert transfrontière de données sont extrêmement courantes dans les législations relatives à la protection des données. Les transferts soumis à des conditions strictes impliquent un régime de conformité complet assorti d'autorisations de transfert spécifiques à chaque pays (par exemple, une approche d'adéquation), d'autorisations réglementaires de transfert[37], de contrats approuvés pour les transferts (par exemple, des clauses contractuelles types et des règles d'entreprise contraignantes prévues par le RGPD), et font l'objet d'un audit réglementaire strict[38]. En cas d'autorisation de transferts basés sur un contrat, l'organe de régulation peut demander au sous-traitant d'établir la preuve que le destinataire a mis en œuvre les mesures appropriées permettant de garantir le respect de la législation nationale sur la protection des données[39]. Une exigence commune à plusieurs pays africains est la tenue d'un registre de toutes les personnes et institutions recueillant des données à caractère personnel, y compris à des fins de collecte et de transferts transfrontières[40].

Lorsque des exigences strictes de conformité sont posées, les pays n'autorisent souvent les transferts transfrontières de données à caractère personnel que dans des circonstances limitées, par exemple selon des dérogations prévues dans la législation nationale relative à la protection des données (du fait notamment de la nécessité d'exécuter un contrat, de protéger l'intérêt public ou les intérêts vitaux de la personne concernée) ou après obtention du consentement des personnes concernées[41]. Certaines lois sur la protection des données contiennent également des exemptions spécifiques pour les transferts

---

[37] Voir, par exemple, art. 9 de la loi relative à la protection des données personnelles n° 6698 (Turquie) (applicable lorsque le transfert est effectué vers un pays ne disposant pas d'un niveau suffisant de protection des données) ; art. 14 de la loi relative à la protection des données personnelles n° 151 (Égypte) ; art. 44 de la loi n° 18-07 du 10 juin 2018 relative à la protection des personnes physiques dans le traitement des données à caractère personnel (Algérie) ; art. 48 de la loi n° 2004-63 du 27 juillet 2004, relative à la protection des données personnelles (Tunisie) ; art. 5 de la loi n° 2013-450 du 19 juin 2013 relative à la protection des données personnelles (Côte d'Ivoire).

[38] À cet égard, certains pays exigent l'enregistrement de toutes les bases de données et/ou les transferts transfrontaliers de données. Voir, par exemple, art. 21 de la loi n° 25326 (loi relative à la protection des données personnelles) (Argentine) ; art. 16 de la loi relative à la protection des données personnelles n° 6698 (Turquie). Voir aussi art. 22 du règlement ministériel n° 20 de 2016 concernant la protection des données personnelles dans les systèmes électroniques (Indonésie) ; art. 6, règlement gouvernemental n° 71 de 2019 (Indonésie) (une obligation impose à tous les opérateurs de systèmes électroniques privés du pays d'obtenir l'approbation du Gouvernement pour gérer, traiter et stocker leurs données en dehors du pays).

[39] Voir, par exemple, art. 26 du décret n° 1377/2013 (Colombie) ; art. 48 de la loi relative à la protection des données, 2019 (Kenya).

[40] Voir, par exemple, art. 29 de la loi relative à la protection des données et de la vie privée, 2019 (Ouganda) ; art. 21 de la loi relative à la protection des données, 2019 (Kenya).

[41] Voir, par exemple, art. 49 du RGPD ; art. 12 de la loi n° 25326 (loi relative à la protection des données personnelles) (Argentine) ; art. 76 de la loi relative à la protection des données de 2018 (Royaume-Uni) ; art. 29 de la loi ukrainienne n° 2297 VI relative à la protection des données personnelles (Ukraine) ; art. 48 c) de la loi relative à la protection des données, 2019 (Kenya).

transfrontières à des fins administratives ou répressives[42], pour la recherche médicale[43], des transferts bancaires ou boursiers[44] ou encore conformément à un traité international[45].

Les exigences intermédiaires ou souples en matière de transfert conditionnel renvoient à des obligations plus faciles à remplir, telles que l'obtention du consentement implicite des utilisateurs, des conditions simples de notification aux utilisateurs ou encore une auto-évaluation, réalisée par les responsables du traitement des données, du cadre de protection des données du pays destinataire et des contrats (en cas de prescription par la loi). À titre d'exemple, pour l'envoi de données à caractère personnel à l'étranger, la loi mexicaine sur la protection des données exige simplement le consentement des utilisateurs et la conclusion d'un contrat entre les responsables du traitement des données et les parties étrangères qui gèrent les données à caractère personnel, sans aucune autre autorisation réglementaire préalable[46]. En outre, les transferts transfrontières de données dans le contexte de groupes de sociétés sont expressément autorisés[47]. De même, en République de Corée, les entreprises sont tenues d'obtenir le consentement des personnes concernées avant « d'exporter »[48] des données à caractère personnel, mais aucune autre interdiction expresse des transferts de données n'est en vigueur[49].

iv) Libre circulation des données

L'expression « libre circulation des données » renvoie généralement à des réglementations qui n'imposent pas de restrictions spécifiques aux flux transfrontières de données. Elles peuvent cependant prévoir des règles de responsabilité ex post pour les entreprises et exiger des responsables du traitement qu'ils s'assurent que les traitements effectués à l'étranger sont conformes aux lois nationales pertinentes. Ainsi, au Canada, toute entreprise qui transfère des données personnelles à l'étranger est tenue de veiller au respect de la législation nationale, sans toutefois imposer de restrictions expresses à ces transferts. En revanche, les organisations ont obligation de désigner une personne qui pourra être tenue responsable du respect des lois nationales sur la protection des données[50]. Le consentement des personnes concernées, celles dont les données sont utilisées, n'est pas nécessaire pour le transfert de ces données à l'étranger, mais les organisations devraient en faire état dans leur politique de confidentialité[51]. L'Australie[52], Singapour[53] et les Philippines[54] ont également souscrit au principe de responsabilité, permettant ainsi un environnement relativement libre pour les flux transfrontières de données à caractère personnel. De nombreux PMA n'ont pas encore mis en œuvre de cadre réglementaire pour la protection des données

---

[42] Voir, par exemple, art. 12, par. 2 e), de la loi n° 25326 relative à la protection des données personnelles (Argentine) ; art. 12, par. 1 j), Dubai International Financial Centre Data Protection Law, loi n° 1 of 2007 ; art. 20, par. 3), Personal Data Protection Act, Act 8/2005 (Macao, Chine) ; art. 31, par. 2 b) iii), loi relative à la protection des données de 2004, loi n° 13 de 2004 (Maurice).

[43] Voir, par exemple, art. 15 de la loi relative à la protection des données personnelles n° 29733 (Pérou).

[44] Voir, par exemple, art. 12 de la loi n° 25326 (loi relative à la protection des données personnelles) (Argentine).

[45] Voir, par exemple, art. 15 de la loi relative à la protection des données personnelles n° 29733 (Pérou) ; art. 12 de la loi n° 25326 (loi relative à la protection des données personnelles) (Argentine) ; art. 45 de la loi n° 18-07 du 10 juin 2018 relative à la protection des personnes physiques dans le traitement des données à caractère personnel (Algérie) ; art. 41, par. 2, de la loi relative à la protection des données (Géorgie).

[46] Art. 8 lu conjointement avec l'article 36 de la loi fédérale sur la protection des données personnelles détenues par des personnes privées (Mexique).

[47] Art. 37, par. III, de la loi fédérale sur la protection des données personnelles détenues par des personnes privées (Mexique).

[48] Les mots entre guillemets sont ceux utilisés par le pays et non par les auteurs du Rapport car les flux de données ne sont pas des exportations mais des flux sortants. C'est l'approche suivie dans l'intégralité du Rapport.

[49] Art. 17, par. 3, de la loi relative à la protection des données personnelles (République de Corée).

[50] Principe 1, annexe I, art. 4.1.3 de la loi sur la protection des renseignements personnels et les documents électroniques (S.C. 2000, c. 5) (Canada).

[51] Commissariat à la protection de la vie privée du Canada, *Lignes directrices sur le transfert transfrontalier de renseignements personnels aux fins de traitement*, janvier 2009, disponible à l'adresse https://www.priv.gc.ca/fr/sujets-lies-a-la-protection-de-la-vie-privee/aeroports-et-frontieres/gl_dab_090127/.

[52] Principe 8 de la loi relative au respect de la vie privée 1988 (Australie).

[53] Art. 26 de la loi relative à la protection des données personnelles (Singapour).

[54] Art. 21 de la loi sur la protection des données de 2012 (loi républicaine n° 10173) (Philippines).

et, à ce titre, n'ont pas instauré de mesures régissant les flux transfrontières, les données circulant par défaut librement par-delà les frontières[55].

c) *Approche géographique ou approche de responsabilité pour les flux de données à caractère personnel*

Les données à caractère personnel font généralement l'objet de réglementations spécifiques que l'on peut schématiquement classer en fonction de l'approche retenue : a) une approche d'adéquation (basée sur des critères géographiques), avec des transferts de données régis par les normes et lois de protection des données du pays destinataire, les autorités déterminant les pays étrangers dont les cadres de protection des données sont jugés « adéquats », « suffisants » ou « équivalents » et autorisant expressément les transferts de données vers ces pays ou approuvant les transferts au cas par cas ; b) une approche fondée sur la responsabilité (de l'organisation), dans laquelle les transferts de données reposent sur la responsabilité de « l'exportateur » de données devant les autorités nationales et, par extension, devant les utilisateurs, du respect des normes de protection des données, quel que soit le lieu où les données sont transférées, stockées ou traitées (Kuner, 2013). L'approche fondée sur la responsabilité peut nécessiter une application transfrontière, si le responsable du traitement des données situé à l'étranger agit en violation des exigences du droit national. À titre d'exemple, en Amérique latine, la tendance est à l'approche d'adéquation.

Dans la pratique, un cadre de protection des données pourrait intégrer une double approche : adéquation et responsabilité. Ainsi, dans l'Union européenne, en plus de s'appuyer sur une décision d'adéquation, les entreprises ont possibilité d'effectuer des transferts transfrontières de données en recourant à des règles d'entreprise contraignantes, des clauses contractuelles types ou d'autres mécanismes de certification approuvés, ou lorsque ces transferts sont autorisés par la législation nationale (Kuner, 2013). Il en va de même pour de nombreux États qui ont opté pour une approche d'adéquation[56]. D'autres pays, comme le Canada, Singapour et l'Australie, ont privilégié une approche de responsabilité pour les transferts transfrontières de données personnelles, comme évoqué précédemment.

3. Implications de la réglementation des flux transfrontières de données sur les politiques nationales

Cette section analyse les avantages et inconvénients des différentes formes de réglementation des flux transfrontières de données du point de vue réglementaire, du développement économique et de la gouvernance mondiale des données.

a) *La perspective réglementaire : avantages et inconvénients*

Bon nombre de réglementations relatives aux flux transfrontières de données sont mises en place pour faciliter la réalisation de divers objectifs politiques ou réglementaires légitimes, mais il convient d'évaluer l'efficacité de ces mesures dans l'atteinte de ces objectifs et leur proportionnalité eu égard aux risques politiques qui en découlent et aux coûts de leur mise en œuvre.

Sur un plan général, les réglementations des flux transfrontières de données se heurtent à divers problèmes de mise en œuvre. D'abord, la gestion des différentes dimensions des flux transfrontières de données

---

[55]   Comme exemple de PMA n'ayant adopté aucun cadre pour la protection des données, voir CNUCED, Cyberlaw Tracker, disponible à l'adresse https://unctad.org/topic/ecommerce-and-digital-economy/ecommerce-law-reform/summary-adoption-e-commerce-legislation-worldwide.

[56]   Voir, par exemple, art. 26 de la loi 1581/2012 (Colombie) ; art. 11 de la loi n° 29733 relative à la protection des données personnelles (Pérou) ; art. 33 de la loi générale sur la protection des données personnelles, loi fédérale n° 13,709/2018 (Brésil) ; art. 74 de la loi relative à la protection des données de 2018 (Royaume-Uni) ; art. 29 de la loi ukrainienne n° 2297 VI relative à la protection des données personnes (Ukraine) ; art. 12, par. 1, de la loi n° 30 de 2018 relative à la protection des données (Bahreïn) ; art. 1 du règlement sur la protection de la vie privée (transfert de données vers des bases de données à l'étranger), 5761-2001 (Israël) ; art. 28 de la loi relative à la protection des données personnelles (Thaïlande) ; art. 129, par. 1 de la loi relative à la protection des données personnelles (Malaisie) ; art. 41 de la loi géorgienne relative à la protection des données (Géorgie).

(par exemple, le commerce, les télécommunications, l'industrie nationale et le développement, les affaires intérieures et la régulation d'Internet) étant prise en charge par des agences gouvernementales distinctes, les éventuels chevauchements et le manque de coordination entre ces organes peuvent conduire à des mesures ou à des positions politiques nationales incohérentes et non coordonnées (Chen *et al.*, 2019). Les régulateurs traitent de nombreuses questions redondantes et liées à l'économie fondée sur les données, à la protection des données et aux technologies de l'information et des communications (TIC) mais, dans la pratique, ils coopèrent rarement (ITU, 2018). Une récente proposition du Ministère indien de l'électronique et des technologies de l'information à propos des données non personnelles, exigeant que les données anonymisées collectées par les grandes entreprises technologiques soient partagées avec les pouvoirs publics, les citoyens et d'autres entreprises, témoigne de ce défaut de coordination entre les différentes agences gouvernementales. La proposition a suscité des inquiétudes quant à d'éventuels conflits avec les compétences de la Commission indienne de la concurrence[57].

Deuxièmement, de nombreux pays formulent intentionnellement leurs réglementations sur les flux transfrontières de données de manière ambiguë, dans le but de conférer à l'administration un pouvoir discrétionnaire sans entrave. Ainsi, des expressions telles que « données critiques », « données importantes », « données à caractère personnel sensibles », « infrastructures critiques », « souveraineté des données », « souveraineté numérique/cybersouveraineté », bien qu'utilisées dans de nombreux documents politiques et réglementaires, peuvent avoir des significations très différentes en fonction du contexte. À titre d'exemple, ni l'Inde ni le Pakistan n'ont précisé ce qu'ils entendaient par « données à caractère personnel critiques ». Certains experts ont également fait valoir que la position de l'Union européenne sur la « souveraineté numérique » était ambiguë et laissait planer une certaine confusion concernant la localisation des données (Christakis, 2020). De même, la signification des « infrastructures critiques » varie selon les pays (OECD, 2019c). L'absence de définitions claires et cohérentes des termes clefs, y compris des données et informations à caractère personnel, peut être source d'incertitude et nuire aux intérêts des consommateurs et des entreprises, notamment en alourdissant les coûts de mise en conformité pour les multinationales, mais aussi les entreprises de plus petite envergure engagées dans le commerce international.

Troisièmement, la mesure dans laquelle les lois sur la protection des données s'appliquent aux données non personnelles constitue un défi connexe pour la mise en œuvre. Comme la plupart des séries de données utilisées dans le processus commercial contiennent toujours au moins quelques données à caractère personnel[58], beaucoup de petites entreprises, qui ne disposent pas forcément des ressources suffisantes pour stocker séparément ces deux types de données, sont contraintes d'adopter la norme la plus élevée pour l'ensemble de celles-ci, d'où des coûts supplémentaires et une compétitivité réduite à l'échelle mondiale (WEF, 2020b ; Casalini and López González, 2019).

Quatrièmement, les réglementations sectorielles peuvent poser des problèmes pratiques d'application. À titre d'exemple, plusieurs pays restreignent le transfert à l'étranger des données de santé de leurs ressortissants. Mais il n'est pas clairement établi si les données de santé se limitent aux dossiers médicaux, ou si elles incluent des données sanitaires traçables par des objets connectés tels que les montres intelligentes ou simplement par l'analyse du comportement de navigation des internautes (Kavacs and Ranganathan, 2019)[59]. Enfin, les difficultés de mise en œuvre et d'application au niveau institutionnel sont généralement à mettre en rapport avec des contraintes budgétaires et le manque de volonté politique. En Amérique latine par exemple, les problèmes ne sont pas dus à l'absence d'instruments normatifs ou

---

[57] Bloomberg, 22 septembre 2020, « Mandatory Sharing Of Non-Personal Data At Odds With Competition Law ».

[58] Une enquête menée par l'OCDE a montré que la plupart des entreprises traitaient des quantités importantes de données personnelles, notamment dans des secteurs tels que les télécommunications, les TIC et la finance (Casalini and López González, 2019).

[59] Bien entendu, certaines lois nationales peuvent préciser le champ d'application de ces réglementations.

politiques, mais plutôt aux difficultés de mise en œuvre et d'application de certaines législations sans le soutien humain et institutionnel nécessaire[60].

Sous l'angle technologique, l'emplacement du stockage et du traitement des données ne garantit pas en soi la protection ou la sécurité de ces dernières ; la protection de la vie privée et des données est davantage fonction des technologies et des normes sous-jacentes mises en œuvre dans les secteurs axés sur les données (Chander and Lê, 2014 ; Komaitis, 2017 ; Mishra, 2020b). Les cybermenaces sont de nature globale mais peuvent parfaitement avoir une origine purement nationale. Par conséquent, le stockage des données au niveau national ne réduit pas nécessairement la vulnérabilité aux cyberattaques. Il peut même être préjudiciable à la sécurité des données si le pays dans lequel la localisation est imposée dispose d'une infrastructure numérique médiocre. Par contre, des normes strictes en matière de confidentialité et de cybersécurité peuvent contribuer à protéger les données contre les intrusions, quel que soit leur lieu de stockage. En outre, la localisation forcée dans des pays où les gouvernements ont le pouvoir d'exiger un accès indirect aux données facilite la surveillance par les pouvoirs publics. Les données personnelles seront mieux protégées par des normes de cryptage élevées, indépendamment du lieu où les entreprises stockent les données (Chander and Lê, 2014). Les catastrophes naturelles de grande ampleur susceptibles de mettre hors service des serveurs implantés dans des régions spécifiques sont une autre préoccupation sérieuse (Leviathan Security Group, 2015). Enfin, contrairement aux ensembles mondiaux de données combinant des éléments en provenance de plusieurs pays, ceux soumis à localisation et tributaires de restrictions imposées aux flux de données induisent un nouveau risque politique : ils compliquent la détection des schémas d'activités criminelles, notamment de blanchiment d'argent, de financement du terrorisme et de fraude (Chander and Ferracane, 2019 ; GSMA, 2019c).

Les pays dotés d'une solide législation en matière de protection des données seront probablement considérés comme des destinations plus sûres pour les flux sortants, ne serait-ce qu'en raison de l'absence d'approche internationale uniforme de cette protection (d'où la logique de l'adéquation, basée sur la constatation du niveau adéquat de protection). En pratique, une approche d'adéquation peut devenir politisée et nécessite généralement de longues négociations, comme le montre l'exemple récent des pourparlers entre l'Union européenne et le Japon[61]. Par ailleurs, la plupart des pays en développement, notamment les PMA, auront vraisemblablement du mal à négocier un accord d'adéquation avec l'Union européenne ou d'autres pays développés, car ils ne disposent pas du pouvoir économique et des capacités nécessaires pour procéder aux ajustements réglementaires requis (par exemple, l'équivalent du RGPD).

L'application de réglementations relatives aux flux transfrontières de données engendre également des coûts que les pouvoirs publics ont à prendre en compte lors de l'élaboration de leurs dispositions nationales. À titre d'exemple, pour garantir le respect des exigences de localisation figurant dans les législations sur la protection des données, les pays devront consacrer des moyens considérables au contrôle et à l'audit des installations de données de ces prestataires de services. Rares sont les PMA ou autres pays en développement qui disposent de ressources suffisantes pour mener à bien un examen réglementaire aussi approfondi. Ainsi, le Nigéria a imposé plusieurs exigences en matière de localisation des données, mais le gouvernement a rencontré de sérieuses difficultés pour en vérifier la mise en œuvre ou

---

[60] En fait, en réponse à ce scénario, le Réseau ibéro-américain de protection des données a publié en 2019 une déclaration spéciale exprimant sa préoccupation face aux situations de plus en plus fréquentes de manque de soutien institutionnel et budgétaire aux autorités de protection des données par les Gouvernements respectifs. « Declaracióndel XVII EIPD sobre el estado de las AutoridadesIberoamericanas de Protección de Datos », disponible à l'adresse www.redipd.org/sites/default/files/2020-01/declaracion-ripd-estado-autoridades-xvii-encuentro.pdf.

[61] Les négociations entre l'Union européenne et le Japon ont débuté en janvier 2017, et la décision d'adéquation a finalement été prise le 23 janvier 2019, après une période de deux ans. Voir Commission européenne, « La Commission propose de resserrer les règles en matière de respect de la vie privée pour toutes les communications électroniques et actualise les règles relatives à la protection des données pour les institutions de l'UE », disponible à l'adresse https://ec.europa.eu/commission/presscorner/detail/fr/IP_17_16 ; Commission européenne, décision d'exécution (UE) 2019/419 de la Commission du 23 janvier 2019 constatant, conformément au règlement (UE) 2016/679 du Parlement européen et du Conseil, le niveau de protection adéquat des données à caractère personnel assuré par le Japon en vertu de la loi sur la protection des informations à caractère personnel, C/2019/304/, JO L 76, 19 mars 2019.

sanctionner les cas de violation, du fait de l'insuffisance des capacités et des ressources nécessaires pour assurer le contrôle des flux de données[62]. En outre, certains mécanismes contractuels et de certification concernant le transfert transfrontière de données, tels que les règles d'entreprise contraignantes, les clauses contractuelles types et la recherche participative au niveau local de l'Association de coopération économique Asie-Pacifique (APEC), sont inabordables pour les microentreprises, petites et moyennes entreprises et nécessitent de longs délais de traitement (Mattoo and Meltzer, 2018 ; WEF, 2020b), au préjudice des opportunités économiques des petites entreprises axées sur les données dans les pays en développement.

Malgré les difficultés de mise en œuvre des réglementations relatives aux flux de données, elles peuvent s'avérer nécessaires pour des raisons diverses et procurer des avantages spécifiques à certains secteurs ou à certains domaines de gouvernance. À titre d'exemple, certaines dispositions relatives à la localisation des données sont essentielles pour permettre un contrôle réglementaire approprié (en facilitant l'accès immédiat et sans entrave aux données)[63] et à des fins répressives (par exemple les enquêtes sur les infractions pénales nationales). Une étude réalisée par la Commission européenne révèle que plus de la moitié des enquêtes pénales menées dans le monde aujourd'hui nécessitent l'accès à des preuves électroniques transfrontières, d'où une forte augmentation des demandes de données adressées par les autorités nationales aux principales plateformes numériques et sociétés d'hébergement de données[64]. Cette question reste en grande partie irrésolue, car les processus tels que les traités d'entraide judiciaire et les commissions rogatoires[65] nécessitent beaucoup de temps et sont largement dépassés dans le monde numérique. Peu d'initiatives juridiques ont été prises pour répondre aux demandes de données transfrontières, ce qui explique en partie l'adoption de la loi CLOUD par les États-Unis (chap. IV).

Plusieurs réglementations concernant les flux transfrontières visent à garantir que les données qui circulent par-delà des frontières nationales bénéficient du même niveau de protection, de sécurité et de confidentialité que celles qui circulent au plan national. Les pouvoirs publics peuvent veiller à ce que les résidents disposent d'un accès adéquat pour faire valoir les recours nationaux disponibles en cas de violation de données à l'étranger. Ce problème est particulièrement épineux à résoudre pour les PMA et les autres pays en développement dont les moyens d'application sont faibles, même si des contrats ont été valablement conclus entre les consommateurs ou entreprises locales et les entreprises étrangères qui traitent les données personnelles à l'étranger. En l'absence de cadre international contraignant[66], l'application transfrontière des lois sur la protection de la vie privée reste l'un des enjeux particulièrement complexes pour les pays les plus développés dans un monde numériquement interconnecté (Greze, 2019). C'est pourquoi la restriction des transferts de données à caractère personnel peut être considérée par les autorités comme le seul moyen pratique de protéger la vie privée de leurs citoyens en l'absence d'un régime plus complet de protection des données applicable dans l'ensemble des pays concernés (Panday, 2017).

---

[62] Représentant des États-Unis au commerce, « 2020 Investment Climate Statements: Nigeria », disponible à l'adresse https://www.state.gov/reports/2020-investment-climate-statements/nigeria/.

[63] À titre d'exemple, les mémorandums d'accord conclus par l'Autorité monétaire de Singapour avec ses homologues américains et australiens pour garantir l'accès aux données sont intéressants. Voir www.mas.gov.sg/news/media-releases/2000/mas-signs-memorandum-of-understanding-with-the-australian-securities-and-investments-commission--16-may-2000.

[64] Commission européenne, Recommandation de décision du Conseil autorisant l'ouverture de négociations en vue d'un accord entre l'Union européenne et les États-Unis d'Amérique sur l'accès transfrontière aux preuves électroniques à des fins de coopération judiciaire en matière pénale, COM(2019) 70 final, 5 février 2019.

[65] Les commissions rogatoires sont des demandes officielles adressées par une juridiction d'un pays à la juridiction d'un autre pays pour qu'elle fournisse une assistance dans le cadre d'une procédure judiciaire, par exemple en ce qui concerne les éléments de preuve.

[66] À titre d'exemple, l'initiative de l'APEC sur les règles transfrontières de protection de la vie privée, l'un des rares cadres disponibles, est un système entièrement volontaire. Voir APEC, « Cross-Border Privacy Enforcement Arrangement », 2015, disponible à l'adresse www. apec.org/About-Us/About-APEC/Fact-Sheets/APEC-Cross-border-Privacy-Enforcement-Arrangement.

Les considérations de sécurité nationale sont également des sources croissantes d'inspiration des mesures réglementaires en matière de flux transfrontières de données adoptées au plan national. Compte tenu de la forte interdépendance numérique dans le monde d'aujourd'hui, les pays hébergeant les grandes entreprises technologiques et serveurs Internet ont la possibilité d'en retirer des avantages sur le plan de l'information au détriment de leurs concurrents, voire d'exclure certains de ces concurrents des flux de réseaux (Farrell and Newman, 2019:46).Du fait de la domination des géants chinois et américains du numérique et de la multitude de centres de données hyperscale implantés dans ces deux pays (chap. I), les flux de données sont beaucoup plus nombreux à transiter par ces régions que par tous les autres pays (Mueller and Grindal, 2019)[67]. Certains États chercheront probablement à mieux contrôler leurs flux de données nationaux, y compris l'infrastructure physique connexe, les centres de données, les câbles sous-marins et transatlantiques et les points d'échange Internet, ne serait-ce que pour se prémunir contre la surveillance étrangère, réduire leur dépendance vis-à-vis des réseaux étrangers et renforcer leur position dans la gouvernance mondiale d'Internet (Woods, 2018 ; Farrell and Newman, 2019 ; Ciuriak, 2019 ; Bagchi and Kapilavai, 2018 ; Hesselman *et al.*, 2020). Par ailleurs, la localisation des données facilite souvent le recueil de renseignements par les pouvoirs publics (Selby, 2017) et renforce leur contrôle sur les affaires intérieures, une situation considérée comme un avantage réglementaire dans certains pays.

En élaborant des réglementations relatives aux flux de données, il incombe aux pouvoirs publics de réfléchir avec soin au choix de leurs outils et de recourir aux mesures de localisation strictes avec parcimonie (en les limitant par exemple aux secteurs hautement sensibles et en les formulant clairement) afin d'éviter les conséquences économiques, sociales, politiques et technologiques négatives et d'amplifier les avantages réglementaires potentiels. Ainsi, une mesure imposant la localisation de toutes les données personnelles peut être instaurée par les autorités dans le but de surveiller et de persécuter illégalement des dissidents ou des opposants politiques, en violation des normes internationales des droits de l'homme (Freedom House, 2020). En revanche, certains gouvernements peuvent être fondés à restreindre les flux de données à destination d'un pays dont les antécédents en matière de cybercriminalité et de violation de la vie privée sont notoires. En outre, l'analyse coûts-avantages d'une réglementation des flux de données doit tenir compte des coûts engendrés par le contrôle de l'infrastructure des réseaux et des données, en particulier pour les petits pays en développement. L'une des principales craintes est que des réglementations déraisonnablement complexes n'entraînent une charge excessive et ne détournent les ressources de fonctions gouvernementales plus importantes. En outre, comme nous le verrons plus loin, les réglementations sur les données interférant avec l'architecture sous-jacente d'Internet (par exemple les protocoles de routage des données), telles que les mesures de localisation forcée, risquent d'avoir des conséquences extrêmement négatives sur la gouvernance mondiale d'Internet, notamment une amplification des autres dangers liés à la sécurité et la gouvernance des données. Ceux-ci sont particulièrement aigus dans les pays dépourvus d'infrastructure nationale solide en matière de données et de réseaux.

b) *La perspective économique : nécessités et risques liés au développement*

Les réglementations relatives aux flux transfrontières de données peuvent être étroitement liées à des objectifs de développement économique, en particulier dans les pays émergents et en développement. Pour exploiter au mieux les possibilités nationales offertes par les secteurs axés sur les données, les pouvoirs publics prendront en compte divers facteurs, tels que leur niveau de préparation au numérique, leurs capacités technologiques locales, leur infrastructure numérique et réglementaire, la taille de leur marché et l'identification de marchés de niche, grâce auxquels les entreprises nationales émergentes auront plus de chances de réussir que les sociétés étrangères (UNCTAD, 2017 et 2019a).

Des réglementations strictes, telles que des mesures de localisation ou des exigences rigides en matière de transfert de données, peuvent mener à l'inefficacité économique. Un pays en concurrence sur ces marchés aura peut-être besoin d'investir des ressources importantes pour répliquer ou stocker les données dans des centres de données locaux, et restructurer son secteur numérique pour se conformer

---

[67] *Nikkei Asia*, 24 novembre 2020, « China Rises as World's Data Superpower as Internet Fractures », disponible à l'adresse https://asia.nikkei.com/Spotlight/Century-of-Data/China-rises-as-world-s-data-superpower-as-Internet-fractures?utm_source=CSIS+All&utm_campaign%E2%80%A6.

à la législation nationale (Bennett and Raab, 2020 ; Internet Society, 2020c). En Amérique latine, les dispositions relatives à la localisation des données constituent manifestement l'un des principaux freins à la croissance du secteur des technologies financières (Aguerre, 2019). Dans les pays dépourvus d'infrastructures suffisantes, notamment en raison des coûts élevés de l'électricité, les centres de données locaux seront également moins fiables et moins sécurisés et généreront des retombées économiques limitées pour l'économie nationale (Chander and Lê, 2015 ; Leviathan Security Group, 2015) malgré les gains potentiels de la mise à niveau d'autres infrastructures (examinés au chapitre III). En outre, les multinationales seront probablement réticentes à installer leurs centres de données dans des pays ayant des antécédents connus de surveillance illégale ou de pratiques de cybersécurité peu efficaces (Lee, 2018) ou disposant de compétences insuffisantes sur le marché national (Badran, 2018 ; African Union, 2020). Par ailleurs, des études ont montré que les restrictions imposées aux flux transfrontières de données peuvent réduire la productivité et la rentabilité économique dans plusieurs secteurs, dont les industries manufacturières (Bauer *et al.*, 2016). Même les entreprises nationales risquent d'être pénalisées par la localisation, en particulier les petites entreprises tributaires d'installations et de services de stockage de données à des prix compétitifs.

En parallèle, le stockage local de données peut être une solution avantageuse dans certains scénarii, que ce soit en termes de coûts, d'efficacité ou de performances ; pour des applications telles que la veille sanitaire ou les véhicules autonomes, par exemple, un accès immédiat aux données et des temps de réponse extrêmement rapides sont des facteurs essentiels qui peuvent être maîtrisés grâce au stockage local des données (Komaitis, 2017). Un argument similaire peut être avancé pour les solutions logicielles en tant que service dans l'informatique en nuage, où l'accès en temps réel réalisable grâce à des solutions de stockage local améliore sensiblement la qualité des services numériques offerts aux petites entreprises nationales (Kathuria *et al.*, 2019). D'autre part, les coûts de la latence et du haut débit nécessaires à la transmission de volumes massifs de données pour les technologies de nouvelle génération, telles que l'Internet des objets et ses connexions à longue distance, pourraient être sensiblement supérieurs à ceux d'un stockage local des données. Celui-ci pourrait non seulement s'avérer rentable, mais servir aussi d'autres intérêts réglementaires, tels que la réduction de la dépendance à l'égard des services en nuage étrangers et l'amélioration de la garantie de la confidentialité et de la sécurité[68]. Divers arguments d'ordre économique incitent les pays en développement, notamment africains et sud-américains, à privilégier le stockage local des données.

Certaines études ont établi que des restrictions imposées aux flux transfrontières de données favorisent la réussite économique dans des contextes très spécifiques. Ainsi, la Chine a connu un succès retentissant dans le développement de son secteur numérique, qui est dû en partie à ses lois strictes sur la localisation des données, mais aussi à un ensemble de facteurs tels que la taille de son marché, les interventions stratégiques des autorités pour renforcer les investissements dans le secteur numérique, une forte capacité réglementaire et la disponibilité des ressources technologiques. De même, une étude réalisée en Inde a montré qu'en raison de la taille exceptionnelle du marché indien, associée aux nombreuses startups technologiques et à un effectif significatif d'ingénieurs, la localisation des données permettait de réduire la pression exercée par les concurrents étrangers et d'améliorer les opportunités commerciales pour les entreprises nationales. L'étude a cependant aussi révélé que ces mesures ont des conséquences pour les consommateurs, notamment une restriction des choix ainsi qu'une hausse des prix ou une diminution de la qualité des services numériques (Potluri *et al.*, 2020). Une autre étude menée en Inde (Kathuria *et al.*, 2019) a laissé entrevoir que les exigences en matière de localisation des données risquaient d'occasionner des coûts élevés, en particulier pour les communications et les services financiers, car les options nationales ne sont pas aussi efficaces ou rentables que les services en nuage fournis par Amazon et Google. Une partie des coûts de migration vers les centres de données nationaux devrait être répercutée sur les consommateurs. Cela étant, avec l'ouverture d'un plus grand nombre de centres de données en Inde par des entreprises étrangères, la qualité des services en nuage disponibles pour les entreprises indiennes avait des chances de s'améliorer à l'avenir.

---

[68]   Voir « What is edge computing and why it matters », 13 novembre 2019, disponible à l'adresse
https://www.networkworld.com/article/3224893/what-is-edge-computing-and-how-it-s-changing-the-network.html.

Lors de l'élaboration de réglementations relatives aux flux de données, les pays s'attacheront à déterminer les cadres les plus adaptés à leurs besoins en matière de développement numérique. À cet égard, les modèles de développement numérique chinois et indiens peuvent ne pas convenir à d'autres pays en développement et PMA, dont les marchés, les capacités numériques et la capacité réglementaire sont limités. À titre d'exemple, les MPME des petits pays en développement auront plus de possibilités d'évolution en recourant aux plateformes numériques et services en nuage internationaux qu'en concevant des solutions locales (Chen *et al.*, 2019). En Amérique latine, plusieurs responsables politiques et chefs d'entreprise ont reconnu avoir de meilleures chances de tirer parti de l'économie numérique en intégrant leurs petites et moyennes entreprises (PME) dans la chaîne d'approvisionnement mondiale, plutôt qu'en mettant en place des licornes numériques nationales au moyen de mesures protectionnistes (Aguerre, 2019). En outre, et tout particulièrement sur les petits marchés, les ensembles de données extrêmement localisés ne permettront pas de créer des produits de qualité en matière de mégadonnées ou d'intelligence artificielle, qui, par nature, dépendent du volume, de la vitesse et de la variété des données[69]. Sur ces marchés restreints, les tentatives des autorités pour créer des champions locaux des données en imposant des restrictions aux flux de données risquent de nuire aux consommateurs et de se solder par une baisse de la qualité et de la fonctionnalité des produits et services numériques locaux (Potluri *et al.*, 2020 ; Aguerre, 2019). Au final, sur les petits marchés dotés de politiques strictes de localisation des données assorties d'une gouvernance et d'infrastructures médiocres, certaines entreprises étrangères choisiront de se détourner du pays afin d'éviter les risques et les coûts liés à la réglementation (WEF, 2020b).

En revanche, les pays optant pour des législations rigoureuses en matière de protection des données, sans restriction déraisonnable ou irréaliste imposée aux flux transfrontières, se révéleront plus attrayants pour les entreprises étrangères (Kuner, 2013). S'ils jouissent en plus d'une solide réputation en matière d'infrastructures réglementaires, notamment s'ils proposent des environnements commerciaux dignes de confiance, ils bénéficieront de flux de données plus importants et, à terme, auront accès à de meilleures données (Open Data Institute, 2019b ; Chen *et al.*, 2019). De surcroît, des politiques strictes de localisation des données et des réglementations complexes en matière de données, visant à limiter le pouvoir des géants mondiaux de la technologie, risquent en fait d'être plus faciles à respecter pour ces grandes sociétés que pour les petites entreprises aux ressources limitées (Christakis, 2020). Ce paradoxe est parfaitement illustré par l'incapacité de nombreuses MPME à opérer dans l'Union européenne en raison de la complexité des exigences de conformité réglementaire du RGPD (Martin *et al.*, 2019). En matière de données, il est judicieux que les pouvoirs publics s'efforcent d'éviter les réglementations susceptibles de nuire à la croissance des petites entreprises ou de porter atteinte aux intérêts des consommateurs dans leurs économies nationales.

Cependant, il conviendrait en parallèle que les pays en développement restent libres d'adopter des interventions appropriées pour favoriser leur croissance numérique nationale, améliorer leurs capacités en matière de données et faciliter un développement numérique inclusif. Cela permettrait de garantir aux acteurs nationaux un accès équitable aux données, ainsi qu'une répartition équitable des gains au sein de leurs économies nationales. Les autorités pourraient ainsi favoriser le développement d'entreprises locales jouissant d'un avantage concurrentiel dans certains secteurs axés sur les données (par exemple, la capacité de fournir des solutions personnalisées en fonction de la langue ou des préférences culturelles), ou encourager les investissements dans les capacités nationales afin de faciliter les technologies numériques de prochaine génération. De même, certains États envisageront peut-être d'imposer des taxes numériques aux entreprises étrangères qui exploitent les données de leurs citoyens ou de garantir un accès équitable aux données et leur interopérabilité grâce à des lois pertinentes sur la concurrence, afin d'améliorer la position concurrentielle des acteurs nationaux.

---

[69] Le volume, la rapidité et la variété sont les qualités des données les plus souvent citées dans la littérature. Voir, par exemple, ZdNet, 21 mars 2018, « Volume, velocity, and variety: Understanding the three V's of big data ». Toutefois, de nombreuses autres qualités ont été mises en évidence en ce qui concerne les données ; voir, par exemple, Kitchin and McArdle (2016) ; Arockia et al. (2017).

c) La perspective technologique : implications pour la gouvernance mondiale des données

La gouvernance des flux transfrontières de données est indissociable de la gouvernance mondiale des données et d'Internet. Les entreprises qui stockent et traitent des données sur des serveurs répartis dans le monde entier en retirent divers avantages technologiques, notamment une meilleure protection contre les pertes de données et le piratage, ainsi que la garantie d'un accès rapide à ces données, grâce par exemple à des caches périphériques stockant les contenus au plus près des utilisateurs finaux[70]. Les flux transfrontières de données facilitent également le respect des normes internationales fondamentales en matière de droits humains, notamment la liberté d'expression et l'accès aux données (Taylor, 2020). Les experts de la communauté Internet ont exprimé leurs inquiétudes, s'agissant entre autres des mesures autoritaires de localisation qui risquent de nuire à la résilience et aux performances des réseaux Internet (qui n'ont pas été construits pour s'aligner sur les frontières territoriales), d'affecter l'intégrité des protocoles sous-jacents (par exemple pour le routage et le transfert des données) et d'entraver l'ouverture et l'accessibilité universelle inhérentes à Internet. (Internet Society, 2020c ; Komaitis, 2017 ; Drake *et al.*, 2016). En outre, comme indiqué au chapitre IV, la fragmentation grandissante d'Internet et du numérique, fruit de l'absence de consensus mondial sur la manière de régir les flux de données, des tensions technologiques entre les grandes puissances numériques telles que les États-Unis et la Chine, et des modèles réglementaires contradictoires relatifs aux flux de données, sera particulièrement préjudiciable aux pays en développement et aura un impact négatif sur leur bien-être et leur croissance économiques dans les années à venir.

Le tableau V.2 résume les objectifs et les risques liés aux différents types de réglementation des flux transfrontières de données du point de vue réglementaire, économique et de la gouvernance mondiale des données.

En conclusion, les autorités auront à évaluer soigneusement les avantages et les coûts potentiels de la réglementation des flux transfrontières de données. En la matière, les pays sont amenés à répondre à des motivations politiques diverses et variées, dont la protection des intérêts vitaux des citoyens, y compris leur vie privée, et la garantie de la sécurité des flux de données. Certains considèrent que la réglementation des données est un outil puissant permettant de stimuler le développement économique, de créer des opportunités concurrentielles pour les acteurs nationaux et d'assurer une répartition équitable des gains au sein du pays. D'autres estiment que ces réglementations sont indispensables en raison de l'absence de mécanismes internationaux adéquats pour l'application transfrontière des lois sur la protection de la vie privée et des données. Enfin, en fonction de contextes politiques et socioculturels spécifiques, certains États choisissent de réglementer strictement les flux transfrontières de données pour assurer la sécurité nationale ou maintenir un plus grand contrôle politique à l'intérieur des frontières. En l'absence d'un consensus international suffisant sur un cadre réglementaire global relatif aux flux de données, de nombreux pays sont contraints d'adopter des règles et des politiques restrictives pour remédier aux défaillances du marché de l'économie numérique et protéger leurs intérêts économiques et politiques nationaux. À long terme, le défaut et l'excès de réglementation des flux transfrontières de données aboutissent tous deux à des résultats peu satisfaisants. C'est pourquoi le dialogue international et l'élaboration de politiques sur les flux de données restent hautement souhaitables pour trouver des options politiques favorables au développement.

---

[70] *Lawfare*, 22 mai 2017, « Where Is Your Data, Really? The Technical Case Against Data Localization », disponible à l'adresse https://www.lawfareblog.com/where-your-data-really-technical-case-against-data-localization.

Tableau V.2. Objectifs et risques liés aux restrictions des flux transfrontières de données

Objectifs	Risques
Assurer la protection et la confidentialité des données	Renforcer l'incertitude économique
Réduire les risques liés à la sécurité des données et protéger les données publiques essentielles contre les intrusions étrangères	Augmenter les coûts de mise en conformité pour les entreprises, un aspect particulièrement délicat pour les microentreprises, petites et moyennes entreprises
Créer un ou deux champions locaux des données dans les grands pays (même s'ils risquent de ne pas être toujours suffisamment compétitifs)	Engendrer pour les autorités de régulation un coût potentiellement important lié au contrôle et à l'application
Faciliter le traitement des plaintes contre les entreprises étrangères dans le cadre de la législation nationale, par ex. en vertu des lois sur la protection des données pour violation de la vie privée des utilisateurs	Augmenter les prix à la consommation et/ou réduire le choix des consommateurs sur les marchés moins concurrentiels, y compris pour les entreprises nationales
Permettre une surveillance réglementaire renforcée dans les secteurs sensibles	Faciliter éventuellement la surveillance illégale par les autorités et la violation des droits individuels à la vie privée
Faciliter l'accès aux données des instances de régulation à des fins d'application de la loi	Perdre des données à l'occasion de catastrophes naturelles, si la localisation des données est obligatoire
Réduire la dépendance à l'égard des réseaux et services étrangers et répondre aux préoccupations en matière de souveraineté numérique	Rendre difficile la détection des fraudes, par exemple pour les services de paiement électronique
Réduire les coûts de latence et de bande passante liés à la transmission de données sur de longues distances	Nuire potentiellement à l'architecture et restreindre l'interopérabilité de l'Internet
	Faire peser une charge excessive sur les PMA (par exemple, en cas de réglementations trop complexes)
	Créer un faux sentiment de confiance et de sécurité dans l'écosystème national

Source : CNUCED.

C. ÉTAT DES LIEUX DES RÉGLEMENTATIONS NATIONALES RELATIVES AUX FLUX TRANSFRONTIÈRES DE DONNÉES

À partir de l'examen des cadres réglementaires nationaux relatifs aux flux transfrontières de données, cette section classe les pays analysés dans ce chapitre d'après leur niveau de restrictivité globale (en tenant compte à la fois de la portée et du niveau de détail des mesures réglementaires). Elle formule ensuite quelques réflexions générales sur les tendances réglementaires en matière de flux transfrontières de données.

1. Le spectre réglementaire pour les flux transfrontières de données

L'éventail des réglementations applicables aux flux transfrontières de données, en partant du niveau de restrictivité le plus bas, comprend les approches suivantes :

- *L'approche modérée*, dans laquelle toutes les données, y compris celles à caractère personnel, circulent librement au niveau international, assortie d'exigences réglementaires minimales (le cas échéant). Cette option correspond à des restrictions minimales des flux transfrontières de données, à savoir la libre circulation. Les États-Unis sont les défenseurs historiques de cette approche, étant entendu que d'autres pays tels que le Mexique, l'Australie et Singapour suivent plus ou moins la même démarche. Cela étant, les pays partisans d'une approche modérée ont malgré tout possibilité d'imposer certaines restrictions exceptionnelles aux flux transfrontières de données, par exemple pour des secteurs sensibles comme la défense ou la santé ;

- *L'approche réglementaire prescriptive* impose aux flux transfrontières de données des exigences de conformité rigoureuses, notamment dans la législation nationale relative à la protection des données et la vie privée. Les pays de cette catégorie sont essentiellement concentrés sur les données à caractère personnel. Cette approche se situe au centre du spectre réglementaire et comporte généralement des exigences de transfert conditionnel. L'Union européenne en est l'exemple le plus connu. Comme évoqué précédemment, plusieurs autres pays ont commencé à imposer des exigences strictes pour les transferts transfrontières de données personnelles dans leurs législations relatives à la protection des données et la vie privée ;

- *L'approche réglementaire restrictive* implique une interdiction totale ou partielle des flux transfrontières de données pour des raisons de sécurité publique, de sécurité nationale et de contrôle absolu sur l'Internet national, y compris pour les données auxquelles les citoyens ont accès et qu'ils produisent. Cette notion est souvent appelée « souveraineté des données » ;

- Enfin, certains pays adoptent une *approche défensive*, soulignant l'impact économique inéquitable d'une transformation numérique mondiale sans entrave et instaurant les mesures réglementaires nécessaires pour permettre de tirer de l'économie numérique des gains économiques nationaux significatifs, dans les secteurs où le pays et ses habitants sont maîtres de leur avenir et de leur développement numériques (Jain and Gabor, 2020). Les approches restrictive et défensive sont toutes deux axées sur des règles de localisation, bien que leurs motivations soient très différentes.

La différence entre les approches défensive, restrictive et prescriptive n'est pas toujours évidente dans la pratique ; à titre d'exemple, avec une capacité réglementaire accrue et dans le but de protéger les données à caractère personnel, les pays émergents peuvent opter pour l'imposition d'exigences prescriptives plus strictes, en lieu et place de mesures de localisation. En outre, certaines exigences de conformité très prescriptives s'apparentent en fait à une approche restrictive lorsque ces flux sont en grande partie interdits. De même, certains pays adoptant une approche défensive pour maximiser les gains économiques caressent peut-être aussi l'espoir d'en retirer un contrôle politique sur les données nationales et vice versa. Enfin, les partisans de l'approche modérée sont en droit d'imposer des exigences de localisation dans les secteurs sensibles.

Toutes ces approches ont généralement trait à des types spécifiques de mesures réglementaires, et reposent sur leur degré de restrictivité. Elles peuvent donc être alignées sur les types de mesure(s) correspondants, comme le montre la section suivante.

2. Positionnement des réglementations relatives aux flux transfrontières de données sur le spectre réglementaire

Cette section illustre la manière dont les cadres réglementaires relatifs aux flux transfrontières de données sont mis en œuvre dans le monde entier. Le tableau V.3 en propose une synthèse, en situant les différents pays sur l'échelle réglementaire en fonction de l'évaluation des lois, réglementations et politiques nationales pertinentes régissant ces flux. S'agissant de l'approche prescriptive au centre du spectre, le tableau établit une distinction entre les pays imposant des exigences conditionnelles souples ou intermédiaires pour les flux transfrontières de données (ce qui les rend moins prescriptifs ; voir le côté droit du spectre) et ceux imposant des exigences conditionnelles strictes (ce qui les rend plus prescriptifs ; voir le côté gauche du spectre). En outre, les approches défensive et restrictive sont placées à l'extrémité gauche de l'éventail puisqu'elles reposent principalement sur des mesures de localisation ; toutefois, l'approche spécifique de chaque pays est indiquée dans le tableau par souci de clarté.

Seuls quelques rares pays ont opté pour une approche modérée ou restrictive/défensive en matière de flux transfrontières de données et la plupart des pays figurant dans le tableau V.3 a opté pour une forme de cadre réglementaire prescriptif. Ces derniers sont originaires de plusieurs régions et affichent des niveaux de développement variés : Algérie, Argentine, Bahreïn, Bélarus, Brésil, Colombie, Côte d'Ivoire, Israël, Malaisie, Tunisie et Union européenne, pour n'en citer que quelques-uns. Dans ces pays, les réglementations intègrent des obligations de conformité pour les transferts transfrontières de données (généralement pour les données à caractère personnel) mais sans interdire intégralement les flux.

Tableau V.3. État des lieux des réglementations relatives aux flux transfrontières de données				
Localisation stricte des données	Localisation partielle des données	Transfert conditionnel : strict	Transfert conditionnel : intermédiaire/souple	Libre circulation des données
Approche restrictive (R) ou défensive (D)		Approche prescriptive		Approche modérée
Arabie saoudite (R)	Afrique du Sud	Azerbaïdjan	Australie	
Chine (R)	Algérie	Bahreïn	Canada	
Fédération de Russie (R)	Argentine	Bélarus	États-Unis	
Inde (D)	Arménie	Émirats arabes unis	Mexique	
Indonésie (R/D)	Brésil	Ghana	Philippines	
Kazakhstan (R)	Colombie	Japon	Singapour	
Nigéria (R)	Côte d'Ivoire	Kirghizistan		
Pakistan (R/D)	Égypte	Nouvelle-Zélande		
Rwanda (D)	Géorgie	République de Corée		
Turquie (R)	Israël			
Viet Nam (R)	Kenya			
	Malaisie			
	Maroc			
	Pérou			
	Royaume-Uni			
	Suisse			
	Thaïlande			
	Tunisie			
	Ukraine			
	Union européenne			

Source : CNUCED.
Note : La lista de normativas examinadas figura en el anexo en línea del capítulo V (disponible en https://unctad.org/system/files/official-document/der2021_annex2_en.pdf).

Ces exigences peuvent aller de très contraignantes à modérément contraignantes, en fonction des intérêts et des objectifs réglementaires spécifiques de chaque pays, de l'adoption d'une approche d'adéquation stricte (couplée à des dérogations limitées), de mécanismes contractuels ou de certification approuvés pour les transferts transfrontières de données, de l'exigence d'une évaluation réglementaire des transferts de données au cas par cas, de l'obligation de recueillir le consentement (explicite ou implicite) des personnes concernées avant le transfert de données, de considérations juridiques (par exemple, le respect de la législation nationale ou d'un traité international) ou de la volonté de protéger des intérêts publics vitaux. Il est à noter que la majorité des cadres réglementaires prescriptifs concerne les données à caractère personnel, mais comme susmentionné, ces réglementations peuvent avoir une application potentiellement très large, car les ensembles de données contiennent quasiment tous ne serait-ce que quelques données personnelles identifiables. Malgré l'absence de consensus international sur la protection des données et la vie privée, plusieurs pays adoptent ou mettent à jour une législation sur la protection des données en suivant certains principes communs, notamment ceux du RGPD[71].

---

[71] Sur les 120 pays n'appartenant pas à l'Union européenne, 67 ont adopté une législation proche du RGPD (Srikrishna Committee Report, 2018).

Le tableau V.3 laisse transparaître certaines autres tendances en matière de réglementation. D'abord, seuls quelques rares pays ont adopté une approche modérée. Il s'agit principalement de ceux disposant d'un environnement réglementaire solide et de ressources suffisantes pour contrôler le respect des lois nationales, notamment par les grandes entreprises étrangères. En outre, des États tels que l'Australie, Singapour et le Canada sont traditionnellement ouverts et libéraux, et on peut donc logiquement s'attendre à ce qu'ils adoptent une approche modérée des flux transfrontières de données. L'approche modérée des Philippines peut s'expliquer par la dépendance de son économie à l'égard du secteur de la sous-traitance. Enfin, en tant que première puissance numérique et fervent défenseur d'un Internet libre et ouvert, les États-Unis privilégient également une telle approche.

Deuxièmement, l'approche restrictive, retenue par la Chine et la Fédération de Russie depuis le début du siècle, gagne en popularité dans d'autres pays en développement, dont la Turquie, le Viet Nam, le Kazakhstan et le Pakistan. Dans ces États, la protection des données est généralement motivée par la sécurité des données et des informations plutôt que la protection du droit des personnes à la vie privée. Le contexte politique et socioculturel spécifique est généralement sous-jacent dans l'approche restrictive. À titre d'exemple, dans les pays moins démocratiques, la tendance est habituellement au renforcement du contrôle souverain sur les activités des citoyens, dont les contenus disponibles sur l'Internet, et l'expression des idées en ligne (Freedom House, 2020a)[72]. Cette forme de réglementation des données a suscité de vives inquiétudes au sein de la communauté internationale, notamment en termes de droits de l'homme.

Enfin, certaines puissances numériques émergentes, en particulier l'Inde, semblent adopter une approche défensive. Bien que plusieurs réglementations en matière de données puissent indirectement bénéficier au secteur national (en rendant par exemple le traitement des données à l'étranger plus ardu), la majorité des pays n'imposent pas de restrictions aux flux de données dans le but premier de protéger leur secteur national de la concurrence étrangère. Ces politiques restrictives peuvent s'avérer efficaces dans certains contextes, mais elles ne constituent pas une solution miracle pour tous les pays en développement. En effet, certains ne disposent pas des capacités suffisantes pour créer des plateformes numériques locales de qualité et ont donc intérêt à adopter des réglementations facilitant les transferts transfrontières de données sécurisés et respectueux de la vie privée. Cette démarche permet à leurs entreprises locales d'accéder aux services fournis par des plateformes numériques étrangères. La conception de ces réglementations est fortement inspirée par la culture et les ressources réglementaires du pays, la création de valeur locale requise par l'économie numérique et d'autres considérations, telles que la connectivité numérique et l'interdépendance avec les marchés numériques mondiaux.

Enfin, les pays peuvent changer d'optique au fil du temps : avec de meilleures ressources réglementaires, un pays ayant adopté une approche « défensive » peut opter au fil du temps pour une approche « prescriptive » afin de minimiser les pertes économiques et mieux s'intégrer à l'économie numérique mondiale. De même, des pays dénués de réglementation des flux transfrontières de données ou dotés d'une réglementation minimale auront peut-être à cœur de moderniser leurs législations pour adopter des approches plus prescriptives, défensives ou restrictives à la lumière de leurs besoins économiques et politiques.

D. CONCLUSION

Les pays régissent les flux transfrontières de données en réponse à de multiples préoccupations politiques dans divers domaines et cherchent habituellement à obtenir des résultats en fonction d'une combinaison complexe de facteurs nationaux et internationaux. Souvent, ces flux sont réglementés à des fins légitimes de souveraineté nationale reposant sur les concepts de protection des citoyens, de sécurité nationale et de promotion du développement économique national. Mais la situation varie en fonction des pays et de leurs priorités. Les réglementations des flux transfrontières peuvent aussi s'intégrer dans d'autres

---

[72] Voir sur un plan général l'Assemblée générale des Nations Unies, Rapport du Rapporteur spécial sur la promotion et la protection du droit à la liberté d'opinion et d'expression (A/HRC/38/35) ; Human Rights Watch, 23 avril 2020, « Vietnam: Facebook, Pressured, Censors Dissent », disponible à l'adresse https://www.hrw.org/news/2020/04/23/vietnam-facebook-pressured-censors-dissent.

types de législations et de dispositions. Les exemples de réglementations nationales relatives aux flux transfrontières de données évoqués dans le présent chapitre englobent les législations relatives à la protection des données, les lois, réglementations et politiques en matière de cybersécurité, les dispositions législatives et réglementaires relatives à Internet, les réglementations relatives au matériel informatique et aux logiciels, les lois relatives aux marchés publics, à la protection des secrets d'État, à l'impôt sur le revenu, les lois et règlements relatifs aux sociétés et à la comptabilité, au commerce électronique et au développement numérique, ainsi que les stratégies en matière de données. Dans la mesure où différents domaines politiques sont concernés, une réglementation cloisonnée peut ainsi conduire à des mesures incohérentes prises par des ministères de tous horizons. D'où l'intérêt d'adopter une approche pangouvernementale à l'égard de la gouvernance des flux transfrontières de données.

Pour évaluer la pertinence des différents cadres réglementaires de leur pays, les responsables politiques devront prendre en compte plusieurs facteurs de manière holistique. Au niveau national, il s'agira de leur situation économique, leurs préférences politiques et socioculturelles, leurs capacités réglementaires nationales, ainsi que leur niveau de développement technologique. Sous l'angle transnational ou mondial, ils examineront la politique étrangère qu'ils souhaitent mener, notamment leurs relations et engagements commerciaux à l'international, leur degré d'intégration dans l'économie numérique mondiale et, plus largement, l'architecture distribuée d'Internet et la nature globale de plusieurs enjeux politiques liés à Internet. Au final, le modèle de réglementation approprié pour chaque pays reste un choix politique complexe. Cet exercice d'équilibre holistique est particulièrement utile pour les pays en développement, pour leur permettre de maximiser les avantages potentiels à tirer de l'économie numérique et d'assurer un bien-être optimal à leurs citoyens.

Ensemble, les chapitres IV et V ont montré que les cadres réglementaires nationaux relatifs aux flux transfrontières de données sont d'une grande diversité et qu'ils évoluent rapidement avec la dématérialisation croissante de l'économie mondiale. La multiplicité des approches, des mesures et des motivations rend ardue la recherche de modèles de réglementation. Il est possible de s'y risquer en se fondant sur les motivations et les caractéristiques économiques des États. Parmi les pays développés, une grande nation, les États-Unis, héberge des plateformes numériques mondiales dotées d'un fort pouvoir de marché et favorise la libre circulation transfrontière des données, afin de tirer un bénéfice maximum des données collectées dans le cadre des activités à l'échelle mondiale de ses géants du numérique. Les pays développés plus petits, dont les marchés intérieurs sont insuffisants pour tirer profit des restrictions, ont tendance à favoriser la libre circulation transfrontière des données. L'Union européenne fait figure de cas particulier : elle a pris le parti de privilégier la protection de la vie privée et des données. Parmi les pays en développement, ceux dotés d'un vaste marché intérieur optent pour la localisation des données afin de promouvoir le développement de leur propre économie numérique. Dans le cas de la Chine, les motivations de sécurité nationale jouent un rôle majeur. Pour les autres pays en développement d'envergure plus réduite, le tableau est mitigé. La localisation des données ne sera probablement pas une solution appropriée, compte tenu de la faible envergure de leurs marchés, alors que la libre circulation transfrontalière des données implique de céder une ressource nationale sans contrepartie.

Cette multiplicité des approches s'explique par l'absence de cadre politique international dans les domaines clefs de la réglementation des données (dont la protection de la vie privée et des données, la cybersécurité et la réglementation des contenus en ligne) et par les préoccupations liées à la répartition équitable des bénéfices de l'économie numérique. De plus, les préférences politiques, culturelles et économiques propres à chaque pays, associées à son niveau de développement technologique et numérique, pèsent sur la conception des réglementations nationales des flux transfrontières de données. Ainsi, un pays aux fortes valeurs communautaires attribuera à la vie privée une signification autre qu'un pays très axé sur la vie privée individuelle ; ces perspectives différentes risquent de conduire à une approche contrastée dans la réglementation des flux transfrontières de données à caractère personnel. De même, des secteurs tels que la santé, l'administration publique ou la finance, sont considérés comme plus sensibles dans certains pays que dans d'autres, d'où une réglementation plus stricte. Enfin, des pays occupent une position optimale pour développer leur secteur numérique national par le biais de politiques

industrielles ciblées et seront de ce fait enclins à imposer des restrictions dans les secteurs où ils estiment disposer d'un avantage concurrentiel.

Cependant, si le poids économique croissant des données pour le développement s'est traduit par un renforcement de la réglementation des flux transfrontières de données, principalement sous la forme de mesures de localisation des données dont les avantages ne sont pas forcément évidents, rares sont les pays qui disposent en fait de stratégies appropriées pour développer leur économie numérique et exploiter leurs données au niveau national. L'initiative *Digital India* est une exception notable, tout comme le nouveau projet de politique nationale relative aux données et le cloud de l'Afrique du Sud. Comme évoqué au chapitre III, l'accès aux données est une condition nécessaire mais pas suffisante pour assurer le développement ; il doit s'accompagner de la consolidation des capacités nationales afin de transformer les données en informations numériques monétisables ou utilisables à des fins sociales.

> Les réglementations relatives aux flux transfrontières de données sont censées établir un juste équilibre entre les besoins propres au pays en matière de développement numérique, ses capacités réglementaires et technologiques, et diverses considérations externes.

Compte tenu de la diversité des considérations qui influent sur la réglementation des flux transfrontières de données, la transposition sans discernement de modèles réglementaires de gouvernance des données des pays développés vers les pays en développement, et même d'un pays en développement vers un autre, ne produira probablement pas de résultats satisfaisants. Au contraire, les circonstances spécifiques de chaque pays jouent un rôle essentiel dans la détermination du mode de réglementation de ces flux. Il est donc peu judicieux de prôner l'adoption de politiques de localisation strictes et généralisées, qui peuvent s'avérer inefficaces d'un point de vue économique et technologique, ou encore la libre circulation des données sans garanties suffisantes en matière de respect de la vie privée et de sécurité, et sans prendre dûment en considération les questions de développement économique et de répartition équitable des bénéfices de l'économie numérique. En outre, les autorités nationales doivent être en mesure de choisir des cadres réglementaires prescriptifs (comme dans leurs législations nationales dans les domaines de la protection des données et de la cybersécurité) en fonction de leurs capacités réglementaires spécifiques et des exigences de leur politique intérieure.

Dans le scénario idéal, la réglementation relative aux flux transfrontières de données est censée établir un juste équilibre entre les besoins propres au pays en matière de développement numérique, ses capacités réglementaires et technologiques et diverses considérations externes, telles que les possibilités offertes au pays pour intégrer l'économie numérique mondiale et incorporer les normes et solutions politiques pertinentes pour résoudre les problèmes mondiaux de politique Internet, y compris les préoccupations transnationales en matière de confidentialité en ligne et de cybersécurité. Compte tenu de la pertinence des objectifs politiques qui sous-tendent la plupart des réglementations relatives aux flux transfrontières de données, une approche toute faite semble à la fois irréaliste et peu souhaitable. Il est important pour tous les pays de chercher, tant individuellement que collectivement, les outils les plus efficaces et équitables, et les moins perturbateurs, pour réglementer les flux transfrontières de données. En outre, la nature dynamique de l'économie numérique fondée sur les données exige que tous (pays développés et en développement) réévaluent en permanence leurs choix politiques en matière de flux transfrontières, afin de trouver un équilibre optimal entre la promotion du développement économique national, la protection des intérêts vitaux de politique publique et la garantie d'un écosystème numérique mondial intégré. À cet égard, un instrument politique international de haut niveau relatif aux flux transfrontières de données pourrait guider les pays et contribuer à une meilleure adéquation de leurs cadres réglementaires respectifs, tout en renforçant la confiance, l'interconnectivité et l'interopérabilité dans l'écosystème

numérique mondial. Cela étant, comme nous le verrons dans le chapitre à venir, les cadres réglementaires régionaux et internationaux n'ont pas réussi à relever le défi consistant à faciliter les flux transfrontières de données assortis d'un partage équitable des gains de développement économique, tout en répondant de manière appropriée aux préoccupations en matière de respect de la vie privée, de protection des droits de l'homme et de sécurité nationale.

> Un instrument politique international de haut niveau relatif aux flux transfrontières de données pourrait guider les pays et contribuer à une meilleure adéquation de leurs cadres réglementaires respectifs, tout en renforçant la confiance, l'interconnectivité et l'interopérabilité dans l'écosystème numérique mondial.

La recrudescence des flux transfrontières de données a suscité un intérêt accru de la part des pouvoirs publics désireux de compléter leur législation nationale par des engagements aux niveaux régional et international. À ce jour, cependant, il a été difficile de dégager un consensus reflétant les différentes priorités et positions des pays. Même parmi les membres du G20, les points de vue divergent, tant sur le fond que sur la forme.

Les discussions régionales et internationales sur les flux de données portaient initialement sur la nécessité impérieuse de préserver la vie privée, mais plus récemment les préoccupations ont évolué et l'accent porte désormais davantage sur le secteur du commerce. Un nombre croissant d'accords commerciaux bilatéraux et régionaux contiennent désormais des clauses relatives aux données et au commerce numérique, et des négociations sont en cours au sein de l'Organisation mondiale du commerce, dans le cadre de l'Initiative conjointe sur le commerce électronique. Le présent chapitre met en avant le fait que les approches internationales et régionales de la réglementation des flux transfrontières de données sont soit trop étriquées et concentrées uniquement sur des aspects tels que le commerce ou la vie privée, soit trop circonscrites géographiquement, comme dans le cas des approches régionales. Pour aborder les flux de données de manière globale et multidimensionnelle, les règles mondiales dans ce domaine devront aller au-delà de l'aspect purement commercial et tenir compte des dimensions économiques et non économiques des données.

APPROCHES RÉGIONALES ET INTERNATIONALES DE LA RÉGLEMENTATION DES FLUX TRANSFRONTIÈRES DE DONNÉES

VI

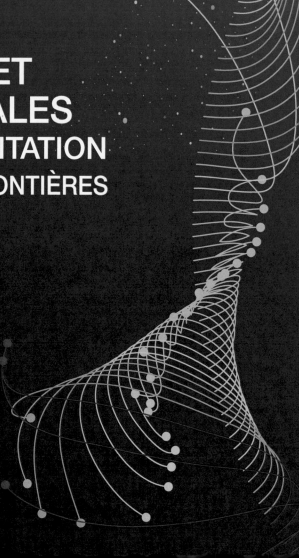

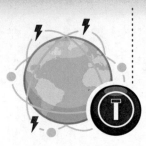

Au niveau international, une attention accrue est portée à la gouvernance des données. Mais les **divergences de vues et de positions** sur leur réglementation ont conduit le débat politique international sur les flux transfrontières de données dans une impasse

Les flux transfrontiè
de données ne sont p
des échanges comme
et doivent être régis de ma
globale, en tenant compte
de l'ensemble des dimensi

Accords internationaux et régionaux
traitant des flux de données

Régime commercial

Multilatéral

○ OMC/Initiative conjointe sur le commerce électronique

Bilatéral

Divers accords bilatéraux de libre-échange et de partenariat économique

Autres

○ Accord de partenariat transpacifique global et progressiste

○ Partenariat économique global régional

○ Accord sur le commerce des services (ACS)

○ Alliance du Pacifique

○ Accord Canada-États-Unis-Mexique

Autres accords et initiatives

○ Lignes directrices de l'OCDE sur la protection de la vie privée et les flux transfrontières de données de caractère personnel

○ Principes de l'OCDE pour l'élaboration des politiques d'Internet

○ Conventions 108 et 108+ du Conseil de l'Europ

○ Initiatives de l'Association de coopération économique Asie-Pacifique concernant la protection de la vie privée

○ Cadres liés aux données de l'ASEAN (Association des nations de l'Asie du Sud-Est

○ Convention de Malabo de l'Union africaine

○ Accord de partenariat sur l'économie numériqu

○ Réseau ibéro-américain de protection des données

○ Plan d'action dans le domaine du numérique pour l'Amérique latine et les Caraïbes

○ G20 : Libre circulation des données en toute confiance

Les cadres réglementaires régionaux et internationaux actuels pâtissent généralement d'un champ d'application trop étroit ou d'une envergure géographique étriquée, ne permettant pas une circulation transfrontière des données accompagnée d'un partage équitable des gains de développement économique tout en minimisant les risques

UN NOUVEAU CADRE RÉGLEMENTAIRE EST INDISPENSABLE

- **Il doit être repensé dans l'objectif de trouver une solution intermédiaire**

- **Et prendre en compte les dimensions tant économiques que non économiques**

Quel est le forum international le plus approprié pour favoriser le développement d'une gouverna mondiale des données ?

A. INTRODUCTION

Comme indiqué dans le chapitre précédent, la multiplication des réglementations nationales en matière de données traduit les tentatives des autorités de réaliser divers objectifs politiques. En même temps, ces dispositions sont souvent en opposition avec la nature globale d'Internet et de l'économie numérique, pour lesquels des transferts fluides de données par-delà les frontières sont essentiels. La prolifération d'approches nationales différentes de la réglementation des flux transfrontières de données risque de contribuer à la fragmentation d'Internet, d'impacter son bon fonctionnement (chap. IV) et de restreindre les avantages potentiels du partage des données en termes de développement. Pour contrecarrer ces tendances, plusieurs acteurs ont lancé des appels en vue de l'instauration de mécanismes adéquats de coordination internationale des réglementations des flux de données (Leblond and Aaronson, 2019 ; Fay, 2019 ; Meltzer, 2019 ; voir aussi chap. VII). Mais à ce jour, aucun accord n'est intervenu quant au forum le plus adapté pour élaborer cette gouvernance, ni sur le type de règles et de mise en œuvre que cette gouvernance nécessitera. Certains aspects des flux de données ont été abordées dans divers forums bilatéraux, régionaux et multilatéraux.

Les débats consacrés aux flux de données ont débuté dans les années 1970 et portaient essentiellement sur la problématique de la protection de la vie privée. Les premiers résultats intergouvernementaux ont été obtenus en 1980 avec les Lignes directrices de l'OCDE sur la protection de la vie privée et les flux transfrontières de données de caractère personnel[1], suivies en 1981 par la Convention 108 du Conseil de l'Europe. Depuis lors, les flux de données ont été régulièrement inscrits à l'ordre du jour international, notamment par le Groupe de travail des Nations Unies sur la gouvernance de l'Internet créé en 2004, et plus récemment dans le contexte du commerce international.

Ce chapitre fait le point sur les évolutions régionales et internationales de la réglementation des flux transfrontières de données et insiste sur leurs implications pour les pays en développement. Les débats et réglementations à l'échelle internationale se sont récemment focalisés sur le sujet dans le contexte du programme de commerce international. Mais comme expliqué dans les chapitres précédents, les flux transfrontières de données diffèrent grandement des flux internationaux d'ordre économique et il convient de ne pas les assimiler au commerce international avant d'avoir exploré les régimes pertinents. Dans ce contexte, la section B détaille les motivations à l'origine de la réglementation des flux transfrontières de données dans les accords commerciaux. La section C se concentre sur les initiatives en faveur d'une telle réglementation dans le cadre du régime commercial à différents niveaux. La section D explore quant à elle certaines actions internationales et régionales dépassant le domaine commercial, tandis que la section E présente les conclusions.

B. POURQUOI RÉGLEMENTER LES FLUX TRANSFRONTIÈRES DE DONNÉES COMME DES ÉCHANGES INTERNATIONAUX ?

Les flux transfrontières de données sont devenus un élément clef des discussions relatives au « commerce numérique » et se sont imposés comme un point essentiel des négociations commerciales aux niveaux multilatéral, régional et bilatéral (Meltzer, 2019 ; Pohle *et al.*, 2020 ; Azmeh *et al.*, 2020 ; Aaronson, 2019b ; Ciuriak and Ptashkina, 2018 ; Kelsey, 2018).

Poussés par leurs entreprises numériques, les États-Unis ont été le principal artisan de l'inclusion des flux transfrontières de données au régime commercial. En 2016, l'Accord de partenariat transpacifique (rebaptisé par la suite Accord de partenariat transpacifique global et progressiste après le retrait des États-Unis) est devenu le premier accord commercial à inclure des règles contraignantes relatives aux flux transfrontières de données. Par la suite, d'autres accords régionaux et bilatéraux ont comporté des clauses similaires (Burri, 2016 ; Janow and Mavroidis, 2019). En outre, les débats sur le commerce numérique menés au sein de l'Organisation mondiale du commerce (OMC) se sont intensifiés ces dernières années,

---

[1] Les lignes directrices sont disponibles à l'adresse https://www.oecd.org/sti/ieconomy/oecdguidelinesontheprotectionofprivacyandtransborderflowsofpersonaldata.htm.

de nombreux pays réclamant la mise en place de dispositions relatives aux flux transfrontières de données à l'échelon multilatéral (UNCTAD, 2021b ; Azmeh *et al.*, 2020).

Cette demande se justifie par le rôle croissant des flux de données dans la facilitation du commerce mondial de biens et de services, et par l'impact des politiques nationales en matière de données adoptées par différents pays. Le rôle des flux de données dans la stimulation des échanges est indéniable. En effet, les échanges de bon nombre de biens et de services sont opérés exclusivement par le biais de flux transfrontières ou dépendent fortement de ces flux. Et ce rôle devrait encore se renforcer avec l'expansion des technologies à forte intensité de données, dont la conduite autonome, l'intelligence artificielle (IA) et l'Internet des objets.

De même, les politiques en matière de données adoptées au plan national ont des répercussions significatives sur le commerce. Ainsi, la localisation géographique de ces données impacte les flux commerciaux de biens et de services. Les restrictions imposées aux flux de données peuvent amener les fournisseurs à décider de ne pas couvrir un marché spécifique en raison du coût de la mise en conformité avec les dispositions en vigueur. Le blocage de l'accès à certaines applications Web risque aussi d'avoir de sérieuses incidences commerciales, car la consultation de ces sites est une condition préalable à l'achat de biens et services vendus par ces applications ou par leur intermédiaire. Les réglementations relatives à la protection de la vie privée et des données personnelles sont elles aussi étroitement liées aux échanges commerciaux : des restrictions imposées par les autorités d'un pays aux acteurs étrangers qui collectent ou stockent des données sur leurs ressortissants peuvent avoir des effets significatifs sur la capacité de ces acteurs à vendre des produits à ces consommateurs. Mais malgré ces liens manifestes entre flux transfrontières de données et commerce, les arguments en faveur d'une réglementation de ces flux essentiellement dans le cadre d'accords commerciaux restent, au mieux, peu convaincants.

Deux éléments fondamentaux sont à prendre en considération. Premièrement, comme évoqué aux chapitres I et III, les données présentent des caractéristiques bien différentes des biens et services, et il convient de ce fait de considérer leurs flux transfrontières comme un nouveau type de flux international. Les flux de données se différencient clairement des échanges commerciaux, et il peut être problématique, pour diverses raisons, de les amalgamer. Il est vrai que beaucoup de données mondiales produites, stockées et échangées sont en rapport avec des transactions commerciales, mais la plus grande part n'a aucun rapport avec des échanges et concerne d'autres aspects de la vie humaine. Cela étant, la distinction des différents types de transactions est loin d'être simple (National Telecommunications and Information Administration (United States), 2016). Dans la mesure où les données sont produites, collectées, stockées et transférées, ces processus ont un impact sur la vie privée, les données à caractère personnel, les relations sociales et la sécurité, entre autres. Traiter ces questions uniquement à travers le « prisme du commerce » impose l'adoption d'une approche trop étroite. En outre, cela vaut également pour des produits de données susceptibles d'être réglementés par le régime commercial des services, d'où des réglementations commerciales relatives aux données s'inscrivant dans un contexte plus large. Le régime commercial international en vigueur actuellement, concrétisé par les règles de l'OMC et d'autres accords, ne serait plus adapté à notre monde (Rodrik, 2020). Il est parfaitement inapproprié pour faire face aux trois principaux défis que posent ces nouvelles technologies dans les secteurs de la géopolitique et de la sécurité nationale, du respect de la vie privée des individus et enfin de l'économie.

> Malgré des liens manifestes entre flux transfrontières de données et commerce, les arguments en faveur d'une réglementation de ces flux essentiellement dans le cadre d'accords commerciaux restent, au mieux, peu convaincants.

En outre, la collecte, le stockage des données en des lieux multiples et leur utilisation simultanée par des utilisateurs du monde entier – lorsque la propriété et la souveraineté deviennent des concepts difficiles à appliquer (chap. III) – rendent difficile la réglementation des flux transfrontières de données par le biais du mode d'échanges centré sur l'État. Reflétant ces complexités, beaucoup de nouvelles définitions du « commerce numérique » considèrent qu'il ne couvre pas les flux transfrontières de données. En fait, le Manuel sur la mesure du commerce numérique, publié en 2020, définit ce commerce comme l'ensemble des échanges commandés et/ou livrés numériquement, ce qui exclut d'office tous les flux de données sans lien avec des échanges spécifiques de biens ou de services (OECD, WTO and IMF, 2020).

Deuxièmement, même en ignorant le fait que les flux transfrontières de données se distinguent du commerce, on peut se demander dans quelle mesure le régime commercial est adapté pour régir ces flux (Leblond and Aaronson, 2019). Le régime commercial repose sur la négociation par les pays de concessions réciproques dans des domaines tels que les droits de douane et les quotas. D'autres thématiques y ont été ajoutées au cours des dernières décennies, mais il reste largement fondé sur l'échange d'avantages entre pays. Les questions difficiles à situer dans ce contexte, par exemple les normes en matière de travail et d'environnement, sont également difficiles à traiter dans le système commercial (Suranovic, 2002). Et comme les données touchent des aspects tels que la protection des personnes et la vie privée, il est malaisé de les aborder dans le cadre du régime commercial. Par ailleurs, le régime commercial a historiquement été moins transparent que les approches multipartites : il s'agit principalement de relations de gouvernement à gouvernement. Si ces systèmes sont indéniablement pertinents pour la négociation de droits de douane ou de quotas, l'ajout de thématiques supplémentaires complique les négociations.

Ces dernières années, par exemple, les accords commerciaux en vigueur ou proposés ont fait l'objet d'une mobilisation et d'un débat publics croissants, axés sur leurs répercussions sur un éventail de questions telles que l'environnement, le travail, la santé et l'agriculture, entre autres. Cette attention publique de plus en plus marquée portée aux questions régies par le régime commercial complexifie la conclusion d'accords et impose une participation accrue des citoyens et des processus plus transparents (Gheyle and De Ville, 2017 ; Organ, 2017).

L'inclusion de thématiques supplémentaires dans les négociations commerciales, notamment les flux transfrontières de données, s'explique par le fait que ces négociations offrent un forum réunissant de nombreux pays, doté de règles et de normes bien établies, ainsi qu'un niveau d'applicabilité relativement élevé comparativement à d'autres instances. De plus, en cherchant à savoir pourquoi la gouvernance des données n'a jamais été traitée comme une question à part entière, il apparaît que la justification du lien établi entre les réglementations des flux transfrontières de données et la politique commerciale mondiale reste une énigme et que ce sont les États-Unis qui ont réussi à détourner les débats consacrés à la politique des données des régimes nationaux vers le régime commercial international et à les inclure dans les négociations de l'Accord général sur les tarifs douaniers et le commerce (Nussipov, 2020b). Les États-Unis ont stratégiquement cherché le forum le plus favorable pour faire des flux de données une question de politique commerciale. Ce repositionnement a marqué le passage de la politique des données des secteurs des télécommunications, des réseaux de données et du développement économique à celui du commerce international. Les trois premiers étaient axés sur les aspects techniques internes et autocentrés, alors que le régime du commerce international privilégie l'ouverture, le libre-échange et la croissance économique.

Outre ces questions générales, les pays en développement sont plus particulièrement confrontés à un contexte difficile dans l'arène commerciale, où les asymétries de pouvoir pèsent de tout leur poids sur les résultats. L'une des raisons de l'expansion du régime commercial a été la pression exercée par les pays plus avancés pour inclure de nouvelles problématiques au régime commercial et tirer ainsi parti de la taille de leur marché pour parvenir aux résultats désirés dans des domaines tels que la propriété intellectuelle et les régimes d'investissement (Sell, 2009). Concernant les données, le fait de les lier par exemple à des questions relevant de l'accès au marché pourrait placer les pays en développement devant le choix difficile de renoncer à leur droit (ou à leur espace politique) de réglementer les flux de données pour simplement préserver leur accès actuel aux marchés des pays avancés, ou obtenir un accès amélioré

dans certains secteurs économiques (Steinberg, 2002). Il est apparu que les pays en développement sont généralement en position de faiblesse lorsqu'il s'agit de régler des différends dans le cadre d'accords commerciaux internationaux (Mosoti, 2006 ; Abbott, 2009).

> Les pays en développement sont plus particulièrement
> confrontés à un contexte difficile dans l'arène commerciale, où
> les asymétries de pouvoir pèsent de tout leur poids
> sur les résultats.

Cette volonté d'étendre le régime commercial a été contestée par certains pays et organisations non gouvernementales. Les opposants ont souligné le manque de capacités des négociateurs commerciaux, en particulier ceux des petits pays en développement, pour discuter d'un programme toujours plus vaste de questions complexes et hautement techniques. Les États puissants sont en mesure d'offrir de meilleurs avantages aux pays qui concluent des accords bilatéraux et régionaux, aussi recourent-ils à ces accords pour instaurer des règles qu'ils auraient peut-être du mal à faire accepter au niveau multilatéral. Les pays développés ont généralement plus de pouvoir dans les forums bilatéraux et régionaux et les pays en développement acceptent plus facilement certaines règles à titre individuel qu'ils ne le feraient en tant que groupe. Ce pouvoir est encore renforcé par ce que certains chercheurs ont appelé la « peur de l'exclusion », en vertu de laquelle les pays en développement craignent que d'autres pays en développement ne s'approprient une part plus importante du commerce et des investissements à leurs dépens, à la suite de la signature d'accords commerciaux bilatéraux (Shadlen, 2008). Ces facteurs placent les pays développés en position de force dans les négociations commerciales internationales : ils font valoir la taille de leur marché pour promouvoir certaines règles et alternent entre le cadre multilatéral et divers cadres régionaux/bilatéraux pour affaiblir les résistances. Cette dynamique place les pays en développement entre le marteau et l'enclume, car résister à certaines thématiques au niveau multilatéral pourrait conduire à la conclusion d'un plus grand nombre d'accords régionaux et bilatéraux susceptibles d'affaiblir leur position dans leur ensemble.

Sur un plan général, certains craignent qu'en réglementant la question des flux transfrontières de données par le biais d'accords commerciaux, il soit difficile de prendre en compte la nature multidimensionnelle des données et de garantir la pleine participation de toutes les parties prenantes potentiellement concernées. Compte tenu du pouvoir de marché relativement limité de la plupart des pays en développement, le risque existe également de voir le résultat des négociations refléter principalement les intérêts des pays développés, qui sont à ce jour les mieux placés pour tirer profit de l'expansion des flux de données. Les incertitudes relatives aux flux transfrontières de données s'en trouveraient réduites, mais les déséquilibres existants dans l'économie numérique fondée sur les données seraient confirmés, voire renforcés.

> Certains craignent qu'en réglementant la question
> des flux transfrontières de données par le biais d'accords
> commerciaux, il soit difficile de prendre en compte la nature
> multidimensionnelle des données et de garantir la pleine
> participation de toutes les parties prenantes
> potentiellement concernées.

À titre d'exemple, l'Argentine, la Colombie et le Costa Rica[2] ont fait savoir qu'ils préféraient limiter la portée des discussions sur les négociations commerciales au sein de l'OMC aux « aspects liés au commerce », qu'ils souhaitaient réaffirmer le droit des membres de prendre des mesures de réglementation pour assurer la protection de la vie privée des personnes, ainsi que la sécurité et la confidentialité des renseignements et que les participants devaient être guidés, dans la mesure du possible, par les normes internationales pertinentes lorsqu'il en existe.

Pour le Brésil, le point de départ des discussions pourrait porter sur la mesure dans laquelle les données numériques doivent pouvoir circuler, et sur les conditions de cette circulation[3], suggérant que les autorités de tutelle se retrouveront dans des situations où la limitation du flux de données est inévitable. Les exceptions générales et de sécurité figurant aux articles XIV et XIV *bis* de l'Accord général sur le commerce des services sont des dispositions utiles à cet égard, mais elles n'ont pas été expressément rédigées pour l'environnement numérique. Aussi pourrait-il être utile de réfléchir à la manière dont des disciplines améliorées pourraient clarifier les exceptions générales et de sécurité par rapport à l'environnement numérique. Le Brésil a souligné d'autres points nécessitant qu'on s'y attarde, notamment la question de savoir si les disciplines concernant l'utilisation de données volumineuses nécessiteront également un débat sur la compétence nationale, ainsi que la portabilité des données et l'accès non discriminatoire. Le pays a par ailleurs soutenu la disposition « type » sur le transfert transfrontière d'informations : droit d'instaurer ses propres exigences réglementaires, autorisation des transferts transfrontières lorsque l'activité s'inscrit dans le cadre d'activités commerciales et exception pour des objectifs politiques légitimes, à condition que cette mesure ne constitue pas un moyen de discrimination arbitraire ou injustifiable ou un obstacle déguisé au transfert d'informations et au commerce par voie électronique[4].

Pour la Chine, la cybersécurité, la sécurité des données et le respect de la vie privée revêtent une importance croissante, car ils créent des risques de sécurité sans précédent et des défis réglementaires pour les membres[5]. Le pays note que les membres diffèrent par leurs conditions nationales et leur stade de développement et ils sont confrontés à des défis et des problèmes différents, et que compte tenu des spécificités susmentionnées, ils devraient respecter la façon dont chacun conçoit le développement du commerce électronique et le droit légitime de chacun d'adopter des mesures réglementaires pour atteindre des objectifs de politique publique raisonnables. La Côte d'Ivoire suggère la mise en place d'un cadre de coopération interinstitutionnelle pour favoriser, entre autres, la mise en place de cadres nationaux d'utilisation des données[6].

Cependant, comme évoqué dans les chapitres précédents, en raison du caractère multidimensionnel des données, les flux transfrontières de données ont des incidences dépassant largement le cadre du commerce international, des répercussions complexes et interconnectées sur la société dans divers domaines économiques et autres. En outre, comme mentionné au chapitre III, il n'existe pas de véritables marchés multilatéraux pour les données (brutes), sur lesquels les données pourraient être échangées entre les fournisseurs de données (souvent les internautes) et ceux qui demandent les données en échange d'argent (puisque les données brutes sont généralement extraites gratuitement). Il n'est donc

---

[2]   Voir la communication présentée par l'Argentine, la Colombie et le Costa Rica :« Négociations à l'OMC sur les aspects du commerce électronique liés au commerce. Éléments d'une approche possible dans le cadre de la déclaration conjointe sur le commerce électronique » (JOB/GC/174), OMC, 5 avril 2018, disponible à l'adresse https://docs.wto.org/dol2fe/Pages/SS/directdoc.aspx?filename=r:/INF/ECOM/1.pdf&Open=True.

[3]   Voir « Travail exploratoire sur le commerce électronique. Note informelle présentée par le Brésil » (JOB/GC/176), OMC, 11 avril 2018, disponible à l'adresse https://docs.wto.org/dol2fe/Pages/SS/directdoc.aspx?filename=r:/Jobs/GC/176.pdf.

[4]   Voir « Communication présentée par le Brésil. Déclaration conjointe sur le commerce électronique » (INF/ECOM/27), OMC, 30 avril 2019, disponible à l'adresse https://docs.wto.org/dol2fe/Pages/SS/directdoc.aspx?filename=r:/INF/ECOM/27.pdf&Open=True.

[5]   Voir « Communication présentée par la Chine. Déclaration conjointe sur le commerce électronique » (INF/ECOM/19), OMC, 24 avril 2019, disponible à l'adresse https://docs.wto.org/dol2fe/Pages/SS/directdoc.aspx?filename=r:/INF/ECOM/19.pdf&Open=True.

[6]   Voir « Communication présentée par la Côte d'Ivoire. Déclaration conjointe sur le commerce électronique » (INF/ECOM/46), OMC, 14 novembre 2019, disponible à l'adresse https://docs.wto.org/dol2fe/Pages/SS/directdoc.aspx?filename=r:/INF/ECOM/46.pdf.

pas question d'exportations ou d'importations de données. Il n'existe pas de registre répertoriant les flux de données qui franchissent les frontières, comme dans le cas du commerce international. Dans le contexte de l'économie numérique fondée sur les données, les relations internationales se traduisent par des sorties et des entrées de données, un type de flux différent du commerce et bien plus vaste que les échanges de biens et de services. L'un des principaux défauts du régime commercial dans ce contexte est l'impossibilité d'établir une distinction entre les flux de données brutes, qui ne sont assurément pas des échanges commerciaux, et les flux de produits de données, qui peuvent être considérés comme des échanges de services. Pour ces produits de données, les règles mériteraient d'être adaptées au nouveau contexte de l'économie numérique (voir chap. I), car le traitement des données touche de plus en plus à d'autres aspects de la société, notamment la vie privée et les autres droits humains, ainsi que la sécurité. Les flux transfrontières de données sont donc à aborder dans une perspective réglementaire plus large, intégrée et équilibrée.

C. RÉGLEMENTATION DES FLUX TRANSFRONTIÈRES DE DONNÉES DANS LES ACCORDS COMMERCIAUX

Cette section détaille différents régimes commerciaux régissant les flux transfrontières de données aux niveaux multilatéral, régional et bilatéral.

1. Traitement des flux de données dans les accords commerciaux multilatéraux

Dans le contexte d'une économie numérique en pleine évolution et axée sur les données, l'applicabilité des règles existantes de l'OMC et d'autres accords commerciaux aux flux transfrontières de données a constitué ces dernières années un sujet de discussion important dans le débat économique international. La question a été soulevée car les principaux accords du régime commercial multilatéral ont été adoptés bien avant la montée en puissance de l'économie numérique et la multiplication exponentielle des flux transfrontières de données. C'est pourquoi les tentatives de subordination du traitement des flux transfrontières de données aux accords et principes du régime commercial multilatéral ont été laborieuses.

L'une des pierres angulaires du régime commercial multilatéral est la distinction établie entre biens et services. Dans le système de l'OMC, les marchandises sont régies par l'Accord général sur les tarifs douaniers et le commerce (GATT), tandis que les services sont régis par l'Accord général sur le commerce des services (AGCS).

Il est important de noter que le GATT et l'AGCS comportent tous deux des clauses « d'exception générale » pertinentes pour les flux transfrontières de données. Ainsi l'article XX du GATT permet aux États membres d'appliquer des mesures « nécessaires à la protection de la moralité publique », tandis que l'article XIV *bis* du GATT permet à un membre de prendre « toutes mesures qu'il estimera nécessaires à la protection des intérêts essentiels de sa sécurité ». De même, l'article XIV de l'AGCS autorise la mise en œuvre des dispositions « nécessaires à la protection de la moralité publique ou au maintien de l'ordre public » de même que celles nécessaires « à la protection de la vie privée des personnes pour ce qui est du traitement et de la dissémination de données personnelles, ainsi qu'à la protection du caractère confidentiel des dossiers et comptes personnels ». La principale condition de ces dispositions est qu'elles « ne soient pas appliquées de façon à constituer soit un moyen de discrimination arbitraire ou injustifiable entre les pays où des conditions similaires existent, soit une restriction déguisée au commerce des services ».

Cela étant, les conditions à remplir par les pays pour recourir à ces exceptions sont relativement difficiles à remplir. Le critère de nécessité évoqué à l'article XX du GATT et l'article XIV de l'AGCS n'est pas facile à satisfaire. Si un organe en charge du règlement des différends estime qu'une autre mesure était possible, même plus coûteuse et plus contraignante pour le pays à l'origine de son imposition, alors cette autre mesure aurait dû être privilégiée.

Meltzer (2019) détaille l'application d'une mesure de localisation des données et Geist (2018) résume comme suit la clause d'exception et le critère de nécessité associé : l'exception générale doit satisfaire

quatre exigences : i) elle doit répondre à un objectif légitime de politique publique ; ii) elle ne peut pas être appliquée d'une manière qui constituerait un moyen de discrimination arbitraire ou injustifiable ; iii) elle ne peut pas être une restriction déguisée au commerce ; et iv) elle ne doit pas imposer des restrictions plus importantes que celles qui sont nécessaires pour atteindre l'objectif (par exemple, une exigence de restriction minimale à l'utilisation ou à l'implantation d'installations informatiques). L'auteur note que, dans les faits, le recours à cette exception a été rarement accepté, les exceptions au GATT et à l'AGCS ayant été invoquées avec succès une seule fois sur 40 tentatives. Il conclut que l'intérêt de l'exception générale risque d'être illusoire car les exigences sont si complexes (chaque aspect doit être satisfait) que les pays ont rarement réussi à réunir les conditions nécessaires.

En outre, la définition relativement vague des exceptions laisse en fin de compte aux mécanismes de règlement des différends de ces accords toute discrétion pour déterminer ce qui constitue un « objectif légitime de politique publique » justifiant la restriction des flux transfrontières de données. Il en va de même pour la disposition relative à la « nécessité » : elle ne doit pas imposer de restrictions à l'utilisation ou à l'implantation des équipements informatiques qui soient supérieures à celles requises pour atteindre l'objectif. Ainsi, dans cette démarche, une question aussi cruciale que la réglementation des données serait tranchée par des groupes de trois experts en cas de litige entre les États membres.

Les répercussions de ces mesures sur les flux transfrontières de données ne sont pas encore totalement claires (UNCTAD, 2017). En principe, un grand nombre de mesures adoptées par les pays pour limiter les flux transfrontières de données sont justifiées par des raisons de sécurité ou de morale publique (Mitchell and Hepburn, 2017). Les mesures de localisation des données par exemple, qui imposent le stockage des données sur le territoire national, sont souvent adoptées pour des motifs de sécurité, que ce soit pour la sécurité nationale ou pour limiter la surveillance étrangère. L'intérêt du public pour la question des flux transfrontières de données a par exemple grandi à la suite de la publication des révélations de l'ancien analyste de l'Office national de sécurité des États-Unis, Edward Snowden, alléguant que cet organisme et d'autres agences se livraient à une surveillance mondiale massive sur Internet. Ces révélations ont porté atteinte à la vie privée de nombreuses personnes aux États-Unis et à l'étranger et amené plusieurs pays à adopter des stratégies pour restreindre les flux de données (Aaronson, 2015).

À l'OMC, les discussions sur ces questions ont commencé relativement tôt et ont figuré à l'ordre du jour du programme de travail sur le commerce électronique, adopté en 1998. Depuis lors, peu de progrès notables ont été réalisés dans le cadre de ce programme. Mais certains membres de l'OMC ont soumis des propositions en vue d'étendre les travaux en la matière. En 2011, les États-Unis et l'Union européenne ont présenté une communication conjointe comprenant un ensemble de principes liés au commerce et conçus pour assurer à la fois le développement harmonieux des services liés aux TIC et la croissance du commerce électronique[7]. Ces principes portent notamment sur les « flux d'information transfrontières » et insistent sur le fait que les gouvernements ne devraient pas empêcher les fournisseurs de services d'autres pays ou les clients de ces fournisseurs de transférer par voie électronique des informations sur leur territoire ou au-delà de leurs frontières, d'accéder à l'information publique ou d'accéder à leur propre information stockée dans d'autres pays.

Cet aspect a été développé au cours des années suivantes. En 2014, par exemple, les États-Unis ont soumis une communication au programme de travail, faisant valoir que les prescriptions relatives à la localisation ont un effet restrictif sur les flux transfrontières de données, et que « les pays qui adoptent des mesures exigeant que les données personnelles des consommateurs soient traitées et stockées à l'intérieur de leurs frontières sont peut-être bien intentionnés, mais ces mesures risquent d'entraver l'activité économique et n'assurent pas forcément la sécurité des données qui constitue manifestement le but visé ». Selon ce document, la « sécurité des données peut être renforcée par un stockage extérieur, grâce auquel des économies d'échelle réalisées dans des services de sécurité spécialisés, assurés par les meilleurs centres de traitement des données, peuvent dépasser ce que peuvent offrir des centres de stockage situés dans un pays en particulier ». En ce qui concerne la protection de la vie privée et des

---

[7] Voir la communication présentée par l'Union européenne et les États-Unis, « Contribution to the Work Programme on Electronic Commerce » (S/C/W/338), OMC, 13 juillet 2011, disponible à l'adresse https://docs.wto.org/dol2fe/Pages/SS/directdoc.aspx?filename=Q:/S/C/W338.pdf&Open=True.

données, les États-Unis ont reconnu que « tous les Membres ont un intérêt commun à protéger la vie privée et la sécurité des données », mais que ces mesures devaient être soumises à une discipline appropriée. « Selon les États-Unis, les faits ne confirment guère la nécessité de restreindre l'exportation de données vers le territoire d'un pays uniquement parce que celui-ci n'a pas adopté, en matière de sécurité de la vie privée ou des données, un régime officiel commun avec le pays d'origine ». Il appartient aux membres, en tant que tels, de « faire très attention à ce qu'aucune mesure empêchant l'exportation de données ou rendant obligatoire le stockage local ne constitue un obstacle injustifié au commerce, occasionnant une discrimination indue à l'encontre de l'offre extérieure d'un service intensif en information, y compris, mais pas uniquement, le traitement des données »[8].

Les États-Unis ont conforté ces propositions dans une note informelle soumise en 2016[9] et présentant des exemples de « contributions positives à l'essor de l'économique numérique ». L'un de ces exemples consistait à « favoriser les flux transfrontières de données », permettant ainsi aux entreprises et aux consommateurs « de transférer des données à leur guise », et appelait à l'instauration de règles commerciales luttant contre les obstacles discriminatoires à la libre circulation des données en protégeant le transfert des données soumis par ailleurs à des sauvegardes raisonnables comme la protection des données des consommateurs qui sont exportées. Un autre exemple notable était d'empêcher la localisation des données, qui imposait « aux fournisseurs comme aux consommateurs des coûts et charges additionnels inutiles », et de mettre en place des règles commerciales contribuant à « favoriser l'accès aux réseaux et l'efficacité du traitement de données ».

Ces propositions ont été soutenues par certains autres membres. En 2016, les pays de l'OMC composant le groupe MIKTA (Mexique, Indonésie, République de Corée, Turquie et Australie) ont organisé un atelier sur le commerce électronique et publié une déclaration invitant l'OMC à porter davantage d'attention à la question du commerce numérique. De l'avis du groupe, cet effort devrait également porter sur des questions plus récentes liées au commerce électronique, qui ne sont apparues sur la scène de la politique commerciale que ces dernières années, notamment les flux de données et la localisation des données (MIKTA, 2016). Les discussions sur le commerce électronique à l'OMC se sont intensifiées à l'approche de la onzième Conférence ministérielle de l'OMC à Buenos Aires en 2017.

Les propositions visant à intégrer la libre circulation transfrontière des données au régime de l'OMC ont toutefois été rejetées par certains pays en développement membres, tels que l'Afrique du Sud, l'Inde et l'Indonésie, et par le Groupe africain. Ces membres ont exprimé la crainte de voir des règles contraignantes sur les flux transfrontières de données restreindre leur marge de manœuvre en vue de l'adoption de politiques en matière de données et de numérique susceptibles d'aider à l'industrialisation et au développement technologique de leurs économies. Le Groupe africain, par exemple, a fait valoir qu'il « est très surprenant que certains membres préconisent de nouvelles règles multilatérales sur le commerce électronique » et que « les règles multilatérales existantes limitent notre marge de manœuvre de politique interne et notre aptitude à nous industrialiser »[10]. La communication du Groupe africain a souligné sa forte opposition à de nouvelles dispositions multilatérales sur les questions relatives aux données, en particulier la libre circulation des données et l'interdiction des exigences de localisation. Outre les questions relatives à l'espace politique et à la politique industrielle numérique, certains pays ont également exprimé la crainte qu'un engagement en faveur de la libre circulation des données n'offre un libre accès au marché pour les biens et services fournis par voie numérique, ce qui priverait les pays en développement de recettes douanières substantielles puisque les biens échangés en ligne sont de plus en plus nombreux, et menacerait leur industrie nationale des services si davantage de services sont échangés en ligne.

---

8   Voir la communication présentée par les États-Unis, « Programme de travail sur le commerce électronique » (S/C/W/359), OMC, 17 décembre 2014, disponible à l'adresse https://docs.wto.org/dol2fe/Pages/FE_Search/ExportFile.aspx?id=129292&filename=r/S/C/W359.pdf.

9   Voir la note informelle présentée par les États-Unis, « Programme de travail sur le commerce électronique » (JOB/GC/94), OMC, 4 juillet 2016.

10   Voir la déclaration du Groupe africain, « Le programme de travail sur le commerce électronique », WT/MIN(17)/21, OMC, 6 décembre 2017, disponible à l'adresse https://docs.wto.org/dol2fe/Pages/FE_Search/FE_S_S009-DP.aspx?language=F.

Les propositions de règles exigeant la libre circulation transfrontière des données n'ont pas non plus bénéficié du soutien de certains pays avancés. Alors que l'Union européenne était généralement favorable à cette orientation, des pays européens influents, notamment l'Allemagne et la France, ont exprimé des réserves quant à un engagement en faveur de la libre circulation des données (Azmeh *et al.*, 2020). Ce manque de soutien reflétait à la fois leurs préoccupations économiques et technologiques face à l'impact de ces clauses sur l'économie européenne dans le contexte de la domination des grandes entreprises numériques américaines, ainsi que leurs inquiétudes quant aux incidences sur la vie privée et la protection des données en Europe, qui se sont traduites par l'adoption du règlement général sur la protection des données (RGPD).

Face à la difficulté de parvenir à un consensus entre les membres de l'OMC sur un éventuel élargissement des discussions dans ce domaine, les partisans de règles relatives au commerce électronique (couvrant potentiellement les flux transfrontières de données) ont commencé à s'orienter vers des négociations plurilatérales. À l'occasion de la Conférence ministérielle de Buenos Aires en 2017, 71 pays ont publié la Déclaration conjointe sur le commerce électronique, réaffirmant l'importance du commerce électronique et l'objectif commun de faire avancer les travaux sur le commerce électronique à l'OMC afin de mieux tirer parti de ces possibilités. Conduit par l'Australie, le Japon et Singapour, le groupe a annoncé qu'il allait entamer des travaux exploratoires en vue de négociations au sein de l'OMC sur les aspects du commerce électronique liés au commerce. Tout au long de l'année 2019, il a mené des discussions par le biais de divers groupes de réflexion afin de parvenir à un résultat avant la douzième Conférence ministérielle prévue au Kazakhstan en 2020, mais qui a dû être reportée en raison de la COVID-19, et devrait se tenir à Genève à la fin 2021.

Les flux transfrontières de données sont l'un des thèmes majeurs de ces négociations (Ismail, 2020). Une communication présentée par Singapour suggère par exemple deux grandes clauses concernant les flux transfrontières de données. La première établit que « les Membres autoriseront le transfert d'informations transfrontières par voie électronique, y compris d'informations personnelles, lorsque cette activité s'inscrit dans le cadre d'activités commerciales », précisant qu'« aucune disposition du présent article n'empêchera un membre d'adopter ou de maintenir des mesures incompatibles avec le paragraphe 2 pour atteindre un objectif légitime de politique publique, sous réserve que la mesure ne soit pas appliquée de façon à constituer soit un moyen de discrimination arbitraire ou injustifiable soit une restriction déguisée au commerce ». La seconde, concernant l'emplacement des installations informatiques (localisation des données), dispose que « les Membres n'exigeront pas que les installations informatiques soient utilisées ou situées sur leur territoire comme condition pour l'exercice d'activités commerciales », avec la même précision que celle apportée à la clause précédente[11].

La participation des PMA et des membres des régions Afrique, Caraïbes et Pacifique au processus de l'Initiative conjointe sur le commerce électronique a été limitée (tableau VI.1). Cela peut traduire non seulement des inquiétudes liées aux questions spécifiques couvertes par les négociations, mais aussi des préoccupations plus larges sur la nature plurilatérale du processus et la justification de la priorité accordée au commerce électronique par rapport aux autres sujets de négociation. Cette participation limitée peut s'expliquer par les facteurs suivants[12] :

- La crainte de voir l'approche plurilatérale affaiblir le multilatéralisme : comme le soutient la communication « cette approche permet aux Membres d'ignorer les intérêts de développement des pays à faible revenu dont la participation au sein de ces accords n'est que de moindre intérêt commercial pour les grandes puissances commerciales. Ainsi nos pays risquent d'être dans une position de prendre ou de laisser, ce que les autres décident » ;

---

[11] Voir la communication présentée par Singapour, « Déclaration conjointe sur le commerce électronique » (INF/ECOM/25), 30 avril 2019, disponible à l'adresse https://docs.wto.org/dol2fe/Pages/SS/directdoc.aspx?filename=r:/INF/ECOM/25. pdf&Open=True.

[12] Voir la communication présentée par la Côte d'Ivoire, « Déclaration conjointe sur le commerce électronique » (INF/ECOM/49), OMC, 16 décembre 2019, disponible à l'adresse https://docs.wto.org/dol2fe/Pages/SS/directdoc. aspx?filename=r:/INF/ECOM/49.pdf.

Tableau VI.1. Participants à l'Initiative de déclaration conjointe 2019 (en date de novembre 2020)

Pays développés	Pays en transition	Amérique latine	Asie	Afrique
Australie	Albanie	Argentine	Arabie saoudite	Bénin*
Canada	Fédération de Russie	Brésil	Bahreïn	Burkina Faso*
États-Unis	Géorgie	Chili	Brunei Darussalam	Cameroun
Islande	Kazakhstan	Colombie	Chine	Côte d'Ivoire
Israël	Macédoine du Nord	Costa Rica	Émirats arabes unis	Kenya
Japon	Monténégro	Équateur	Philippines	Nigéria
Liechtenstein	République de Moldova	El Salvador	Hong Kong (Chine)	
Norvège	Ukraine	Guatemala	Indonésie	
Nouvelle-Zélande		Honduras	Koweït	
Royaume-Uni		México	Malaisie	
Suisse		Nicaragua	Mongolie	
Union européenne (27 pays membres)		Panama	Myanmar*	
		Paraguay	Province chinoise de Taiwan	
		Pérou	Qatar	
		Uruguay	République de Corée	
			République démocratique populaire lao*	
			Singapour	
			Thaïlande	
			Turquie	

Source : UNCTAD (2021b).
Note : Les pays assortis d'une (*) sont des PMA.

- La crainte qu'un accord isolé sur le commerce électronique, sans avancées sur d'autres points importants pour les pays en développement, notamment l'agriculture, ne compromette le système multilatéral inclusif ;

- Les avantages limités en termes de développement économique tirés par les pays à faible revenu du passage au numérique du commerce ;

- Les capacités de négociation restreintes des pays en développement, qui ne disposent que de modestes délégations à Genève. Ces pays ne peuvent se permettre d'envoyer des experts dans tous les domaines de négociation et de faire appel à un appui technique comme c'est le cas des pays plus avancés ; il est donc normal pour ces pays en développement de concentrer leurs faibles ressources sur des questions plus importantes pour eux, plutôt que de s'attaquer aux questions liées au commerce électronique.

Au sein de l'OMC, les partisans de l'inclusion de mesures visant à préserver la libre circulation transfrontière des données ont utilisé diverses approches pour parvenir à leurs fins, déclarant notamment que ces flux sont déjà couverts par des accords et des engagements existants (tels que le mode 1 de l'AGCS), même si les rédacteurs de ces accords n'ont aucunement pu prévoir les types de flux actuels. Face au rejet de cette argumentation par de nombreux membres de l'OMC, ils ont proposé des négociations (initialement des négociations multilatérales, puis l'Initiative de la déclaration commune sur le commerce électronique) pour établir de nouvelles règles commerciales prenant en compte ces flux de données. Quel que soit le forum où ces tentatives sont engagées, les discussions se poursuivent dans un climat de méconnaissance

des enjeux, notamment de ceux qui dépassent le cadre des échanges commerciaux. Les points de vue sur cette question divergent grandement et sont fortement politisés. Dans le même temps, la complexité des questions, l'absence de définitions communes et les difficultés de mesure constituent une base trop faible pour des discussions sereines. En conséquence, les responsables politiques risquent de prendre des décisions insuffisamment éclairées par des statistiques ou étayées par des analyses appropriées.

Le résultat des négociations peut avoir des implications importantes pour le développement futur du commerce électronique et l'évolution du système commercial multilatéral. En raison de la forte hétérogénéité des capacités numériques et des préférences réglementaires des membres de l'OMC, la recherche d'un terrain d'entente sur des questions telles que les flux transfrontières de données constitue un défi de taille. La non-participation d'un grand nombre de pays en développement suscite également des interrogations systémiques sur le type de format que pourrait prendre un futur accord au sein de l'architecture de l'OMC, et sur l'effet qu'il pourrait avoir sur les pays non participants (UNCTAD, 2021b).

Il est difficile de prévoir l'issue de ces processus au sein de l'OMC. Un élément important pour déterminer ce résultat sera toutefois le degré d'inclusion de clauses similaires dans les accords régionaux et bilatéraux. Comme nous l'avons vu plus haut, les pays en développement, à titre individuel, pourraient avoir intérêt à accepter de telles clauses dans les accords commerciaux régionaux et bilatéraux avec les pays avancés, ce qui permettrait d'affaiblir l'opposition à ces règles au niveau multilatéral.

2. Traitement des flux de données dans les accords commerciaux préférentiels

Les accords commerciaux régionaux, bilatéraux et transnationaux sont devenus au fil du temps des instruments essentiels pour solutionner les problèmes liés aux flux transfrontières de données (Monteiro and Teh, 2017). Cette tendance est particulièrement visible dans les accords de ce type signés par des pays développés, alors que les pays à faible revenu sont rarement signataires d'accords portant sur les flux de données. Le contenu des accords commerciaux préférentiels peut donner une indication de l'orientation que pourrait prendre le programme multilatéral en matière de flux de données, compte tenu du rôle de certaines grandes puissances dans l'élaboration de l'ordre du jour des relations économiques internationales. Dans la suite de cette étude, nous examinerons les clauses relatives aux données contenues dans les accords commerciaux de quelques grandes puissances. Une attention particulière est accordée aux États-Unis et à l'Union européenne, très actifs tous deux dans la négociation et la signature d'accords régionaux et bilatéraux couvrant, entre autres, les flux transfrontières de données.

a) Accords commerciaux des États-Unis

En tant que leader de l'économie numérique et pays d'origine des géants mondiaux du numérique, les États-Unis ont insisté sur l'adoption de règles commerciales contraignantes en matière de flux de données. Au cours des dernières décennies, l'expansion mondiale des grandes entreprises numériques américaines s'est faite en l'absence d'un cadre réglementaire clair régissant leurs activités à l'échelle de la planète. Bien que soumises à la législation américaine, ces entreprises ne disposaient pas d'un cadre réglementaire clair dans de nombreuses régions où elles opéraient et se développaient rapidement, ce qui les exposait à une profonde incertitude en raison des modifications réglementaires susceptibles d'être adoptées par les pouvoirs publics partout dans le monde. Une entreprise telle que Google, par exemple, peut consacrer des sommes considérables au stockage de données et à l'infrastructure câblée, mais les modifications réglementaires apportées par les autorités d'autres pays peuvent avoir des répercussions significatives sur la faisabilité économique de ces investissements.

Ces entreprises ont donc été les premiers adeptes de l'intégration des flux transfrontières de données dans les accords commerciaux conclus par les États-Unis (Azmeh *et al.*, 2020). À titre d'exemple, dans un document publié en 2010, Google soutient que les pouvoirs publics ne devraient pas traiter la politique d'Internet et le commerce international comme des secteurs cloisonnés et reconnaître que de nombreuses mesures de censure d'Internet constituent en fait des barrières commerciales injustes (Google, 2010:16). En 2012, la Business Software Alliance (BSA), un groupe de pression de l'industrie du logiciel, a publié un rapport indiquant que certains problèmes auxquels le secteur numérique était

confronté relevaient du « protectionnisme numérique », et qu'il convenait à ce titre de les inscrire à l'ordre du jour commercial régional, bilatéral et multilatéral (BSA, 2012). Ces demandes ont été adoptées par le Représentant commercial des États-Unis par le biais du « digital trade agenda », un programme dont certaines clauses essentielles traitent entre autres de la libre circulation des données et de l'interdiction de la localisation des données (Azmeh *et al.*, 2020).

Le premier succès de ce programme a été l'insertion de telles clauses dans un chapitre consacré au commerce numérique dans l'Accord de partenariat transpacifique. Il a été conclu en 2016 entre les États-Unis et plusieurs pays d'Asie et du Pacifique (Australie, Brunéi Darussalam, Canada, Chili, Japon, Malaisie, Mexique, Nouvelle-Zélande, Pérou, Singapour et Viet Nam) représentant au total 40 % du produit intérieur brut mondial. Il s'agissait d'un pas important sur la voie de l'élargissement de ces règles. Le retrait ultérieur des États-Unis de l'accord a quelque peu compromis l'initiative, même si les clauses relatives aux flux de données et à l'économie numérique sont restées largement inchangées dans l'Accord de partenariat transpacifique global et progressiste. Par ailleurs, l'Accord Canada-États-Unis-Mexique incluait lui aussi une disposition contraignante sur la libre circulation des données et l'interdiction de la localisation de ces dernières.

Selon l'article 14.11 de l'Accord de partenariat transpacifique/Accord de partenariat transpacifique global et progressiste, les parties autorisent « le transfert transfrontière de renseignements par voie électronique, y compris les renseignements personnels, lorsque cette activité s'inscrit dans le cadre d'activités commerciales exercées par une personne visée ». Toutefois, les parties sont en mesure d'adopter des mesures incompatibles avec la libre circulation transfrontière « en vue de réaliser un objectif légitime de politique publique », à condition qu'elles ne soient « pas appliquées de façon à constituer soit un moyen de discrimination arbitraire ou injustifiable, soit une restriction déguisée au commerce », et « n'imposent pas de restrictions sur les transferts de renseignements qui soient plus importantes que celles qui sont nécessaires pour atteindre cet objectif ». Dans le même esprit, dans l'article 14.13, les parties s'engagent à ne pas exiger « d'une personne visée qu'elle utilise ou situe des installations informatiques sur son territoire comme condition à l'exercice des activités commerciales sur ce territoire », avec une réserve pour les mesures incompatibles avec cette disposition mais visant à « réaliser un objectif légitime de politique publique, à condition que ces mesures ne soient pas appliquées de façon à constituer soit un moyen de discrimination arbitraire ou injustifiable, soit une restriction déguisée au commerce » et qu'elles « n'imposent pas de restrictions sur l'utilisation ou l'emplacement des installations informatiques qui soient plus importantes que celles qui sont nécessaires pour atteindre cet objectif ». L'Accord Canada-États-Unis-Mexique reprend une formulation similaire pour les transferts transfrontières de renseignements par voie électronique (art. 19.11), mais écarte la clause d'exception relative à l'emplacement des installations informatiques (art. 19.12).

Les États-Unis ont mené des discussions analogues avec l'Union européenne dans le cadre d'un projet de partenariat transatlantique de commerce et d'investissement et on peut s'attendre à ce que de telles clauses figurent dans tous les futurs accords commerciaux négociés par les États-Unis. Les annonces récentes concernant un accord de libre-échange entre les États-Unis et le Kenya incluaient l'économie numérique en tant que thème de négociation (Foster, 2020). Pour les États-Unis, les négociations avaient pour objectifs l'établissement de règles de référence garantissant que le Kenya n'imposera pas de restrictions aux flux transfrontières de données et n'exigera pas l'utilisation ou l'installation d'équipements informatiques locaux (United States Trade Representative, 2020).

L'inclusion des questions relatives aux données dans un futur accord bilatéral entre les États-Unis et le Kenya est importante, car le Kenya sera le premier pays africain à signer un accord comportant un engagement en faveur de la libre circulation des données transfrontières et les États-Unis y voit là un modèle à suivre par tous les futurs accords de libre-échange avec d'autres pays africains. Compte tenu de ce qui a été dit précédemment sur le compromis coûts-avantages entre les accords multilatéraux et les accords régionaux/bilatéraux, cet accord pourrait également être intéressant pour le Kenya. La conclusion d'un accord avec les États-Unis pourrait être nettement plus bénéfique dans un contexte bilatéral que dans le cadre d'une approche multilatérale, voire même régionale. C'est d'autant plus vrai que le Kenya est l'une des principales économies numériques africaines.

Indépendamment des avantages potentiellement importants, il serait intéressant de savoir quelle partie parviendra à capter les gains tirés des flux transfrontières de données. Compte tenu des différences de niveau de développement numérique entre les deux pays, il est probable que ces flux permettront aux grandes plateformes numériques américaines d'accéder aux données kenyanes et de les exploiter, alors que les entreprises kenyanes disposeront de capacités plus limitées pour collecter et monétiser les données générées aux États-Unis. En outre, compte tenu de l'évolution de la zone de libre-échange continentale africaine et de son objectif de renforcement du commerce électronique et des échanges numériques régionaux, la transformation numérique relativement avancée du Kenya peut être mis à profit par ces plateformes pour accéder aux données du reste de l'Afrique.

b) Accords commerciaux de l'Union européenne

Contrairement aux États-Unis, clairement partisans de la libre circulation des données, la question des flux de données, et notamment leur inclusion dans les accords commerciaux, a été plus controversée dans l'Union européenne (Yakovleva and Irion, 2020). Les voix qui se sont élevées avec vigueur contre l'inclusion d'un engagement contraignant en faveur de la libre circulation des données dans les accords commerciaux ont été le reflet de plusieurs facteurs. Tout d'abord, l'Union a été le théâtre d'une vive campagne contre les engagements de libre circulation des données, au nom du respect de la vie privée et de la protection des données à caractère personnel. Certaines organisations non gouvernementales se sont mobilisées sur cette question et des pays membres influents ont préféré s'en tenir à une position prudente[13]. Cette démarche a contribué à l'adoption du RGPD, dont les implications ont été déterminantes pour tout engagement en faveur de la libre circulation des données dans les accords commerciaux internationaux. Comme évoqué au chapitre IV, le RGPD interdit le transfert de données européennes à caractère personnel hors de l'Union européenne, sauf sous certaines conditions. La plus générique de ces conditions est l'adoption par la Commission européenne d'une décision « d'adéquation », par laquelle la Commission juge que le transfert de données personnelles vers le pays concerné peut intervenir en toute sécurité. En l'absence d'une telle décision d'adéquation, les entreprises ou les particuliers peuvent recourir à quelques autres mécanismes de transfert des données à caractère personnel. Compte tenu du nombre limité de pays ayant bénéficié d'une telle décision d'adéquation, le RGPD a des conséquences non négligeables sur les flux transfrontières de données et sur le commerce numérique des biens et des services.

Deuxièmement, des États membres ont soulevé des préoccupations d'ordre économique, faisant valoir que ces engagements risquaient de profiter avant tout aux grandes entreprises numériques américaines qui contrôlent l'économie européenne des données et d'entraver les efforts de l'Union européenne pour rattraper son retard numérique (Azmeh *et al.*, 2020). Le Conseil français du numérique, organe consultatif indépendant sur les questions numériques mis en place par le Président de la République française, a publié un rapport préconisant les modalités de traitement des questions numériques dans le cadre des négociations du Partenariat transatlantique de commerce et d'investissement avec les États-Unis, et a recommandé à l'Europe de gagner du temps dans les négociations, d'accélérer la construction de la stratégie numérique européenne et de renforcer la capacité de négociation de l'Union (CNNum, 2014).

Ces débats se sont traduits par une approche différente de l'inclusion des questions relatives aux données et à l'économie numérique dans les accords commerciaux bilatéraux et régionaux européens. La position initiale de l'Union européenne, telle que reflétée dans l'accord de partenariat économique entre l'Union européenne et le Japon et dans les négociations en vue d'un accord de libre-échange entre le Mexique et l'Union européenne, consistait à inclure une clause supplétive sur les flux transfrontières de données, afin de permettre aux parties de réexaminer cette question trois ans plus tard. Parallèlement, en 2018, l'Union européenne a débattu en interne de la meilleure façon de favoriser le commerce par des flux transfrontières de données, sans compromettre pour autant la protection de la vie privée et des données. Ces discussions ont abouti à l'adoption des « dispositions horizontales de l'UE sur les flux transfrontières de données et la protection des données à caractère personnel et de la vie privée » (Yakovleva et Irion, 2020). Destinées à être intégrées dans les futurs accords commerciaux de l'Union européenne, elles

---

[13] Voir, par exemple, EDRi, 2015 ; Open Rights Group, 2014.

visent à permettre la libre circulation des données transfrontières, tout en maintenant des protections solides pour la vie privée.

Ces dispositions se composent de trois articles. Dans l'article A sur les flux transfrontières de données, les parties s'engagent à « assurer les flux transfrontières de données afin de faciliter les échanges dans l'économie numérique, et décrit quatre mécanismes que les parties s'engagent à ne pas utiliser : a) l'exigence d'utiliser des installations informatiques ou des éléments de réseau sur le territoire de la partie à des fins de traitement, y compris l'obligation d'utiliser des installations informatiques ou des éléments de réseau certifiés ou approuvés sur le territoire d'une partie ; b) l'exigence que les données soient localisées sur le territoire de la partie à des fins de stockage ou de traitement ; c) l'interdiction de stocker ou de traiter les données sur le territoire de l'autre partie ; d) la subordination des transferts de données transfrontières à l'utilisation d'installations informatiques ou d'éléments de réseau sur le territoire des parties, ou à des exigences de localisation sur le territoire de la partie. Cet article A comprend également un mécanisme permettant d'évaluer le fonctionnement de cette disposition dans un délai de trois ans à compter de la date d'entrée en vigueur de l'accord.

Dans l'article B, les parties reconnaissent que la protection des données personnelles et de la vie privée est un droit fondamental, et « que des normes strictes dans ce domaine contribuent à la confiance dans l'économie numérique et au développement des échanges ». Dans ce texte, les données personnelles sont les informations qui se rapportent à une personne identifiée ou identifiable. L'article permet à chaque partie d'adopter et de maintenir les garanties qu'elle juge appropriées pour assurer la protection des données personnelles et de la vie privée, « y compris en matière de transfert transfrontière de données à caractère personnel », et souligne qu'aucune disposition de l'accord n'affecte la protection des données à caractère personnel et de la vie privée assurée par les mesures de sauvegarde des parties.

Le dernier article des dispositions engage les parties à maintenir un dialogue sur les questions réglementaires soulevées par le commerce numérique, y compris la reconnaissance et la facilitation de services de confiance et d'authentification électroniques transfrontières interopérables, le traitement des communications commerciales directes, la protection des consommateurs dans le cadre du commerce électronique, et toute autre question pertinente pour le développement du commerce numérique. Cette coopération sera axée sur l'échange d'informations relatives à la législation respective des parties sur ces questions et sa mise en œuvre. Il convient de noter que cet article exclut explicitement du dialogue les dispositions relatives à la protection des données à caractère personnel et de la vie privée, y compris les transferts transfrontières de données à caractère personnel.

Cette exclusion reflète l'opinion générale qui a cours au sein de l'Union européenne, selon laquelle les négociations commerciales et les décisions d'adéquation dans le cadre du régime RGPD sont deux opérations distinctes et qu'elles ne doivent pas être considérées comme relevant du même processus. La décision d'adéquation du RGPD est adoptée sur la base d'une proposition de la Commission européenne, suivie d'un avis du Conseil européen de la protection des données, d'une approbation par les représentants des pays de l'Union européenne et d'une adoption finale par la Commission. Commentant la décision d'adéquation au profit du Japon, la Commission européenne a souligné que « pour l'UE, le respect de la vie privée n'est pas un bien négociable. Les dialogues relatifs à la protection des données et les négociations commerciales avec les pays tiers doivent suivre des voies distinctes » (European Commission, 2019). Par ce mécanisme, l'Union européenne entend s'orienter vers une libre circulation des données avec ses partenaires commerciaux, tout en maintenant ses dispositions relativement strictes dans le domaine de la vie privée et de la protection des données personnelles.

c) Autres accords commerciaux

Outre les accords commerciaux signés et négociés par les États-Unis et l'Union européenne, d'autres accords commerciaux commencent à inclure des chapitres relatifs aux flux transfrontières de données.

En novembre 2020, 15 pays de la région Asie-Pacifique, soit les 10 pays de l'Association des nations de l'Asie du Sud-Est (ASEAN) (Brunéi Darussalam, Cambodge, Indonésie, Malaisie, Myanmar, Philippines, République démocratique populaire lao, Singapour, Thaïlande et Viet Nam) et cinq partenaires (Australie, Chine, Japon, Nouvelle-Zélande et République de Corée), ont signé le Partenariat économique global

régional. Ce partenariat est important car il réunit à la fois des pays en développement et des PMA et des pays beaucoup plus développés sur le plan économique (y compris les trois coorganisateurs des négociations de l'Initiative conjointe sur le commerce électronique), qui sont également de fervents partisans de l'inclusion des échanges numériques dans les accords commerciaux. En outre, il s'agit du premier accord commercial dans lequel la Chine a accepté des mesures relatives aux flux transfrontières de données, des flux qui sont abordés dans la section D du chapitre 12 du Partenariat.

L'article 12.14 traite de la question de l'implantation des équipements informatiques, tandis que l'article 12.15 est consacré aux flux transfrontières de données. Dans l'ensemble, ces clauses suivent le cadre du Partenariat transpacifique/Partenariat transpacifique global et progressiste, mais comportent des modifications conférant aux États membres le pouvoir d'adopter des restrictions des flux transfrontières de données (Leblond, 2020). À l'article 12.15, les parties s'engagent à ne pas faire obstacle au transfert transfrontière d'informations par voie électronique, lorsque cette activité est destinée à la conduite des affaires d'une personne concernée. Cet engagement est assorti d'une réserve : une partie peut adopter ou maintenir en vigueur des mesures non conformes si elle les juge nécessaires à l'atteinte d'un objectif légitime de politique publique et à condition que la mesure ne soit pas appliquée de manière à constituer un moyen de discrimination arbitraire ou injustifiable, ou une restriction déguisée aux échanges. S'écartant des cadres du Partenariat transpacifique/Partenariat transpacifique global et progressiste, il ajoute cependant que rien dans cet article n'empêche une partie d'adopter toute mesure qu'elle estime nécessaire à la protection des intérêts essentiels de sa sécurité et que cette mesure ne pourra être contestée par les autres. En vertu de l'article 12.14, aucune partie n'exigera l'utilisation ou l'installation d'équipements informatiques sur son territoire comme condition à l'exercice d'activités commerciales sur ce territoire. L'article comporte toutefois des réserves similaires à l'article 12.15 et permet aux membres d'adopter des mesures incompatibles avec cet engagement s'ils considèrent qu'elles sont nécessaires à la protection des intérêts essentiels de leur sécurité, précisant que ces mesures ne pourront être contestées.

En résumé, le Partenariat économique global régional diffère du Partenariat transpacifique global et progressiste sur plusieurs points. Tout d'abord, il reprend l'engagement de l'Accord de partenariat transpacifique global et progressiste en faveur de la mobilité des données, mais laisse à chaque pays la possibilité de déterminer ce qu'il juge nécessaire pour atteindre un objectif légitime de politique publique. Une partie peut alléguer qu'une mesure est arbitraire, injustement discriminatoire ou qu'elle constitue une restriction déguisée au commerce, mais elle ne peut prétendre que la mesure en question ne poursuit pas un objectif légitime de politique publique ou qu'elle n'est pas nécessaire. Deuxièmement, les dispositions considérées comme nécessaires à la protection des intérêts essentiels de sécurité sont totalement exclues de tout examen par les autres parties. Enfin, le Partenariat économique global régional ne prévoit pas actuellement de recours à un mécanisme de règlement des différends entre États pour ce qui est des obligations en matière de gouvernance des données (bien qu'il envisage la possibilité d'y revenir lors de la révision de l'accord), mais privilégie plutôt les consultations de bonne foi entre parties (Streinz, 2021).

Les négociations de l'Accord sur le commerce des services sont un autre forum, regroupant 23 pays, dont les États-Unis et l'Union européenne, au sein duquel les questions relatives aux flux transfrontières de données ont été abordées. L'accord comprenait les mêmes propositions relatives aux flux de données que l'Accord de partenariat transpacifique, notamment un engagement en faveur de la libre circulation des données et une interdiction de la localisation des données. Les négociations de cet Accord sur le commerce des services ont toutefois été paralysées ces dernières années, notamment en raison de désaccords entre les États-Unis et l'Union européenne sur les flux transfrontières de données (Malcolm, 2016).

Outre ces accords, d'autres ententes commerciales comportent également des clauses relatives aux flux transfrontières de données, même si les engagements contraignants en matière de libre circulation y sont rares. L'association de libre-échange Mexique-Panama fait figure d'exception puisqu'il impose une obligation contraignante s'agissant de la circulation transfrontière des données. D'autres accords prévoient une coopération réglementaire sur les flux transfrontières de données, mais sans caractère contraignant. À titre d'exemple, citons l'ALE Costa Rica-Colombie, l'ALE Chili-Colombie, l'ALE Panama-Singapour et l'ALE Pérou-République de Corée (Wu, 2017). Ou encore les ALE conclus par le Canada avec la Colombie, le Honduras, le Pérou et la République de Corée, qui engagent les parties à collaborer

pour « maintenir le flux transfrontière de renseignements en tant qu'élément essentiel pour favoriser un environnement propice au commerce électronique ».

Au niveau régional, en Amérique latine et dans les Caraïbes, les processus de coopération et d'intégration sont historiquement caractérisés par leur portée sous-régionale et leur nature fluctuante. La stratégie numérique, bien que récente, ne fait pas exception à cette règle et nécessite un certain apprentissage pour aborder un sujet qui occupe une place de plus en plus centrale dans le développement économique et durable. Les chiffres concernant l'impact des flux transfrontières de données sur le commerce de la région sont rares, tout comme les références à leur impact sur la valeur économique (Meltzer, 2018).

L'Alliance du Pacifique est le bloc le plus dynamique d'Amérique latine en ce qui concerne les dispositions relatives au commerce numérique et aux flux transfrontières de données. Elle a mis en place des dispositions spécifiques au sein de ses accords fondamentaux dans une perspective purement normative et comme reflet de ses accords commerciaux dans le cadre de l'Accord de partenariat transpacifique global et progressiste. Les pays composant cette Alliance (Chili, Mexique, Colombie et Pérou) ont été favorables, tant conjointement qu'unilatéralement, à la signature d'accords contenant ce type de disposition. En fait, le règlement fondateur de l'Alliance du Pacifique comprenait plus de 50 dispositions spécifiques d'une portée considérable, régissant des aspects tels que le transfert transfrontière d'informations et la localisation des installations informatiques. Bien que les parties reconnaissent qu'elles peuvent avoir leurs propres exigences réglementaires pour le transfert d'informations par voie électronique (art. 13.11 du premier Protocole modifiant le Protocole additionnel à l'Accord-cadre), il est précisé qu'aucune partie ne peut exiger d'une personne visée qu'elle utilise ou implante des équipements informatiques sur le territoire de cette partie comme condition à l'exercice de ses activités (art. 13.11 *bis*). En juin 2019, les pays de l'Alliance du Pacifique ont soumis une communication dans le cadre de l'Initiative conjointe sur le commerce électronique, proposant un projet de disposition relative à la coopération et énonçant qu'en raison de la nature globale du commerce électronique, les membres affirment leur volonté de travailler ensemble à la préservation des flux d'informations transfrontières, éléments essentiels de la promotion d'un environnement dynamique pour le commerce électronique[14].

Les pays du cône Sud de l'Amérique latine, à l'exception du Chili, participent depuis la fin des années 1980 au Marché commun du Sud (MERCOSUR). Jusqu'à récemment, ce groupement n'avait guère progressé en termes de réglementation spécifique en matière de commerce numérique, et en particulier de flux transfrontières de données. Cependant, en janvier 2021, les membres du MERCOSUR ont approuvé l'Accord sur le commerce électronique, institutionnellement concrétisé par une décision du Conseil du marché commun (CMC Decision 15/20). Cet accord joue le même rôle qu'un chapitre sur le commerce électronique dans un accord commercial (comme dans le cas de l'Alliance du Pacifique ou de l'Accord de libre-échange d'Amérique centrale (CAFTA)), et suit les dispositions proposées par l'Alliance du Pacifique en 2018. En ce sens, il incorpore certains éléments intéressants en matière de flux transfrontières de données : la reconnaissance de l'importance d'éviter les barrières constituant une restriction déguisée au commerce effectué par voie électronique, l'exigence de mécanismes de protection des données à caractère personnel, l'interdiction des droits de douane sur les produits numériques en provenance des pays membres, et l'interdiction des exigences de localisation des équipements informatiques. Par ailleurs, les membres du MERCOSUR, à l'exception du Paraguay, ont commencé à inclure dans leurs accords bilatéraux des dispositions spécifiques concernant les flux transfrontières de données.

Le Traité de libre-échange entre les États-Unis et les pays d'Amérique centrale (CAFTA) est un ensemble d'accords commerciaux que l'on peut qualifier de plurilatéral sous-régional, regroupant le Costa Rica, El Salvador, le Guatemala, le Honduras, le Nicaragua et la République dominicaine, en plus des États-Unis. Comme dans le cas de l'Alliance du Pacifique, il s'agit d'un accord découlant fondamentalement d'alliances bilatérales et sous-régionales autour des États-Unis. Le traité CAFTA a servi de plateforme pour les activités commerciales de ses pays membres et inclut des dispositions sur le commerce numérique. L'accord fondateur avec les États-Unis de 2004 contient un chapitre sur le commerce électronique, de même que l'accord conclu en 2011 avec le Mexique et celui signé en 2012 avec l'Union européenne

---

(titre III). Bien que nettement plus limité en matière de commerce électronique, mais plus complet et détaillé à propos des télécommunications, il mentionne aussi explicitement que le développement du commerce électronique doit être compatible avec les normes internationales en matière de protection des données, afin de garantir la confiance des utilisateurs de ce type de commerce.

Certains développements régionaux dans les Caraïbes régissent et/ou facilitent les flux transfrontières de données, notamment le traité révisé de Chaguaramas, la vision et la feuille de route pour un espace unique des TIC de la Communauté des Caraïbes (CARICOM), les initiatives régionales d'échange d'informations, le projet d'harmonisation des politiques et de la législation en matière de TIC dans les Caraïbes (HIPCAR) et le Forum sur la gouvernance de l'Internet dans les Caraïbes. Alors que l'harmonisation régionale des cadres législatifs et réglementaires dans les domaines de la protection des données et de la vie privée gagne du terrain, peu d'efforts tangibles ont été déployés pour l'heure en ce qui concerne les approches régionales des flux transfrontières de données, hormis des recommandations et des lignes directrices générales (Brathwaite and Remy, 2020).

Rien n'indique que l'une ou l'autre des initiatives de coopération latino-américaines susmentionnées ait été approfondie au-delà de son élan initial. De même, la première génération de dispositions relatives au commerce numérique, qui a placé l'Alliance du Pacifique parmi les accords les plus en pointe en la matière, n'a pas fait naître une deuxième vague de politiques communes À dire vrai, une grande diversité règne en termes de partenaires extérieurs et de stratégies d'insertion internationale, dont l'évolution sera déterminante pour l'avenir de l'Alliance du Pacifique. À titre d'exemple, le Chili renforce la démarche initiée dans l'Accord de partenariat transpacifique global et progressiste à travers l'Accord de partenariat sur l'économie numérique (voir sect. D), première entente commerciale entièrement dédiée à l'économie numérique (avec Singapour et la Nouvelle-Zélande), tout en concluant des accords bilatéraux avec les pays membres du MERCOSUR ; la Colombie et le Pérou ont signé un accord avec l'Union européenne, le Japon et la République de Corée ; et le Mexique a signé l'Accord Canada-États-Unis-Mexique ainsi que l'Accord commercial Union européenne-Mexique, nouvelles versions de leurs accords respectifs antérieurs. Toutes ces initiatives traitent de questions liées au commerce électronique ou les échanges numériques.

En ce qui concerne l'Afrique, la décision relative à la Zone de libre-échange continentale africaine (ZLECAf), (Doc. Assembly/AU/4(XXXIII)) de la trente-troisième session ordinaire de l'Assemblée de l'Union africaine des 9 et 10 février 2020, incluait initialement une décision à propos des négociations de phase III, censées débuter immédiatement après la conclusion des négociations de la phase II (investissement, propriété intellectuelle et politique de concurrence) et centrées sur un protocole de la ZLECAf sur le commerce électronique. Cette décision invitait les États membres à examiner d'un œil critique les démarches de leurs partenaires bilatéraux visant à conclure avec eux des instruments juridiques bilatéraux en matière de commerce électronique et à s'assurer que l'Afrique est en mesure de négocier et de mettre en œuvre un protocole de ce type, en ayant pleinement autorité sur l'ensemble des aspects et notamment sur les données. L'Assemblée de l'Union africaine a depuis lors décidé de faire progresser les négociations sur le commerce électronique et a fixé la date limite pour les négociations des phases II et III au 31 décembre 2021.

La stratégie de transformation numérique pour l'Afrique (2020-2030), qui doit être actualisée par la mise en œuvre de stratégies au niveau national, peut donner des indications sur la position des pays africains à propos de certaines questions en rapport avec les flux de données. Parmi les objectifs spécifiques de la stratégie figurent l'entrée en vigueur de la Convention de l'Union africaine sur la cybersécurité et la protection des données à caractère personnel (Convention de Malabo), ainsi que la promotion de normes ouvertes et de l'interopérabilité pour les cadres de confiance transfrontières, la protection des données personnelles et de la vie privée. La stratégie mentionne l'absence de cadres de supervision pour la protection, le stockage, le traitement et la manipulation des données comme l'une des faiblesses du continent. Elle relève par ailleurs que la concrétisation de la vision de la transformation numérique pour l'Afrique exige des politiques appropriées et un environnement favorable, qu'elle décrit comme comprenant « une réglementation visant à permettre la libre circulation des données non personnelles ». Par ailleurs, en matière d'infrastructures numériques, la stratégie précise que l'Afrique a besoin d'une infrastructure de centres de données pour réduire les coûts de la connectivité internationale, mais aussi pour des raisons de souveraineté des données, afin de garantir la localisation de toutes les données privées des citoyens africains.

3. Résultats de la réglementation des flux transfrontières de données par des accords commerciaux

Malgré les efforts déployés par un nombre croissant de pays pour réglementer la question des flux transfrontières de données dans les accords commerciaux, il a été difficile de parvenir à un consensus au niveau multilatéral. En revanche, les progrès ont été plus marqués dans certains accords bilatéraux et régionaux. Mais même dans ces cas, la mobilisation des pays moins avancés sur le plan numérique reste trop faible. À titre d'exemple, au moment de la rédaction du présent rapport, aucun pays africain n'avait conclu d'accord commercial comportant des engagements en matière de flux de données.

De nombreux pays en développement hésitent encore à renoncer au contrôle de leurs données par le biais d'engagements contraignants dans les accords commerciaux, sans bien comprendre toutes les implications d'une telle mesure. Avec la concentration mondiale des plateformes, la promotion de la « libre circulation des données » telle qu'abordée dans les accords commerciaux peut, dans les circonstances actuelles, aboutir à un « flux à sens unique » prenant son origine dans les pays numériquement moins avancés.

Comme indiqué précédemment dans ce chapitre, les négociations commerciales peuvent difficilement aboutir à un résultat permettant à la fois de garantir le fonctionnement efficace d'Internet au plan mondial et de prendre en compte les opportunités et les défis de développement multidimensionnels associés aux flux de données. Tout d'abord, alors que les accords commerciaux sont susceptibles d'avoir des répercussions notables sur la gouvernance d'Internet, les acteurs non gouvernementaux n'ont généralement pas accès au processus de négociation commerciale comme ils l'ont aux discussions multipartites sur la gouvernance d'Internet.

Deuxièmement, le fait d'aborder les flux transfrontières de données essentiellement sous l'angle commercial place les pays en développement dans une position délicate, car la plupart d'entre eux n'ont pas les capacités requises pour débattre de cette question dans l'arène commerciale. Ils risquent donc de subir des pressions les amenant à accepter certaines règles relatives aux flux de données en contrepartie de gains dans d'autres secteurs. Si le marchandage entre domaines et secteurs économiques est un moyen acceptable de faire avancer les négociations et de conclure un accord, il ne l'est pas pour apporter des solutions globales à des problèmes multidimensionnels complexes tels que les flux de données (Burri, 2017).

Troisièmement, en incluant des engagements contraignants en matière de flux de données dans les accords commerciaux, c'est aux mécanismes de règlement des différends commerciaux qu'il appartient de déterminer si les dispositions nationales en matière de données ne sont, pour reprendre les termes de l'Accord de partenariat transpacifique global et progressiste, « pas appliquées de façon à constituer soit un moyen de discrimination arbitraire ou injustifiable, soit une restriction déguisée au commerce » et qu'elles « n'imposent pas de restrictions sur les transferts de renseignements qui soient plus importantes que celles qui sont nécessaires pour atteindre cet objectif ». En fin de compte, la mesure dans laquelle les parties s'engagent à assurer la libre circulation des données dans les accords commerciaux déterminera si, par exemple, la confidentialité des données doit être protégée par des pays souverains et l'Union européenne, ou si elle est intégrée dans un ordre juridique supranational sur le commerce (Yakovleva and Irion, 2020).

Dans ce contexte, la section suivante examine certains processus internationaux, au-delà de la sphère commerciale, qui régissent les flux transfrontières de données.

D. INITIATIVES INTERNATIONALES ET RÉGIONALES SUR LES FLUX TRANSFRONTIÈRES DE DONNÉES AU-DELÀ DE LA SPHÈRE COMMERCIALE

Outre le régime commercial, des discussions sur les flux transfrontières de données sont menées dans d'autres forums internationaux et régionaux. Au plan régional, certains pays en développement s'appuient désormais sur des blocs régionaux tels que l'Union africaine et l'ASEAN pour développer des mécanismes régionaux coordonnés assurant l'interopérabilité numérique transfrontière et la confiance, ainsi que des cadres régionaux communs pour les flux de données[15]. Dans le monde développé, l'Union européenne est un autre exemple de bloc cherchant à accroître sa compétitivité numérique par le biais d'initiatives régionales telles que le projet GAIA-X (voir chap. IV). L'une des vocations communes à ces mécanismes de coopération est de promouvoir le développement du secteur numérique dans la région concernée, de susciter des opportunités de marché plus adaptées aux acteurs régionaux et de réduire la dépendance à l'égard des grandes entreprises américaines et chinoises. Une coopération régionale effective en matière de gouvernance des données pourrait renforcer la compétitivité numérique des pays en développement et leur conférer un certain poids face aux géants technologiques (Foster and Azmeh, 2020), même si, en définitive, une approche coordonnée des flux de données au niveau international est à la fois souhaitable et nécessaire. La présente section détaille certains de ces forums internationaux ainsi que diverses initiatives régionales ayant une incidence sur les flux transfrontières de données. Elle aborde d'abord les forums économiques au sens large, puis examine les forums et les initiatives au-delà de la sphère économique.

1. Initiatives relatives aux flux transfrontières de données dans le domaine économique au sens large

a) Le G20 et la « libre circulation des données en toute confiance »

Dans un discours prononcé à Davos en 2019, le Premier Ministre japonais a souligné la nécessité d'une gouvernance mondiale des données, invitant les dirigeants mondiaux à entamer des discussions sur ce qu'il a appelé « la libre circulation des données en toute confiance ». Il a proposé de s'attaquer à ce problème et invité la réunion du G20 à Osaka à mettre en place un nouveau processus pour aborder la gouvernance des données, appelé « Osaka Track » (le processus d'Osaka), sous les auspices de l'Organisation mondiale du commerce (Hurst, 2019). La déclaration des dirigeants a souligné l'importance qu'ils accordaient aux flux de données, tout en reconnaissant les défis liés au respect de la vie privée, à la sécurité et à la protection des données. La déclaration appelle à faciliter la libre circulation des données et rehausser la confiance des consommateurs et des entreprises, afin de créer une libre circulation des données en toute confiance. Elle réaffirme également l'importance de l'interface entre le commerce et l'économie numérique, note la discussion en cours dans le cadre de l'Initiative de déclaration conjointe sur le commerce électronique, et réitère l'importance du Programme de travail sur le commerce électronique à l'OMC[16].

Certaines des idées concernant les modalités de traitement de cette question ont été discutées au sein du groupe de travail du Think-20 (T20) sur le commerce, les investissements et la mondialisation, l'un des groupes de mobilisation par lequel le G20 communique avec les groupes de réflexion internationaux. Une note d'orientation sur « *The digital economy for economic development : free flow of data and*

---

[15] Voir Union africaine, 2020 ; et « 1st ASEAN Digital Ministers' Meeting (ADGMIN) 2020 Implementing Guidelines for ASEAN Data Management Framework and ASEAN Cross Border Data Flows Mechanism », disponible à l'adresse https://asean.org/wp-content/uploads/2021/08/Implementing-Guidelines-for-ASEAN-Data-Management-Framework-and-Cross-Border-Data-Flows.pdf.

[16] Voir le discours du Premier Ministre Abe lors de la réunion annuelle du Forum économique mondial, « Toward a New Era of "Hope-Driven Economy" », 23 janvier 2019, lors de la Déclaration des dirigeants du G20, Osaka, disponible à l'adresse https://www.mofa.go.jp/ecm/ec/page4e_000973.html ; voir aussi https://www.mofa.go.jp/policy/economy/g20_summit/osaka19/en/documents/final_%20g20_osaka_leaders_declaration.html ; et la Déclaration d'Osaka sur l'économie numérique, disponible à l'adresse https://www.mofa.go.jp/policy/economy/g20_summit/osaka19/pdf/special_event/en/special_event_01.pdf.

supporting policies » (L'économie numérique au service du développement économique : libre circulation des données et politiques de soutien) (Chen *et al.*, 2019) a proposé une série d'initiatives pertinentes pour l'économie numérique. En termes de flux transfrontières de données, elle préconise d'adopter par défaut la libre circulation des données, et de n'autoriser l'intervention des politiques publiques que sous certaines conditions, par exemple en cas d'impact potentiel sur des valeurs importantes ou des préoccupations sociales autres que l'efficacité économique, notamment la protection de la vie privée, la morale publique, la santé humaine ou la sécurité nationale. La note a recommandé par ailleurs comme objectif ultime la conclusion d'un accord commercial multilatéral au sein de l'OMC, reconnaissant cependant que la difficulté d'y parvenir peut amener des pays à emprunter d'autres voies.

L'initiative ne fait toutefois pas consensus au sein du G20, puisque l'Indonésie, l'Inde et l'Afrique du Sud refusent de la signer, arguant qu'elle sape les processus de négociation multilatéraux fondés sur la prise de décision consensuelle dans les négociations commerciales mondiales, et qu'elle prive les pays en développement de toute marge de manœuvre en matière d'économie numérique (Kanth, 2019).

Si cette initiative reste à concrétiser, son impact potentiel dépend grandement de la détermination de la confiance. Peu de progrès ont été enregistrés dans le contexte du G20 ; lors du sommet de Riyad des 21 et 22 novembre 2020, les dirigeants ont déclaré « Nous reconnaissons l'importance de la libre circulation des données dans la confiance et des flux transfrontières de données. Nous réaffirmons le rôle des données pour le développement. Nous soutenons la promotion d'un environnement ouvert, équitable et non discriminatoire, ainsi que la protection et l'autonomisation des consommateurs, tout en relevant les défis liés au respect de la vie privée, à la protection des données, aux droits de propriété intellectuelle et à la sécurité. En continuant à relever ces défis, conformément aux cadres juridiques applicables pertinents, nous pouvons faciliter davantage la libre circulation des données et renforcer la confiance des consommateurs et des entreprises »[17]. Le G20 est soutenu par l'OCDE, qui travaille à l'opérationnalisation du concept de « libre circulation des données en toute confiance »[18].

Cependant, lors de la réunion des ministres du G7 en charge du numérique et de la technologie, le 28 avril 2021, ceux-ci ont déclaré qu'en se fondant sur la Déclaration des dirigeants du G20 à Osaka en 2019, la Déclaration ministérielle du G20 sur le commerce et l'économie numérique de 2019 et la Déclaration de 2020 des dirigeants du G20 à Riyad, ils s'appuieraient sur leurs valeurs communes en tant que nations ouvertes, démocratiques et tournées vers l'extérieur, pour soutenir un plan de travail concrétisant les avantages de la libre circulation des données en toute confiance. À cette fin, ils ont approuvé une Feuille de route pour la coopération à l'égard de la libre circulation des données dans la confiance (annexe 2) décrivant leur stratégie pour progresser significativement dans ce domaine, donner confiance aux entreprises et aux particuliers dans l'utilisation des technologies et créer de la valeur économique et sociale[19].

b) Accord de partenariat sur l'économie numérique

En juin 2020, la Nouvelle-Zélande, le Chili et Singapour ont signé l'Accord de partenariat sur l'économie numérique, qui a pris effet en janvier 2021 et aborde une série de questions relatives à l'économie numérique. Plus précisément, les articles 4.2, 4.3 et 4.4 traitent des questions liées aux flux transfrontières de données et à la localisation des données. Reconnaissant l'importance de la protection des informations personnelles, l'article 4.2 engage les parties à adopter un cadre juridique prévoyant la protection des informations personnelles, et énumère certains critères régissant un tel cadre. L'accord invite également les pays à favoriser la compatibilité et l'interopérabilité entre leurs différents régimes de protection des données personnelles, et propose quelques mécanismes permettant d'y parvenir. L'article 4.2 comprend

---

[17] Voir la Déclaration des dirigeants du G20, Sommet de Riyadh, 21 et 22 novembre 2020, disponible à l'adresse https://www.consilium.europa.eu/media/46883/g20-riyadh-summit-leaders-declaration_en.pdf ; et la Réunion des Ministres de l'économie numérique du G20, Déclaration ministérielle, 22 juillet 2020, disponible à l'adresse http://www.g20.utoronto.ca/2020/G20SS_Declaration_G20_Digital_Economy_Ministers_Meeting_EN.pdf.

[18] Voir par exemple OECD, 2020 ; Casalini et al., 2021. Ce sujet a également été repris par le Forum économique mondial (WEF, 2020d et 202).

[19] Voir la Déclaration ministérielle, Ministres du G7 chargés du numérique et de la technologie, 28 avril 2021, disponible à l'adresse http://www.g8.utoronto.ca/ict/2021-digital-tech-declaration.html.

en outre des engagements de transparence et de non-discrimination dans l'adoption d'un cadre juridique pour la protection des données à caractère personnel.

L'article 4.3 est axé sur les flux transfrontières de données et demande aux parties d'autoriser le transfert transfrontière de données, y compris d'informations personnelles, lorsque la finalité en est l'exercice de l'activité de la personne concernée, mais prévoit des exceptions permettant aux États membres de restreindre ces flux. L'article 4.4 engage les membres à ne pas imposer l'utilisation d'équipements informatiques locaux pour le stockage des données comme condition de la conduite des activités commerciales. Par contre, il permet aux membres d'adopter des mesures contraires à ce principe dans le but de réaliser un objectif légitime de politique publique, pour autant que ces mesures ne soient pas discriminatoires, ne constituent pas des restrictions déguisées au commerce, et qu'elles n'imposent pas de restrictions à l'utilisation ou à la localisation des équipements informatiques plus importantes que celles qui sont nécessaires pour atteindre l'objectif. À la base de ces engagements, l'accord de partenariat sur l'économie numérique prévoit le recours à un mécanisme de règlement des différends en cas de violation.

L'adhésion de Singapour à l'Accord de partenariat sur l'économie numérique s'inscrit dans une démarche plus large de ce pays visant à signer d'autres accords similaires. Outre cet accord conclu entre la Nouvelle-Zélande, le Chili et Singapour, Singapour a également signé un accord sur l'économie numérique avec l'Australie et les deux pays négocient actuellement un accord similaire avec la République de Corée. Compte tenu du caractère très ouvert de la petite économie de Singapour, le pays entrevoit d'importants avantages à se positionner comme plaque tournante de la libre circulation des données transfrontières.

c) Coopération économique Asie-Pacifique

Des discussions relatives à la gouvernance de l'économie numérique et aux flux transfrontières de données se sont tenues dans le cadre de la Coopération économique Asie-Pacifique (APEC), un forum réunissant 21 pays de la région Asie-Pacifique[20]. L'un des premiers résultats a été l'adoption en 1998 du Plan d'action de l'APEC sur le commerce électronique et la création ultérieure, en 1999, du groupe directeur du commerce électronique de l'APEC. Les années suivantes ont vu l'adoption du programme d'action pour la nouvelle économie et la création du groupe directeur ad hoc sur l'économie d'Internet.

Plus spécifiquement, s'agissant des flux transfrontières de données, diverses initiatives de l'APEC visent à faciliter la circulation des données, tout en maintenant de solides protections de la vie privée. La feuille de route de l'APEC sur l'Internet et l'économie numérique adoptée en 2017 a insisté sur la nécessité de faciliter la libre circulation des données au sein de l'APEC et sur l'importance de promouvoir l'interopérabilité et la coopération réglementaire dans les domaines liés à l'économie numérique.

L'une des initiatives marquantes de l'APEC est le système de règles de confidentialité transfrontières, basé sur le cadre de protection de la vie privée de l'APEC de 2005 et adopté en 2011. Il s'agit d'un système de certification de la protection de la vie privée auquel les entreprises peuvent adhérer pour prouver leur respect des mesures de protection des données. Il comporte des exigences spécifiques pour les États membres et les entreprises qui souhaitent être certifiées. Au niveau national, il exige des États membres qu'ils démontrent l'applicabilité des mesures contre les violations commises par toute entreprise certifiée, et inclut un mécanisme de coopération transfrontière. Pour obtenir leur certification, les entreprises doivent notamment mettre en place des garanties de sécurité pour les données à caractère personnel, un mécanisme de recueil et d'instruction des plaintes, ainsi qu'un mécanisme permettant aux consommateurs d'accéder à leurs données personnelles et de les corriger. Le système a été reconnu dans l'Accord Canada-États-Unis-Mexique, et adopté par le Japon en 2017 en tant que mécanisme de transfert efficace (Harris, 2018). L'APEC a également développé un système de reconnaissance de la confidentialité pour les responsables de traitement, axé sur la certification de ces responsables de traitement.

Pour appliquer ces mesures, l'APEC a créé l'initiative de l'APEC sur les règles transfrontières de protection de la vie privée. Ce dispositif constitue un cadre de coopération régionale pour la mise en œuvre de ces

---

[20]   La liste des membres de l'APEC figure sur le site https://www.apec.org/about-us/about-apec.

législations, mettant en rapport les autorités chargées de l'application de la loi sur la protection de la vie privée dans chaque État membre et favorisant le partage d'informations entre elles.

Grâce à ces différents protocoles et programmes, l'APEC joue un rôle important dans la création d'un cadre réglementaire pour les flux transfrontières de données. Il est toutefois important de noter que l'adhésion à ces programmes reste volontaire et que les États membres peuvent choisir d'adhérer à un accord ou à un programme spécifique. À titre d'exemple, seuls neuf membres de l'APEC sont actuellement membres du système de règles de confidentialité transfrontières[21].

d) L'Association des nations de l'Asie du Sud-Est

L'ASEAN est un autre forum asiatique au sein duquel une coopération régionale sur la question des flux transfrontières de données est mise en place. Son Plan de la Communauté économique pour 2025 insiste sur le commerce électronique en tant que vecteur d'échanges transfrontières et d'investissements étrangers. Cet accent s'est traduit par la signature en 2019 de l'Accord de l'ASEAN sur le commerce électronique. Dans cet accord, les États membres reconnaissent la nécessité de permettre aux données de franchir les frontières, à condition qu'elles soient utilisées à des fins professionnelles, et sous réserve des lois et réglementations respectives[22]. Partant de ce principe, les États membres sont convenus de faciliter le commerce électronique transfrontière en éliminant ou réduisant au minimum les obstacles à la circulation transfrontière des données, sous réserve de garanties visant à assurer leur sécurité et leur confidentialité et lorsque d'autres objectifs légitimes de politique publique l'exigent.

L'accord interdit également à toutes les parties d'exiger des entreprises et particuliers d'autres États membres qu'ils implantent leurs installations informatiques sur leur territoire national, comme condition à l'exercice de leurs activités (à l'exception des services financiers). En outre, il invite les États membres à adopter des mesures de protection des données à caractère personnel. À cet égard, l'ASEAN a adopté en 2016 le Cadre de protection des données personnelles, dans le but de renforcer la protection des données personnelles au sein de l'association et de faciliter la coopération entre les participants, afin de contribuer à la promotion et au développement du commerce régional et mondial et à la libre circulation des informations.

Le cadre répertorie les intentions des participants mais ne crée pas d'obligations juridiques exécutoires. Il inclut certains principes que les États membres reconnaissent et s'efforcent de prendre en compte lors de l'élaboration de leurs législations nationales[23]. S'agissant plus particulièrement des transferts transfrontières de données, il prévoit qu'avant d'envoyer des données à caractère personnel vers un autre pays ou territoire, l'organisation doit soit obtenir le consentement de la personne concernée pour ce transfert, soit prendre des mesures raisonnables garantissant que l'organisation destinataire protégera les données à caractère personnel conformément aux principes énoncés dans ce cadre. Sur cette base, l'ASEAN a adopté le cadre sur la gouvernance des données numériques, approuvé en 2018, afin d'améliorer la gestion des données, de faciliter l'harmonisation des réglementations relatives aux données entre les États membres de l'ASEAN et de promouvoir les flux de données intra-ASEAN[24]. En janvier 2021, la première réunion des Ministres en charge du numérique de l'ASEAN a approuvé ce cadre de

---

[21] Voir « Participation in the APEC Cross-Border Privacy Rules (CBPR) System affords Asia-Pacific Economic Cooperation members a unique opportunity to work », disponible à l'adresse http://cbprs.org/government/.

[22] Voir l'Accord de l'ASEAN sur le commerce électronique, disponible à l'adresse http://agreement.asean.org/media/download/20190306035048.pdf.

[23] Parmi ces principes, on peut citer le consentement, la notification et la finalité de la collecte des données personnelles, l'exactitude et la sécurité de ces données, le droit de l'utilisateur d'accéder à ses données et de les corriger, la conservation des données et la responsabilité.

[24] Voir Réunion des Ministres des télécommunications et des technologies de l'information de l'ASEAN, « Framework on Personal Data Protection », disponible à l'adresse https://asean.org/wp-content/uploads/2012/05/10-ASEAN-Framework-on-PDP.pdf, et réunion des Ministres des télécommunications et des technologies de l'information de l'ASEAN, « Framework on Digital Data Governance », disponible à l'adresse https://asean.org/wp-content/uploads/2012/05/6B-ASEAN-Framework-on-Digital-Data-Governance_Endorsedv1.pdf.

gestion des données ainsi que les clauses contractuelles types pour les flux transfrontières de données. Elle a également approuvé le plan directeur numérique de l'ASEAN pour 2025[25].

2. Initiatives relatives aux flux transfrontières de données au-delà du domaine économique et commercial

Alors que les initiatives susmentionnées sont liées à un ordre du jour économique et commercial plus large, cette section passe en revue d'autres mesures relatives à la gouvernance des données qui ont été prises au-delà de la sphère économique, aux niveaux international et régional.

a) Les Lignes directrices de l'OCDE sur la protection de la vie privée et les flux transfrontières de données de caractère personnel

Outre les travaux sur les flux transfrontières de données dans le cadre de son projet « Vers le numérique » et son soutien au G20, l'OCDE mène des discussions depuis plusieurs décennies sur cette thématique sous l'angle de la protection de la vie privée. En 2007, le Conseil de l'Organisation a adopté une série de recommandations relative à la coopération transfrontière dans l'application des législations protégeant la vie privée (OECD, 2007). Elles prennent acte de l'accroissement et des retombées positives des flux transfrontières de données, y compris à caractère personnel, ainsi que des difficultés et des inquiétudes que cet accroissement suscite en matière de protection de la vie privée et des données. Pour limiter les perturbations de ces flux, le Conseil de l'OCDE a souligné la nécessité d'une approche plus internationale et plus complète favorisant une coopération plus étroite sur les questions de vie privée et de protection des données. Le Conseil de l'OCDE a recommandé aux États membres de prendre des mesures pour :

- Améliorer leurs cadres nationaux pour l'application des lois sur la vie privée afin que leurs autorités puissent mieux coopérer avec les autorités étrangères ;

- Élaborer des mécanismes internationaux efficaces destinés à faciliter la coopération transfrontière pour l'application des lois sur la vie privée ;

- Se prêter mutuellement assistance dans la mise en application des lois protégeant la vie privée, notamment par des actions telles que la notification, la transmission des plaintes, l'entraide pour les enquêtes et l'échange d'information, assorties de garanties appropriées ; et

- Associer les parties prenantes intéressées aux discussions et activités visant à développer la coopération dans l'application des lois protégeant la vie privée.

En 2013, l'OCDE a actualisé ses Lignes directrices de 1980 régissant la protection de la vie privée et les flux transfrontières de données de caractère personnel (OECD, 2013b). Ce document inclut des mesures en rapport avec la protection des données personnelles, les limites de leur collecte et les droits des utilisateurs d'accéder à leurs données. Sur la base de ces protections, les lignes directrices appellent les pays membres à s'abstenir de limiter les flux transfrontières de données personnelles entre leur territoire et celui d'un autre État membre, tant que ces derniers respectent ces lignes et que des mécanismes efficaces en garantissent l'application. Dans ce contexte, toute restriction apportée aux flux transfrontières de données à caractère personnel doit, selon ce document, être proportionnée. Les États membres sont invités, entre autres, à élaborer des stratégies nationales relatives au respect de la vie privée, à adopter des lois protégeant cette vie privée, à mettre en place des instances chargées de les faire respecter, à promouvoir et à favoriser l'autorégulation au moyen, par exemple, de codes de conduite, et à fournir aux utilisateurs des moyens raisonnables de faire valoir leurs droits, entre autres. Les États membres sont par ailleurs encouragés à mettre au point des dispositions facilitant l'application transfrontière des mesures de protection de la vie privée et à soutenir l'élaboration d'accords internationaux visant à améliorer l'interopérabilité des cadres de protection de la vie privée.

---

25 Voir« 1st ASEAN Digital Ministers' Meeting approves Singapore-led initiatives on ASEAN Data Management Framework, ASEAN Model Contractual Clauses for Cross Border Data Flows and ASEAN CERT Information Exchange Mechanism », disponible à l'adresse https://www.mci.gov.sg/pressroom/news-and-stories/pressroom/2021/1/1st-asean-digital-ministers-meeting ; et « ASEAN Digital Master plan 2025 », disponible à l'adresse https://asean.org/book/asean-digital-masterplan-2025/.

En 2014, l'OCDE a adopté un train de recommandations, les « Principes pour l'élaboration des politiques d'Internet », réaffirmant le soutien à la libre circulation des données transfrontières et la nécessité d'assurer la compatibilité entre les différents régimes nationaux afin de limiter toute perturbation de ces flux. Le premier principe est « Promouvoir et protéger la libre circulation de l'information dans le monde » (OECD, 2014).

b) Convention 108 et Convention 108+ du Conseil de l'Europe

La Convention du Conseil de l'Europe pour la protection des personnes à l'égard du traitement automatisé des données à caractère personnel (couramment appelée « Convention 108 »)[26] est le seul instrument multilatéral juridiquement contraignant traitant de la protection de la vie privée et des données à caractère personnel et accessible à tous les pays du monde. La Convention 108 a été ouverte à la signature en 1981 et, depuis lors, elle a influencé diverses réglementations internationales, régionales et nationales en matière de protection de la vie privée. Elle compte actuellement 55 États parties, dont 8 non européens. En outre, le Comité de la Convention compte plus de 25 observateurs, formant un forum mondial de plus de 70 pays œuvrant ensemble à la protection des données.

La Convention 108 a récemment été modernisée pour tenir compte des nouvelles réalités d'un monde de plus en plus connecté et renforcer sa mise en œuvre effective. Le Protocole d'amendement à la Convention 108 (STCE n° 223) a été ouvert à la signature en octobre 2018 et a depuis lors été signé et ratifié par de nombreux pays. Une fois entré en vigueur, ce protocole poursuivra deux objectifs essentiels : faciliter les flux de données et promouvoir le respect de la dignité humaine à l'ère du numérique[27].

La Convention 108+ est le seul traité international multilatéral et juridiquement contraignant ouvert sur le droit à la protection des données. Reconnaissant sa capacité sans équivalent à devenir l'instrument mondial en la matière, le Rapporteur spécial des Nations Unies sur le droit à la vie privée a recommandé à tous les États Membres de l'Organisation des Nations Unies d'adhérer à la Convention 108+[28].

La Convention crée à l'échelle mondiale un espace juridique commun pour la protection de la vie privée et des données. Elle confère aux individus la possibilité d'exercer pleinement leur droit au respect de la vie privée et à la protection de leurs données à caractère personnel et, notamment, d'avoir connaissance des données qui sont collectées, conservées et traitées, comment elles le sont et par qui ; de rectifier leurs données et d'en demander leur effacement ; et de bénéficier des mécanismes de recours les plus solides en cas d'atteintes à leurs droits.

Grâce à ses normes équilibrées, la Convention fixe le degré de protection communément admis dont devrait bénéficier un individu à l'ère du numérique pour que sa dignité soit protégée et qu'il jouisse pleinement de son droit à l'autodétermination de son information. La Convention 108+ constitue un outil efficace pour faciliter les transferts internationaux de données tout en garantissant un niveau approprié de protection des personnes partout dans le monde.

c) Convention de Malabo

En 2014, l'Union africaine a adopté la Convention de l'Union africaine sur la cybersécurité et la protection des données à caractère personnel, appelée aussi Convention de Malabo (Abass, 2017). Elle vise à fournir un cadre réglementaire régissant la collecte et le traitement des données personnelles dans les États membres de l'Union africaine. Les signataires de la Convention s'engagent à mettre en place un cadre juridique ayant pour objet de renforcer la protection des données physiques et de réprimer toute atteinte à la vie privée « sans préjudice du principe de la liberté de circulation des données à caractère personnel » (African Union, 2014). Au niveau national, elle exige de chaque pays qu'il établisse une autorité indépendante en

---

[26]   Voir détails de la Convention no 108, Convention pour la protection des personnes à l'égard du traitement automatisé des données à caractère personnel, disponible à l'adresse https://www.coe.int/fr/web/conventions/full-list?module=treaty-detail&treatynum=108.

[27]   Voir la Convention modernisée pour la protection des personnes à l'égard du traitement automatisé des données à caractère personnel, texte consolidé, disponible à l'adresse https://search.coe.int/cm/Pages/result_details.aspx?ObjectId=09000016807c65bf.

[28]   Rapport annuel à l'Assemblée générale des Nations Unies du Rapporteur Spécial sur le droit à la vie privée (A/73/45712) et Rapport annuel du Conseil des droits de l'homme des Nations Unies, du 1er mars 2019 (A/HRC/40/63).

charge de la protection des données à caractère personnel. La Convention régit également une série de questions relatives à la collecte et au traitement des données personnelles, notamment le consentement de la personne concernée, la légitimité du traitement et du processus, et la transparence. Elle confère par ailleurs à la personne concernée des droits importants à l'égard du processus, notamment le droit à l'information, le droit d'accès, le droit d'opposition et le droit de suppression. Cependant, par rapport à d'autres réglementations telles que le RGPD de l'Union européenne, les membres de l'Union africaine peuvent décider d'adhérer ou non à la Convention. Elle n'est pas encore en vigueur, car il faut pour cela que 15 États signataires la ratifient. En juin 2020, seuls huit pays l'avaient ratifiée : Angola, Ghana, Guinée, Mozambique, Maurice, Namibie, Rwanda et Sénégal[29].

d) Forums régionaux en Amérique latine

L'Organisation des États américains (OEA) est une référence constante pour les pays de la région en matière de gouvernance de l'écosystème numérique. Elle repose essentiellement sur trois organes internes : la Commission interaméricaine des droits de l'homme, le Comité juridique interaméricain et le Comité interaméricain contre le terrorisme. La Commission interaméricaine des droits de l'homme a exercé une influence déterminante en matière de défense de la liberté d'expression dans l'environnement numérique et a formulé récemment des directives relatives à la modération des contenus numériques. Le Comité juridique interaméricain travaille depuis 1996 à la protection des données personnelles et a publié en 2000 un document intitulé « *Right to information: access to and protection of information and personal data in electronic form* » (Droit à l'information : accès aux informations et aux données personnelles sous forme électronique et protection de celles-ci). En 2012, il a approuvé le document « *Proposed Declaration of Principles on Privacy and Personal Data Protection in the Americas* » (Proposition de déclaration de principes sur la vie privée et la protection des données personnelles dans les Amériques), comportant 12 principes sur la question. En 2015, il a publié le « *Legislative Guide on Privacy and Personal Data Protection in the Americas* » (Guide législatif sur la protection de la vie privée et des données personnelles dans les Amériques)[30].

Toutefois, en ce qui concerne la protection des données, le Réseau interaméricain de protection des données personnelles (*Red Iberoamericana de Datos Personales* ou RIDP) apparaît comme le forum le plus pertinent[31]. Son approche est basée sur la perspective holistique promue par l'Union européenne, tandis que le Comité juridique interaméricain a privilégié une conception plus proche de la perspective sectorielle prédominante aux États-Unis. L'objectif principal du RIDP a été de favoriser dans les pays de la région l'adoption d'un cadre réglementaire pour la protection des données en tant que droit fondamental et dans une perspective holistique, ainsi qu'une conception institutionnelle centrée sur les autorités chargées d'assurer son respect effectif et indépendantes de l'exécutif. L'effectif du réseau a augmenté et la complexité institutionnelle et le poids politique se sont renforcés progressivement.

Depuis sa troisième réunion en 2004, le RIDP a encouragé l'adoption d'un régime de garanties sur le transfert international de données à caractère personnel, conforme aux normes européennes. Il s'agit d'obtenir la reconnaissance d'un degré de protection adéquat ou, à défaut, de faire appel à des clauses contractuelles types approuvées par la Commission européenne. En 2007, les « Lignes directrices

---

[29] Voir « Liste des pays qui ont signé, ratifié ou adhéré à la Convention de l'Union africaine sur la cybersécurité et la protection des données personnelles », disponible à l'adresse https://au.int/sites/default/files/treaties/29560-sl-AFRICAN%20UNION%20CONVENTION%20ON%20CYBER%20SECURITY%20AND%20PERSONAL%20DATA%20PROTECTION.pdf.

[30] Les documents de l'OEA mentionnés dans cette section peuvent être consultés à l'adresse suivante : Département de droit international, Protection des données personnelles, disponible à l'adresse http://www.oas.org/en/sla/dil/personal_data_protection.asp.

[31] Le Réseau interaméricain de protection des données personnelles (RIDP), a été créé en 2003 ; en 2020, il comptait 33 instances publiques spécialisées dans la protection des données, pour la plupart latino-américaines. Parmi ses membres figurent les autorités d'Argentine, de Colombie, du Costa Rica, du Chili, du Mexique, du Pérou et de l'Uruguay, ainsi que celles d'Espagne et du Portugal. Parmi ses observateurs figurent des instances de l'Équateur, du Brésil, d'El Salvador, du Guatemala, du Honduras, du Paraguay et de la République dominicaine, ainsi que l'OEA elle-même, le Contrôleur européen de la protection des données et le Comité de la Convention 108 du Conseil de l'Europe.

pour l'harmonisation de la protection des données dans la Communauté ibéro-américaine »[32] ont été approuvées et l'adhésion à la Convention 108 du Conseil de l'Europe a été recommandée.

L'année 2013 a vu l'adoption d'un règlement établissant une nouvelle structure institutionnelle. Des groupes de travail et un forum de la société civile ont également été mis en place. Enfin, la collaboration avec l'OEA a été vivement encouragée afin de parvenir à un consensus sur un projet de loi type sur la protection des données. Ces efforts ont conduit à l'approbation en 2015 des Principes de l'OEA sur la vie privée et la protection des données personnelles, actualisés en avril 2021. Cependant, la décision de la Cour de justice européenne d'octobre 2015, déclarant l'accord Safe Harbour invalide, a plongé la coopération entre le RIDP et l'OEA dans la crise. En 2019, les membres du RIDP ont proposé que l'organisation se positionne face aux nouveaux défis posés par l'ordre du jour numérique, en raison de leur impact possible sur la vie privée. Pour ce faire, ils ont approuvé un document énonçant des principes et des recommandations pour le traitement des données personnelles dans le domaine de l'intelligence artificielle[33]. En définitive, le RIDP a réussi à se positionner comme un forum bénéficiant d'un ascendant croissant auprès des parties intéressées de la région.

Le Plan d'action dans le domaine du numérique pour l'Amérique latine et les Caraïbes (eLAC) est une stratégie proposant le recours aux technologies numériques comme instruments de développement durable. Il s'agit du plan d'action numérique promu par la Commission économique pour l'Amérique latine et les Caraïbes de l'Organisation des Nations Unies, en coopération avec la Banque de développement latino-américaine. La septième Conférence ministérielle sur la société de l'information en Amérique latine et dans les Caraïbes, qui s'est tenue en novembre 2020, a créé eLAC2022. Ce nouveau plan d'action couvre huit domaines d'intervention, recense 39 objectifs spécifiques et comporte un chapitre spécifique consacré à la lutte contre la pandémie et la relance économique. L'objectif 11 est axé sur la promotion de normes ouvertes et d'un environnement régional interopérable grâce à l'échange de données, susceptible d'assurer la transformation numérique. Plus particulièrement, l'objectif 27 encourage l'élaboration d'une stratégie de marché numérique régional, une initiative qui a été discutée au cours des cinq dernières années et qui refait surface aujourd'hui. Il repose sur des mécanismes d'intégration régionale et sous-régionale facilitant le commerce électronique transfrontière et le numérique par l'intégration des infrastructures numériques, l'harmonisation des réglementations et la libre circulation des données en toute confiance, entre autres. L'objectif 31 invite par ailleurs à renforcer la cohérence et l'harmonisation des réglementations numériques, notamment en ce qui concerne la protection des données, les flux transfrontières de données, la cybersécurité, le commerce électronique et les échanges numériques, la protection des consommateurs et les droits sur les plateformes en ligne (ECLAC, 2020).

E.   CONCLUSIONS

Ce chapitre a détaillé le système de gouvernance des flux transfrontières de données au travers de divers accords et forums internationaux et régionaux. Ces dernières années, l'une des grandes tendances a consisté à tenter de déplacer la problématique de la gouvernance des données dans l'arène commerciale, avec l'inclusion de questions telles que la libre circulation transfrontière des données et la localisation des données dans diverses négociations commerciales. Ce mouvement a débuté avec l'adoption par les États-Unis de leur « digital trade agenda » et la promotion, de concert avec d'autres pays développés, de l'inclusion de ces questions dans les accords commerciaux aux niveaux multilatéral, régional et bilatéral. Au niveau multilatéral, plusieurs pays avancés ont fait pression pour étendre les négociations au commerce numérique et aux flux transfrontières de données au sein de l'OMC. Mais ces demandes se sont heurtées à la forte opposition de pays en développement et de coalitions de pays en développement, d'où des

---

[32]   Voir « Directrices para la Armonización de la Regulación de la Protección de Datos en la ComunidadIberoamericana », disponible à l'adresse https://www.redipd.org/sites/default/files/2020-01/directrices_armonizacion_iberoamerica_ seminario_2007.pdf.

[33]   Voir « La RIPD apruebasendosdocumentos sobre InteligenciaArtificial y Protección de Datos Personales », disponible à l'adresse https://www.redipd.org/es/noticias/la-ripd-aprueba-sendos-documentos-sobre-inteligencia-artificial-y- proteccion-de-datos.

progrès limités. Le résultat a été de faire progresser les négociations en cours dans le cadre de l'Initiative de la déclaration commune de l'OMC sur le commerce électronique.

Le fait que certains pays en développement aient réussi à freiner les négociations multilatérales sur cette question n'a toutefois pas atténué les efforts de promotion des règles sur la circulation transfrontière des données dans le domaine commercial. Les premières mesures contraignantes sur la libre circulation des données et l'interdiction de la localisation des données ont été incluses dans l'Accord de partenariat transpacifique global et progressiste et l'Accord Canada-États-Unis-Mexique. Dans l'ensemble, la majorité de ces accords visent à promouvoir les flux transfrontières de données et à restreindre le recours aux pratiques de localisation des données. Mais ils diffèrent néanmoins sur certains points importants, notamment les modalités de traitement de questions telles que la protection de la vie privée et des données à caractère personnel, ainsi que sur les conditions permettant aux pays de s'écarter du principe de libre circulation des données. Sur ces sujets, les approches adoptées par certaines grandes puissances diffèrent grandement.

> Les approches internationales et régionales visant à réglementer les flux transfrontières de données sont soit trop restreintes, axées uniquement sur des aspects tels que le commerce ou la vie privée, soit trop limitées géographiquement, comme dans le cas des approches régionales.

La multiplication progressive des clauses relatives aux données dans les accords commerciaux bilatéraux et régionaux place les pays en développement « entre le marteau et l'enclume » en termes de gouvernance numérique et des données dans le régime commercial. Si certains continuent à résister à l'adoption de ces règles dans le régime multilatéral, la généralisation de ces règles dans les accords bilatéraux et régionaux risque d'affaiblir leur position dans les négociations commerciales.

Fondamentalement, cependant, de sérieuses questions se posent quant à l'adéquation du régime commercial à la réglementation des données. Les flux de données peuvent être étroitement liés au commerce des biens et des services dans une économie numérique en pleine évolution, mais les données diffèrent grandement des biens et des services, et leurs flux transfrontières constituent un type différent de flux économique. Il est extrêmement difficile de concilier les questions qui découlent de cette distinction, comme le montrent les efforts déployés pour faire concorder les questions de vie privée avec la libre circulation des données. Les dispositions des accords commerciaux ont des répercussions sur les politiques nationales, notamment en matière de protection de la vie privée, de sécurité nationale et de développement industriel, mais ces répercussions ne sont pas suffisamment prises en considération (Fay, 2020).

Par ailleurs, les pays en développement sont confrontés à des choix difficiles en raison du lien entre les données et les échanges commerciaux. Le système commercial permet aux grandes puissances économiques de tirer parti de la taille de leur marché pour obtenir des concessions dans d'autres domaines. Les pays en développement par contre risquent de devoir renoncer à leur droit (ou espace politique) de réglementer les flux de données pour protéger d'autres intérêts dans le cadre de la politique commerciale. C'est particulièrement le cas si l'on considère la capacité des pays avancés à faire valoir leur pouvoir de marché aux niveaux multilatéral, mais aussi régional et bilatéral. Les pays en développement ont d'autre part à faire face à des faiblesses structurelles dans l'arène commerciale, s'agissant entre autres du règlement des différends et des capacités de négociation, ce qui les place souvent en situation de faiblesse relative.

> Le paysage mondial de la gouvernance des flux transfrontières de données est un patchwork de politiques nationales, régionales et internationales.

Malgré la multiplication des accords commerciaux traitant des flux de données, des divergences significatives continuent d'exister entre les principaux acteurs de l'économie numérique. Parmi les membres du G20, les points de vue sont contrastés, non seulement sur le fond (par exemple, à propos des mesures de localisation des données), mais aussi sur le processus (par exemple, sur le rôle de l'OMC en tant que forum de négociation approprié, compte tenu des innombrables régimes parallèles liés à la confidentialité des données, à la fiscalité, à l'application de la loi et à la réglementation des plateformes) (De La Chapelle and Porciuncula, 2021).

Les approches internationales et régionales visant à réglementer les flux transfrontières de données sont soit trop restreintes, axées uniquement sur des aspects tels que le commerce ou la vie privée, soit trop limitées géographiquement, comme dans le cas des approches régionales. Dans les pays en développement, la coopération régionale en matière de gouvernance des données a enregistré des progrès notables en Asie, des avancées moindres en Amérique latine et des améliorations limitées en Afrique. Les approches régionales peuvent se révéler utiles en tant que tremplin sur la voie d'une gouvernance mondiale des données, qui devrait être l'objectif ultime puisque le traitement des flux transfrontières de données est un enjeu mondial. En outre, les approches régionales, faisant intervenir des membres à des niveaux comparables de développement numérique, auront davantage de facilités que celles marquées par d'importants déséquilibres de pouvoir. Enfin, comme évoquée dans les chapitres précédents, la gouvernance mondiale des données doit prendre en compte la multidimensionnalité des données, et requiert à ce titre une perspective globale et intégrée.

> Les flux transfrontières de données ne bénéficient toujours pas d'un système de réglementation international susceptible de contribuer à la prospérité de tous.

Dans l'ensemble, ce chapitre, ainsi que les chapitres IV et V, montrent que le paysage mondial de la gouvernance des flux transfrontières de données est un patchwork de multiples stratégies nationales, régionales et internationales. Le tableau figurant dans l'annexe en ligne de ce chapitre[34] en dresse une synthèse et fournit des informations sur ces réglementations pour les États membres de la CNUCED[35].

Les flux transfrontières de données ne bénéficient toujours pas d'un système de réglementation international susceptible de contribuer à la prospérité de tous. L'absence d'un tel système a plusieurs répercussions. D'abord, elle amplifie le risque d'une prolifération d'approches réglementaires nationales diverses menant à une fragmentation, ce qui limiterait sa contribution au développement durable. Deuxièmement, les pays les mieux placés pour capter les gains potentiels des données et des flux de données seront en mesure de renforcer encore leurs positions déjà dominantes. Troisièmement, le risque de polarisation entre les pays sur la question des flux de données est encore accru.

Toute harmonisation mondiale de la politique en matière de données devra tenir compte du fait que les pays en développement ont besoin d'un espace politique pour adopter des politiques de promotion du développement technologique et industriel. Les problèmes et les défis liés à la conclusion d'un consensus multilatéral à l'OMC sur cette question montrent qu'il est nécessaire d'envisager d'autres voies susceptibles d'offrir de meilleures perspectives pour permettre la circulation transfrontière des données,

---

[34] L'annexe en ligne du chapitre VI est disponible à l'adresse https://unctad.org/system/files/official-document/der2021_annex3_en.xlsx.

[35] Cette analyse peut être complétée par d'autres études des réglementations relatives aux flux transfrontières de données à différents niveaux, comme par exemple : OECD, 2020 ; Casalini et al., 2021 ; World Bank, 2021 ; « Global Data Governance Mapping Project of the Digital Trade and Data Governance Hub », disponible à l'adresse https://datagovhub.elliott.gwu.edu/ ; Foreign Policy, 6 octobre 2020, « Global Data Governance Database of Policies », disponible à l'adresse https://foreignpolicy.com/2020/10/06/global-dataprivacy-collection-laws-database-surveillance-cybersecurity-governance/ ; CSIS, « Data Governance », disponible à l'adresse https://datagovernance.csis.org/ ; et Université de Lucerne, « TAPED A New Dataset on Data-related Trade Provisions », disponible à l'adresse https://www.unilu.ch/en/faculties/faculty-of-law/professorships/managing-director-internationalisation/research/taped/.

tout en tenant compte des multiples implications de ces flux. Ces voies doivent permettre une répartition équitable des bénéfices tirés de ces flux et une maîtrise des risques qu'ils comportent. Ces aspects sont examinés plus en détail au chapitre VII, qui propose différentes options pour parvenir à une approche équilibrée de la gouvernance mondiale des données et des flux de données.

Le monde commence à peine à entrevoir toutes les implications de l'économie numérique fondée sur les données. D'un point de vue réglementaire, les responsables politiques et les autres acteurs sont encore mal préparés à faire face aux nouveaux défis, dont beaucoup sont de portée mondiale. En dépit des multiples contributions que les données peuvent apporter au développement durable, une approche mondiale de leur gouvernance, notamment de leurs flux transfrontières, est indispensable pour que ces flux génèrent des avantages pour le plus grand nombre, et pas seulement pour quelques-uns, et pour remédier à leurs effets négatifs potentiels.

Ce chapitre présente les pistes potentielles susceptibles d'aboutir à une approche internationale plus holistique de la gestion de ces données et de leurs flux transfrontières, d'une manière qui profite aux populations et à la planète. Il souligne la probable nécessité d'un cadre institutionnel mondial combinant de manière appropriée une participation multilatérale, multipartite et multidisciplinaire, le cas échéant sous la direction d'un nouvel organisme international de coordination. L'approche devra refléter les asymétries et les clivages existants, assurer la pleine participation de tous les pays, être suffisamment souple pour œuvrer au développement de pays affichant des niveaux variables de préparation au numérique, et consacrer des ressources importantes pour aider les pays à la traîne à renforcer leur aptitude à exploiter les données.

LA VOIE À SUIVRE : EN QUÊTE D'UNE APPROCHE ÉQUILIBRÉE

VII

Pourquoi une gouvernance mondiale des données est-elle requise

Pour éviter une nouvelle fragmentation de l'espace numérique

 Pour renforcer la confiance dans l'économie numérique et atténuer les incertitudes

Pour instaurer un partage des données à l'échelle mondiale et développer les biens publics numériques mondiaux

Pour résoudre les problèmes polit découlant de la position dominan plateformes numériques d'envergure

Pour éviter d'amplifier les inégalités

Pour favoriser une circulation transfrontière des données aussi libre que nécessaire et possible, tout en répondant à divers objectifs de développement

 Pour prendre en compte les répercussions des politiques nationale sur les autres pays

Comment

Principaux domaines d'action liés aux données

- Convenir des définitions et des taxonomies
- Établir les conditions d'accès aux données
- Renforcer les mécanismes de mesure
- Traiter les données comme un bien public mondial
- Explorer de nouvelles formes de gouvernance des données
- Convenir de droits et de principes
- Élaborer des normes
- Renforcer la coopération internationale en matière de gouvernance des plateformes

Un nouveau cadre institutionnel mondial
Multilatéral
Multipartite
Multidisciplinaire
Un nouvel organe de coordination des Nations Unies

Ce qu'il convient de faire

- **Remédier à la sous-représ** des pays en développement dans les initiatives mondiales et régionales en cours, en vei à ce que les connaissances, les besoins et les points de vu locaux soient dûment pris en compte
- Œuvrer en **complément des politiques nationales et en cohérence avec elles**, de manière à mettre l'écono numérique fondée sur les données au service du développement inclusif
- **Prévoir une marge de man suffisante** pour faire en sort que les pays ayant des capa et des niveaux de préparatio différents puissent tous bén de l'économie numérique fon sur les données

Pour renforcer les capacités des pays en développement à créer et à valorise les données au niveau national, le soutien international peut contribuer à :

Les sensibiliser aux données et à leurs répercussions sur le développement

Élaborer des stratégies nationales en matière de données

Élaborer des cadres juridiques et réglementaires pertinents

Assurer la partic effective de ces p aux processus internationaux

A. RECONSIDÉRER LA RÉGLEMENTATION DES FLUX TRANSFRONTIÈRES DE DONNÉES

L'expansion rapide du numérique touche tous les aspects de la vie, notamment la façon dont les personnes interagissent, travaillent, achètent et bénéficient de services, ainsi que les modalités de création et d'échange de valeur. Elle a mis en lumière l'importance grandissante des données et de leurs flux, notamment transfrontières, dans l'économie mondiale. Ces données sont devenues une ressource économique essentielle permettant de générer une valeur et de la capter, et influent de diverses manières sur les perspectives de développement. À ce titre, elles peuvent jouer un rôle essentiel dans la réalisation des objectifs de développement durable.

L'économie numérique axée sur les données procure des avantages notables mais fait naître également des défis de taille : c'est aux responsables politiques qu'il incombe de la structurer de manière à favoriser le développement (CNUCED, 2019a). Or, ces responsables s'efforcent de suivre le rythme des avancées technologiques dans un contexte incertain, en évolution rapide et en proie à de nombreuses inconnues. Cette situation a été aggravée par la pandémie de COVID-19, à l'origine d'une accélération significative de la dynamique du numérique, car de plus en plus de personnes se sont appuyées sur Internet pour poursuivre leurs activités et faire face aux effets de la pandémie. D'où l'urgence de réglementer et de gérer de manière appropriée l'économie numérique axée sur les données, afin qu'elle soit bénéfique pour les populations et la planète.

> L'économie numérique axée sur les données procure des avantages notables mais fait naître également des défis de taille : c'est aux responsables politiques qu'il incombe de la structurer de manière à favoriser le développement.

La pandémie a mis en évidence les retards de développement liés aux profondes fractures numériques qui subsistent au sein des pays et entre eux. Et à mesure que les données gagnent en importance, une fracture liée aux données vient se greffer sur la fracture numérique classique, liée à la connectivité. Les pays dotés de capacités limitées pour transformer les données en informations numériques et en opportunités commerciales et pour les utiliser à des fins de développement sont clairement désavantagés. La réduction de ces fractures est indispensable pour atteindre les objectifs de développement. Au niveau international, les interconnexions croissantes résultant des progrès des technologies numériques ont donné naissance à une nouvelle forme d'interdépendance économique internationale, par le biais des flux transfrontières de données. Malheureusement, cette interdépendance est asymétrique et risque d'accentuer encore les inégalités existantes si rien n'est entrepris pour y remédier. En effet, la pandémie a amplifié le déséquilibre lié aux données dans les rapports de force sur le marché, les géants mondiaux du numérique ayant largement profité des besoins de transformation numérique accélérée, alors que le reste du monde peine à se remettre de la crise économique qui en a résulté.

Les discussions des chapitres précédents ont illustré la complexité des nombreux enjeux, ainsi que les multiples compromis entre les différents acteurs intervenant dans les flux transfrontières de données, en rapport avec les perspectives de développement. Les données présentent des caractéristiques particulières qui les distinguent des biens et des services. Elles sont intangibles, non rivales mais partiellement exclusives, et leur valeur est hautement contextuelle, elle apparaît au moment de leur utilisation et augmente par agrégation et combinaison. Les données génèrent non seulement des bénéfices privés, mais aussi une valeur sociale. Or les forces du marché ne peuvent pas, à elles seules, assurer la création de la valeur sociale, et il importe donc que des politiques publiques interviennent. La valeur sociale potentielle des données suggère que le partage des données présente un avantage pour la société, d'où la nécessité d'une libre circulation des données au-delà des frontières (lorsqu'elles sont de nature publique).

Cependant, toutes les données ne sont pas partageables. Lorsqu'elles sont conservées à titre privé, ceux qui les extraient ou les collectent sont en mesure de les traiter plus avant et de s'approprier la majeure partie de leur valeur. Sont principalement concernées les multinationales du numérique basées aux États-Unis et en Chine. En revanche, ceux que l'on peut considérer comme les producteurs des données sous forme brute, à savoir les utilisateurs des plateformes, contribuent eux aussi à cette valeur mais ne participent pas à ces gains. La plupart des pays en développement sont fournisseurs de données brutes, mais ne parviennent généralement pas à tirer profit des données générées au niveau national. Vu sous cet angle, il est indispensable de réglementer les flux transfrontières de données et les plateformes pour parvenir à une répartition équitable des bénéfices, au sein des pays et entre eux.

Certains facteurs non économiques sont aussi à prendre en compte dans la réglementation des flux transfrontières de données. Ces dernières sont largement multidimensionnelles, puisque liées également à la vie privée, à d'autres droits de l'homme et à la sécurité nationale. D'où la nécessité de réglementer ces flux pour répondre aux craintes d'utilisation abusive ou impropre des données par les pouvoirs publics ou le secteur privé. En fait, la réglementation internationale des flux transfrontières de données est devenue l'un des défis mondiaux majeurs dans le contexte de l'économie numérique.

Les réglementations varient d'un pays à l'autre, et les progrès réalisés aux niveaux régional et international sont rares. Trois grandes approches de la gouvernance de l'économie numérique axée sur les données, y compris les flux transfrontières de données, dominent le monde et correspondent à des zones d'influence majeures : a) celle des États-Unis, qui met l'accent sur le contrôle des données par le secteur privé ; b) celle de la Chine, qui a choisi de faire assurer le contrôle des données par les autorités ; et c) celle de l'Union européenne, qui privilégie le contrôle des données par les personnes, sur la base des valeurs et des droits fondamentaux. Le contexte actuel est fait de tensions entre ces zones, notamment entre les États-Unis et la Chine, accompagnées d'une course au leadership dans le développement des technologies numériques, car tous les acteurs sont d'avis que le contrôle des données et des technologies connexes, en particulier l'intelligence artificielle, assurera un pouvoir économique et stratégique.

Dans cette situation, le risque de fragmentation de l'espace numérique, appelée parfois « splinternet », est indéniable. En outre, les plateformes mondiales, dont certaines sont aussi puissantes et influentes que les États-nations, poussent à la création de leurs propres écosystèmes de données. Elles sont tentées de s'autoréguler, ce qui peut avoir une incidence considérable au niveau mondial. Sur un plan général, on ne peut écarter un risque de cloisonnement de l'économie numérique axée sur les données, ce qui irait à l'encontre de l'esprit initial d'Internet, réseau libre, décentralisé et ouvert. Une telle évolution serait également contre-productive en termes économiques car, au niveau international, l'interopérabilité apporte davantage de bénéfices.

> La réglementation internationale des flux transfrontières de données est devenue l'un des défis mondiaux majeurs dans le contexte de l'économie numériquel.

Diverses motivations légitimes relevant de considérations de politique publique peuvent inciter les pays à réglementer les flux transfrontières de données, notamment la protection du droit à la vie privée et d'autres droits de l'homme, la sécurité nationale, ainsi que les objectifs de développement économique. En l'absence d'un système international efficace réglementant ces flux, les pays n'ont d'autre choix que de restreindre les flux de données comme ils le jugent nécessaire. Il leur faut également adopter différentes stratégies nationales pour développer l'économie des données. Cependant, la localisation des données ne permet pas nécessairement leur valorisation au niveau national, car le lien entre le lieu de stockage des données et la création de valeur n'est pas évident : divers coûts et avantages sont à prendre en compte. Aucune solution universelle ne permet de réglementer les flux transfrontières de données. Les politiques varient en fonction des conditions technologiques, économiques, sociales, politiques, institutionnelles et culturelles des différents pays.

Les positions et points de vue très divergents en matière de régulation des flux transfrontières de données ont mené le débat international actuel dans l'impasse. Pourtant, au vu de la place grandissante des données et de leurs flux dans l'économie mondiale, il est urgent de les réglementer de manière adéquate au niveau international. Pour ce faire, il convient d'analyser les données dans toutes leurs dimensions, tant économiques que non économiques, mais sans que cela conduise à avancer des facteurs non économiques en guise de prétexte pour viser des objectifs économiques. En outre, alors que les données sont étroitement liées au commerce et peuvent procurer de sérieux avantages concurrentiels à ceux capables d'en tirer parti, les flux transfrontières de données ne relèvent ni du commerce électronique ni du commerce traditionnel, et ne devraient donc pas être régulés en tant que tels.

L'importance accordée à la vie privée varie selon les pays. Mais comme la vie privée est un droit humain et que le respect de ces droits est un devoir fondamental, l'objectif des politiques relatives aux données devrait être de concilier le respect des droits humains et la promotion des objectifs de développement économique. Ainsi, dans sa réflexion sur la manière de réglementer les flux transfrontières de données, la communauté internationale devra dépasser le stade du commerce et considérer ces flux de manière holistique. Le débat politique international sur les données doit prendre en considération les différentes facettes évoquées, notamment les droits de l'homme, la sécurité, la concurrence, la fiscalité internationale et la gouvernance globale d'Internet. Se pose alors la question de savoir quel est le forum international le plus approprié pour débattre des politiques liées aux données favorisant le développement.

> Une approche coopérative globale visant à trouver un terrain d'entente pour progresser à l'échelle mondiale dans l'économie numérique axée sur les données serait préférable à des positions extrêmes sur les flux transfrontières de données, peu efficaces et non viables à terme, et contribuerait à un développement inclusif et durable.

En matière de flux transfrontières de données, les approches extrêmes sont peu efficaces et non viables à terme. Il est donc nécessaire de repenser leur réglementation au niveau international afin de trouver un terrain d'entente et des solutions intermédiaires. Ce chapitre tente d'y contribuer. Une approche conflictuelle n'apportera pas de résultats positifs pour l'humanité. Une démarche coopérative globale visant à trouver un terrain d'entente pour progresser à l'échelle mondiale dans l'économie numérique axée sur les données serait préférable aux positions extrêmes sur les flux transfrontières de données et contribuerait à un développement inclusif et durable. Plutôt que de nous focaliser sur les différences, recensons plutôt les principes et objectifs communs. Un équilibre est à trouver entre les revendications de souveraineté nationale et la nécessité d'un Web ouvert, ainsi qu'entre la diversité, vecteur d'innovation, et le besoin d'harmonisation, pour permettre aux données de traverser les frontières. Par ailleurs, une répartition équitable des bénéfices des flux transfrontières de données permettrait d'atténuer les asymétries et les inégalités dans l'économie numérique fondée sur les données.

Un système international de régulation des flux transfrontières de données, instauré au bénéfice des populations et de la planète, garantirait une circulation des données aussi libre que possible et nécessaire, tout en assurant un partage plus équilibré des gains au sein des pays et entre eux et une prise en compte des risques liés aux droits de l'homme et à la sécurité nationale. Cela contribuerait au bon fonctionnement d'Internet et renforcerait la confiance dans l'économie numérique fondée sur les données.

Une attention particulière doit être accordée aux pays en développement, qui se trouvent actuellement entre le marteau et l'enclume eu égard à la gouvernance des flux transfrontières de données. Les responsables des pays plus modestes ou moins avancés sont soumis à de fortes pressions pour faire un choix entre l'un ou l'autre des divers courants dominants en la matière. Pour trouver des réponses adéquates au défi que représente la gouvernance des flux transfrontières de données, la collaboration internationale et le dialogue politique doivent impérativement être renforcés et les pays en développement doivent

y être pleinement associés. Tout consensus devra impérativement être assorti d'une grande souplesse compte tenu des conditions spécifiques en vigueur dans les divers pays, de manière à permettre à tous de participer de manière profitable.

> Lors de l'élaboration des réglementations pertinentes, il conviendra de garder à l'esprit que les risques liés aux données peuvent résulter de l'utilisation de ces dernières par le secteur privé ou les pouvoirs publics.

En outre, lors de l'élaboration des réglementations pertinentes, il conviendra de garder à l'esprit que les risques liés aux données peuvent résulter de l'utilisation de ces dernières par le secteur privé ou les pouvoirs publics. Les données peuvent être employées pour contrôler ou manipuler les préférences, les choix et les décisions, une démarche susceptible de conduire à des résultats préétablis visant à orienter la société dans une direction particulière et de restreindre les libertés humaines. Cela peut se produire dans les domaines économique ou politique, voire même menacer la démocratie. D'où la nécessité d'un équilibre additionnel entre les intérêts des citoyens et ceux des autorités, afin que les droits individuels soient respectés. C'est pourquoi il serait judicieux d'instaurer un mécanisme approprié de contrôle et d'équilibre chargé de demander des comptes à ceux qui contrôlent les données.

Dans ce contexte, le présent chapitre examine les pistes envisageables, qui permettraient une approche plus globale et internationale de la gouvernance des données et de leurs flux transfrontières. La section B souligne l'impératif de développer un système mondial de gouvernance des données. Les options politiques possibles pour cette gouvernance sont présentées en section C. La section D explore les aspects liés au cadre institutionnel qui sera peut-être nécessaire, souligne la nécessité éventuelle d'un nouvel organe de coordination international axé sur les questions liées aux données, et présente certaines modalités potentielles de fonctionnement de ce cadre. Pour qu'une approche internationale opère au niveau national, les pays en développement doivent disposer d'une marge de manœuvre suffisante pour prendre leur essor dans l'économie numérique fondée sur les données, comme évoqué dans la section E. La section F aborde le renforcement des capacités pour le passage au numérique et l'élaboration de politiques axées sur les données. Enfin, la section G présente les conclusions sur la voie à suivre.

B. LA NÉCESSITÉ D'UNE GOUVERNANCE MONDIALE DES DONNÉES

La gouvernance des données renvoie à la manière dont les données sont gérées et réglementées en vue de la réalisation de divers objectifs. Elle peut intervenir à des niveaux multiples et interdépendants :

- Le *citoyen individuel* doit gérer ses données de manière responsable. Il est important qu'il ait conscience des risques de la transformation numérique. Cette prise de conscience peut être renforcée par l'éducation et l'apprentissage. En outre, l'individu peut jouer un rôle actif en faisant valoir ses droits. Max Schrems, qui est allé extrêmement loin dans la défense du droit à la vie privée dans l'Union européenne, en est un exemple ;

- Les *communautés* ont également un rôle important à jouer dans la gouvernance des données de leurs membres, sur le plan collectif. Dans les organisations de la société civile, les individus et les communautés peuvent faire progresser la gouvernance des données par le biais de l'activisme social[1] ;

- Le *secteur privé* devrait administrer les données de manière à servir non seulement les profits privés, mais aussi l'intérêt public. Une gouvernance des données digne de ce nom permet aux entreprises de renforcer leur compétitivité grâce à une confiance accrue. Mais l'autorégulation du secteur

---

[1] Voir UNCTAD, « Social activism needed to rein in tech's destructive elements », 13 avril 2021, disponible à l'adresse https://unctad.org/news/social-activism-needed-rein-techs-destructive-elements.

privé a ses limites et, à mesure que l'influence de ce secteur et les inégalités du rapport de forces dans l'économie numérique axée sur les données gagnent du terrain, la nécessité de renforcer la réglementation publique s'intensifie, tant au niveau national qu'international ;

- Les *autorités nationales et infranationales*, y compris les villes, en dialogue étroit avec les autres parties prenantes, sont chargées d'établir des réglementations pour garantir que les données profitent à tous, tout en atténuant leurs effets négatifs ;

- Au *plan international* (ou au plan régional en tant qu'élément constitutif), la gouvernance mondiale ou la coopération internationale devrait viser à conclure des accords facilitant le partage global des données à valeur sociale, dans l'intérêt des populations et de la planète, et à favoriser les flux transfrontières de données, à condition que les gains soient équitablement répartis et que les risques soient correctement pris en compte.

Les différents niveaux de gouvernance des données sont étroitement interdépendants. En effet, la gouvernance globale des données regroupe l'ensemble de ces niveaux distincts et corrélés : il s'agit donc d'une gouvernance multicouche en termes d'acteurs impliqués. Les relations entre les niveaux sont à la fois descendantes (du haut vers le bas) et ascendantes (du bas vers le haut). Le présent rapport est avant tout axé sur l'échelon international, sans perdre pour autant de vue les autres niveaux. Il appartient aux responsables politiques, en étroite consultation avec les autres parties prenantes, d'établir une distinction entre les aspects réglementaires liés aux données qui peuvent rester du ressort national (tout en gardant à l'esprit la perspective mondiale) et ceux qui nécessitent une approche coordonnée au niveau mondial, compte tenu de la portée globale de l'économie numérique. Tous les niveaux de gouvernance des données, quels qu'ils soient, doivent être fondés sur des valeurs universelles liées au respect des droits de l'homme et de la dignité humaine – telles que l'égalité, l'équité, le développement, la diversité, la liberté, la transparence et la responsabilité – afin que les données concourent au bien-être des populations et de la planète.

Divers facteurs étayent et justifient la nécessité d'un cadre global de gouvernance des données, venant compléter les autres niveaux de gouvernance, notamment[2] :

- Les données sont porteuses de valeur sociale non seulement au niveau national, mais aussi au plan mondial, et elles contribuent au développement global. Le partage des données à l'échelle mondiale peut favoriser la résolution de problèmes majeurs posés au développement, tels que la pauvreté, la santé, la faim et les changements climatiques. La nécessité et les avantages d'un partage mondial des données et des informations ont été mis en évidence par la pandémie de COVID-19 : sans une coopération mondiale en matière de données et d'informations, la recherche pour développer des vaccins et les actions de lutte contre les incidences de la pandémie auraient été beaucoup plus difficiles. Si certaines données constituent des biens publics, d'autres peuvent être considérées comme des biens publics mondiaux et méritent d'être abordées et gérées dans le cadre d'une gouvernance mondiale ;

- La montée en puissance des flux transfrontières de données, la mise en œuvre imminente de la 5G, l'Internet des objets et l'IA, et l'accélération du passage au numérique dans le sillage de la pandémie de COVID-19 créent les conditions d'une vaste collecte et monétisation des données à l'échelle planétaire. Mais sans cadre de gouvernance mondial cohérent pour créer la confiance, cette évolution risque d'entraîner un repli en termes de partage des données et d'amplifier les inquiétudes déjà exprimées quant au manque de transparence de la chaîne de valeur des données, s'agissant notamment de la confidentialité des données personnelles, de l'utilisation éthique des technologies d'intelligence artificielle et de la monétisation des données par les plateformes de médias sociaux ;

- Une coordination technique internationale est indispensable pour éviter la fragmentation de l'infrastructure Internet et de l'espace numérique. Cet aspect est lié aux questions d'interopérabilité des réseaux et de portabilité des données, afin de faciliter les flux de données ;

- La prolifération des réglementations nationales relatives aux flux transfrontières de données mène à une certaine confusion quant aux règles à suivre, combinée à un manque d'uniformité, de cohérence et de mise en œuvre. Cette situation fait naître des incertitudes et augmente les coûts de mise

---

[2] Basé en partie sur Fay (2021).

en conformité, des conséquences potentiellement fort dommageables pour les micro et petites entreprises, en particulier dans les pays en développement ;

- Du fait de la nature interconnectée et du degré élevé d'interdépendance mondiale de l'économie numérique fondée sur les données, les politiques nationales en matière de données ont forcément des retombées dans d'autres pays ;

- L'extraterritorialité de certaines mesures peut ne pas convenir à d'autres juridictions, qui ne seront pas capables d'influer sur ces réglementations, d'où un manque de responsabilité démocratique dans ces juridictions ;

- L'autorégulation a conduit à des structures de marché définies par les plateformes à leur propre bénéfice. Cet état de fait, associé à des règles conçues pour l'ère industrielle, a de profondes répercussions sur des domaines tels que la politique de la concurrence et l'innovation, la répartition de la valeur tirée des technologies au sein des pays et entre eux, ainsi que la cohésion sociale, aux niveaux national et international ;

- Alors que les grandes entreprises numériques mondiales renforcent leur domination grâce à leur accès privilégié aux données, les énormes déséquilibres dans le pouvoir du marché conduisent à une amplification des inégalités à l'échelle mondiale. Ces plateformes ont une emprise et une influence mondiales telles, qu'il devient de plus en plus difficile pour les pays, même développés, de relever seuls les défis posés par ces déséquilibres ;

- Les inégalités systémiques historiques dont pâtissent les pays en développement sont aujourd'hui transposées, voire intensifiées dans l'espace numérique axé sur les données. Les connaissances et points de vue locaux de ces pays sont négligés dans les discussions mondiales, alors que leurs données sont exploitées en l'absence de toute réglementation appropriée, et que leurs économies à forte intensité de main-d'œuvre seront probablement les plus affectées par le déploiement croissant des technologies numériques basées sur les données ;

- Aucune évaluation complète et cohérente des risques, des vulnérabilités et des résultats des modèles économiques des plateformes numériques, en particulier des plateformes de médias sociaux, n'a été menée, alors que les actes malveillants en ligne se multiplient au niveau mondial. L'utilisation impropre de données privées peut entraîner, et a entraîné des préjudices sociaux considérables, pour lesquels il n'existe actuellement que peu de recours. Cette lacune est due en partie au manque d'accès aux données collectées par les plateformes, qui pourraient permettre d'évaluer ces risques. Une autre explication est le défaut d'accès aux algorithmes utilisés pour enrichir les informations ;

- Compte tenu des interdépendances et du caractère interconnecté de l'architecture mondiale d'Internet, le débat sur l'avenir des flux transfrontières de données ne peut se limiter à quelques pays seulement.

Ainsi, une gouvernance mondiale des données, de l'économie numérique et des technologies numériques est clairement nécessaire du fait de leur portée globale et de leurs répercussions sur le développement de la planète. La dématérialisation fondée sur les données fait naître des opportunités globales, mais aussi des défis globaux qui exigent des solutions à l'échelle mondiale pour tirer parti des aspects positifs et atténuer les effets négatifs. Une gouvernance mondiale efficace des données est une condition préalable à la réalisation des objectifs économiques, sociaux et environnementaux du Programme de développement durable à l'horizon 2030 axé sur l'être humain.

Partout dans le monde, la demande de coopération globale en matière de données entre les différentes parties prenantes se fait, elle aussi, plus pressante[3]. La nécessité d'améliorer le traitement des données et les technologies numériques est clairement reconnue par les États Membres de l'Organisation des Nations Unies. La déclaration des chefs d'État et de gouvernement représentant les peuples du monde à l'occasion de la célébration du soixante-quinzième anniversaire de l'Organisation des Nations Unies a

---

[3] À titre d'exemple, le Comité de coordination des activités de statistique a lancé un appel à l'action à propos de la nécessité d'un nouveau consensus mondial sur les données (World Bank, 2021:297). Voir aussi MacFeely, 2020b ; Pisa *et al.*, 2020 ; Hill, 2020 ; Ichilevici de Oliveira et al., 2020 ; Sacks and Sherman, 2019 ; Carter and Yayboke, 2019.

souligné que la coopération numérique était un domaine essentiel[4] : « Nous améliorerons la coopération numérique. Le numérique a profondément transformé la société. Il offre des occasions sans précédent, mais s'accompagne aussi de nouveaux défis. Lorsqu'elles sont utilisées de manière inappropriée ou à des fins malveillantes, les technologies numériques peuvent alimenter les divisions entre les pays et en leur sein, accroître l'insécurité, saper les droits humains et creuser les inégalités. La connectivité et la prospérité socioéconomique de notre monde dépendant plus que jamais des outils numériques, il faut continuer de considérer comme des priorités l'élaboration d'une vision commune en ce qui concerne la coopération numérique et l'avènement d'un avenir numérique, qui montre tout le potentiel offert par une utilisation bénéfique des technologies, et la prise en compte des problèmes de confiance et de sécurité numériques. Le numérique peut nous permettre d'accélérer la réalisation du Programme 2030. Nous devons faire en sorte que tout le monde puisse avoir accès au numérique dans des conditions de sécurité et à un coût abordable. L'Organisation des Nations Unies peut être une plateforme permettant à toutes les parties prenantes de participer aux discussions à ce sujet ».

C. PRINCIPAUX DOMAINES D'ACTION ET PRIORITÉS

Il ressort de la discussion sur l'interdépendance dans l'économie numérique fondée sur les données et les questions intersectorielles en jeu que, compte tenu des relations complexes entre les disciplines, les acteurs, les politiques et les pays concernés (qui s'influencent mutuellement), une approche systémique de l'élaboration des politiques est indispensable. Elle doit être interdisciplinaire et intégrer des aspects liés à la technologie, à l'éthique, à l'économie et au développement, à la politique, à la géographie (géopolitique), au droit, etc. Elle sera également multipartite et inclura tous les acteurs concernés. Au niveau des autorités nationales, son approche sera pangouvernementale, car les mesures prises par un ministère peuvent avoir une incidence sur les objectifs politiques d'un autre domaine. Sur un plan général, la gouvernance mondiale des données nécessitera une combinaison de politiques nationales, régionales et internationales, avec la pleine participation des pays en développement.

Les sous-sections suivantes passent en revue un certain nombre de domaines d'action clefs et de priorités, qu'il convient d'appréhender de manière holistique, multidimensionnelle, multipartite et pangouvernementale. Il s'agit notamment de formuler les définitions fondamentales et de classifier des données, de renforcer les initiatives visant à évaluer les données et leurs flux transfrontières, d'établir les conditions d'accès aux données, de développer les données en tant que biens publics mondiaux, d'explorer de nouvelles formes de gouvernance des données, de définir les droits et les principes relatifs aux données ainsi que la normalisation des données, et de coordonner la coopération internationale dans d'autres domaines de politique économique liés aux données.

1. Établir un consensus sur les définitions des concepts liés aux données

Pour que les débats politiques internationaux aboutissent à des résultats concrets, il est important que les questions abordées soient correctement définies et que les participants s'accordent sur ces définitions. Les divergences de définitions ou d'interprétations créent des problèmes considérables pour la recherche d'un terrain d'entente. Or, comme évoqué au chapitre II, les définitions des concepts de base liés aux données et à leurs flux font encore cruellement défaut. Il est indispensable de connaître et comprendre les spécificités des données, de leur collecte, de leur traitement et de leur utilisation, pour favoriser la transparence dans les débats sociétaux et les décisions prises à ce sujet (De La Chapelle and Porciuncula, 2021:51).

Sous l'angle du développement économique, la distinction entre les données (en termes de données brutes) et les produits de données (en termes de renseignements numériques, résultant du traitement des données) prend tout son sens. La valeur ajoutée prend corps dans la chaîne de valeur des données, depuis la collecte des données jusqu'à l'information numérique, en passant par différentes phases d'organisation, d'analyse et de traitement. Les chaînes de valeur des données se déployant à l'échelle

---

[4] Déclaration faite à l'occasion de la célébration du soixante-quinzième anniversaire de l'Organisation des Nations Unies, disponible à l'adresse https://www.un.org/pga/74/wp-content/uploads/sites/99/2020/06/200625-UN75-highlight.pdf.

mondiale, les différentes étapes qui la composent peuvent se dérouler dans des pays différents. Il est donc important de savoir où la valeur ajoutée est produite.

Il serait intéressant aussi de clarifier le sens du concept de « souveraineté nationale » dans le contexte de l'économie numérique axée sur les données. Dans l'espace décentralisé, libre et ouvert qu'Internet était censé être, il est difficile d'appliquer la notion de souveraineté nationale traditionnelle, associée à des territoires. En matière de flux transfrontières de données, les frontières ne sont pas faciles à établir. Les différences de points de vue et d'interprétations sur la signification de la souveraineté en matière de données ou de numérique peuvent créer une confusion à propos des droits relatifs aux données et susciter des conflits concernant la revendication de droits sur les données. Et en fait, les droits numériques et ceux liés aux données sont également à préciser et un consensus est certainement à trouver sur la signification et les implications de la gouvernance des données à différents niveaux et pour différents acteurs.

Les problèmes de définitions sont courants dans un contexte aussi complexe et évolutif, lié à l'évolution rapide des technologies numériques. Alors que le monde aborde un territoire inconnu, en l'occurrence l'économie numérique axée sur les données, de nombreux concepts de l'économie conventionnelle sont directement transposables par simple adjonction de l'adjectif « numérique », sans pour autant que cette démarche puisse être systématisée. La transformation numérique introduit de nouveaux paramètres qui modifient de manière significative la dynamique économique et qui doivent être parfaitement compris. Il est donc indispensable de redoubler d'efforts pour parvenir à des définitions communes et ainsi faciliter l'élaboration des politiques dans un contexte exigeant.

Les diverses taxonomies employées pour classifier les types de données s'appuient sur des critères différents. Mais l'interface entre ces différentes taxonomies et les flux transfrontières de données n'a pas encore été suffisamment approfondie. Classer les données n'est pas chose facile et il serait souhaitable d'intensifier les initiatives pour convenir d'une taxonomie commune des types de données qui soit pertinente aux fins de la réglementation des flux transfrontières de données. Cela permettrait d'établir les conditions d'accès aux données, comme expliqué dans la sous-section suivante, et de déterminer les données à considérer comme des biens publics.

2. Fixer les conditions d'accès aux données

Lorsqu'une taxonomie pertinente des types de données aura été convenue, un accord sur l'établissement de conditions propres à chaque type facilitera considérablement les flux transfrontières. Chaque type de données circulera selon ces conditions et l'accord déterminera les données qui devront être cantonnées au territoire national et celles susceptibles de circuler par-delà des frontières. Il précisera également qui a accès aux données, dans quelles conditions et pour quel usage. Ainsi, différentes organisations ou personnes disposeront de droits d'accès différents aux divers types de données. Ces droits nécessiteront un cadre institutionnel fiable pour en assurer la gestion, le contrôle et l'application (Coyle *et al.*, 2020). Seraient ainsi détaillés :

- Qui est habilité à collecter les différents types de données, quelles sont les modalités de cette collecte et quelle en est la finalité ;

- Qui peut accéder aux données (droits d'accès) et sous quelles conditions (conditions pour les données à partager, au niveau national ou international) ;

- Qui est responsable et de quelle manière, en cas de non-respect des modalités de collecte, de partage, d'utilisation ou de contrôle des données.

3. Redoubler d'efforts pour évaluer les données et leurs flux transfrontières

Une élaboration avisée des politiques s'appuie habituellement sur des données probantes. Comme le montre le présent rapport, trouver des éléments d'information sur les données est un défi de taille. Les statistiques disponibles sur le trafic de données sont difficiles à interpréter et concernant leur valeur et celle des flux transfrontières, des lacunes importantes empêchent de bien comprendre ce qui se passe.

Les statistiques sur la bande passante internationale sont largement utilisées lorsqu'il est question de flux transfrontières de données, mais elles ne constituent pas un bon indicateur, même pour des estimations. Ces chiffres ne reflètent que le volume des données en circulation, sans mention de direction et sans distinction entre données et produits de données. Rien ne permet donc de déterminer le flux de valeur lié aux données franchissant les frontières. En effet, ce qui importe n'est pas tant le flux de données que le flux de valeur associé à ces données. Sans éléments factuels, il est impossible d'évaluer les effets des différentes réglementations sur les flux transfrontières de données ou leur rapport avec le développement.

En outre, la plupart des statistiques sur les données sont réalisées par le secteur privé[5], qui les conserve de manière confidentielle. Les données sont progressivement devenues une ressource économique essentielle pour créer et capter de la valeur, et elles conditionnent le cours des relations économiques internationales par le biais des flux transfrontières de données. Il devient donc plus qu'urgent d'amplifier les travaux statistiques pour produire davantage d'indicateurs officiels en la matière et les rendre publics. Il faut également chercher des moyens de contraindre les grandes plateformes numériques à partager davantage d'informations sur leurs données, des informations qui soient susceptibles de servir à l'élaboration des politiques. À défaut, les responsables ne disposeront pas des éléments probants indispensables pour éclairer leurs décisions.

4. Les données en tant que biens publics (mondial)

Comme évoqué au chapitre III, les biens publics numériques, notamment les données lorsqu'elles sont de nature publique, sont essentiels pour exploiter pleinement le potentiel des technologies numériques. Lorsque les organisations disposent d'ensembles de données vastes et diversifiés, elles disposent de possibilités plus nombreuses de créer et de capter la valeur à partir des données. La disponibilité de ces données à l'échelle mondiale a souvent été limitée, du fait du contrôle exercé par les entreprises ou parce qu'elles contiennent des détails personnels qui ne peuvent être partagés. Néanmoins, une disponibilité plus large d'ensembles de données plus vastes peut conduire à une production substantielle de valeur sociale et à des effets significatifs sur le développement. Deux exemples récents sont à citer à cet égard : la valeur des données pendant les crises sanitaires liées au virus Ebola et à la COVID-19 (Moorthy *et al.*, 2020 ; Wesolowski *et al.*, 2014), et les villes qui ont tiré parti du partage des données urbaines avec des entreprises privées.

Ces exemples de réussite ont suscité des appels à des initiatives plus larges encourageant la coopération internationale en matière de biens publics numériques mondiaux et des mécanismes et plateformes diffusant ces idées. Selon le Groupe de haut niveau des Nations Unies sur la coopération numérique, bon nombre de technologies et de contenus numériques, depuis des données jusqu'à des applications, en passant par des outils de visualisation des données et des programmes d'enseignement, pourraient accélérer la réalisation des ODD. Lorsqu'ils sont librement et gratuitement disponibles, assortis d'un minimum de restrictions quant à leur distribution, adaptation et réutilisation, ils deviennent des « biens publics numériques ». Le Groupe a recommandé qu'une vaste alliance multipartite, à laquelle participeraient les organismes des Nations Unies, crée une plateforme de partage des biens publics numériques, de mobilisation des talents et de mise en commun des données, dans le respect de la vie privée, dans les secteurs intervenant dans la réalisation des ODD (United Nations, 2019)[6].

Concernant les données, les « biens publics numériques » pourraient englober de grands ensembles de données publiques partagées sous licences ouvertes et soigneusement anonymisées, pour réduire les risques d'identification des personnes. Ils pourraient également inclure des outils à code source ouvert et des plateformes permettant d'accéder et de traiter ces données en vue de générer des informations numériques (Gurumurthy and Chami, 2019). La « Digital Public Goods Alliance » a été créée à la suite de ces appels. Elle a identifié six domaines clefs en rapport avec les objectifs de développement durable afin de constituer une collection de biens publics numériques : lecture en début de scolarité, inclusion financière,

---

[5] Par exemple, par des sociétés comme Cisco, International Data Corporation (IDC) et TeleGeography.

[6] Voir le Bureau de l'Envoyé du Secrétaire général des Nations Unies pour les technologies, disponible à l'adresse www.un.org/techenvoy/fr/content/digital-public-goods.

adaptation au changement climatique, santé numérique, compétences numériques et professionnelles, et apprentissage à distance[7].

La notion de données « en tant que biens publics » peut également constituer une approche intéressante pour les alliances de pays et les organisations œuvrant au développement pour soutenir le partage transfrontière des données. Comme l'ont montré les précédents succès des données publiques en libre accès, des données utiles sont souvent disponibles au sein des administrations publiques et des entreprises. Mais les rendre disponibles nécessite des interventions et un appui supplémentaire, ainsi que des outils appropriés, pour soutenir les résultats du développement. Les enseignements tirés de ces alliances de données peuvent potentiellement jouer un rôle important dans la promotion des « biens publics numériques » en tant qu'élément clef contribuant à la réalisation des objectifs de développement.

5.   Explorer de nouvelles formes de gouvernance des données

Des formes alternatives de gouvernance des données voient le jour pour faciliter le partage des données dans l'intérêt général. Dans le contexte actuel, les grandes entreprises numériques extraient les données, contrôlent ce qui en est fait et s'approprient à titre privée la plupart des bénéfices. Mais compte tenu de la multiplicité des acteurs intervenant comme sources de données et/ou affectés par leur utilisation, la gestion des données doit être envisagée de manière à contribuer au développement. Il s'agit de réinventer la gouvernance des données pour la mettre au service des populations et de la planète. Apparaissent ainsi de nouveaux modèles de gouvernance des données, associant divers acteurs et permettant une mise en commun de leurs données pour en augmenter la valeur sociale. Il s'agit notamment des coopératives de données, des espaces communs de données, des espaces d'échange collaboratif de données, des trusts et fiducies de données, de la souveraineté des données autochtones et des marchés de données (UNCTAD, 2019a ; Micheli *et al.,* 2020 ; Mozilla Insights *et al.*, 2020). Les espaces d'échange collaboratif de données, une nouvelle forme de partenariat où les participants échangent des données dans l'intérêt public, sont extrêmement prometteurs et ne peuvent potentiellement que bénéficier à la société et améliorer l'IA. Ils sont capables de créer de la valeur en améliorant l'analyse situationnelle et causale, en renforçant la capacité prédictive des responsables ainsi que la fiabilité, la précision et la réactivité de l'IA (Verhulst, 2019).

Ces partenariats en faveur des données numériques, regroupant diverses organisations dont des instances publiques dans le but de mutualiser leurs forces pour collecter, échanger, compiler et partager leurs données, se répandent partout dans le monde (GagnonTurcotte, Sculthorp and Coutts, 2021). De nombreux exemples pratiques existent déjà dans divers domaines, notamment ceux de la santé, de l'environnement, de la recherche, de l'agriculture et de l'alimentation, ainsi que dans le développement économique. Et ils peuvent être d'échelles diverses, aussi bien locaux que transfrontières. Le *Data Collaboratives Explorer* de GovLab et le projet *Data for Empowerment*, du Data Futures Lab de Mozilla, sont des exemples de ces pratiques émergentes de gouvernance des données[8]. Ces initiatives n'en sont encore qu'à leurs débuts et ne sont pas légion, mais elles donnent des indications utiles sur la voie à suivre pour améliorer le partage et l'utilisation des données dans l'intérêt public. Dans le même registre, des mouvements tels que « *Responsible data* » ou « *Data for good* » ont vu le jour et appellent les entreprises à partager leurs données à des fins humanitaires dans le cadre de ce que l'on appelle la « philanthropie des données » (UNDP, 2020). La Commission européenne a par exemple exploré le potentiel du partage des données au sein de l'Union européenne afin d'aider les administrations publiques à utiliser les données du secteur privé dans l'intérêt général (European Commission, 2020b).

---

[7]   Voir Digital Public Goods Alliance, disponible à l'adresse https://digitalpublicgoods.net.

[8]   Voir https://datacollaboratives.org/explorer.html?#data-pooling and https://foundation.mozilla.org/en/data-futures-lab/data-for-empowerment/. Voir aussi Data Collaboratives, « Leveraging Private Data for Public Good. A Descriptive Analysis and Typology of Existing Practices », disponible à l'adresse https://datacollaboratives.org/static/files/existing-practices-report.pdf.

6. Droits et principes relatifs au numérique et aux données

Comme nous l'avons vu plus haut, il est impératif de définir correctement les droits liés au numérique et aux données. L'étape suivante consiste à les reconnaître. Ces dernières années, les déclarations, chartes ou manifestes sur les droits et l'éthique du numérique et des données à différents niveaux ont proliféré (Digital Future Society, 2019). Un premier exemple en est la Charte des droits de l'homme et des principes pour l'Internet, publiée en 2011 par le Forum sur la gouvernance de l'Internet (FGI). En voici quelques autres[9] :

- Le Manifeste pour une justice numérique ;

- La déclaration « Données pour les urgences sanitaires internationales : gouvernance, opérations et compétences » ;

- La Déclaration africaine des droits et libertés d'Internet ;

- La Charte canadienne du numérique ;

- La Charte des droits numériques de l'Espagne ;

- La Déclaration de Berlin sur la société numérique et une administration numérique basée sur des valeurs ;

- La Déclaration de la Coalition des villes pour les droits numériques ;

- La Déclaration « *Commitment to responsible business for the digital age* » (engagement pour une conduite responsable des affaires à l'ère numérique) de Digital Declaration.

Ces exemples et d'autres montrent qu'il est nécessaire de définir et de reconnaître les droits dans le nouveau contexte de l'économie numérique fondée sur les données. Les déclarations et principes relatifs aux droits sont très inspirés mais ne comportent aucune obligation. Et pourtant ils sont pour la plupart centrés sur l'humain et peuvent constituer des repères utiles pour progresser dans la recherche d'un terrain d'entente sur les droits relatifs aux données à l'échelle mondiale.

Les problèmes liés aux droits relatifs aux données sont également présents dans le droit commercial. Comme le note la Commission des Nations Unies pour le droit commercial international (UNCITRAL, 2020:5), « Dans le contexte des transactions de données, il semble exister une incertitude non seulement entre les parties au sujet des droits et obligations à inscrire dans leur contrat, mais aussi chez les avocats et les juges quant à l'application des règles et principes existants du droit des contrats ».

Il se pourrait même qu'il soit nécessaire de réviser les cadres généraux des droits, en les adaptant aux nouvelles réalités qui n'avaient pas cours au moment de leur conception. La nécessité de réglementer l'économie numérique tend à être abordée simplement comme un moyen d'intégrer les nouveaux phénomènes dans les réglementations existantes. Ainsi, a-t-il été considéré que les flux transfrontières de données relevaient du régime du commerce international et c'est dans ce cadre que leur réglementation internationale est examinée. Mais comme évoqué précédemment, les données sont très éloignées des biens ou des services, et la réglementation de leurs flux transfrontières nécessite une approche différente de celle du commerce international.

De même, il est manifeste que les droits de l'homme du monde analogique doivent être respectés dans l'espace numérique. Le Secrétaire général des Nations Unies, dans son appel à l'action pour les droits de l'homme au milieu de la pandémie, a souligné qu'il continuait de plaider pour que les droits de l'homme soient appliqués en ligne (United Nations, 2020c). C'est assurément le cas. Mais il se pourrait que de nouvelles violations des droits humains soient apparues dans l'espace numérique, des atteintes qui n'existaient pas au moment de l'adoption de la Déclaration universelle des droits de l'homme.

---

[9] Pour plus d'informations à ce sujet, voir www.ohchr.org/Documents/Issues/Opinion/Communications/ InternetPrinciplesAndRightsCoalition.pdf, https://justnetcoalition.org/digital-justice-manifesto, https://rsc-src.ca/sites/ default/files/DES7289_3_S7%20Statement_Data_EN_FINAL.pdf, https://africaninternetrights.org/sites/%20default/ files/African-Declaration-English-FINAL.pdf, www.ic.gc.ca/eic/site/062.nsf/fra/h_00108.html, https://portal.mineco. gob.es/es-es/ministerio/participacionpublica/audienciapublica/Paginas/SEDIA_Carta_Derechos_Digitales.aspx, https://ec.europa.eu/isa2/sites/default/files/cdr_20201207_eu2020_berlin_declaration_on_digital_society_and_value-based_digital_government_.pdf, https://citiesfordigitalrights.org/declaration et https://digitaldeclaration.com/img/ uploads/EN_DigitalDeclaration_2-Pager_R3_WEB_2020-compressed_200225_115932.pdf.

Ainsi, personne n'aurait pu prévoir en 1948 que le droit à l'oubli prendrait une telle importance, alors qu'aujourd'hui, d'anciennes informations « personnelles » publiées sur les médias sociaux peuvent faire obstacle au recrutement de la personne concernée. Il est donc nécessaire de sortir des sentiers battus.

7. Normes relatives aux données

La normalisation est un autre moyen de faciliter les flux transfrontières de données au bénéfice du développement inclusif, avec toutes les garanties nécessaires. Elle peut contribuer à assurer la libre circulation des données entre différents pays et systèmes, en favorisant les fonctionnalités nécessaires à l'interconnexion, telles que l'interopérabilité et la portabilité des données. Elle renforce également la confiance dans les processus de passage au numérique et fixe des points de repère appropriés en matière de gouvernance des données (Girard, 2019, 2020). Les normes sont applicables à divers domaines, que ce soit des aspects techniques ou la protection de la vie privée. L'important est d'élaborer « des normes communes sur les données ouvertes qui peuvent guider les secteurs privé et public sur la manière de fournir un accès ouvert aux ensembles de données, en faisant en sorte que davantage de données deviennent disponibles en tant que biens publics numériques, tout en respectant le droit à la vie privée et à la confidentialité » (United Nations, 2020a).

Comme indiqué au chapitre IV, les États-Unis, la Chine et l'Union européenne sont les principales zones d'influence au niveau mondial en matière de gouvernance des données. Toutes trois cherchent à établir des normes mondiales dans l'économie numérique axée sur les données. Mais il n'existe manifestement pas d'approche unique de la gouvernance des données, car les conditions technologiques, économiques, politiques, institutionnelles et culturelles varient selon les pays. Les normes devront donc être suffisamment souples pour permettre une adaptation aux conditions propres à chaque pays. Il n'est pas question de les imposer, elles doivent être approuvées de manière collective, inclusive et globale.

8. Initiatives de coopération internationale en matière de gouvernance des plateformes

L'inégalité des échanges dans l'économie numérique fondée sur les données est en rapport direct avec les déséquilibres de pouvoir de marché résultant de la position dominante des entreprises numériques mondiales et de leur recours aux techniques d'optimisation fiscale pour éviter de payer leur part d'impôt (UNCTAD, 2019a). Ainsi, la gouvernance des plateformes, englobant entre autres les règles de concurrence et les politiques fiscales, a un rôle clef à jouer pour corriger ces déséquilibres. Bien que ces politiques soient généralement appliquées au niveau national, la coopération internationale dispose d'une marge de manœuvre considérable. Cette coopération est d'autant plus nécessaire que les grandes entreprises concernées sont d'envergure mondiale. L'autorité d'un pays en charge de la concurrence ou de la fiscalité ne peut, à elle seule, relever les défis posés par les géants du numérique. Même les pays et groupes de pays développés, tels que les États-Unis et l'Union européenne, rencontrent des difficultés en la matière.

La nécessité d'adapter la politique de concurrence à la nouvelle réalité de l'économie numérique fondée sur les données fait l'objet d'un consensus croissant (UNCTAD, 2019a ; Gökçe Dessemond, 2020). Mais cette coopération internationale ne progresse que lentement. Un dialogue international est engagé, par exemple au sein du Groupe intergouvernemental d'experts du droit et de la politique de la concurrence de la CNUCED. Un autre exemple est l'Accord sur une vision commune des autorités de concurrence du G7 sur « Concurrence et économie numérique »[10].

Ces dernières années, la coopération internationale a joué un rôle plus actif en matière de fiscalité dans le contexte de l'économie numérique. Des négociations complexes ont été menées au sein de l'OCDE sur l'érosion de la base d'imposition et le transfert de bénéfices. Une solution globale et consensuelle était attendue pour la mi-2021 (OECD, 2021) et en juillet 2021, 130 pays et juridictions du Cadre inclusif G20/OCDE sur le BEPS (Érosion de la base d'imposition et transfert de bénéfices) ont adhéré à un nouveau

---

[10] Voir G7, « Common Understanding of G7 Competition Authorities on 'Competition and the Digital Economy' », disponible à l'adresse www.ftc.gov/system/files/attachments/press-releases/ftc-chairman-supports-common-understanding-g7competition-authorities-competition-digital-economy/g7_common_understanding_7-5-19.pdf.

plan reposant sur deux piliers et visant à réformer les règles de la fiscalité internationale et à faire en sorte que les entreprises multinationales paient une juste part d'impôts partout où elles opèrent. Celui-ci prévoit également un impôt minimum mondial de 15 %[11] sur les sociétés. Ce Cadre du G20/OCDE sur le BEPS, fort de 139 pays, manque pourtant encore d'inclusivité s'agissant de la représentation et de la participation des pays en développement. Il a été précédé par un autre accord relatif à une réforme fiscale mondiale, conclu en juin 2021 par les ministres des finances du G7, qui prévoit que les plus grandes multinationales technologiques devront payer leur juste part d'impôt dans les pays où elles opèrent. Le principe d'un taux minimum mondial garantissant que ces entreprises paient un impôt d'au moins 15 % dans chaque pays où elles exercent leurs activités[12] a également été arrêté.

Toutes ces mesures vont dans le bon sens, mais cet accord ne couvre que quelques pays développés. Comme indiqué dans le Rapport sur l'économie numérique 2019 (UNCTAD, 2019a), le Comité d'experts de la coopération internationale en matière fiscale des Nations Unies est une enceinte plus inclusive pour traiter des questions fiscales du point de vue du développement et il convient de le renforcer. Ce comité a poursuivi ses travaux sur la fiscalité dans l'économie numérique, en prêtant une attention particulière à l'impact sur les pays en développement (United Nations, 2021).

En résumé, toutes ces options politiques illustrent la nécessité de renforcer le dialogue politique international afin de progresser sur la voie d'une gouvernance mondiale des données plus efficace. Les principes déontologiques liés aux données ou les déclarations sur les droits liés à ces données, ainsi que l'élaboration de normes, sont autant d'étapes dans la bonne direction. Mais, elles sont généralement mises en œuvre sur une base volontaire. Une réglementation efficace des flux transfrontières de données devra probablement aller au-delà du volontariat pour garantir le respect des règles. Pour répondre aux besoins de coopération internationale, certains aspects de la gouvernance des données nécessiteront de nouveaux cadres réglementaires à élaborer au niveau international et à adopter au niveau national.

Se pose alors la question de savoir quel est le cadre institutionnel le plus approprié au niveau mondial pour le développement de la gouvernance mondiale des données. Pour les réglementations à appliquer au plan national, l'approche intergouvernementale est certainement appelée à jouer un rôle majeur. Cependant, les organes intergouvernementaux en place ne sont pas forcément en bonne position pour traiter de manière holistique les questions de gouvernance des données. Compte tenu du caractère multidimensionnel des données, de leur importance de plus en plus essentielle, des nombreux problèmes et intérêts en jeu, ainsi que de l'évolution rapide d'un contexte riche en inconnues, des solutions innovantes s'imposent. Elles devront être multilatérales, multipartites et multidisciplinaires, afin de couvrir toutes les interrelations complexes que les données impliquent. L'éventualité d'un cadre institutionnel pour la gouvernance mondiale des données est examinée dans la section suivante.

D. CADRE INSTITUTIONNEL

Le thème des données a été abordé dans divers forums politiques au niveau régional ou mondial et en divers formats. Dès l'avènement d'Internet et à mesure de l'expansion mondiale du réseau, des organismes dits de « gouvernance d'Internet » ont été conçus pour gérer des questions techniques telles que le système de noms de domaine et les protocoles Internet. En outre, le Forum sur la gouvernance de l'Internet s'est efforcé de favoriser un dialogue multipartite sur des questions économiques et sociales connexes. Mais l'absence de pouvoir de décision formel a limité sa capacité à définir des orientations politiques. La question de savoir quels sont les forums appropriés pour une gouvernance mondiale des données plus large reste donc ouverte.

---

[11] Voir projet OCDE/G20 sur l'érosion de la base d'imposition et le transfert de bénéfices, Déclaration sur une solution reposant sur deux piliers pour résoudre les défis fiscaux soulevés par la numérisation de l'économie, 8 octobre 2021, disponible à l'adresse https://www.oecd.org/fr/fiscalite/beps/declaration-sur-une-solution-reposant-sur-deux-piliers-pour-resoudre-les-defis-fiscaux-souleves-par-la-numerisation-de-l-economie-octobre-2021.pdf.

[12] Voir « G7 Finance Ministers Agree Historic Global Tax Agreement », disponible à l'adresse www.g7uk.org/g7-finance-ministersagree-historic-global-tax-agreement/ ; et « G7 Finance Ministers and Central Bank Governors' Communiqué », disponible à l'adresse www.g7uk.org/g7-finance-ministers-and-central-bank-governors-communique/.

Le Groupe de haut niveau des Nations Unies sur la coopération numérique, mis en place par le Secrétaire général, a mené des consultations sur les modalités de la coopération numérique avec un large éventail de parties prenantes. Dans son rapport (United Nations, 2019:22), il indique avoir constaté une grande insatisfaction à l'égard des accords de coopération numérique existants et un désir de résultats plus tangibles, de participation plus active des pouvoirs publics et du secteur privé, de processus plus inclusifs et de meilleur suivi. Dans l'ensemble, les systèmes doivent devenir plus globaux, multidisciplinaires, multipartites, agiles et capables de convertir les discours en action. Le rapport a identifié six lacunes principales :

- Une priorité trop faible accordée à la coopération en matière de technologies numériques aux niveaux national, régional et mondial ;

- Le manque d'inclusivité dans les travaux en cours au sein des organismes techniques et normatifs, voire l'incapacité de bon nombre d'entre eux à participer de manière efficace et significative ;

- Les chevauchements et la complexité de l'architecture de la coopération numérique, qui risquent d'en affecter l'efficacité ;

- Un défaut de communication et de synergie entre les organismes, les empêchant de faire face aux technologies numériques qui touchent de plus en plus de domaines dont les politiques sont élaborées par des organes distincts ;

- Le manque de données, d'indicateurs et d'éléments factuels fiables, sur lesquels fonder les politiques ; et

- La défiance qui règne entre les pouvoirs publics, la société civile et le secteur privé, qui complique la mise en place de l'approche collaborative multipartite indispensable à l'élaboration de mécanismes de coopération efficaces.

Le rapport recommandait également un processus consultatif afin d'élaborer des mécanismes actualisés permettant d'améliorer l'architecture de la coopération numérique mondiale. Ces consultations sont toujours en cours au moment de la préparation du présent rapport[13].

En fait, les cadres institutionnels en place au niveau international ne sont pas adaptés aux particularités et aux besoins spécifiques de la gouvernance mondiale des données. Pour que celle-ci soit efficace, il faudra très probablement instaurer un nouveau cadre institutionnel mondial. La présente section expose les raisons pour lesquelles un tel cadre devra être multilatéral, multipartite et multidisciplinaire. La gouvernance mondiale des données exigera sans doute aussi la création d'un nouvel organisme international qui jouera un rôle de coordination à l'échelle mondiale.

1. Un cadre multilatéral, multipartite et multidisciplinaire

L'analyse présentée dans ce rapport confirme que pour faire face aux complications résultant des multiples interconnexions et interdépendances entre les différentes dimensions des données, les divers acteurs impliqués et les compromis émergents, une approche multilatérale, multipartite et multidisciplinaire de la gouvernance mondiale des données est indispensable. En effet, en recensant les questions clefs et les interrelations dans la gouvernance numérique mondiale, il apparaît que les données jouent un rôle essentiel dans tous les domaines considérés : technologie, droit, secteur socioculturel, économie, développement, droits de l'homme et sécurité (Kurbalija and Höne, 2021).

Jusqu'à présent, la gouvernance mondiale des données et les technologies numériques ont suivi des voies différentes. La plupart des questions liées à la gouvernance d'Internet, en tant que réseau de communication, ont été traitées dans des forums multipartites. Une communauté Internet bien organisée et mondialisée s'est massivement investie dans la coordination des ressources Internet et le fonctionnement du réseau des réseaux. Ces processus hautement techniques se déroulent dans divers cadres institutionnels, tels que la Société pour l'attribution des noms de domaine et des numéros sur

---

[13] Voir « Recommendation 5A/B. Options for the Future of Global Digital Cooperation », disponible à l'adresse www.global-cooperation.digital/GCD/Redaktion/EN/Downloads/options-for-the-future-of-global-digital-cooperation. pdf?__blob=publicationFile&v=2 ; et « Follow-up on Digital Cooperation Architecture », disponible à l'adresse www.global-cooperation.digital/GCD/Navigation/EN/Follow-up/follow-up.html.

Internet, l'IETF (Groupe d'étude sur l'ingénierie Internet) et le World Wide Web Consortium (W3C) et habituellement entre pairs, sur un pied d'égalité (UNCTAD, 2017).

Dans les forums actuels, les possibilités de contribution de toutes les parties prenantes varient considérablement. Avec le rôle croissant joué par les données dans la société, d'autres organisations œuvrant dans ce secteur se sont efforcées de renforcer la composante multipartite. Ainsi, la Convention 108 du Conseil de l'Europe inclut un forum où les gouvernements nationaux, les instances de régulation, les acteurs du secteur privé et les représentants de la société civile peuvent être informés et partager des idées sur la promotion et l'amélioration de la Convention (UNCTAD, 2016). Autre exemple : le Secrétaire général des Nations Unies a établi pour le Forum sur la gouvernance de l'Internet un groupe consultatif multipartite chargé de formuler des conseils quant au programme et de planifier les futures réunions.

En outre, la Commission de la science et de la technique au service du développement (CSTD) de l'ONU offre à l'ensemble des parties prenantes un cadre appréciable pour définir le rôle des technologies et des données numériques en tant que catalyseurs des objectifs de développement durable, et pour informer et conseiller les organes décisionnels des Nations Unies. Ayant pour mandat de fournir à l'Assemblée générale et au Conseil économique et social des avis de haut niveau sur les questions scientifiques et technologiques en rapport avec le développement, elle pourrait être davantage mise à contribution pour analyser les liens entre les données, la gouvernance d'Internet et le développement (voir encadré VII.1).

Encadré VII.1. La Commission de la science et de la technique au service du développement (CSTD) et la coopération internationale pour aborder les questions de politique publique liées à Internet

La CSTD, un organe subsidiaire du Conseil économique et social, est le principal forum des Nations Unies pour l'analyse des incidences de la science et de la technologie sur le développement. À ce titre, elle constitue une plateforme mondiale de discussion et de recherche de consensus sur les technologies numériques. De par son mandat, le Commission joue le rôle de centre de coordination et assure le suivi du Sommet mondial sur la société de l'information (SMSI) dans l'ensemble du système de l'ONU, avec ses principes fondamentaux et ses lignes d'action en matière de coopération numérique approuvés par la communauté internationale. Les rapports de la CSTD sur le SMSI forment l'un des principaux recueils internationaux de connaissances, d'expériences et de discussions internationales sur les aspects des questions numériques liés au développement[a].

La CSTD a progressé sur des volets essentiels de la transformation numérique de l'économie et de la société, tant en termes de politiques que de pratiques. Elle a soutenu un groupe de travail sur les améliorations du Forum sur la gouvernance de l'Internet (2011-2012)[b] ainsi que deux groupes de travail chargés du renforcement de la coopération sur les questions de politique publique liées à l'Internet (2013-2014 et 2016-2018)[c]. Ces travaux ont permis de dégager des critères de haut niveau, ainsi que des principes directeurs, en vue de la mise en œuvre d'une coopération renforcée lors de l'élaboration de politiques publiques internationales liées à Internet. Cependant, en dépit d'une convergence de vues significative dans des domaines importants de la politique publique liée à la transition numérique, force a été de reconnaître la persistance de sensibilités et d'approches différentes chez plusieurs acteurs.

Les connaissances et l'expérience accumulées par la CSTD dans le cadre de ces processus extrêmement complexes et politiquement sensibles pourraient, si les États membres en décident ainsi, servir de contribution précieuse à la poursuite des délibérations au sein de l'Organisation des Nations Unies sur les liens entre la gouvernance d'Internet, la gouvernance des données et le développement.

Source : CNUCED.

[a] Voir « ECOSOC Document – WSIS Follow-up », disponible à l'adresse https://unctad.org/publications-search?f[0]=product%3A667.

[b] Voir « Improvements of the Internet Governance Forum (2011-2012) », disponible à l'adresse https://unctad.org/topic/commission-on-science-and-technology-for-development/igf-2011-2012.

[c] Voir « Working Group on EnhancedCooperation on Public Policy Issues Pertaining to the Internet (2013-2014) », disponible à l'adresse https://unctad.org/fr/node/29842 ; et « Working Group on EnhancedCooperation on Public Policy Issues Pertaining to the Internet (2016-2018) », disponible à l'adresse https://unctad.org/fr/node/29841.

Les acteurs de la communauté Internet peuvent tirer parti des points de vue d'autres secteurs de la politique socioéconomique ou des droits de l'homme et ainsi mieux comprendre les besoins en termes de développement. À l'inverse, il serait intéressant pour les responsables politiques de dialoguer avec d'autres acteurs disposant d'une connaissance technique plus spécialisée de l'évolution du contexte numérique, afin de s'assurer que tout accord portant sur ces questions soit réalisable du point de vue opérationnel, politiquement viable et peu susceptible d'avoir des conséquences négatives imprévues (UNCTAD, 2017). Il se peut également que la résolution de certains problèmes liés aux technologies de l'information nécessite des solutions techniques. Par ailleurs, les aspects économiques ou techniques ne sont pas les seuls à entrer en ligne de compte dans les processus de gouvernance des données, et il en va de même des autres sciences sociales et humaines liées à l'éthique et aux droits de l'homme.

La recherche de la combinaison appropriée pour cet engagement multilatéral, multipartite et multidisciplinaire nécessitera une réflexion innovante. Les approches devront être aussi bien descendantes que montantes, à charge pour les mécanismes de gouvernance de les faire converger. Pour des raisons pratiques, cela peut signifier que tous les aspects de la gouvernance ne soient pas abordés simultanément par tous les groupes ou niveaux concernés. Une gouvernance à plusieurs niveaux est envisageable, mais dans ce cas un système de coordination de haut niveau à l'échelle mondiale deviendra incontournable. De nouvelles formes de gouvernance des données sont à explorer, notamment des modèles distribués et polycentriques (Verhulst, 2017 ; Singh, 2019). Par ailleurs, compte tenu de l'influence croissante des technologies numériques sur nos vies et nos sociétés, mais aussi sur l'économie mondiale et les relations internationales, la diplomatie technologique est appelée à jouer un rôle grandissant (Kurbalija and Höne, 2021 ; Feijóo *et al.*, 2020).

2. Faut-il créer un organe international de coordination pour les questions relatives aux données ?

Malgré la nécessité reconnue d'une plus grande collaboration mondiale en matière de gouvernance numérique, peu de progrès substantiels ont été réalisés sur les modalités de cette collaboration. Le rapport susmentionné du Groupe de haut niveau des Nations Unies sur la coopération numérique propose trois modèles différents : un « FGI Plus » s'appuyant sur le Forum sur la gouvernance de l'Internet existant, une « architecture de cogouvernance distribuée » ou une « architecture de biens communs numériques ». Le modèle choisi serait géré par le système des Nations Unies.

Au lieu de s'appuyer sur des organisations existantes qui ont déjà fort à faire et sont tiraillées dans une multitude de directions, nous pourrions reconnaître que l'ère numérique exige une institution centrée sur l'évaluation et le développement d'une gouvernance globale des données et du numérique, et possédant les compétences nécessaires à cet effet. Les institutions mondiales actuelles ont été conçues pour un monde différent et dans notre nouvelle ère numérique, dominée par les biens incorporels, de nouvelles structures de gouvernance sont nécessaires. Selon certains experts, nous avons besoin d'un modèle de type « Bretton Woods », qui atténue les conséquences négatives de la révolution numérique et ouvre une nouvelle ère de prospérité partagée (Medhora and Owen, 2020).

Une proposition pour aller de l'avant suggère de s'inspirer du Conseil de stabilité financière, qui a été mis en place par le G20 pour surveiller et faire des recommandations concernant le système financier mondial, après les lacunes réglementaires qui ont conduit à la crise financière mondiale de 2008. L'idée serait de créer un conseil de stabilité numérique chargé de traiter les problèmes complexes de politique et de réglementation mondiales posés par les technologies numériques[14]. Il pourrait avoir pour mandat de :

- Coordonner l'élaboration de normes, de réglementations et de politiques dans les nombreux domaines en rapport avec les plateformes. Il s'agirait, sans s'y limiter, de la gouvernance tout au long de la chaîne de valeur des données et de l'IA (y compris la confidentialité, l'éthique, la qualité et la portabilité des données, la responsabilité algorithmique, etc.), du contenu des médias sociaux, de la politique de concurrence et de l'intégrité électorale. L'objectif de la coordination serait d'élaborer

---

[14] Pour plus de détails sur la proposition d'un Conseil de stabilité numérique, voir Fay (2019).

un ensemble de principes et de normes applicables à l'échelle mondiale, tout en permettant des variations nationales pour s'adapter aux conditions locales ;

- Évaluer les vulnérabilités découlant de ces technologies, notamment leur impact sur la société civile, ainsi que les mesures réglementaires et politiques nécessaires pour y remédier en temps utile ;

- Suivre l'évolution de la situation, formuler des conseils sur les meilleures pratiques et réfléchir aux mesures réglementaires et politiques nécessaires pour remédier aux défaillances en temps utile ;

- Veiller à ce que ces actions soient reprises par d'autres organisations, qui devront moderniser leurs règles pour prendre en compte les mégadonnées et l'IA, mais aussi développer un cadre d'évaluation des effets induits.

Une telle instance serait clairement pour les pays développés et en développement l'opportunité rêvée de travailler de concert. Sa création permettrait d'affirmer et de reconnaître que le domaine numérique a besoin de sa propre institution et d'une gouvernance internationale intégrée. Cet organe serait explicitement axé sur les résultats, par exemple l'élaboration de normes volontaires ainsi que la mise en œuvre, l'évaluation et l'appréciation des changements, dans un contexte impérativement multipartite pour éviter que le processus soit accaparé par des groupes d'intérêt. Il ne serait pas fondé sur un traité, du moins initialement, car les exigences liées à la création d'une telle instance seraient trop élevées et pourraient s'avérer dissuasive. Il s'agirait plutôt d'un forum de discussion.

Cette proposition contient des éléments intéressants dans l'éventualité de la création d'un organisme international de coordination axé sur les questions relatives aux données. Cependant, la stabilité ne serait pas un problème majeur dans l'économie numérique ; en fait, il ne semble pas possible d'agréger les multiples complexités liées à l'économie numérique fondée sur les données en un seul objectif. Plus important encore, la proposition tourne uniquement autour du G20.

Il convient d'aller beaucoup plus loin. Pour que les débats mondiaux sur la gouvernance des données et de l'IA, ainsi que la création éventuelle d'un organisme international ou de cadres réglementaires découlant de ces débats, soient pleinement inclusifs, l'idéal serait qu'ils aient lieu sous l'égide du système des Nations Unies, cadre le plus inclusif au niveau international sur le plan de la représentation des pays. Actuellement, les pays en développement sont sous-représentés dans les initiatives mondiales et régionales, d'où le risque que leurs connaissances locales, leur contexte culturel, leurs besoins et leurs intérêts soient négligés dans le débat mondial, ce qui mène à l'accroissement des inégalités (encadré VII.2).

Les débats politiques internationaux devraient également combiner des processus intergouvernementaux avec des processus multipartites appropriés. En outre, l'inclusion devrait commencer par le langage utilisé. Comme nous l'avons vu plus haut, des voix se sont élevées pour réclamer un nouveau « Bretton Woods » numérique ou un « New Deal » numérique. Les accords de Bretton Woods et le New Deal ont été couronnés de succès en leur temps, contribuant à une reprise prospère après la Seconde Guerre mondiale et à la coopération multilatérale si nécessaire. Bien que les circonstances actuelles présentent quelques similitudes, la situation d'aujourd'hui n'est pas la même. De nombreux pays en développement n'avaient pas encore acquis leur indépendance au moment de la conclusion des accords de Bretton Woods, et n'en ont donc pas été parties prenantes. Concernant le New Deal, il s'agissait de la politique d'une seule grande puissance. Par ailleurs, le contexte hautement évolutif de la transition numérique est très différent. Il semble donc souhaitable de faire preuve de créativité pour trouver un nouveau vocabulaire reflétant mieux les réalités et les besoins actuels de l'ensemble des pays et de toutes les parties prenantes.

En effet, les organismes des Nations Unies ont déjà lancé diverses initiatives axées sur les questions liées à la gouvernance des données. Certaines ont été abordées dans ce chapitre, comme le Groupe de haut niveau des Nations Unies sur la coopération numérique, le FGI et la CSTD. Certains de ces exemples sont présentés dans l'encadré VII.3, sans que la liste soit exhaustive. De nombreuses autres agences, ainsi que des commissions économiques régionales, se penchent de plus en plus sur ces questions. Ces travaux mériteraient à eux seuls la création d'un organe de coordination efficace au sein du système des Nations Unies. Les données sont aujourd'hui une ressource économique et stratégique essentielle affectant tous les acteurs, secteurs, activités et pays ainsi qu'un composant essentiel de la réalisation des objectifs de développement durable. C'est pourquoi leur gouvernance requiert une approche transversale. Mais

Encadré VII.2. Participation des pays en développement à la gouvernance mondiale des données

Pour que la gouvernance internationale des données réponde aux besoins de pays au niveau de préparation très variés et leur permette de participer à l'économie numérique fondée sur les données et d'en tirer profit, ces pays doivent bénéficier d'une représentation adéquate et pouvoir faire entendre leur voix dans les débats. Les délibérations seront obligatoirement d'envergure mondiale, avec l'implication pleine et entière de toutes les régions, y compris les pays en développement aux économies numériques encore naissantes. Pour l'heure, les pays les moins avancés sont sous-représentés dans les principaux forums consacrés à la gouvernance des données. En voici quelques exemples :

- La Convention 108 du Conseil de l'Europe, l'accord bénéficiant du plus large soutien et le plus à même de favoriser la compatibilité, compte 55 États parties, dont seulement deux PMA (Burkina Faso et Sénégal) ;

- Seuls quatre PMA ont participé aux négociations de l'Initiative liée à la Déclaration conjointe sur le commerce électronique a sein de l'Organisation mondiale du commerce (OMC), en mai 2021 (Bénin, Burkina Faso, Myanmar et République démocratique populaire lao) ;

- La Convention de l'Union africaine sur la cybersécurité et la protection des données à caractère personnel (Convention de Malabo) n'a été ratifiée que par huit pays, dont cinq PMA (Angola, Guinée, Mozambique, Rwanda et Sénégal) ;

- Moins de la moitié des PMA a adopté une législation sur la protection des données et de la vie privée ;

- Un examen des initiatives de gouvernance des données n'a pas permis de déceler beaucoup d'exemples transposables ailleurs. La plupart de ces actions ont été menées dans un petit nombre de pays européens, au Canada et aux États-Unis (Mozilla Insights *et al.*, 2020) ;

- Plusieurs initiatives de portée mondiale fixent des normes en matière de développement et d'utilisation de l'intelligence artificielle. Cependant, les pays en développement y brillent par leur absence ou sont peu représentés, alors que ces processus pourraient avoir un impact significatif sur le développement économique et social.

Source : CNUCED.

l'importance grandissante des données et des technologies numériques dans l'économie mondiale, ainsi que les besoins particuliers en matière de gouvernance, nécessiteront peut-être la création d'un organe de coordination international spécialisé dans la gouvernance et le développement des données mondiales, ayant pour mandat de concilier les activités liées aux données au sein du système des Nations.

L'action d'un tel organe de coordination devrait compléter, sur une base collaborative, d'autres initiatives et propositions régionales et mondiales en rapport avec la gouvernance des données, notamment celles examinées au chapitre VI. Quelques autres initiatives mondiales liées aux données sont présentées dans l'encadré VII.4.

En outre, les appels à la formation de coalitions ou d'alliances de pays partageant les mêmes convictions sur les questions relatives aux données et aux technologies numériques se sont multipliés récemment[15]. Le Conseil du commerce et des technologies, créé entre l'Union européenne et les États-Unis pour mener une transformation numérique mondiale fondée sur des valeurs, est un exemple d'alliance récente[16]. Au

---

[15] Voir, par exemple, Fogh Rasmussen, 2021 ; Vestager and Borrell, 2021 ; Imbrie et al., 2020.

[16] Voir Commission européenne « L'Union européenne (UE) et les États-Unis lancent le Conseil du commerce et des technologies pour diriger une transformation numérique mondiale fondée sur des valeurs », disponible à l'adresse https://ec.europa.eu/commission/presscorner/detail/fr/IP_21_2990 ; et Conseil européen, « EU-US summit statement: 'Towards a renewed Transatlantic partnership' », disponible à l'adresse www.consilium.europa. eu/en/press/press-releases/2021/06/15/eu-us-summit-statement-towards-a-renewed-transatlantic-partnership/.

Encadré VII.3. Travaux des organismes des Nations Unies sur les questions liées à la gouvernance des données

Au-delà de la CSTD, la CNUCED contribue également au débat international sur la gouvernance du numérique et des données dans le cadre de ses trois grands domaines d'action – recherche, formation de consensus et coopération technique. Les *rapports sur l'économie numérique* sont un exemple relevant du pilier de la recherche et de l'analyse. En ce qui concerne la formation de consensus, le Groupe intergouvernemental d'experts du commerce électronique et de l'économie numérique a contribué à des discussions approfondies sur le rôle des données et les politiques associées. Enfin, les activités de coopération technique ont porté sur les réglementations liées aux données – par exemple, par le biais de l'Inventaire mondial des cyberlégislations de la CNUCED. En outre, la CNUCED participe à divers partenariats consacrés à la mesure de l'économie numérique, notamment des données.

Le *Haut-Commissariat des Nations Unies aux droits de l'homme (HCDH)* déploie une activité grandissante en matière de respect des droits de l'homme dans l'espace numérique, car les activités humaines se déroulant sur Internet sont de plus en plus nombreuses. Ainsi, le Rapporteur spécial sur le droit à la vie privée établit de nombreux rapports sur des questions liées aux données, telles que la protection et la surveillance de ces dernières, ou encore les données ouvertes. Le HCDH se penche également sur le rôle des nouvelles technologies dans la réalisation des droits économiques, sociaux et culturels (OHCHR, 2020).

La *Commission des Nations Unies pour le droit commercial international (CNUDCI)* joue un rôle de coordination central au sein du système des Nations Unies pour ce qui est des questions juridiques liées à l'économie et au commerce numériques. Initialement, ses travaux dans le domaine du commerce électronique visaient à éliminer les obstacles juridiques à l'utilisation des données comme moyen d'établir des relations de droit et de satisfaire aux exigences légales. Ils ont évolué au fil du temps vers l'établissement d'un environnement juridique propice aux flux de données, y compris l'utilisation des données comme base des outils commerciaux. L'aide-mémoire sur les principales questions liées aux contrats d'informatique en nuage répertorie les questions de droit en rapport avec des contrats de fourniture de services d'informatique en nuage, abordant plusieurs points juridiques spécifiques aux flux transfrontières de données, notamment les exigences en matière de localisation et de confidentialité des données en vertu de la législation applicable, ainsi que des aspects liés à l'accès et à la portabilité. En 2018, la CNUDCI a lancé un projet visant à explorer les problèmes juridiques posés par l'économie numérique. Les transactions transfrontières de données tout au long de la « chaîne de valeur des données » ont été identifiées très tôt comme un sujet de grand intérêt. La Commission a demandé au Secrétariat de finaliser une taxonomie juridique des technologies émergentes et de leurs applications, susceptible de « guider les travaux futurs » et assortie d'une section sur les transactions de données (UNCITRAL, 2020). L'un des principaux thèmes ressortis des travaux exploratoires de la CNUDCI est l'opportunité d'élaborer une réponse harmonisée aux questions juridiques liées à l'économie et au commerce numériques.

L'*Organisation des Nations Unies pour l'éducation, la science et la culture (UNESCO)* privilégie les solutions ouvertes et a étendu les transferts transfrontières de données à des domaines tels que le changement climatique, la gestion des ressources en eau, le développement transfrontière, les données océanographiques, l'éducation, la culture et la biodiversité, entre autres, facilitant ainsi les flux transfrontières de données tout en réduisant les transactions liées à la connaissance. En favorisant l'accès universel à l'information et au savoir des États membres, l'UNESCO préconise l'utilisation des technologies de l'information et des communications (TIC), des ressources éducatives ouvertes, du libre accès à l'information scientifique, des données ouvertes et des TIC à haut débit. L'UNESCO fonde ses travaux relatifs aux données transfrontières sur les principes FAIR (Faciles à trouver, Accessibles, Interopérables et Réutilisables) et veille à ce que le pouvoir des données soit pleinement exploité pour des applications innovantes et bénéfiques sur le plan social. L'UNESCO a également piloté le travail interinstitutions des Nations Unies pour les recommandations sur l'éthique de l'IA, dans laquelle les données occupent une place essentielle (UNESCO, 2020).

L'*Union internationale des télécommunications (UIT)* joue un rôle fondamental pour ce qui est des aspects techniques et technologiques de la gouvernance mondiale du réseau. Elle a codirigé avec l'UNESCO les travaux susmentionnés sur l'éthique de l'IA. Elle a travaillé sur les données et lancé une initiative mondiale sur l'IA et la patrimonialité des données, un programme et une plateforme collaborative favorisant la mise en œuvre de solutions positives basées sur l'IA afin d'accélérer la réalisation des objectifs de développement durable. Par ailleurs, elle dispose d'une plateforme de régulation numérique qui couvre de multiples domaines de la gouvernance des technologies émergentes (https://digitalregulation.org).

Encadré VII.3. Travaux des organismes des Nations Unies sur les questions liées à la gouvernance des données (*suite*)

L'*initiative Global Pulse de l'ONU* est une initiative du Secrétaire général sur les mégadonnées et l'IA en faveur du développement, l'action humanitaire et la paix. Elle opère par le biais d'un réseau de laboratoires afin d'accélérer la découverte, le développement et l'utilisation responsable des innovations en matière de mégadonnées et d'IA: Son Global Data Access Framework a pour principal objectif de permettre le partage des données entre les secteurs public et privé, tout en protégeant la vie privée et en aidant à développer et à transposer à grande échelle des projets axés sur l'IA.

Au sein de l'ONU, le *Groupe d'experts gouvernementaux chargé d'examiner les moyens de favoriser le comportement responsable des États dans le cyberespace dans le contexte de la sécurité internationale* et le *Groupe de travail à composition non limitée sur les progrès de l'informatique et des télécommunications dans le contexte de la sécurité internationale* se consacrent aux questions de sécurité.

Le *Fonds des Nations Unies pour l'enfance (UNICEF)* a lancé la Digital Public Goods Alliance (en collaboration avec le Gouvernement norvégien) et œuvre à la gouvernance des données relatives aux enfants.

La *Commission de statistique des Nations Unies* est l'organe décisionnel de plus haut niveau pour les activités statistiques internationales, elle est chargée de fixer des normes statistiques et de développer des concepts et des méthodes, y compris leur mise en œuvre aux niveaux national et international. Elle a décidé de créer un Groupe de travail mondial sur l'utilisation des mégadonnées en statistique officielle et organise également le Forum mondial des Nations Unies sur les données.

Source : CNUCED.

Encadré VII.4. Autres initiatives pertinentes pour la gouvernance mondiale des données

L'*Internet and Jurisdiction Policy Network* est la principale organisation multipartite traitant des frictions entre la nature transfrontière de l'Internet et les juridictions nationales. Son secrétariat facilite la mise en place d'une politique mondiale et mobilise plus de 400 instances clefs, pouvoirs publics, grandes entreprises d'Internet, opérateurs techniques, groupes de la société civile, du monde universitaire et organisations internationales, de plus de 70 pays. Il a publié une étude structurant le débat sur la libre circulation et la souveraineté des données. Par le biais d'une série de consultations des principaux acteurs susmentionnés, l'étude cherche à décrypter les concepts de libre circulation et de souveraineté des données, et à explorer leurs implications pour les régimes de gouvernance. Elle conclut que, pour relever les défis liés à la gouvernance de cette « datasphère » en pleine expansion, il convient d'organiser un débat mondial multipartite dans tous les secteurs, de recentrer la discussion sur des enjeux plus nuancés et des objectifs communs, et d'explorer et d'encourager des approches innovantes en matière d'outils, de cadres et de concepts (De La Chapelle and Porciuncula, 2021).

Le *New Deal numérique* est un projet collaboratif de la Just Net Coalition et de IT for Change, auquel contribuent des universitaires et des militants qui imaginent des moyens novateurs de s'engager dans le monde numérique à l'ère post-COVID-19, en se réappropriant sa promesse initiale et en construisant un monde numériquement juste. Il préconise une gouvernance démocratique et des mécanismes de régulation efficaces dans le domaine numérique, plaçant le développement centré sur l'humain au cœur des préoccupations. L'une de ses propositions est l'élaboration d'une nouvelle convention pour les données et le cyberespace (Hill, 2020).

Le projet *Global Data Justice*, basé au Tilburg Institute for Law, Technology and Society, aux Pays-Bas, se concentre sur les divers débats et processus qui entourent la gouvernance des données dans différentes régions, afin de dégager des principes et besoins fondamentaux susceptibles de faire évoluer la gouvernance des technologies de données dans le sens d'une plus grande justice sociale.

La *Global Privacy Assembly* est un forum mondial réunissant des instances en charge de la protection des données et de la vie privée aux niveaux local, national et international. Elle diffuse des connaissances et fournit une assistance pratique aux autorités pour les aider à s'acquitter plus efficacement de leur mandat. Elle joue

Encadré VII.4. Autres initiatives pertinentes pour la gouvernance mondiale des données (*suite*)

également un rôle de premier plan au niveau international dans son domaine d'activité, et fédère et appuie les efforts déployés aux niveaux national, régional et dans d'autres forums internationaux, pour permettre aux pouvoirs publics de mieux protéger et promouvoir la vie privée et la protection des données.

L'*OCDE* s'attache aux questions de gouvernance des données et de leurs flux transfrontières dans le cadre de son projet intégré « Going Digital » (Vers le numérique). Elle soutient par ailleurs les travaux du G20 sur l'économie numérique. Sur la base d'un engagement commun envers la Recommandation de l'OCDE sur l'intelligence artificielle, le Partenariat mondial sur l'intelligence artificielle rassemble des personnalités engagées et des experts du monde scientifique, de l'industrie, de la société civile, des pouvoirs publics, des organisations internationales et du monde universitaire afin de favoriser la coopération internationale. Il inclut un groupe de travail sur la gouvernance des données.

Le *Forum économique mondial* mène un certain nombre d'activités sur des problématiques liées à la gouvernance des données et à leurs flux transfrontières. Il s'agit notamment de la plateforme Shaping the Future of Technology Governance: Data Policy, le Global Future Council on Data Policy et le Global Technology Governance Summit 2021, principal rassemblement mondial multipartite visant à garantir la conception et le déploiement responsables des technologies émergentes par le biais d'une collaboration public-privé.

« *Solid* » (dérivé de « social linked data ») est un ensemble de conventions et d'outils proposé pour construire des applications sociales décentralisées basées sur les principes du Linked Data. Solid est modulaire et extensible, et s'appuie autant que faire se peut sur les normes et protocoles existants du W3C. Ce nouveau projet, dirigé par Tim Berners Lee, l'inventeur du World Wide Web, est mené au MIT. Il vise à bouleverser la façon dont les applications Web fonctionnent habituellement, pour aboutir à une véritable appropriation des données et à une protection plus efficace de la vie privée.

Source : CNUCED.

niveau national, la Chine a proposé une initiative mondiale sur la sécurité des données[17]. Dans l'optique du développement mondial, elles ne peuvent être utiles que si elles s'inscrivent dans un cadre plus vaste dont l'objectif final est de contribuer à une véritable gouvernance mondiale.

Si on les considère simplement comme des groupes restreints de pays agissant différemment du reste du monde, leur contribution aux objectifs de développement mondial inclusif et à la volonté de ne laisser personne de côté risque d'être limitée. La recherche d'un consensus mondial dans le cadre de l'Organisation des Nations Unies serait une option plus judicieuse, de préférence avec la création d'un nouvel organe de coordination international dont la forme serait choisie par les États membres. Il pourrait s'agir, par exemple, d'un mécanisme similaire au Conseil économique et social pour les questions liées aux données.

E.   ESPACE POLITIQUE POUR LE DÉVELOPPEMENT

Le présent rapport est axé sur le cadre politique international régissant les flux transfrontières de données et à ce titre, il est important de souligner que celui-ci doit être complémentaire et cohérent avec les politiques nationales visant à mettre l'économie numérique fondée sur les données au service du développement. Au moment de s'engager dans cette économie numérique et de s'efforcer d'en tirer profit, les pays affichent des niveaux très divers de développement et de préparation. Il n'existe pas d'approche idéale pour réguler les flux transfrontières de données, les politiques internationales en la matière doivent être suffisamment flexibles et accorder aux pays en développement une marge de manœuvre suffisante pour prendre leur essor dans l'économie numérique fondée sur les données. À titre d'exemple, ces politiques devraient inciter les pays en développement à mettre en œuvre des politiques industrielles pour soutenir la valeur ajoutée des données nationales. En parallèle, il appartient à ces pays de poursuivre le renforcement

---

[17] Voir Ministère des affaires étrangères de la République populaire de Chine, « Global Initiative on Data Security », 8 septembre 2020, disponible à l'adresse www.fmprc.gov.cn/mfa_eng/zxxx_662805/t1812951.shtml.

des capacités nécessaires pour tirer parti de l'économie numérique fondée sur les données, comme nous le verrons dans la prochaine section.

Au cours des débats sur les flux transfrontières de données dans le système commercial, plusieurs pays en développement ont appelé au renforcement de leurs capacités nationales dans l'économie numérique et de leurs capacités institutionnelles de négociation, avant que les flux transfrontières de données ne soient réglementés au niveau international. La nécessité de mener à bien le programme de Doha pour le développement a également été considérée comme une priorité, avant de songer à réglementer d'autres questions, telles que les flux transfrontières de données, au sein de l'OMC. Si le second argument est recevable, le premier peut être considéré comme risqué. Dans le contexte actuel, les technologies numériques évoluent rapidement et il est impératif de conclure un accord international, quelle qu'en soit la forme, pour permettre aux données de circuler correctement. Cette focalisation exclusive sur le développement de l'économie numérique à l'échelon national ne pourra pas prendre en compte les spécificités des différents pays et aboutira probablement à un résultat inadapté pour le nouveau régime international qui pourrait émerger. Les politiques ou stratégies nationales de développement de l'économie numérique fondée sur les données ont toutes les chances d'échouer si elles n'adoptent pas une perspective mondiale. De même, tout régime international de gouvernance des données se doit de respecter la situation particulière de pays présentant des niveaux très différents de préparation et de capacité à tirer profit des données.

F. RENFORCEMENT DES CAPACITÉS EN MATIÈRE DE TRANSITION NUMÉRIQUE FONDÉE SUR LES DONNÉES ET D'ÉLABORATION DE POLITIQUES

1. Renforcement des capacités pour le passage au numérique

Au moment de se lancer dans l'économie numérique fondée sur les données et d'en tirer profit, les pays se trouvent à des stades différents de préparation. La plupart d'entre eux ont besoin de renforcer leurs capacités à numériser et traiter leurs données pour les transformer en informations numériques. Les PMA sont confrontées à des défis particuliers à cet égard. Le renforcement des capacités pour la transition numérique contribuera à surmonter les fractures liées au numérique et aux données, mais il suppose d'investir davantage dans le développement des infrastructures de connectivité et de données. La valorisation de l'entrepreneuriat numérique joue un rôle essentiel à ce titre. Cela étant, même dans les pays développés, les entreprises restent confrontées à des difficultés considérables lorsqu'il s'agit d'adopter une approche axée sur les données. La neuvième enquête Big Data and AI Executive Survey, réalisée en 2021 et consacrée à l'adoption des mégadonnées et de l'IA, a couvert 85 entreprises du classement Fortune 1 000 ou leaders du secteur. Il est apparu qu'en dépit des efforts déployés depuis dix ans, beaucoup de chemin reste à parcourir : seules 39,3 % des entreprises gèrent les données comme un actif, à peine 24,4 % d'entre elles ont instauré une véritable culture des données en leur sein et seulement 24,0 % ont mis en place une organisation axée sur les données (NewVantagePartners, 2021:7).

Les politiques éducatives doivent œuvrer à l'amélioration de la maîtrise des données, des compétences numériques et des talents en la matière, qui font cruellement défaut. Comme indiqué au chapitre III, l'analyse et la transformation des données sont associées à la science des données et aux informaticiens. Par ailleurs, l'analyse requiert de plus en plus de tâches moyennement et faiblement qualifiées, liées à l'extraction, la sélection, la correction, le filtrage et l'étiquetage des données, des opérations essentielles à l'efficacité des grandes organisations axées sur les données. Il est important en outre de prêter attention à l'innovation et à la politique industrielle pour développer l'économie numérique. C'est l'ensemble de ces éléments qui contribuera à la capacité d'un pays à conférer une valeur aux données et à développer son économie.

Pour de nombreux petits pays en développement, l'atteinte de l'échelle et de la masse critique nécessaires à la transformation numérique sera facilitée par des actions de renforcement des capacités menées via une approche régionale. Le programme de l'Association de coopération économique Asie-Pacifique

(APEC) « *Recommended Data Science and Analytics Competencies*[18] » (Compétences recommandées en science et analyse des données) en est un exemple.

2. Capacité institutionnelle pour réglementer l'économie numérique fondée sur les données

Les processus humains et institutionnels des pouvoirs publics n'ont généralement qu'une capacité limitée pour mettre en place des mécanismes réglementaires, pour des raisons diverses et variées, notamment : a) le manque de compétences appropriées au sein de l'administration pour suivre l'évolution scientifique et technologique dans cet espace ; et b) les divergences d'intérêts et le dysfonctionnement des processus de transfert de connaissances entre les acteurs des secteurs universitaire, public et privé.

Le défaut de compétences appropriées au sein du secteur public découle directement de la représentation insuffisante des communautés de techniciens et d'analystes dans les processus d'élaboration des cadres législatifs et réglementaires, limitant d'autant la détection des opportunités que pourraient offrir ces technologies et l'identification des risques et menaces potentiels. La conception et la mise en œuvre d'une bonne politique peuvent être gravement compromises si les pouvoirs publics sont à la traîne des acteurs privés pour ce qui est de la compréhension des propriétés des technologies, des caractéristiques comportementales et des menaces émergentes.

S'agissant des divergences d'intérêts et des dysfonctionnements des mécanismes de transfert de connaissances entre les acteurs du monde universitaire, du secteur public et du secteur privé, les données sont devenues un avantage concurrentiel majeur pour le secteur privé (en particulier dans les pays avancés et en Chine), et les recherches de pointe sont de plus en plus souvent menées pour des raisons de rentabilité plutôt qu'à des fins de bien public ou de droits individuels. Ce monopole du secteur privé et l'absence de mesures incitatives appropriées du secteur public ou du milieu universitaire sont également à l'origine de la fuite des meilleurs talents vers le privé (Abban, 2020). Le danger évident, à long terme, est une dépendance accrue du secteur public à l'égard du secteur privé axé sur le profit, avec comme conséquence une fragilisation des valeurs démocratiques et des droits de l'homme individuels. Les pays moins développés souffrent également de la fuite de leurs meilleurs talents vers les pays développés et sont sous-représentés dans les discussions mondiales, d'où un renforcement des inégalités à l'échelle mondiale.

3. Soutien international

Les pays en développement devront investir davantage dans le renforcement de leurs capacités à créer et à capter la valeur des données au niveau national, mais leurs ressources financières, techniques et autres risquent de ne pas suffire à répondre à leurs besoins. Le problème est encore plus criant pour les PMA. Si la pandémie de COVID-19 et ses répercussions sur les recettes publiques ont réduit la disponibilité des fonds publics, elles ont également fait prendre conscience aux autorités et aux autres parties prenantes de la nécessité d'améliorer leur capacité à s'engager dans l'économie numérique en pleine évolution et à en tirer profit. Et pour ce faire, un soutien international est indispensable.

Pour que la transformation numérique puisse aboutir à des résultats plus inclusifs et à la réalisation des objectifs de développement durable, il importe que la communauté internationale soutienne davantage les efforts nationaux déployés par les pays en développement. Il est essentiel que l'aide publique au développement (APD) stimule le renforcement des capacités de production dans le contexte du passage au numérique. Il s'agit notamment d'améliorer les compétences technologiques des pays, y compris dans le domaine numérique, ainsi que leur connaissance des rouages de l'économie numérique fondée sur les données.

Les politiques d'aide et les responsables du monde entier ont largement pris conscience que la dématérialisation crée à la fois des opportunités et des dangers, et qu'il est donc indispensable d'étudier plus avant la manière dont l'APD peut contribuer à la transformation numérique au service du développement. Seule une petite partie de l'APD est explicitement consacrée aux implications des

---

[18]   Voir « Big Data Analytics in Critical Demand Across APEC », disponible à l'adresse https://www.apec.org/press/features/2017/0620_dsa ; APEC (2017) ; Quismorio (2019).

transformations numériques sur le développement. L'analyse par la CNUCED des données de l'OCDE montre que la part de l'aide totale au commerce consacrée aux TIC est passée de 1,2 % en 2017 à 2,7 % en 2019 (UNCTAD, 2021e). Pour positive que soit cette tendance, cette part reste néanmoins inférieure aux 3 % enregistrés au cours de la période 2002-2005 (OECD and WTO, 2017).

Dans le contexte des flux transfrontières de données, la contribution internationale pourrait se concentrer sur plusieurs secteurs. D'abord, elle peut aider les pays en développement à formuler des cadres juridiques et réglementaires appropriés. À titre d'exemple, moins de la moitié des PMA ont mis en place une législation relative à la protection des données et de la vie privée. Deuxièmement, beaucoup de pays sont appelés à formuler des stratégies nationales pour traiter les données et les flux de données d'une manière leur permettant de réaliser des gains en matière de développement économique, tout en respectant les droits de l'homme et les diverses facettes de la sécurité. Troisièmement, des activités diverses et variées de renforcement des capacités, notamment des formations et des services consultatifs, sont nécessaires pour sensibiliser aux diverses facettes des données et de leurs flux, ainsi qu'à leurs incidences sur le développement. Enfin, pour que les dialogues régionaux et mondiaux en matière de gouvernance des données et des plateformes aboutissent à des résultats inclusifs, les pays en développement doivent pouvoir participer efficacement aux réunions et processus pertinents. Cela peut nécessiter un soutien international supplémentaire, pour permettre aux experts de ces pays d'être présents à la table des négociations lorsque celles-ci se déroulent.

G. CONCLUSIONS QUANT À LA VOIE À SUIVRE

Comme mentionné ci-dessus, le besoin d'une gouvernance mondiale des flux transfrontières de données, capable de compléter les mesures prises à d'autres niveaux de gouvernance, est manifeste. Le paysage actuel est constitué d'une mosaïque de réglementations nationales spécifiques, fondées sur des objectifs de développement économique, de protection de la vie privée et d'autres préoccupations en matière de droits de l'homme et de sécurité nationale. Cette situation perturbe l'esprit de liberté, de décentralisation et d'ouverture d'Internet et fait obstacle à des flux transfrontières de données potentiellement bénéfiques. En outre, alors que la régulation de ces flux est un problème mondial par nature, il n'existe actuellement aucune solution satisfaisante au niveau régional ou international.

Une approche politique globale et large s'avère indispensable pour répondre aux dimensions multiples et interconnectées des données. Elle doit établir un juste équilibre, qui reflète les différents intérêts et besoins en jeu, de manière à favoriser un développement inclusif et durable. Pour véritablement œuvrer au bénéfice des populations et de la planète, le cadre international de gouvernance des données doit permettre une répartition équitable des bénéfices des flux de données au sein des pays et entre eux, tout en prenant en compte les risques et les préoccupations. Pour ce faire, il convient de renforcer un dialogue politique associant l'ensemble des acteurs concernés, qui soit capable de contribuer à la conception du cadre réglementaire nécessaire et de la structure institutionnelle connexe et susceptible d'aboutir, le cas échéant, à la création d'une nouvelle instance internationale chargée de la gouvernance en matière de données.

> Pour œuvrer véritablement au bénéfice des populations et de la planète, le cadre international de gouvernance des données doit permettre une répartition équitable des bénéfices des flux de données au sein des pays et entre eux, tout en prenant en compte les risques et les préoccupations.

Les technologies numériques fondées sur les données offrent des possibilités tentaculaires et globales, mais font également peser des risques et des menaces qu'aucune nation n'est en mesure de juguler seule. Les pouvoirs publics ont une certaine habitude de la gestion des technologies innovantes entraînant des

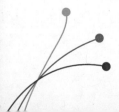

changements majeurs dans l'économie et la société, mais les perturbations entraînées par les données sont bien plus radicales et soulèvent des questions existentielles sur la capacité cognitive humaine et le contrôle, l'organisation et la structure sociale, les valeurs démocratiques et les droits individuels.

La pandémie de COVID-19 a permis au monde entier de tirer des enseignements précieux sur les interactions entre les politiques et les données et sur le rôle que ces dernières peuvent jouer dans la lutte contre les crises mondiales. Jamais la vie de l'homme n'a été autant tributaire des données en temps réel et de l'assistance technologique, qu'il s'agisse de la surveillance et du contrôle de la propagation de la pandémie, de la conduite des activités quotidiennes (travailler, faire les courses, avoir des contacts sociaux, suivre un enseignement, etc.) ou du développement de nouveaux vaccins en un temps record. Les crises de ce type font fi des limites et des frontières nationales, les solutions passent par des flux de données et des collaborations technologiques transfrontières. Il en va de même pour beaucoup d'autres grandes problématiques et dynamiques mondiales : changement climatique, développement durable, préjugés raciaux et inégalités entre les sexes, inégalités numériques et problèmes de sécurité internationale. Les enjeux nationaux, tout comme les intérêts existentiels des humains et de la planète, sont servis de la meilleure façon par une collaboration internationale visant à développer et à réglementer les flux transfrontières de données.

Le présent rapport fournit quelques orientations quant à la voie à suivre, mais n'a pas vocation à proposer des solutions. Dans l'économie numérique fondée sur les données, en évolution rapide et encore largement inconnue, de nombreuses questions restent ouvertes. Les réponses devront être trouvées dans le cadre d'un débat politique mondial, multidisciplinaire et multipartite. Le débat politique international sur cette question doit être recentré et approfondi, afin de prendre en compte toutes les dimensions des données, tant économiques que non économiques. Les défis liés à l'interconnexion et à l'interdépendance dans l'économie mondiale des données exigent d'abandonner l'approche cloisonnée au profit d'une solution globale et coordonnée. Cette évolution nécessitera peut-être des modes de gouvernance mondiale novateurs, sachant que les anciens ne sont probablement plus adaptés au nouveau contexte.

> Le débat politique international sur cette question doit être recentré et approfondi, pour que soient prises en compte toutes les dimensions des données, tant économiques que non économiques.

Les défis extrêmement complexes et multidimensionnels qui se posent à nous requièrent de nouveaux modèles de coopération entre de multiples traditions disciplinaires, les différentes parties prenantes des secteurs public et privé et les citoyens individuels. Les solutions potentielles devront à la fois respecter les droits de l'homme universels et offrir suffisamment de souplesse pour refléter les cultures et les intérêts locaux. La gouvernance devra également être flexible dans le temps et agile, compte tenu de la rapidité d'évolution du numérique et du contexte technologique. Les défis à relever aujourd'hui n'ont probablement rien à voir avec ceux qui émergeront dans quelques années. Et comme la plupart d'entre eux sont d'envergure mondiale, les solutions préconisées devront elles aussi être globales. Il est important que l'espace politique nécessaire au renforcement des capacités et au développement soit dûment pris en compte dans les règles internationales ou régionales. Lors de l'édification de leurs économies et institutions numériques et de l'élaboration de leurs politiques, les pays en développement ne devront pas perdre de vue la dimension internationale des données et de leur réglementation, qui a une influence sur le développement économique national.

Cela étant, parvenir à un terrain d'entente et à des solutions mondiales ne sera pas tâche facile. De fait, en cette période de populisme, d'hostilité à la mondialisation et de lutte d'intérêts entre les acteurs qui se disputent la rente de l'utilisation des technologies et des données numériques, il peut sembler illusoire de proposer un nouvel organisme international. De par cet ensemble de facteurs, il semble pourtant plus important que jamais de s'engager dans une nouvelle voie internationale pour la gouvernance du

numérique et des données. Un renforcement des acteurs dominants du secteur des données ou un éclatement de celui-ci en des sphères multiples ajouterait à la confusion d'une situation déjà chaotique et réduirait considérablement la création de valeur potentiellement associée aux technologies et données numériques, tout en laissant le champ libre à d'importants préjudices liés au respect de la vie privée, à la cybersécurité et à d'autres risques.

Pour garantir la pleine participation de tous les pays à la définition des modalités de gestion des flux de données au niveau mondial, les organismes des Nations Unies auront un rôle central à jouer. Un grand nombre d'entités des Nations Unies ont déjà engagées des travaux pertinents touchant les diverses dimensions des données, dont beaucoup sont basées loin du Siège de l'ONU : à Genève (l'UIT, la CNUCED, le HCDH, l'Organisation mondiale de la Santé, l'Organisation mondiale de la propriété intellectuelle et l'OMC), à Paris (l'UNESCO) et à Vienne (l'Office des Nations Unies contre la drogue et le crime et la CNUDCI)[19]. Mais pour que les entités des Nations Unies puissent assumer leur rôle dans ce contexte, elles devront établir des liens effectifs avec d'autres processus et initiatives en cours menés par la société civile, le monde universitaire et le secteur privé.

> Pour garantir la pleine participation de tous les pays à la définition des modalités de gestion des flux de données au niveau mondial, les organismes des Nations Unies auront un rôle central à jouer.

---

[19]   Pour une description détaillée du réseau des organisations internationales à Genève, voir l'Atlas numérique de Genève, disponible à l'adresse https://dig.watch/actors/geneva.

RÉFÉRENCES

Aaronson SA (2014). Why the US and EU are failing to set information free. VoxEU.org, 14 July. Available at: https://voxeu.org/article/why-us-and-eu-are-failing-set-information-free.

Aaronson SA (2015). Why Trade Agreements Are Not Setting Information Free: The Lost History and Reinvigorated Debate over Cross-Border Data Flows, Human Rights, and National Security. *World Trade Review*, 14(4): 671–700.

Aaronson SA (2019a). Data Is Different, and That's Why the World Needs a New Approach to Governing Cross-Border Data Flows. *Digital Policy, Regulation and Governance*, 21(5): 441–460.

Aaronson SA (2019b). What are we talking about when we talk about digital protectionism? *World Trade Review*, 18(4): 541–577.

Aaronson SA and Leblond P (2018). Another Digital Divide: The Rise of Data Realms and its Implications for the WTO. *Journal of International Economic Law*, 21(2).

Aaronson SA and Maxim R (2013). Data Protection and Digital Trade in the Wake of the NSA Revelations. *Intereconomics*, 48(5): 281–286.

Abass A (2017). Historical and political background to the Malabo protocol. In: Werle G and Vormbaum M, eds., *The African Criminal Court*, TMC Asser Press, The Hague: 11–28.

Abban D (2020). The Battle for AI Talent, 4 June. Available at: https://becominghuman.ai/the-battle-for-ai-talent-e938f4082f94.

Abbott FM (2009). Cross-Retaliation in TRIPS: Options for Developing Countries. Issue Paper 8. ICTSD Programme on Dispute Settlement and Legal Aspects of International Trade, International Centre for Trade and Sustainable Development, Geneva.

Abramova A and Thorne E (2021). Digital Economy Developments Within the EAEU. In: Piskulova NA, ed., *The Economic Dimension of Eurasian Integration*, Palgrave Macmillan: 161–174.

Access Now (2021). *Shattered dreams and lost opportunities – a year in the fight to #KeepItOn*. The #KeepItOn report on Internet shutdowns 2020, March. Available at: https://www.accessnow.org/keepiton-report-a-year-in-the-fight/.

Ademuyiwa I and Adeniran A (2020). Assessing Digitalization and Data Governance Issues in Africa. CIGI Papers No. 244, Centre for International Governance Innovation, Waterloo, ON.

African Union (2014). African Union Convention on Cyber Security and Personal Data Protection. African Union, Addis Ababa. Available at: https://au.int/en/treaties/african-union-convention-cyber-security-and-personal-data-protection.

African Union (2020). The Digital Transformation Strategy for Africa 2020–2030. African Union, Addis Ababa, Ethiopia. Available at: https://au.int/en/documents/20200518/digital-transformation-strategy-africa-2020-2030.

Aguerre C (2019). Digital Trade in Latin America: Mapping Issues and Approaches. *Digital Policy, Regulation and Governance*, 21(1): 2–18.

Ahmed N and Wahed M (2020). The De-democratization of AI: Deep Learning and the Compute Divide in Artificial Intelligence Research. arXiv:2010.15581, Cornell University, Ithaca, NY, 22 October. Available at: https://arxiv.org/abs/2010.15581.

Aktoudianakis A (2020). Fostering Europe's Strategic Autonomy – Digital sovereignty for growth, rules and cooperation. European Policy Centre and Konrad-Adenauer-Stiftung, 18 December.

Anwar MA and Graham M (2020). Digital Labour at Economic Margins: African Workers and the Global Information Economy. *Review of African Political Economy*, 47(163): 95–105.

APEC (2017). Recommended APEC Data Science and Analytics (DSA) Competencies. Asia–Pacific Economic Cooperation, Singapore. Available at: https://apru.org/wp-content/uploads/2019/04/Recommended_APEC_DSA_Competencies_Endorsed-8.pdf.

Arcesati R (2020). The Digital Silk Road is a development issue. Mercator Institute for China Studies, Berlin. 28 April. Available at: https://merics.org/en/short-analysis/digital-silk-road-development-issue.

Arnold Z, Rahkovsky I and Huang T (2020). Tracking AI Investment. Initial Findings from the Private Markets. Center for Security and Emerging Technology, Georgetown University's Walsh School of Foreign Service,

Washington, DC, September. Available at: https://cset.georgetown.edu/wp-content/uploads/CSET-Tracking-AI-Investment.pdf.

Arockia P, Varnekha S and Veneshia K (2017). The 17 V's Of Big Data. *International Research Journal of Engineering and Technology*, 4(9).

Arora P (2016). Bottom of the Data Pyramid: Big Data and the Global South. *International Journal of Communication*, 10: 1681–1699.

Arora P (2019). *The Next Billion Users. Digital Life Beyond the West*. Harvard University Press, Cambridge, MA.

Arrieta-Ibarra I et al. (2018). Should We Treat Data as Labor? Moving beyond "Free", *American Economic Association Papers and Proceedings*, 108: 38–42.

Avila R (2018). Digital Sovereignty or Digital Colonialism? *Sur International Journal on Human Rights*, 15(27): 15–27.

Avila R (2020). Against Data Colonialism. In: Muldoon J and Stronge W, eds., *Platforming Equality: Policy Challenges for the Digital Economy*, Autonomy Research Ltd, Crookham Village, September: 47–57.

Aydın A and Bensghir TK (2019). Digital Data Sovereignty: Towards a Conceptual Framework. 2019 1st International Informatics and Software Engineering Conference (UBMYK): 1–6. Available at: https://ieeexplore.ieee.org/document/8965469.

Azmeh S and Foster C (2016). The TPP and the Digital Trade Agenda: Digital Industrial Policy and Silicon Valley's Influence on New Trade Agreements. *LSE Working Paper Series* 2016, No. 16–175, London School of Economics and Political Science, London.

Azmeh S and Foster C (2018). Bridging the Digital Divide and Supporting Increased Digital Trade: Country Case Studies. Discussion Paper, GEGAfrica, Global Economic Governance, Pretoria. Available at: http://www.gegafrica.org/item/862-bridging-the-digital-divide-and-supporting-increased-digital-trade-country-case-studies.

Azmeh S, Foster C and Abd Rabuh A (2021). The Rise of the Data Economy and Policy Strategies for Digital Development. Digital Pathways at Oxford Paper Series, No. 10. Oxford, United Kingdom.

Azmeh S, Foster C and Echavarri J (2020). The International Trade Regime and the Quest for Free Digital Trade. *International Studies Review*, 22(3): 671–692.

Back D, Kalenzi C and Yim M (2021). Digital contact tracing apps help slow COVID-19. Here's how to increase trust. Available at https://www.weforum.org/agenda/2021/05/could-the-governance-required-for-contact-tracing-apps-already-exist/.

Badran MF (2018). Economic Impact of Data Localization in Five Selected African Countries. *Digital Policy, Regulation and Governance*, 20(4): 337–357.

Bagchi K and Kapilavai S (2018). Political Economy of Data Nationalism. 22nd Biennial Conference of the International Telecommunications Society (ITS): "Beyond the Boundaries: Challenges for Business, Policy and Society", Seoul, 24–27 June. Available at: http://hdl.handle.net/10419/190347.

Barnes J, Black A, Roberts S, Andreoni A, Mondliwa P and Sturgeon T (2019). Towards a Digital Industrial Policy for South Africa: A Review of the Issues. The Industrial Development Think Tank, Johannesburg. Available at: http://www.thedtic.gov.za/wp-content/uploads/DPIP.pdf.

Bauer M, Erixon F, Krol M and Lee-Makiyama H (2013). The Economic Importance of Getting Data Protection Right: Protecting Privacy, Transmitting Data, Moving Commerce. European Centre for International Political Economy, Brussels. Available at: https://www.uschamber.com/sites/default/files/documents/files/020508_EconomicImportance_Final_Revised_lr.pdf.

Bauer M, Ferracane MF and van der Marel E (2016). Tracing the Economic Impact of Regulations on the Free Flow of Data and Data Localization. GCIG (Global Commission on Internet Governance) Paper Series No. 30. Centre for International Governance Innovation, Waterloo, ON and Chatham House, London.

Bauer M, Lee-Makiyama H, van der Marel E and Verschelde B (2014). The Costs of Data Localisation: Friendly Fire on Economic Recovery. ECIPE Occasional paper, No. 3, European Centre for International Political Economy, Brussels.

BDI (2017). Grenzüberschreitende Datenflüsse und EU-Handelsabkommen. Positionspapier, Bundesverband der Deutschen Industrie e.V. (BDI) – The Voice of German Industry, Berlin, 27 June. Available at: https://bdi.eu/publikation/news/grenzueberschreitende-datenfluesse-und-eu-handelsabkommen/.

Bennett CJ and Raab CD (2020). Revisiting the Governance of Privacy: Contemporary Policy Instruments in Global Perspective. *Regulation and Governance*, 14(3): 447–464.

Birch K, Chiappetta M and Artyushina A (2020). The problem of innovation in technoscientific capitalism: data rentiership and the policy implications of turning personal digital data into a private asset. *Policy Studies,* 41(5): 468–487.

Bird and Bird (2017). Guide to the General Data Protection Regulation. Bird and Bird, London.

Bleeker A (2020). Creating an enabling environment for e-government and the protection of privacy rights in the Caribbean: A review of data protection legislation for alignment with the General Data Protection Regulation. *Studies and Perspectives series - ECLAC Subregional Headquarters for the Caribbean*, No. 94, (LC/TS.2020/126-LC/CAR/TS.2020/4), Economic Commission of Latin America and the Caribbean (ECLAC), Santiago.

Bradford A (2020). The Brussels Effect Comes for Big Tech. Project Syndicate, 17 December. Available at: https://www.project-syndicate.org/commentary/eu-digital-services-and-markets-regulations-on-big-tech-by-anu-bradford-2020-12.

Brathwaite C and Remy JY (2020). E-commerce-related policies, initiatives & legislation across CARICOM: Diagnostic Review 2020. The Shridath Ramphal Centre for International Trade Law, Policy and Services, Barbados.

Brehmer HJ (2018). Data Localization: The Unintended Consequences of Privacy Litigation. *American University Law Review*, 67(3): 927–969.

Bria F (2020). Digital Sovereignty for the People in the post-pandemic World. Medium, 24 August. Available at: https://medium.com/@francescabria/digital-sovereignty-for-the-people-in-the-post-pandemic-world-109472dd736b.

BSA (2012). Lockout: How a New Wave of Trade Protectionism Is Spreading through the World's Fastest-Growing IT Markets – and What to Do about it. Business Software Alliance, Washington, DC. Available at: https://www.bsa.org/files/reports/BSALockout2012.pdf.

BSA (2017). Cross-border Data Flows. Business Software Alliance, Washington, DC. Available at: https://www.bsa.org/policy-filings/cross-border-data-flows.

Budnitsky S and Jia L (2018). Branding Internet Sovereignty: Digital Media and the Chinese–Russian Cyberalliance. *European Journal of Cultural Studies*, 21(5): 594–613.

Bughin J and Lund S (2017). The ascendancy of international data flows. VoxEU.org, 9 January. Available at: https://voxeu.org/article/ascendancy-international-data-flows.

Burman A (2020). Will India's Proposed Data Protection Law Protect Privacy and Promote Growth? Working Paper, Carnegie India, New Delhi, March.

Burri M (2016). The World Trade Organization as an Actor in Global Internet Governance. SSRN Paper No. ID 2792219, Social Science Research Network, Rochester, NY. Available at: https://papers.ssrn.com/sol3/papers.cfm?abstract_id=2792219.

Burri M (2017). The Regulation of Data Flows Through Trade Agreements. *Georgetown Journal of International Law*, 48(1): 407–448.

Bygrave LA (2002). *Data Protection Law: Approaching its Rationale, Logic and Limits*. Kluwer Law International, The Hague, London and New York.

Carter WA and Yayboke E (2019). Data Governance Principles for the Global Digital Economy. Center for Strategic & International Studies, Washington, DC, 4 June. Available at: https://www.csis.org/analysis/data-governance-principles-global-digital-economy.

Casalini F and López González J (2019). Trade and Cross-Border Data Flows. *OECD Trade Policy Paper*, No. 220, OECD Publishing, Paris.

Casalini F, López González J and Nemoto T (2021). Mapping commonalities in regulatory approaches to cross-border data transfers. *OECD Trade Policy Paper,* No. 248, OECD Publishing, Paris. Available at: https://doi.org/10.1787/ca9f974e-en.

Casella B and Formenti L (2018). FDI in the Digital Economy: A Shift to Asset-Light International Footprints. *Transnational Corporations*, 25(1): 101–130.

Castro D and McLaughlin M (2021). Who is winning the AI race? China, the EU, or the United States? 2021 Update. Center for Data Innovation, Washington, DC, January. Available at: https://www2.datainnovation.org/2021-china-eu-us-ai.pdf.

Castro D and McQuinn A (2015). Cross-border data flows enable growth in all industries. Information Technology and Innovation Foundation, Washington, DC. Available at: http://www2.itif.org/2015-cross-border-data-flows.pdf?_ga=2.142131440.350197758.1621849794-1974323496.1621849794.

Cattaruzza A (2019). *Géopolitique des données numériques. Pouvoir et conflits à l'heure du Big Data.* Le Cavalier Bleu, Paris.

CBInsights (2021). Expert Collection database: Cybersecurity. Investment in cybersecurity companies. Period: 01 January 2016 – 28 January 2021, CBInsights. Dataset downloaded on 28 January 2021. Available at: https://www.cbinsights.com (document extracted on 28 January 2021).

Center for Responsive Politics (2021). Lobbying spending nears record high in 2020 amid pandemic. Center for Responsive Politics, Washington, DC, 27 January. Available at: https://www.opensecrets.org/news/2021/01/lobbying-spending-nears-record-high-in-2020-amid-pandemic/.

CFR (2020). Assessing China's Digital Silk Road Initiative: A Transformative Approach to Technology Financing or a Danger to Freedoms? Council on Foreign Relations, New York, NY. Available at: https://www.cfr.org/china-digital-silk-road/.

Chakravorti B (2018). Why the Rest of the World Can't Free Ride on Europe's GDPR Rules. *Harvard Business Review*, 30 April. Available at: https://hbr.org/2018/04/why-the-rest-of-world-cant-free-ride-on-europes-gdpr-rules.

Chander A (2020). Is Data Localization a Solution for Schrems II? *Journal of International Economic Law*, Oxford University Press, 23(3): 771–84.

Chander A and Ferracane M (2019). Regulating Cross-border Data Flows – Domestic Good Practices. In: Exploring International Data Flow Governance: Platform for Shaping the Future of Trade and Global Economic Interdependence, White Paper, World Economic Forum, Geneva, December: 7–17. Available at: http://www3.weforum.org/docs/WEF_Trade_Policy_Data_Flows_Report.pdf.

Chander A and Lê UP (2014). Breaking the Web: Data Localization vs. the Global Internet. UC Davis Legal Studies Research Paper, No. 378, University of California, Davis.

Chander A and Lê UP (2015). Data nationalism. *Emory Law Journal,* 64(3):677–739.

Chen L, Cheng W, Ciuriak D, Kimura F, Nakagawa J, Pomfret R, Rigoni G and Schwarzer J (2019). The Digital Economy for Economic Development: Free Flow of Data and Supporting Policies. T20 Japan Task Force 8: Trade, Investment and Globalization. Available at: https://t20japan.org/policy-brief-digital-economy-economic-development/.

Chetty M, Sundaresan S, Muckaden S, Feamster N and Calandro E (2013). Measuring Broadband Performance in South Africa. In: Proceedings of the 4th Annual Symposium on Computing for Development (ACM DEV-4 '13). Association for Computing Machinery, New York, NY, Article 1, 1–10. Available at: http://dl.acm.org/citation.cfm?doid=2537052.2537053.

Chin C (2018). AI Is the Future—But Where Are the Women? Available at www.wired.com/story/artificial-intelligence-researchers-gender-imbalance/.

Christakis T (2020). "European Digital Sovereignty": Successfully Navigating Between the "Brussels Effect" and Europe's Quest for Strategic Autonomy. Multidisciplinary Institute on Artificial Intelligence and Grenoble Alpes Data Institute, December. Available at: https://ssrn.com/abstract=3748098.

Cisco (2018). Cisco Visual Networking Index: Forecast and Trends, 2017–2022. White paper, Cisco. Available at: https://cyrekdigital.com/uploads/content/files/white-paper-c11-741490.pdf.

Cisco (2020). Cisco Annual Internet Report (2018-2023). White Paper, Cisco. Available at: https://www.cisco.com/c/en/us/solutions/collateral/executive-perspectives/annual-internet-report/white-paper-c11-741490.pdf.

Ciuriak D (2018). Rethinking Industrial Policy for the Data-driven Economy. CIGI Papers, No. 192, Centre for International Governance Innovation, Waterloo, ON.

Ciuriak D (2019). On the Cusp of Change: Trade and Development in the Age of Data. Presentation at the Egyptian Center for Economic Studies, 23 December. Available at: https://www.youtube.com/watch?v=vC7Qu2zs-KM.

Ciuriak D (2020). Economic Rents and the Contours of Conflict in the Data-driven Economy. CIGI Paper, No. 245, Centre for International Governance Innovation, Waterloo, ON.

Ciuriak D and Ptashkina M (2018). The Digital Transformation and the Transformation of International Trade. RTA Exchange Issues Paper, Geneva: International Centre for Trade and Sustainable Development (ICTSD) and the Inter-American Development Bank (IDB). Available at: https://e15initiative.org/publications/the-digital-transformation-and-the-transformation-of-international-trade/.

Clarke R (2019). Risks inherent in the digital surveillance economy: A research agenda. *Journal of Information Technology*, 34(1): 59–80.

Clinton HR (2010). Remarks on Internet Freedom. United States Department of State, Washington, DC, 21 January. Available at: https://2009-2017.state.gov/secretary/20092013clinton/rm/2010/01/135519.htm.

CNNum (2014). Strengthening EU's Negotiation Strategy to Make TTIP a Sustainable Blueprint for the Digital Economy and Society: Opinion of the French Digital Council. Conseil National du Numérique (French Digital Council), Paris, April. Available at: https://cnnumerique.fr/files/uploads/2014/05/Version-web-ANGLAIS-19.05.pdf.

Cofone I (2020). Beyond Data Ownership. *ardozo Law Review* (2021, forthcoming). Available at: https://ssrn.com/abstract=3564480.

Correa CM (2020). Data in Legal Limbo: Ownership, Sovereignty, or a Digital Public Goods Regime? Research Paper, No. 117, South Centre, Geneva.

Cory N (2017). Cross-Border Data Flows: Where Are the Barriers, and What Do They Cost? Information Technology and Innovation Foundation, Washington, DC, 1 May. Available at: https://itif.org/publications/2017/05/01/cross-border-data-flows-where-are-barriers-and-what-do-they-cost.

Cory N (2019). The False Appeal of Data Nationalism: Why the Value of Data Comes from How It's Used, Not Where It's Stored. Information Technology and Innovation Foundation, Washington, DC, 1 April. Available at: https://itif.org/publications/2019/04/01/false-appeal-data-nationalism-why-value-data-comes-how-its-used-not-where.

Cory N (2020). Surveying the Damage: Why We Must Accurately Measure Cross-Border Data Flows and Digital Trade Barriers. Information Technology and Innovation Foundation, Washington, DC, 27 January. Available at: https://itif.org/publications/2020/01/27/surveying-damage-why-we-must-accurately-measure-cross-border-data-flows-and.

Cory N and Castro D (2018). Crafting an Open and Innovative Digital Trade Agenda for Latin America. Information Technology and Innovation Foundation, Washington, DC, 26 November. Available at: https://itif.org/publications/2018/11/26/crafting-open-and-innovative-digital-trade-agenda-latin-america.

Couldry N and Mejias AU (2018). Data Colonialism: Rethinking Big Data's Relation to the Contemporary Subject. *Television & New Media*, 20(4): 336–349.

Couldry N and Mejias AU (2021). *The Costs of Connection: How Data Is Colonizing Human Life and Appropriating It For Capitalism*. Stanford University Press, Stanford, CA.

Couture S (2020). The Diverse Meanings of Digital Sovereignty. Global Media Technologies & Cultures Lab, Massachusetts Institute of Technology, Cambridge, MA, 5 August. Available at: https://globalmedia.mit.edu/2020/08/05/the-diverse-meanings-of-digital-sovereignty/.

Couture S and Toupin S (2019). What Does the Notion of "Sovereignty" Mean When Referring to the Digital? *New Media and Society*, 21(10): 2305–2322.

Coyer K and Higgott R (2020). Sovereignty in a Digital Era: A Report Commissioned by The Dialogue of Civilizations Research Institute Berlin. Dialogue of Civilizations Research Institute, Berlin. Available at: https://doc-research.org/wp-content/uploads/2020/09/Sovereignty-in-a-digital-era_____.pdf.

Coyle D, Diepeveen S, Wdowin J, Kay L and Tennison J (2020). The value of data – Policy implications. The Bennett Institute for Public Policy, Cambridge and the Open Data Institute. Available at: https://www.bennettinstitute.cam.ac.uk/publications/value-data-policy-implications/.

Coyle D and Li W (2021). The Data Economy: Market Size and Global Trade. Presentation at the Allied Social Science Associations (ASSA) Annual Meeting, 3 January, session on Big Data: Competition, Innovation, and Policy. Available at: https://www.aeaweb.org/conference/2021/preliminary/1993?q=eNqrVipOLS7OzM8LqSxIVbKqhnGVrJQMIXSUUstS80qAbCOIWh2IxOLi_GQgx9QYKFOSWpQLZANZKYmVEEZJZm4qhFWWmVoOMqyooFwwZJABCCjV1gJcMD7VH74.

Coyle D and Nguyen D (2019). Cloud Computing, Cross-Border Data Flows and New Challenges for Measurement in Economics. *National Institute Economic Review,* 249(1): R30–R38.

Creemers R (2020). China's Approach to Cyber Sovereignty. Konrad-Adenauer-Stiftung, Berlin.

CRS (2020a). Internet Regimes and WTO E-Commerce Negotiations. CRS Report, R46198, Congressional Research Service, Washington, DC, 28 January.

CRS (2020b). Digital Trade. In: Focus IF10770, Congressional Research Service, Washington, DC, 3 December.

CSET (2020). Tracking AI Investment. Initial Findings from the Private Markets. Center for Security and Emerging Technology, Georgetown University's Walsh School of Foreign Service, Washington, DC, September. Available at: https://cset.georgetown.edu/wp-content/uploads/CSET-Tracking-AI-Investment.pdf.

Daskal J (2017). Congress Needs to Fix Our Outdated Email Privacy Law. *Slate*, 26 January. Available at https://slate.com/technology/2017/01/the-confusing-court-case-over-microsoft-data-on-servers-in-ireland.html.

David-West O and Evans PC (2016). The Rise of African Platforms: A Regional Survey. The Emerging Platform Economy Series, No. 2, Center for Global Enterprise (CGE), New York, NY. Available at: https://www.researchgate.net/publication/306401003_The_Rise_of_African_Platforms_A_Regional_Survey.

Daza Jaller L, Gaillard S and Molinuevo M (2020). The Regulation of Digital Trade: Key Policies and International Trends. World Bank, Washington, DC.

De La Chapelle B and Porciuncula L (2021). We Need to Talk About Data: Framing the Debate Around the Free Flow of Data and Data Sovereignty. Internet & Jurisdiction Policy Network (I&JPN), Paris. Available at: https://www.internetjurisdiction.net/news/aboutdata-report.

De Nardis L (2016). Introduction: One Internet: an evidentiary basis for policy making on Internet universality and fragmentation. In *A Universal Internet in a Bordered World. Research on Fragmentation, Openness and Interoperability*. Vol. I. Global Commission on Internet Governance and Chatham House, Ottawa.

Deardorff AV (2017). Comparative Advantage in Digital Trade. In: Evenett SJ, ed. *Cloth for Wine? The Relevance of Ricardo's Comparative Advantage in the 21st Century*. CEPR Press, London: 35–44.

Dekker B, Okano-Heijmans M and Zhang ES (2020). Unpacking China's Digital Silk Road. Clingendael Report. Clingendael Institute, The Hague. Available at: https://www.clingendael.org/sites/default/files/2020-07/Report_Digital_Silk_Road_July_2020.pdf.

Digital Future Society (2019). Toward better data governance for all: Data ethics and privacy in the digital era. Digital Future Society, Barcelona, July. Available at: https://digitalfuturesociety.com/app/uploads/2019/08/060819_Toward_better_data_governance_for_all_dfs_mwcapital_DIGITAL.pdf.

DigitalEurope, BusinessEurope, ERT and ACEA (2020). Schrems II: Impact Survey Report. DigitalEurope, Brussels, 26 November. Available at: https://www.businesseurope.eu/sites/buseur/files/media/reports_and_studies/2020-11-26_schrems_ii_impact_survey_report.pdf.

Donovan KP and Park E (2019). Perpetual Debt in the Silicon Savannah. *Boston Review*, 20 September. Available at: http://bostonreview.net/class-inequality-global-justice/kevin-p-donovan-emma-park-perpetual-debt-silicon-savannah.

Drake WJ, Cerf VG and Kleinwächter W (2016). Internet Fragmentation: An Overview. Future of the Internet Initiative White Paper, World Economic Forum, Geneva, January. Available at: http://www3.weforum.org/docs/WEF_FII_Internet_Fragmentation_An_Overview_2016.pdf.

Duch-Brown N, Martens B and Mueller-Langer F (2017). The Economics of Ownership, Access and Trade in Digital Data. Digital Economy Working Paper, 2017–01, Joint Research Centre (JRC) Technical Reports, European Commission and JRC, Seville. Available at: https://ec.europa.eu/jrc/sites/jrcsh/files/jrc104756.pdf.

Ebert I, Busch T and Wettstein F (2020). Business and Human Rights in the Data Economy: A Mapping and Research Study. German Institute for Human Rights, Berlin. Available at: https://www.institut-fuer-menschenrechte.de/fileadmin/user_upload/Publikationen/ANALYSE/Analysis_Business_and_Human_Rights_in_the_Data_Economy.pdf.

ECLAC (2020). Digital Agenda for Latin America and the Caribbean (eLAC2022). LC/CMSI.7/4. Seventh Ministerial Conference on the Information Society in Latin America and the Caribbean, 23–26 November 2020, Economic Commission for Latin America and the Caribbean, Santiago. Available at: https://conferenciaelac.cepal.org/7/sites/elac2020-2/files/20-00902_cmsi.7_digital_agenda_elac2022.pdf.

ECLAC (2021). Datos y hechos sobre la transformación digital. Project Documents. LC/TS.2021/20. Economic Commission for Latin America and the Caribbean, Santiago.

ECLAC and I&JPN (2020). *Internet & Jurisdiction and ECLAC Regional Status Report 2020*. LC/TS.2020/141. Economic Commission for Latin America and the Caribbean and Internet & Jurisdiction Policy Network, Santiago. Available at: https://www.cepal.org/sites/default/files/publication/files/46421/S1901092_en.pdf.

Eder TS, Arcesati R and Mardell J (2020). Networking the "Belt and Road" – The future is digital. Mercator Institute for China Studies, Berlin. Available at: https://merics.org/en/tracker/networking-belt-and-road-future-digital.

EDRi (2015). Data protection and privacy must be excluded from TTIP. European Digital Rights, Brussels, 8 April. Available at: https://edri.org/our-work/data-protection-privacy-ttip/.

Eferin Y, Hohlov Y and Rossotto C (2019). Digital platforms in Russia: Competition between National and Foreign Multi-sided Platforms Stimulates Growth and Innovation. *Digital Policy, Regulation and Governance*, 21(2): 129–45.

Elmi N (2020). Is Big Tech Setting Africa Back? *Foreign Policy,* 11 November. Available at: https://foreignpolicy.com/2020/11/11/is-big-tech-setting-africa-back/.

Engels B (2019). Data Governance as the Enabler of the Data Economy. *Intereconomics*, 54(4): 216–222.

Epifanova A (2020). Deciphering Russia's "Sovereign Internet Law". DGAP Analysis, No. 2, German Council on Foreign Relations, Berlin, January. Available at: https://dgap.org/en/research/publications/deciphering-russias-sovereign-internet-law.

Equinix (2020). Hyperscale vs. Colocation. Equinix, 27 August. Available at: https://blog.equinix.com/blog/2020/08/27/hyperscale-vs-colocation/.

Ericsson (2020). *Ericsson Mobility Report, November 2020*. Telefonaktiebolaget LM Ericsson, Stockholm, November. Available at: https://www.ericsson.com/en/mobility-report/reports/november-2020.

Erie MS and Streinz T (2021). The Beijing effect: China's "Digital Silk Road" as Transnational Data Governance. *New York University Journal of International Law and Politics* (forthcoming). Available at: https://cld.web.ox.ac.uk/article/beijing-effect-chinas-digital-silk-road-transnational-data-governance.

European Commission (2019). Questions and Answers on the Japan adequacy decision. MEMO/19/422. European Commission, Brussels, 23 January. Available at: https://ec.europa.eu/commission/presscorner/detail/en/MEMO_19_422.

European Commission (2020a). *The European Data Market Monitoring Tool: Key Facts and Figures, First Policy Conclusions, Data Landscape and Quantified stories, D2.9 Final Study Report.* European Commission, Brussels. Available at: https://digital-strategy.ec.europa.eu/en/library/european-data-market-study-update.

European Commission (2020b). Towards a European strategy on business-to-government data sharing for the public interest. Final report prepared by the High-Level Expert Group on Business-to-Government Data Sharing. European Commission, Brussels. Available at: https://digital-strategy.ec.europa.eu/en/news/experts-say-privately-held-data-available-european-union-should-be-used-better-and-more.

European Commission (2021). Trade Policy Review – An Open, Sustainable and Assertive Trade Policy. COM/2021/66 final. European Commission, Brussels, 18 February. Available at: https://trade.ec.europa.eu/doclib/docs/2021/february/tradoc_159438.pdf.

European Data Protection Board (2020). Recommendations 01/2020 on measures that supplement transfer tools to ensure compliance with the EU level of protection of personal data (Adopted 10 November 2020). European Data Protection Board, Brussels. Available at: https://edpb.europa.eu/sites/edpb/files/consultation/edpb_recommendations_202001_supplementarymeasurestransferstools_en.pdf.

European Parliament (2020). Digital sovereignty for Europe. European Parliamentary Research Service Ideas Paper Briefing, European Parliament, Brussels. Available at: https://www.europarl.europa.eu/RegData/etudes/BRIE/2020/651992/EPRS_BRI(2020)651992_EN.pdf.

Evans PC (2016). The Rise of Asian Platforms: A Regional Survey. The Emerging Platform Economy Series, No. 3, Center for Global Enterprise (CGE), New York, NY. Available at: https://www.thecge.net/app/uploads/2016/11/FINALAsianPlatformPaper.pdf.

Fanou R, Francois P, Aben E, Mwangi E, Goburdhan N and Valera F (2017). Four Years Tracking Unrevealed Topological Changes in the African Interdomain. *Computer Communications*, 106: 117–135.

Farrell H and Newman AL (2019). Weaponized Interdependence: How Global Economic Networks Shape State Coercion. *International Security*, 44(1): 42–79.

Fay R (2019). Digital Platforms Require a Global Governance Framework. A CIGI essay series on Models for Platform Governance, Centre for International Governance Innovation, Waterloo, ON, 28 October. Available at: https://www.cigionline.org/articles/digital-platforms-require-global-governance-framework.

Fay R (2020). CUSMA's Data and Intellectual Property Commitments Could Inhibit Domestic Policy Flexibility. Presentation on 26 February 2020 at the Standing Committee on International Trade, the Canadian Parliament. Centre for International Governance Innovation, Waterloo, ON. Available at: https://www.cigionline.org/articles/cusmas-data-and-intellectual-property-commitments-could-inhibit-domestic-policy.

Fay R (2021). A Model for Global Governance of Platforms. In Moore M and Tambini D, eds., *Regulating Big Tech: Policy Responses to Digital Dominance* (forthcoming), New York: Oxford University Press.

Feijóo C, Kwon Y, Bauer JM, Bohlin E, Howell B, Jain R, Potgieter P, Vu K, Whalley J and Xia J (2020). Harnessing artificial intelligence (AI) to increase wellbeing for all: The case for a new technology diplomacy. *Telecommunications Policy*, 44(6): 101988.

Feldstein S (2019). The Global Expansion of AI Surveillance. Working Paper, Carnegie Endowment for International Peace, Washington, DC, September.

Ferracane MF, Kren J and van der Marel E (2020). Do Data Policy Restrictions Impact the Productivity Performance of Firms and Industries? *Review of International Economics,* 28(3): 676–722.

Ferracane MF and van der Marel E (2020). Digital Innovation in East Asia: Do Restrictive Data Policies Matter? Policy Research Working Paper, No. 9124. World Bank, Washington, DC.

Floridi L (2020). The Fight for Digital Sovereignty: What It Is, and Why It Matters, Especially for the EU. *Philosophy and Technology*, 33(3): 369–378.

Flyverbom M, Madsen AK and Rasche A (2017). Big Data as Governmentality in International Development: Digital Traces, Algorithms, and Altered Visibilities. *The Information Society*, 33(1): 35–42.

Fogh Rasmussen A (2021). Building a Democratic High-Tech Alliance. Project Syndicate, 29 March. Available at: https://www.project-syndicate.org/commentary/democratic-technology-alliance-global-digital-rules-by-anders-fogh-rasmussen-2021-03.

Fortune Business Insights (2021). Internet of Things (IoT) Market Size, Share & COVID-19 Impact Analysis, By Component (Platform, Solution & Services), By End Use Industry (BFSI, Retail, Government, Healthcare, Manufacturing, Agriculture, Sustainable Energy, Transportation, IT & Telecom, Others), and Regional Forecast, 2021–2028. Report ID: FBI100307, 21 May. Available at: https://www.fortunebusinessinsights.com/industry-reports/internet-of-things-iot-market-100307.

Foster C (2020). Digital trade in the Kenya-US FTA? The Digital Trade Tracker, 28 September. Available at: https://digitaltradetracker.org/2020/09/28/digital-trade-in-the-kenya-us-fta/.

Foster C and Azmeh S (2020). Latecomer Economies and National Digital Policy: An Industrial Policy Perspective. *Journal of Development Studies*, 56(7): 1247–1262.

Foster C, Graham M, Mann L, Waema T and Friederici N (2018). Digital Control in Value Chains: Challenges of Connectivity for East African Firms. *Economic Geography*, 94(1): 68–86. Available at: https://doi.org/10.1080/00130095.2017.1350104.

Freedom House (2020). User Privacy or Cyber Sovereignty? Assessing the human rights implications of data localization. Freedom House, Washington, DC. Available at: https://freedomhouse.org/report/special-report/2020/user-privacy-or-cyber-sovereignty.

Gagné JF, Hudson S and Mantha Y (2020). Global AI Talent Report 2020. Blog of JF Gagné. Available at: https://jfgagne.ai/global-ai-talent-report-2020/.

Gagné JF, Kiser G and Mantha Y (2019). Global AI Talent Report 2019. Blog of JF Gagné. Available at: https://jfgagne.ai/talent-2019/.

Gagnon-Turcotte S, Sculthorp M and Coutts S (2021). Digital data partnerships: building the foundations for collaborative data governance in the public interest. Open North, Montreal. Available at: https://assets.ctfassets.net/e4wa7sgik5wa/6mV2HLHbhKbU2sgtXSTMQX/da0ede46238b1809d60b5ba65732fb2b/Digital_Data_Partnerships_Report-EN.pdf.

Gao HS (2019). Data Regulation with Chinese Characteristics. SMU Centre for AI & Data Governance Research Paper, No. 2019/04. Singapore Management University (SMU), Singapore.

Gartner (2019). The Data Center is (Almost) Dead. Gartner, 5 August. Available at: https://www.gartner.com/smarterwithgartner/the-data-center-is-almost-dead/.

Gawer A (2014). Bridging Differing Perspectives on Technological Platforms: Toward an Integrative Framework. *Research Policy*, 43(7): 1239–1249.

Geist M (2018). Data Rules in Modern Trade Agreements: Toward Reconciling an Open Internet with Privacy and Security Safeguards. A CIGI Essay Series on Data Governance in the Digital Age, Centre for International Governance Innovation, Waterloo, ON, 4 April. Available at: https://www.cigionline.org/articles/data-rules-modern-trade-agreements-toward-reconciling-open-internet-privacy-and-security/.

Gheyle N and De Ville F (2017). How Much is Enough? Explaining the Continuous Transparency Conflict in TTIP. *Politics and Governance*, 5(3): 16–28.

Girard M (2019). Standards for the Digital Economy: Creating an Architecture for Data Collection, Access and Analytics. CIGI Policy Brief, No. 155, Centre for International Governance Innovation, Waterloo, ON, 4 September. Available at: https://www.cigionline.org/publications/standards-digital-economy-creating-architecture-data-collection-access-and-analytics/.

Girard M (2020). Standards for Digital Cooperation. CIGI Papers, No. 237, Centre for International Governance Innovation, Waterloo, ON,. Available at: https://www.cigionline.org/publications/standards-digital-cooperation/.

Global Data Alliance (2020). Cross-Border Data Transfers and Data Localization. Global Data Alliance, Washington, DC. Available at: https://www.globaldataalliance.org/downloads/02112020GDAcrossborderdata.pdf.

Gökçe Dessemond E (2020). Restoring competition in "winner-took-all" digital platform markets. UNCTAD Research Paper, No. 40. UNCTAD/SER.RP/2019/12. UNCTAD, Geneva.

Gong S, Gu J and Teng F (2019). The Impact of the Belt and Road Initiative Investment in Digital Connectivity and Information and Communication Technologies on Achieving the SDGs. K4D Emerging Issues Report. Institute of Development Studies, Brighton. Available at: https://assets.publishing.service.gov.uk/media/5c86628940f0b6369b76a372/K4D_Emerging_Issues_-_BRI_Investment_Part_A_-_final.pdf.

Gonzalez-Zapata F and Heeks R (2015). The Multiple Meanings of Open Government Data: Understanding Different Stakeholders and Their Perspectives. *Government Information Quarterly*, 32(4): 441–452.

Google (2010). Enabling Trade in the Era of Information Technologies: Breaking Down Barriers to the Free Flow of Information. White paper. Google, Mountain View, CA. Available at: https://static.googleusercontent.com/media/www.google.com/fr//googleblogs/pdfs/trade_free_flow_of_information.pdf.

Government Office for Science (2020). Evidence and Scenarios for Global Data Systems. The Future of Citizen Data Systems. Government of the United Kingdom of Great Britain and Northern Ireland. Available at: https://www.gov.uk/government/publications/the-future-of-citizen-data-systems.

Graham M, Hjorth I and Lehdonvirta V (2017). Digital Labour and Development: Impacts of Global Digital Labour Platforms and the Gig Economy on Worker Livelihoods. *Transfer: European Review of Labour and Research*, 23(2): 135–162.

Gray ML and Suri S (2019). *Ghost Work: How to Stop Silicon Valley from Building a New Global Underclass*. Houghton Mifflin Harcourt, Boston, MA.

Greze B (2019). The Extra-Territorial Enforcement of the GDPR: A Genuine Issue and the Quest for Alternatives. *International Data Privacy Law*, 9(2): 109–128.

GSMA (2017). The Mobile Economy 2017. Global System for Mobile Communications Association, London, February.

GSMA (2018a). Cross-Border Data Flows: Realising benefits and removing barriers. Global System for Mobile Communications Association, London, September.

GSMA (2018b). Regional Privacy Frameworks and Cross-Border Data Flows: How ASEAN and APEC can Protect Data and Drive Innovation. Global System for Mobile Communications Association, London, September.

GSMA (2018c). The Data Value Chain. Global System for Mobile Communications Association, London, June.

GSMA (2019a). The GSMA Guide to the Internet of Things. Global System for Mobile Communications Association, London, July.

GSMA (2019b). The contribution of IoT to economic growth: Modelling the impact on business productivity. GSMA Intelligence, Global System for Mobile Communications Association, London, April.

GSMA (2019c). The Impact of Data Localisation Requirements on the Growth of Mobile Money-enabled Remittances. Global System for Mobile Communications Association, London, March.

GSMA (2020a). The Mobile Economy 2020. Global System for Mobile Communications Association, London, March.

GSMA (2020b). The State of Mobile Internet Connectivity Report 2020. Global System for Mobile Communications Association, London, September.

GSMA (2020c). Artificial Intelligence and Start-Ups in Low- and Middle-Income Countries: Progress, Promises and Perils. Global System for Mobile Communications Association, London, October.

GSMA (2021). Cross-Border Data Flows: The impact of data localisation on IoT. Global System for Mobile Communications Association, London, January.

Gupta S, Gupta K, Ghosh P and Paul SK (2020). Data Localisation: India's Double Edged Sword? Consumer Unity & Trust Society (CUTS) International, Jaipur. Available at: https://ssrn.com/abstract=3665197.

Gurumurthy A and Chami N (2019). Digital Public Goods. A Precondition for Realising the SDGs. *Global Governance Spotlight*: 4, the Development and Peace Foundation, Bonn. Available at: https://www.sef-bonn.org/fileadmin/SEF-Dateiliste/04_Publikationen/GG-Spotlight/2019/ggs_2019-04_en.pdf.

Gurumurthy A and Chami N (2020). The intelligent corporation. Data and the digital economy. In: Buxton N, ed., *State of Power 2020: The Corporation*, Transnational Institute: 10–20.

Gurumurthy A, Vasudevan A and Chami N (2017). The grand myth of cross-border data flows in trade deals. IT for Change, Bangalore, December. Available at: https://itforchange.net/sites/default/files/1470/dataflow-11am.pdf.

Haskel J and Westlake S (2017). *Capitalism without Capital: The Rise of the Intangible Economy*. Princeton University Press, Princeton, NJ.

Heeks R and Renken J (2018). Data Justice for Development: What Would It Mean? *Information Development*, 34(1): 90–102.

Heeks R, Rakesh V, Sengupta R, Chattapadhyay S and Foster C (2021). Datafication, Value and Power in Developing Countries: Big Data in Two Indian Public Service Organizations. *Development Policy Review*, 39(1): 82–102.

Hesselman C et al. (2020). A Responsible Internet to Increase Trust in the Digital World. *Journal of Network and Systems Management*, 28(4): 882–992.

Heverly RA (2003). The Information Semicommons. *Berkeley Technology Law Journal*, 18(4): 1127–1190.

Hilbig S (2018). Handelsrecht – freie Fahrt auf der Datenautobahn. Brot für die Welt, 6 November. Available at: https://www.brot-fuer-die-welt.de/blog/2018-handelsrecht-freie-fahrt-auf-der-datenautobahn/.

Hill JF (2014). The Growth of Data Localization Post-Snowden: Analysis and Recommendations for U.S. Policymakers and Industry Leaders. *Lawfare Research Paper Series*, 2(3): 1–41.

Hill R (2018). Why should data flow freely? Association for Proper Internet Governance (APIG), March. Available at: http://www.apig.ch/Forum%202018%20Policy%20statement.pdf.

Hill R (2020). A New Convention for Data and Cyberspace. In: Sarkar S and Korjan A, eds., *A Digital New Deal: Visions of Justice in a Post-Covid World,* Just Net Coalition and IT for Change: 180–200.

Hinrich Foundation (2019). The Data Revolution: Capturing the Digital Trade Opportunity at Home and Abroad. Hinrich Foundation, 4 February. Available at: https://www.hinrichfoundation.com/research/project/digital-trade-research-project/.

Hoffmann S, Lazanski D and Taylor E (2020). Standardising the Splinternet: How China's Technical Standards Could Fragment the Internet. *Journal of Cyber Policy*, 5(2): 239–264.

Huang T and Arnold Z (2020). Immigration Policy and the Global Competition for AI Talent. Center for Security and Emerging Technology, Georgetown University, Washington, DC, June. Available at: https://cset.georgetown.edu/publication/immigration-policy-and-the-global-competition-for-ai-talent/.

Hummel P, Braun M, Tretter M and Dabrock P (2021). Data sovereignty: A review. *Big Data & Society*, 8(1): 1–17.

Hunt SD and Morgan RM (1995). The Comparative Advantage Theory of Competition. *Journal of Marketing*, 59(2): 1–15.

Hurst D (2019). Japan Calls for Global Consensus on Data Governance. *The Diplomat*, 2 February. Available at: https://thediplomat.com/2019/02/japan-calls-for-global-consensus-on-data-governance/.

Iazzolino G and Mann L (2019). Harvesting Data: Who Benefits from Platformization of Agricultural Finance in Kenya? *Developing Economics*, 29 March. Available at: https://developingeconomics.org/2019/03/29/harvesting-data-who-benefits-from-platformization-of-agricultural-finance-in-kenya/.

Ichilevici de Oliveira A, Heseleva K and Ramos VJ (2020). Towards a Multilateral Consensus on Data Governance. Policy Brief, Global Solutions Initiative Foundation, Berlin, 20 May. Available at: https://www.global-solutions-initiative.org/wp-content/uploads/2020/05/Towards-a-Multilateral-Consensus-for-Data-Governance_Ramos_deOliveira_Heseleva.pdf.

IDC (2020a). Worldwide Spending on the Internet of Things Will Slow in 2020 Then Return to Double-Digit Growth, According to a New IDC Spending Guide. International Data Corporation, Needham, MA, 18 June. Available at: https://www.idc.com/getdoc.jsp?containerId=prUS46609320.

IDC (2020b). IoT Growth Demands Rethink of Long-Term Storage Strategies. IDC Media Center, International Data Corporation, Singapore, 28 July. Available at: https://www.idc.com/getdoc.jsp?containerId=prAP46737220.

IDC (2021a). Data Creation and Replication Will Grow at a Faster Rate than Installed Storage Capacity, According to the IDC Global DataSphere and StorageSphere Forecasts. International Data Corporation, Needham, MA, 24 March. Available at: https://www.idc.com/getdoc.jsp?containerId=prUS47560321.

IDC (2021b). The Role of Satellite as an Augmented Connectivity. Market Perspective - Doc # AP45983020. International Data Corporation, Needham, MA, February. Available at: https://www.idc.com/getdoc.jsp?containerId=AP45983020.

IDC and OpenEvidence (2017). European Data Market, Final Report. SMART 2013/0063. European Commission, Brussels, 1 February. Available at: https://datalandscape.eu/study-reports.

IEA (2020). Data Centres and Data Transmission Networks. Tracking Report. International Energy Agency, Paris. Available at: https://www.iea.org/reports/data-centres-and-data-transmission-networks.

Imbrie A, Fedasiuk R, Aiken C, Chhabra T and Chahal H (2020). Agile Alliances: How the United States and Its Allies Can Deliver a Democratic Way of AI. Center for Security and Emerging Technology, Georgetown University's Walsh School of Foreign Service, Washington DC, February. Available at: https://cset.georgetown.edu/publication/agile-alliances/.

International Chamber of Commerce (2021). Multi-Industry Statement on Cross-Border Data Transfers and Data Localization Disciplines in WTO Negotiations on E-Commerce. International Chamber of Commerce (ICC), Paris, 26 January. Available at: https://iccwbo.org/content/uploads/sites/3/2021/01/multi-industry-statement-on-crossborder-data-transfers-and-data-localization.pdf.

Internet Society (2015). Policy Brief: Internet Exchange Points (IXPs). Internet Society, 30 October. Available at: https://www.internetsociety.org/policybriefs/ixps/.

Internet Society (2020a). White Paper: Considerations for Mandating Open Interfaces. Internet Society, 4 December. Available at: https://www.internetsociety.org/wp-content/uploads/2020/12/ConsiderationsMandatingOpenInterfaces-03122020-EN.pdf.

Internet Society (2020b). Discussion Paper: An analysis of the "New IP" proposal to the ITU-T. Internet Society, 24 April. Available at: https://www.internetsociety.org/resources/doc/2020/discussion-paper-an-analysis-of-the-new-ip-proposal-to-the-itu-t/.

Internet Society (2020c). Internet Way of Networking Use Case: Data Localization. Internet Society, September. Available at: https://www.internetsociety.org/wp-content/uploads/2020/09/IWN-Use-Case-Data-Localization-EN.pdf.

Ismail Y (2020). E-commerce in the World Trade Organization: History and latest developments in the negotiations under the Joint Statement. International Institute for International Development (IISD), Winnipeg, 31 January. Available at: https://www.iisd.org/publications/e-commerce-world-trade-organization-history-and-latest-developments-negotiations-under.

ITIF (2019). Submarine Cables: Critical Infrastructure for Global Communications. Information Technology and Innovation Foundation, April. Available at: http://www2.itif.org/2019-submarine-cables.pdf.

ITU (2018). Powering the Digital Economy: Regulatory Approaches to Securing Consumer Privacy, Trust and Security. International Telecommunication Union, Geneva. Licence: CC BY-NC-SA 3.0 IGO. Available at: https://www.itu.int/dms_pub/itu-d/opb/pref/D-PREF-BB.POW_ECO-2018-PDF-E.pdf.

ITU (2020). *Measuring digital development, Facts and figures 2020*. International Telecommunication Union, Geneva. Available at: https://www.itu.int/en/ITU-D/Statistics/Pages/facts/default.aspx.

ITU and UNESCO (2020). *State of Broadband Report 2020: Tackling digital inequalities – A decade for action*. Geneva: International Telecommunication Union and United Nations Educational, Scientific and Cultural Organization, 2020. License: CC BY-NC-SA 3.0 IGO. Available at: http://handle.itu.int/11.1002/pub/8165dc3c-en.

Jain S and Gabor D (2020). The Rise of Digital Financialisation: The Case of India. *New Political Economy*, 25(5): 813–28.

James D (2020). Digital Trade Rules: A disastrous new constitution for the global economy written by and for Big Tech. Rosa-Luxemburg-Stiftung, Brussels. Available at: https://cepr.net/wp-content/uploads/2020/07/digital-trade-2020-07.pdf.

Janow ME and Mavroidis PC (2019). Digital trade, e-commerce, the WTO and regional frameworks. *World Trade Review*, 18(S1), S1–S7.

Jha S and Germann S (2020). How can we make health data a global public good? MMS Bulletin 148, Medicus Mundi Schweiz, Basel and Geneva. Available at: https://www.medicusmundi.ch/de/advocacy/publikationen/mms-bulletin/digital-health-fluch-oder-segen-fuer-die-globale-gesundheit/neue-herausforderungen-durch-kuenstliche-intelligenz/how-can-we-make-health-data-a-global-public-good.

Jurowetzki R, Hain DS, Mateos-Garcia J and Stathoulopoulos K (2021). The Privatization of AI Research(-ers): Causes and Potential Consequences. From university-industry interaction to public research brain-drain? Cornell University, Ithaca, NY, 15 February. Available at: https://arxiv.org/abs/2102.01648.

Kanth DR (2019). India boycotts 'Osaka Track' at G20 summit. *Mint*, 30 June. Available at: https://www.livemint.com/news/world/india-boycotts-osaka-track-at-g20-summit-1561897592466.html.

Kathuria R, Kedia M, Varma G and Bagchi K (2019). Economic Implications of Cross-Border Data Flows. Internet and Mobile Association of India, November. Available at: http://icrier.org/pdf/Economic_Implications_of_Cross-Border_Data_Flows.pdf.

Kavacs A and Ranganathan N (2019). Data Sovereignty, of Whom? Limits and Suitability of Sovereignty Frameworks for Data in India. Data Governance Network Working Paper, No. 3, November.

Kawalek P and Bayat A (2017). Data As Infrastructure. National Infrastructure Commission, 14 December. Available at: https://aura.abdn.ac.uk/handle/2164/11906.

Kelsey J (2018). How a TPP-Style E-Commerce Outcome in the WTO Would Endanger the Development Dimension of the GATS Acquis (and Potentially the WTO). *Journal of International Economic Law*, 21(2): 273–295.

Kesan JP, Hayes CM and Bashir MN (2016). A Comprehensive Empirical Study of Data Privacy, Trust, and Consumer Autonomy. *Indiana Law Journal*, 91(2): 267–352.

Kilic B and Avila R (2019). Cross border data flows, privacy, and global inequality. Public Citizen, Washington, DC. Available at: https://www.citizen.org/article/crossborder-data-flows-privacy/.

Kimura F (2020). Developing a policy regime to support the free flow of data: A proposal by the T20 Task Force on Trade, Investment and Globalization. VoxEU.org, 7 January. Available at https://voxeu.org/article/developing-policy-regime-support-free-flow-data.

Kitchin R and McArdle G (2016). What makes Big Data, Big Data? Exploring the ontological characteristics of 26 datasets. *Big Data & Society*.

Komaitis K (2017). The 'Wicked Problem' of Data Localisation. *Journal of Cyber Policy*, 2(3): 355–365.

Krotova A and Eppelsheimer J (2019). Data governance in der wissenschaftlichen Literatur: Eine Begriffsklärung anhand einer Text-Mining-basierten Literaturrecherche. *IW-Trends-Vierteljahresschrift zur empirischen Wirtschaftsforschung*, 46(3): 55–71, Institut der deutschen Wirtschaft (IW), Köln. Available at: http://hdl.handle.net/10419/209531.

Kukutai T and Taylor J (2016). Data Sovereignty for Indigenous Peoples: Current Practice and Future Needs. In: Kukutai T and Taylor J, eds. *Indigenous Data Sovereignty: Toward an Agenda*, ANU Press, The Australian National University, Canberra: 1–22.

Kuner C (2011). Regulation of Transborder Data Flows under Data Protection and Privacy Law: Past, Present and Future. *OECD Digital Economy Papers*, No. 187. OECD Publishing, Paris.

Kuner C (2013). *Transborder Data Flows and Data Privacy Law*. Oxford University Press, Oxford.

Kurbalija J and Höne K (2021). 2021: The emergence of digital foreign policy. DiploFoundation, Geneva. Available at: https://www.diplomacy.edu/sites/default/files/2021-03/2021_The_emergence_of_digital_foreign_policy.pdf.

Kurlantzick J (2020). China's Digital Silk Road Initiative: A Boon for Developing Countries or a Danger to Freedom? *The Diplomat*, 17 December. Available at: https://thediplomat.com/2020/12/chinas-digital-silk-road-initiative-a-boon-for-developing-countries-or-a-danger-to-freedom/.

Kwet M (2019). Digital colonialism: US empire and the new imperialism in the Global South. *Race & Class*, 60(4): 3-26.

Leblond P (2020). Digital Trade: Is RCEP the WTO's Future? Center for International Governance Innovation, Waterloo, ON, 23 November. Available at: https://www.cigionline.org/articles/digital-trade-rcep-wtos-future.

Leblond P and Aaronson SA (2019). A Plurilateral "Single Data Area" Is the Solution to Canada's Data Trilemma. CIGI Papers Series, No. 226. Centre for International Governance Innovation, Waterloo, ON.

Lee JA (2018). Hacking into Chinese Cybersecurity Law. *Wake Forest Law Review*, 53(1): 57–104.

Leviathan Security Group (2015). Quantifying the Cost of Forced Localization. Leviathan Security Group, Seattle, WA. Available at: https://static1.squarespace.com/static/556340ece4b0869396f21099/t/559dad76e4b0899d97726a8b/1436396918881/Quantifying+the+Cost+of+Forced+Localization.pdf.

Lewis D (2020). Why many countries failed at COVID contact-tracing — but some got it right. *Nature*, 588:384–388.

Linden O and Dahlberg E (2016). Data flows – a fifth freedom for the internal market? Kommerskollegium (National Board of Trade Sweden), Stockholm. Available at: https://www.kommerskollegium.se/globalassets/publikationer/rapporter/2016/publ-data-flows.pdf.

Liu J (2020). China's Data Localization. *Chinese Journal of Communications*, 13(1): 84–103.

Liu L (2021). The Rise of Data Politics: Digital China and the World. *Studies in Comparative International Development*, 56: 45–67. Available at: https://link.springer.com/article/10.1007/s12116-021-09319-8.

Lowry A (2020). Russia's Digital Economy Program: An Effective Strategy for Digital Transformation? In: Gritsenko D, Wijermars M and Kopotev M, eds., *The Palgrave Handbook of Digital Russia* Studies, Palgrave Macmillan: 53–76.

Ly B (2020). Challenge and perspective for Digital Silk Road. *Cogent Business & Management*, 7(1): 1804180.

MacFeely S (2020a). In search of the data revolution: Has the official statistics paradigm shifted? *Statistical Journal of the IAOS*, 36(4): 1075–1094.

MacFeely S (2020b). A Global Data Convention? UN World Data Forum, 23 October. Available at https://theunbrief.com/2020/10/23/a-global-data-convention/.

Malcolm J (2016). TISA Proposes New Global Rules on Data Flows and Safe Harbors. The Electronic Frontier Foundation, 24 October. Available at: https://www.eff.org/deeplinks/2016/10/tisa-proposes-new-global-rules-data-flows-and-safe-harbors.

Malik F, Nicholson B and Morgan S (2016). Assessing the Social Development Potential of Impact Sourcing. In: Nicholson B, Babin R and Lacity MC, eds., *Socially Responsible Outsourcing: Global Sourcing with Social Impact, Technology, Work and Globalization.* Palgrave Macmillan UK, London: 97–118.

Maréchal N (2017). Networked Authoritarianism and the Geopolitics of Information: Understanding Russian Internet Policy. *Media and Communications*, 5(1): 29–41.

Martin N, Matt C, Niebel C and Blind K (2019). How Data Protection Regulation Affects Startup Innovation. *Information Systems Frontiers*, 21: 1307–1324.

Mattoo A and Meltzer JP (2018). International Data Flows and Privacy: The Conflict and Its Resolution. *Journal of International Economic Law*, 21(4): 769–789.

Mayer J (2020). Development strategies for middle-income countries in a digital world – impacts from trade costs, data and innovation policies. TMCD Working paper series No. TMD-WP-80, Technology and Management Centre for Development (TMCD), Oxford Department of International Development, University of Oxford. Available at: https://www.oxfordtmcd.org/publication/development-strategies-middle-income-countries-digital-world-impacts-trade-costs-data.

Mayer-Schönberger V and Cukier K (2013). *Big Data: A Revolution That Will Transform How We Live, Work, and Think.* Houghton Mifflin Harcourt, Boston.

Mazzucato M (2018). Let's make private data into a public good. *MIT Technology Review*, Massachusetts Institute of Technology, Cambridge, MA, 27 June. Available at: https://www.technologyreview.com/2018/06/27/141776/lets-make-private-data-into-a-public-good/.

Mazzucato M, Entsminger J and Kattel R (2020). Public value and platform governance. UCL Institute for Innovation and Public Purpose, Working Paper Series IPP WP 2020-11, University College London, London.

McKinsey (2014). Global flows in a digital age: How trade, finance, people, and data connect the world economy. McKinsey Global Institute, April.

McKinsey (2016). Digital Globalization: The New Era of Global Flows. McKinsey Global Institute, March.

McKinsey (2019). Globalization in transition: The future of trade and value chains. McKinsey Global Institute, January.

McLaughlin M and Castro D (2019). The Case for a Mostly Open Internet. Information Technology and Innovation Foundation, Washington, DC, 16 December.

Medhora RP and Owen T (2020). A Post-COVID-19 Digital Bretton Woods. Available at https://www.cigionline.org/articles/post-covid-19-digital-bretton-woods/.

Meltzer JP (2015). The Internet, Cross-Border Data Flows and International Trade. *Asia and the Pacific Policy Studies*, 2(1): 90–102.

Meltzer JP (2018). A Digital Trade Policy for Latin America and the Caribbean. Technical Note, No. IDB-TN-1483, Inter-American Development Bank, Washington, DC.

Meltzer JP (2019). Governing Digital Trade. *World Trade Review*, 18(S1), S23–S48.

Meltzer JP (2020). The Court of Justice of the European Union in Schrems II: The impact of GDPR on data flows and national security. VoxEU.org, 5 August. Available at: https://voxeu.org/article/impact-gdpr-data-flows-and-national-security.

Micheli M, Ponti M, Craglia M and Berti Suman A (2020). Emerging models of data governance in the age of datafication. *Big Data & Society*, 7(2): 1–15.

Microsoft (2018). A Cloud for Global Good: A policy road map for a trusted, responsible and inclusive cloud – The 2018 Update. Microsoft. Available at: https://news.microsoft.com/cloudforgood/_media/downloads/a-cloud-for-global-good-2018-english.pdf.

MIKTA (2016). MIKTA E-commerce Workshop Reflections. Mexico, Indonesia, the Republic of Korea, Turkey and Australia (MIKTA). The Ministry of Foreign Affairs MIKTA, 8 August. Available at: http://www.mikta.org/document/others.php?at=view&idx=235&ckattempt=1.

Mishra N (2019). Building Bridges: International Trade Law, Internet Governance and the Regulation of Data Flows. *Vanderbilt Journal of Transnational Law*, 52(2): 463–509.

Mishra N (2020a). The Trade: (Cyber)Security Dilemma and Its Impact on Global Cybersecurity Governance. *Journal of World Trade*. 54(4): 567–90.

Mishra N (2020b). Privacy, Cybersecurity and GATS Article XIV: A New Frontier for Trade and Internet Regulation? *World Trade Review*, 19(3): 341–64.

Mitchell AD and Hepburn J (2017). Don't Fence Me In: Reforming Trade and Investment Law to Better Facilitate Cross-Border Data Transfer. *Yale Journal of Law and Technology*, 19(1): 182–237.

Mitchell AD and Mishra N (2019). Regulating Cross-Border Data Flows in a Data-Driven World: How WTO Law Can Contribute. *Journal of International Economic Law*, 22(3): 389–416.

Monteiro J-A and Teh R (2017). Provisions on Electronic Commerce in Regional Trade Agreements. WTO Working Paper, No. ERSD-2017-11, Economic Research and Statistics Division, World Trade Organization, Geneva, July.

Moorthy V, Henao Restrepo AM, Preziosi M-P and Swaminathan S (2020). Data Sharing for Novel Coronavirus (COVID-19). *Bulletin of the World Health Organization*, 98(3): 150.

Morgan Stanley (2020). Space: Investing in the Final Frontier. Research, Morgan Stanley, New York, NY, 24 July. Available at: https://www.morganstanley.com/ideas/investing-in-space.

Morozov E (2017). Digital intermediation of everything: at the intersection of politics, technology and finance. 4th Council of Europe Platform Exchange on Culture and Digitisation, Council of Europe, "Empowering Democracy through Culture – Digital Tools for Culturally Competent Citizens", ZKM Center for Art and Media, Karlsruhe, 19–20 October. Available at: https://rm.coe.int/digital-intermediation-of-everything-at-the-intersection-of-politics-t/168075baba.

Mosoti V (2006). Africa in the first decade of WTO dispute settlement. *Journal of International Economic Law*, 9(2): 427–453.

Mozilla Insights, van Geuns J and Brandusescu A (2020). Shifting Power Through Data Governance. Mozilla, 16 September. Available at: https://foundation.mozilla.org/en/data-futures-lab/data-for-empowerment/shifting-power-through-data-governance/.

Mueller M (2017). *Will the Internet Fragment? Sovereignty, Globalization and Cyberspace*. Polity Press, Cambridge, CB2 and Malden, MA.

National Telecommunications and Information Administration (2016). Measuring the Value of Cross-Border Data Flows. United States Department of Commerce, Washington, DC, 30 September. Available at: https://www.ntia.gov/report/2016/measuring-value-cross-border-data-flows.

NewVantage Partners (2021). Big Data and AI Executive Survey 2021 Executive Summary of Findings: The Journey to Becoming Data-Driven: A Progress Report on the State of Corporate Data Initiatives. Available at https://c6abb8db-514c-4f5b-b5a1-fc710f1e464e.filesusr.com/ugd/e5361a_76709448ddc6490981f0cbea42d51508.pdf.

Nguyen D and Paczos M (2020). Measuring the economic value of data and cross-border data flows: A business perspective. *OECD Digital Economy Papers*, No. 297, OECD Publishing, Paris.

Nicholson JR and Noonan R (2017). Digital Economy and Cross-Border Trade: The Value of Digitally Deliverable Services. *Current Politics and Economics of the United States, Canada and Mexico*, 19(1): 53–83.

Noble SU (2018). *Algorithms of Oppression: How Search Engines Reinforce Racism*. NYU Press, New York, NY.

Nocetti J (2015). Contest and Conquest: Russia and Global Internet Governance. *International Affairs*, 91(1): 111–130.

Nussipov A (2020a). How China Governs Data, Center for Media, Data and Society, The CMDS Blog, 27 April, available at https://medium.com/center-for-media-data-and-society/how-china-governs-data-ff71139b68d2.

Nussipov A (2020b). How Data Became a Trade Issue. The CMDS Blog, Centre for Media, Data and Society, Medium, 16 April. Available at https://medium.com/center-for-media-data-and-society/how-data-became-a-trade-issue-e4676eb048e8.

NVTC (2020). The Impact of Data Centers on the State and Local Economies of Virginia. North Virginia Technology Council, Richmond, VA. Available at: http://biz.loudoun.gov/wp-content/uploads/2020/02/Data_Center_Report_2020.pdf.

Nyokabi DM, Diallo N, Ntesang NW, White TK and Ilori T (2019). The right to development and internet shutdowns: Assessing the role of information and communications technology in democratic development in Africa. *Global Campus Human Rights Journal*, 3(2): 147–172.

O'Hara K (2019). Data Trusts: Ethics, Architecture and Governance for Trustworthy Data Stewardship. Web Science Institute White Papers 1, University of Southampton, Southampton.

OECD (2007). OECD Recommendation on Cross-border Co-operation in the Enforcement of Laws Protecting Privacy. OECD, Paris.

OECD (2013a). Exploring the Economics of Personal Data: A Survey of Methodologies for Measuring Monetary Value. *OECD Digital Economy Papers*, No. 220, OECD Publishing, Paris.

OECD (2013b). Privacy Expert Group Report on the Review of the 1980 OECD Privacy Guidelines. *OECD Digital Economy Papers*, No. 229. OECD Publishing, Paris.

OECD (2014). OECD Principles for Internet Policy Making. OECD, Paris.

OECD (2015). Data-Driven Innovation: Big Data for Growth and Well-Being. OECD Publishing, Paris.

OECD (2019a). Enhancing Access to and Sharing of Data: Reconciling Risks and Benefits for Data Re-use across Societies. OECD Publishing, Paris.

OECD (2019b). Unlocking the potential of e-commerce, OECD Going Digital Policy Note, OECD, Paris.

OECD (2019c). State of Play in the Governance of Critical Infrastructure Resilience. In: *Good Governance for Critical Infrastructure Resilience*, OECD Publishing, Paris: 45–82.

OECD (2020). Mapping Approaches to Data and Data Flows. Report for the G20 Digital Economy Task Force, Saudi Arabia. OECD, Paris.

OECD (2021). OECD Secretary-General Tax Report to G20 Finance Ministers and Central Bank Governors – April 2021. OECD, Paris.

OECD and WTO (2017). *Aid for Trade at a Glance 2017: Promoting Trade, Inclusiveness and Connectivity for Sustainable Development*. WTO and OECD publishing. Geneva and Paris.

OECD, WTO, and IMF (2020). Handbook on Measuring Digital Trade, Version 1. OECD, Paris. Available at: https://www.oecd.org/sdd/its/handbook-on-measuring-digital-trade.htm.

OHCHR (2020). Question of the realization of economic, social and cultural rights in all countries: the role of new technologies for the realization of economic, social and cultural rights. A/HRC/43/29. Annual report of the United Nations High Commissioner for Human Rights and reports of the Office of the High Commissioner and the Secretary-General. Human Rights Council, forty-third Session, 24 February–20 March.

Ohm P (2010). Broken Promises of Privacy: Responding to the Surprising Failures of Anonymization. *UCLA Law Review*, 57(6): 1701–1777.

Open Data Institute (2019a). Data Trusts: Lessons from Three Pilots. Open Data Institute, London, 15 April. Available at: https://theodi.org/article/odi-data-trusts-report/.

Open Data Institute (2019b). What are the Links Between Data Infrastructure and Trade Competitiveness? Open Data Institute, London, 3 July. Available at: https://theodi.org/article/what-are-the-links-between-data-infrastructure-and-trade-competitiveness/.

Open Rights Group (2014). TTIP's threat to our privacy and culture. London, 14 October. Available at: https://www.openrightsgroup.org/blog/ttips-threat-to-our-privacy-and-culture/.

Organ J (2017). EU citizen participation, openness and the European Citizens Initiative: the TTIP legacy. *Common Market Law Review*, 54(6): 1713–1747.

Our World is Not for Sale (2019). Civil Society Letter Against Digital Trade Rules in the World Trade Organization (WTO). 1 April. Available at: http://www.ourworldisnotforsale.net/2019/Digital_trade_2019-04-01-en.pdf.

Pamment J (2019). Accountability as Strategic Transparency: Making Sense of Organizational Responses to the International Aid Transparency Initiative. *Development Policy Review*, 37(5): 657–671.

Panday J (2017). Rising Demands for Data Localization a Response to Weak Data Protection Mechanisms. Electronic Frontier Foundation, 14 August. Available at: https://www.eff.org/deeplinks/2017/08/rising-demands-data-localization-response-weak-data-protection-mechanisms.

PDPC (2018). Guide to Basic Data Anonymisation Techniques. Personal Data Protection Commission, Singapore, 25 January. Available at: https://www.pdpc.gov.sg/-/media/Files/PDPC/PDF-Files/Other-Guides/Guide-to-Anonymisation_v1-(250118).pdf.

Pew Research Center (2019). Smartphone Ownership Is Growing Rapidly Around the World, but Not Always Equally. Pew Research Center, Washington, DC, 5 February. Available at: https://www.pewresearch.org/global/2019/02/05/smartphone-ownership-is-growing-rapidly-around-the-world-but-not-always-equally/.

Pisa M, Dixon P, Ndulu B and Nwankwo U (2020). Governing Data for Development: Trends, Challenges, and Opportunities. CGD Policy Paper, No. 190, Center for Global Development, Washington, DC.

Pisa M and Polcari J (2019). *Governing Big Tech's Pursuit of the "Next Billion Users"*. Harvard University Press, Cambridge, MA.

Pohle J, Gorwa R and Miller H (2020). The turn to trade agreements in global platform governance. AoIR Selected Papers of Internet Research, Association of Internet Researchers, Annual Conference, Virtual Event, 27–31 October 2020. Available at: https://doi.org/10.5210/spir.v2020i0.11305.

Pohle J and Thiel T (2020). Digital sovereignty. *Internet Policy Review*, 9(4). Available at: https://doi.org/10.14763/2020.4.1532.

Potluri SR, Sridhar V and Rao S (2020). Effects of Data Localization on Digital Trade: An Agent-based Modelling Approach. *Telecommunications Policy*, 44(9): 102022.

Quismorio BA (2019). Capability building for data analytics and artificial intelligence. Presentation at the Third Session of the Intergovernmental Group of Experts on E-commerce and the Digital Economy. Available at: https://unctad.org/system/files/non-official-document/tdb_ede3_2019_p11_BQuismorio_en.pdf.

Raghavan C (2018). Development and free data flow rules are incompatible. *Third World Economics: Trends and Analysis*, 678/679: 6–7. Third World Network (TWN), Penang.

Rentzhog M and Jonströmer H (2014). No Transfer, No Trade – the Importance of Cross-Border Data Transfers for Companies Based in Sweden. Kommerskollegium (National Board of Trade Sweden), Stockholm. Available at: https://www.kommerskollegium.se/globalassets/publikationer/rapporter/2016-och-aldre/no_transfer_no_trade_webb.pdf.

Rikap C (2021). Intellectual monopoly capitalism and its effects on development. *Developing Economics*, 7 April. Available at: https://developingeconomics.org/2021/04/07/intellectual-monopoly-capitalism-and-its-effects-on-development/.

Roberts A, Moraes HC and Ferguson V (2019). Toward a Geoeconomic Order in International Trade and Investment. *Journal of International Economic Law*, 22(4): 655–76.

Rodriguez K and Alimonti V (2020). A Look-Back and Ahead on Data Protection in Latin America and Spain. Electronic Frontier Foundation, 21 September. Available at: https://www.eff.org/deeplinks/2020/09/look-back-and-ahead-data-protection-latin-america-and-spain.

Rodrik D (2020). The Coming Global Technology Fracture. Project Syndicate, 8 September. Available at: https://www.project-syndicate.org/commentary/making-global-trade-rules-fit-for-technology-by-dani-rodrik-2020-09.

The Royal Society (2021). Data for international health emergencies: governance, operations and skills. Statement by the Science Academies of the G7 nations, March. Available at: https://www.interacademies.org/publication/data-international-health-emergencies-governance-operations-and-skills.

Rühlig TN (2020). Technical standardisation, China and the future international order – A European perspective. E-Paper, Heinrich-Böll-Stiftung European Union, Brussels. Available at: https://eu.boell.org/en/2020/03/03/technical-standardisation-china-and-future-international-order.

Sacks S and Sherman J (2019). Global Data Governance: Concepts, Obstacles, and Prospects. New America, Washington, DC. Available at: https://www.newamerica.org/cybersecurity-initiative/reports/global-data-governance/.

Sadowski J (2019). When Data Is Capital: Datafication, Accumulation, and Extraction. *Big Data and Society*, 6(1): 1–12.

Sandvine (2020). *The Global Internet, Phenomena Report, COVID-19 Spotlight*. Sandvine, May. Available at: https://www.sandvine.com/hubfs/Sandvine_Redesign_2019/Downloads/2020/Phenomena/COVID%20Internet%20Phenomena%20Report%2020200507.pdf.

Sargsyan T (2016). Data Localization and the Role of Infrastructure for Surveillance, Privacy, and Security. *International Journal of Communication*, 10: 2221–2237.

Savelyev A (2016). Russia's New Personal Data Localisation Requirements: A Step-Forward or a Self-Imposed Sanction? *Computer Law and Security Review*, 32(1): 128–145.

Scassa T (2018). Data Ownership. CIGI papers, No. 187, Center for International Governance Innovation, Waterloo, ON.

Schneider I (2019). Models for the governance of data economics. Presentation at "Who Governs the Data Economy?" session at MyData Conference, Helsinki, 26 September. Available at: https://attachment.rrz.uni-hamburg.de/f89c3ccd/Helsinki-MyData-Schneider-Data-Governance-26092019.pdf.

Selby J (2017). Data Localization Laws: Trade Barriers or Legitimate Responses to Cybersecurity Risks, or Both? *International Journal of Law and Information Technology*, 25(3): 213–232.

Sell SK (2009). Cat and mouse: Forum-shifting in the battle over intellectual property enforcement. Draft prepared for the American Political Science Association Meeting, 3–6 September. Available at: https://ipgovernance.eu/conferences/2009APSAToronto/Sell_APSA2009_Cat_and_Mouse.pdf.

Shadlen K (2008). Globalisation, Power and Integration: The Political Economy of Regional and Bilateral Trade Agreements in the Americas. *Journal of Development Studies*, 44(1): 1–20.

Sherman J and Morgus R (2018). The Digital Deciders and the Future of the Internet. New America, Washington, DC, 2 December. Available at: https://www.newamerica.org/cybersecurity-initiative/in-the-news/digital-deciders-and-future-internet/.

The Shift Project (2019). Lean ICT: Towards Digital Sobriety. The Shift Project, Paris, March. Available at: https://theshiftproject.org/wp-content/uploads/2019/03/Lean-ICT-Report_The-Shift-Project_2019.pdf.

Singh PJ (2018a). Digital Industrialisation in Developing Countries – A Review of the Business and Policy Landscape. Research Paper for the Commonwealth Secretariat, IT for Change, Bangalore, January.

Singh PJ (2018b). Data Localisation: A Matter of Rule of Law and Economic Development. Policy Brief, IT For Change, Bangalore, September.

Singh PJ (2019). India Should Aim for a Digital Non-Alignment. IT for Change, Bangalore, July.

Singh PJ and Vipra J (2019). Economic Rights Over Data: A Framework for Community Data Ownership. *Development*, 62: 53–57.

Sinha A and Basu A (2019). The Politics of India's Data Protection Ecosystem. *Economic & Political Weekly*, 54(49).

Slaughter MJ and McCormick DH (2021). Data Is Power. *Foreign Affairs*, May/June 2021.

Spiezia V and Tscheke J (2020). International agreements on cross-border data flows and international trade: A statistical analysis. *OECD Science, Technology and Industry Working Papers*, No. 2020/09, OECD, Paris.

Srikrishna Committee Report (2018). Free and Fair Digital Economy: Protecting Privacy, Empowering Indians. Ministry of Electronics and Information Technology, Government of India. Available at: https://www.meity.gov.in/writereaddata/files/Data_Protection_Committee_Report.pdf.

Srnicek N (2016). *Platform Capitalism*. Polity Press, Cambridge, United Kingdom.

Statista (2021). Amazon Leads $130-Billion Cloud Market. 4 February. Available at: https://www.statista.com/chart/18819/worldwide-market-share-of-leading-cloud-infrastructure-service-providers/.

Statistics Canada (2019). Measuring investment in data, databases and data science: Conceptual framework. Catalogue No. 13-605-X, 24 June. Available at: https://www150.statcan.gc.ca/n1/pub/13-605-x/2019001/article/00008-eng.htm.

Steinberg RH (2002). In the shadow of law or power? Consensus-based bargaining and outcomes in the GATT/WTO. *International Organization*, 56(2): 339–374.

Stiglitz JE (2012). *The Price of Inequality: How Today's Divided Society Endangers Our Future*. W.W. Norton and Company, New York, NY.

Streinz T (2021). RCEP's Contribution to Global Data Governance. *Afronomicslaw*, 19 February. Available at: https://www.afronomicslaw.org/category/analysis/rceps-contribution-global-data-governance-0.

Suominen K (2018). Fueling Digital Trade in Mercosur: A Regulatory Roadmap. Technical note, No. IDB-TN-01549, Inter-American Development Bank, Washington, DC, October.

Suranovic SM (2002). International labour and environmental standards agreements: Is this fair trade? *World Economy*, 25(2), 231–245.

Synergy Research Group (2021a). Microsoft, Amazon and Google Account for Over Half of Today's 600 Hyperscale Data Centers. Synergy Research Group, Reno, NV, 26 January. Available at: https://www.srgresearch.com/articles/microsoft-amazon-and-google-account-for-over-half-of-todays-600-hyperscale-data-centers.

Synergy Research Group (2021b). Cloud Market Ends 2020 on a High while Microsoft Continues to Gain Ground on Amazon. Synergy Research Group, Reno, NV, 2 February. Available at: https://www.srgresearch.com/articles/cloud-market-ends-2020-high-while-microsoft-continues-gain-ground-amazon.

Tang C (2021). *Data Capital. How Data is Reinventing Capital for Globalization*. Springer International Publishing. Available at: https://www.springer.com/gp/book/9783030601911.

Taylor RD (2020). "Data localization": The internet in the balance. *Telecommunications Policy,* 44(8): 102003.

TeleGeography (2015). International Bandwidth Trends in Africa. What Has (and Hasn't) Changed in the Past Five Years, 27 August. Available at: http://isoc-ny.org/afpif2015/AfPIF2015_Teleography.pdf.

TeleGeography (2019). Back to the Future. Presentation by Alan Mauldin, TeleGeography Workshop at Pacific Telecommunications Council (PTC), 20 January. Available at: https://www2.telegeography.com/hubfs/2019/Presentations/TeleGeo-PTC2019.pdf.

TeleGeography (2021a). *The State of the Network: 2021 Edition*. TeleGeography, San Diego, CA. Available at: https://www2.telegeography.com/hubfs/assets/Ebooks/state-of-the-network-2021.pdf.

TeleGeography (2021b). Exploring the Cloud, Overland and Undersea. Trends in Cloud Infrastructure and Global Networks, 17 Februrary. Available at: https://www2.telegeography.com/hubfs/2021/Presentations/2021%20Cloud%20Trends.pdf.

Tomiura E, Ito B and Kang B (2019). Effects of Regulations on Cross-border Data Flows: Evidence from a Survey of Japanese Firms. *RIETI Discussion Paper Series*, No. 9-E-088. Research Institute of Economy, Trade and Industry (RIETI), Tokyo. Available at: https://www.rieti.go.jp/jp/publications/dp/19e088.pdf.

Trade Justice Movement (2020). Digital trade (e-commerce). Trade Justice Movement, London. Available at: https://www.tjm.org.uk/trade-issues/digital-trade-e-commerce.

Triolo P, Allison K and Brown C (2020). The Digital Silk Road: Expanding China's digital footprint. Eurasia Group, New York, NY, 29 April. Available at: https://www.eurasiagroup.net/live-post/digital-silk-road-expanding-china-digital-footprint.

UNCITRAL (2020). Legal issues related to the digital economy – data transactions. United Nations Commission on International Trade Law, Fifty-third session. A/CN.9/1012/Add.2. Available at: https://undocs.org/en/A/CN.9/1012/Add.2.

UNCTAD (2016). *Data protection regulations and international data flows: Implications for trade and development.* United Nations publication, UNCTAD/WEB/DTL/STICT/2016/1/iPub. New York and Geneva.

UNCTAD (2017). *Information Economy Report 2017: Digitalization, Trade and Development*. United Nations publication, Sales No. E.17.II.D.8. New York and Geneva.

UNCTAD (2019a). *Digital Economy Report 2019: Value Creation and Capture: Implications for Developing Countries*. United Nations publication, Sales No. E.19.II.D.17. New York and Geneva.

UNCTAD (2019b). Competition issues in the digital economy. Note by the UNCTAD secretariat. TD/B/C.I/CLP/54. Trade and Development Board, Intergovernmental Group of Experts on Competition Law and Policy, Eighteenth session, Geneva, 10–12 July.

UNCTAD (2021a). *COVID-19 and E-commerce: a Global Review*. United Nations publication, Sales No. E.21.II.D.9. Geneva.

UNCTAD (2021b). *What is at stake for developing countries in trade negotiations? – The case of joint statement initiative*. United Nations publication, UNCTAD/DITC/TNCD/2020/5. Geneva.

UNCTAD (2021c). *The UNCTAD B2C E-commerce Index 2020: Spotlight on Latin America and the Caribbean.* UNCTAD Technical Notes on ICT for Development, No. 17. Geneva.

UNCTAD (2021d). *Technology and Innovation Report 2021: Catching technological waves: Innovation with equity*. United Nations publication, sales No. E.21.II.D.8. New York and Geneva.

UNCTAD (2021e). E-Commerce and Digital Economy Programme: Year in Review 2030: Facilitating inclusive digital economies in challenging times. Available at https://unctad.org/system/files/official-document/dtlstictinf2021d2_en.pdf.

UNDP (2020). Data Philanthropy, International Organizations and Development Policy: Ethical Issues to Consider. Discussion Paper, United Nations Development Programme, New York, April.

UNEP (2020). UNEP's contribution to Round Table 1B on Digital Public Goods. Environmental data as digital public goods within a digital ecosystem for the planet. United Nations Environment Programme, Nairobi.

UNESCO (2020). Outcome document: first draft of the recommendation on the ethics of artificial intelligence. Document code: SHS/BIO/AHEG-AI/2020/4 REV.2. Ad Hoc Expert Group for the preparation of a draft text of a recommendation on the ethics of artificial intelligence, Paris, 7 September.

United Nations (2019). The Age of Digital Interdependence. Report of the UN Secretary-General's High-level Panel on Digital Cooperation, New York.

United Nations (2020a). Roadmap for Digital Cooperation. Report of the Secretary-General. New York.

United Nations (2020b). Data Strategy of the Secretary-General for Action by Everyone, Everywhere with Insight, Impact and Integrity, 2020–22. New York.

United Nations (2020c). The Highest Aspiration – A Call to Action for Human Rights. New York.

United Nations (2021). Tax consequences of the digitalized economy – issues of relevance for developing countries. E/C.18/2021/CRP.1. Co-Coordinators' Report, Committee of Experts on International Cooperation in Tax Matters, twenty-second session, 19–28 April.

United States Chamber of Commerce Foundation (2014). The Future of Data-Driven Innovation. U.S. Chamber of Commerce Foundation, Washington, DC.

United States Department of Justice (2019). Promoting Public Safety, Privacy, and the Rule of Law Around the World: The Purpose and Impact of the CLOUD Act, Washington, DC. Available at: https://www.justice.gov/opa/press-release/file/1153446/download.

United States Trade Representative (2020). United States–Kenya Negotiations: Summary of Specific Negotiating Objectives. Washington, DC, May. Available at: https://ustr.gov/sites/default/files/Summary_of_U.S.-Kenya_Negotiating_Objectives.pdf.

Varas A, Varadarajan R, Goodrich J and Yinug F (2021). Strengthening the Global Semiconductor Supply Chain in an Uncertain Era. Boston Consulting Group and Semiconductor Industry Association, April.

Véliz C (2019). The Internet and Privacy. In: Edmonds D, ed., *Ethics and the Contemporary World*. Routledge, Abingdon: 149–159.

Verhulst SG (2017). A distributed model of Internet governance. Global Partners Digital, London. Available at: https://www.gp-digital.org/publication/a-distributed-model-of-internet-governance/.

Verhulst SG (2019). Sharing Private Data for Public Good. Project Syndicate, 27 August. Available at: https://www.project-syndicate.org/commentary/private-data-public-policy-collaboration-by-stefaan-g-verhulst-1-2019-08.

Verizon (2016). *2016 Data Breach Investigations Report*. Available at: https://regmedia.co.uk/2016/05/12/dbir_2016.pdf.

Verizon (2017). *2017 Data Breach Investigations Report*. Available at: https://www.tripwire.com/state-of-security/security-data-protection/cyber-security/highlights-of-the-2017-verizon-dbir-analyzing-the-latest-breach-data-in-10-years-of-incident-trends/.

Verizon (2018). *2018 Data Breach Investigations Report*. Available at: https://enterprise.verizon.com/resources/reports/DBIR_2018_Report.pdf.

Verizon (2019). *2019 Data Breach Investigations Report*. Available at: https://enterprise.verizon.com/resources/reports/dbir/2019/data-breaches-by-industry/.

Verizon (2020). *2020 Data Breach Investigations Report*. Available at: https://enterprise.verizon.com/resources/reports/dbir/.

Vestager M and Borrell J (2021). Why Europe's Digital Decade Matters. Project Syndicate, 10 March. Available at: https://www.project-syndicate.org/commentary/europe-digital-decade-by-margrethe-vestager-and-josep-borrell-2021-03?barrier=accesspaylog.

Viljoen S (2020). Democratic Data: A Relational Theory for Data Governance. Forthcoming, *Yale Law Journal*, 131.

Villani C (2018). For a Meaningful Artificial Intelligence: Towards a French and European Strategy. A French parliamentary mission (8 September 2017–8 March 2018), AI for Humanity, Paris. Available at: https://www.aiforhumanity.fr/pdfs/MissionVillani_Report_ENG-VF.pdf.

Voss GW (2020). Cross-Border Data Flows, the GDPR, and Data Governance. *Washington International Law Journal*, 29(3): 485–532.

Washington State Department of Commerce (2018). State of the Data Center Industry. Department of Commerce, Office of Economic Development and Competitiveness, State of Washington, Olympia, WA. Available at: https://www.commerce.wa.gov/wp-content/uploads/2018/01/Commerce-Data-Center-Study-and-appendices-2017.pdf.

Weber S (2017). Data, Development and Growth. *Business and Politics*, 19(3): 397–423.

WEF (2019). Exploring International Data Flow Governance - Platform for Shaping the Future of Trade and Global Economic Interdependence. White Paper, World Economic Forum, Geneva, December. Available at: http://www3.weforum.org/docs/WEF_Trade_Policy_Data_Flows_Report.pdf.

WEF (2020a). State of the Connected World: 2020 Edition. Insight Report, World Economic Forum, Geneva, December.

WEF (2020b). A Roadmap for Cross-Border Data Flows: Future-Proofing Readiness and Cooperation in the New Data Economy. White Paper, World Economic Forum, Geneva, June.

WEF (2020c). *The Global Risks Report 2020*. Insight Report, 15th Edition. World Economic Forum, Geneva.

WEF (2020d). Data Free Flow with Trust (DFFT): Paths towards Free and Trusted Data Flows. White Paper, World Economic Forum, Geneva, May.

WEF (2021). Rebuilding Trust and Governance: Towards Data Free Flow with Trust (DFFT). White Paper, World Economic Forum, Geneva, March.

Weller D and Woodcock B (2013). Internet Traffic Exchange: Market Developments and Policy Challenges. *OECD Digital Economy Papers*, No. 207. OECD Publishing, Paris, France.

Wesolowski A, Buckee CO, Bengtsson L, Wetter E, Lu X and Tatem AJ (2014). Commentary: Containing the Ebola Outbreak – the Potential and Challenge of Mobile Network Data. PLOS Currents Outbreaks, Edition 1, 29 September. Available at: https://www.ncbi.nlm.nih.gov/pmc/articles/PMC4205120/.

Woods AK (2018). Litigating Data Sovereignty. *Yale Law Journal*, 128(2): 328–406.

World Bank (2016). *World Development Report 2016: Digital Dividends*. doi:10.1596/978-1-4648-0671-1. World Bank, Washington, DC.

World Bank (2021). *World Development Report 2021: Data for Better Lives*. doi:10.1596/978-1-4648-1600-0. World Bank, Washington, DC.

Wu M (2017). Digital Trade-Related Provisions in Regional Trade Agreements: Existing Models and Lessons for the Multilateral Trade System. RTA Exchange, Overview Paper, International Centre for Trade and Sustainable Development and Inter-American Development Bank, Geneva.

Yakovleva S and Irion K (2020). Pitching trade against privacy: reconciling EU governance of personal data flows with external trade. *International Data Privacy Law*, 10(3): 201–221.

Zhang D, Mishra S, Brynjolfsson E, Etchemendy J, Ganguli D, Grosz B, Lyons T, Manyika J, Niebles JC, Sellitto M, Shoham Y, Clark J and Perrault R (2021). *The AI Index 2021 Annual Report*. AI Index Steering Committee, Human-Centered AI Institute, Stanford University, Stanford, CA, March.

Zwetsloot R, Dunham J, Arnold Z and Huang T (2019). Keeping Top AI Talent in the United States: Findings and Policy Options for International Graduate Student Retention. Center for Security and Emerging Technology, Georgetown's Walsh School of Foreign Service, December. Available at: https://cset.georgetown.edu/wp-content/uploads/Keeping-Top-AI-Talent-in-the-United-States.pdf.